Arbeitsrecht

Irmtraud Bräunlich Keller
Peter Bohny
Hans Schmidt

Arbeitsrecht

Ein Ratgeber aus der Beobachter-Praxis

Die Autoren dieses Buches sind:

Imtraud Bräunlich Keller, lic. rer. pol., Beobachter-Redaktorin, verantwortlich für die Seiten 90–94, 139–144, 149–162, 172–219.

Peter Bohny, Dr. iur. Advokat, Basel, verantwortlich für die Seiten 98–138, 145–148, 166–171, 220–242.

Hans Schmidt, lic. oec. Rechtsanwalt, Zürich, verantwortlich für die Seiten 7–89.

Beobachter-Buchverlag 1989
4. Auflage 1996
© Jean Frey AG, Zürich
Alle Rechte vorbehalten

Herausgeber: Der Schweizerische Beobachter, Zürich
Gesamtredaktion: Käthi Zeugin, Zürich
Lektorat: Atelier Bodoni, Frauenfeld
Illustrationen: Peter Zeugin, Zürich
Umschlag: Benker & Steiner, Zürich/Foto: Michael von Graffenried, Bern
Gestaltung und Herstellung: Hans Rudolf Ziegler, Zürich

ISBN 3 85569 099 5

Inhalt

1. **Grundlagen** 9
   Bewerbung und Vorstellung 10
   Der Arbeitsvertrag 16
   Wer ist Arbeitnehmer? 23
   Handelsreisende und Heimarbeiterinnen 31
   Gesamt- und Normalarbeitsvertrag 38
   Schutzvorschriften 43
   Teilzeitbeschäftigte, Aushilfen und Temporäre 50

2. **Rechte und Pflichten** 57
   Die Pflicht, persönlich zu erscheinen 58
   Der Treueschwur 62
   Arbeitnehmers Sorgfaltspflicht 69
   Das Weisungsrecht 74
   Berufsunfälle 77
   Arbeitgeber und Persönlichkeitsrecht 82
   Überstunden 90

3. **Lohn, Provision, Spesen, Gratifikation** 97
   Der Lohn 98
   Provision, Trinkgeld und andere Beteiligungen 113
   Spesen 119

4. **Krankheit, Unfall, Schwangerschaft, Ferien** 125
   Lohn, ohne zu arbeiten 126
   Krankheit und Unfall 130
   Wenn Arbeitnehmerinnen schwanger werden 139
   Andere Gründe der Arbeitsverhinderung 145
   Ferien 149
   Feiertage, Freitage und Absenzen 157

5. Aufhebung des Arbeitsverhältnisses **165**
Pleitegeier und Fusionshaie 166
Die ordentliche Kündigung 172
Die missbräuchliche Kündigung 181
Die fristlose Kündigung 190
Folgen der Beendigung des Arbeitsverhältnisses 200
Die berufliche Altersvorsorge 210
Das Konkurrenzverbot 220

6. Der Rechtsweg **233**
Der Arbeitsrechtsprozess 234

Anhang **243**
Verzeichnis der Abkürzungen 244
Kleiner Führer durch den Gesetzesdschungel 244
Erstinstanzliche Gerichte für arbeitsrechtliche Streitigkeiten 249
Rechts- und andere Beratungsstellen 252
Amtsstellen, die über den Vollzug des Arbeitsgesetzes wachen ... 258
Soziale Sicherheit (AHV/IV/UVG) 259
BVG-Aufsichtsbehörden der Kantone 260
Adressen der Stiftung Auffangeinrichtung BVG 261
Lohnfortzahlung bei Krankheit und Unfall 262
Der Arbeitsvertrag: Gesetzestext 263
Bundesgesetz über die Gleichstellung von Mann und Frau 297

Register 303

Vorwort

Will man das Arbeitsrecht in all seinen Verästelungen aufzeigen, wird es kompliziert. Je nach Arbeitsort und Branche gelten ganz unterschiedliche Bestimmungen. Und zu diesen Vorschriften gibt es eine umfangreiche, meist kantonale Gerichtspraxis, die für den Laien nur schwer zugänglich ist.

Dieses Buch will für den Laien einen möglichst umfassenden Überblick geben. In erster Linie werden die Probleme aus der Sicht der Arbeitnehmer beleuchtet; denn Arbeitgeber haben vor Anwälten weniger Schwellenangst und können auch häufig auf die Auskünfte ihres Verbands zählen.

Inhalts- und Schlagwortverzeichnis sorgen dafür, dass auf der Suche nach bestimmten Problemlösungen die Antwort rasch gefunden werden kann. Die meisten Kapitel sind mit zahlreichen Beispielen aus der Praxis versehen. Sie sollen den Leser und die Leserin gluschtig machen und beweisen, dass Recht zwar bisweilen kompliziert, nicht aber langweilig sein muss.

Ein Wegweiser durch den Gesetzesdschungel im Anhang gibt einen kurzen Überblick über die anwendbaren Bestimmungen. Verlag und Autoren wünschen Ihnen viel Vergnügen beim Lesen. Zuweilen werden Sie auch überraschende Antworten finden, die vielleicht sogar eine dickere Lohntüte zur Folge haben.

Die Autoren

Aus Gründen der Lesbarkeit wurde auf die weibliche Form weitgehend verzichtet. Mit «Arbeitnehmer» sind also immer auch Arbeitnehmerinnen gemeint.

1. Grundlagen

Bewerbung und Vorstellung

Der Weg zu Arbeit, Lohn und Aufstiegschancen ist für manchen Arbeitnehmer mit einigen tückischen rechtlichen Fragen gepflastert. Das fängt schon bei der Stellensuche an. Muss Buchhalter Victor V. sein umfangreiches Vorstrafenregister offen darlegen? Muss Daniela I. angeben, dass sie im dritten Monat schwanger ist?

Gesetzliche Bestimmungen über diese Fragen gibt es keine. Im weitgehend rechtsfreien Raum hat der Arbeitgeber eine starke Vormachtstellung, der die Bewerber ausgeliefert sind. Vorsicht ist vor allem bei Inseraten unter Chiffre oder von Personalvermittlungsbüros geboten: Der Bewerber gibt, wenn er seinen Lebenslauf und seine Zeugnisse einschickt, viel Persönliches preis. Oft erfährt er nie, bei wem er sich beworben hat, und noch öfter erhält er gar seine Unterlagen nicht mehr zurück.

Heiraten Sie bald?
Der Arbeitgeber möchte seine Angestellten nicht «im Sack kaufen». Er darf deshalb mit Fragen insoweit ins Privatleben seiner zukünftigen Untergebenen eindringen, als er daran ein berechtigtes Interesse geltend machen kann. Hingegen gehen ihn Hobbys und Vermögensverhältnisse sicher nichts an, ebenso wie die Frage: «Heiraten Sie bald?» Auch über Parteizugehörigkeit und Religion muss sich fast niemand ausforschen lassen. Klar, dass der katholische Pfarrer einen potentiellen Leiter der Jugendgruppe nach der Religion und dem sonntäglichen Gottesdienstbesuch fragen darf. Ebenfalls klar ist, dass der mögliche Parteisekretär der FDP hinsichtlich seines politischen Standorts Auskunft gibt.

Darf der Arbeitgeber nach Vorstrafen fragen? Er darf sich nur nach solchen Vorstrafen erkundigen, die in direktem Zusammenhang mit der beruflichen Tätigkeit stehen. Der Buchhalter, wegen Vermögensdelikten verurteilt und soeben aus dem Gefängnis entlassen, darf sein Sündenregister nur dann verschweigen, wenn er sich nicht mehr als Soll-und-Haben-Spezialist bewirbt. In einem neuen Aufgabenbereich als Taxifahrer wird er sicher nicht mehr in die Lage versetzt, seinem alten Laster zu verfallen. Auch alle im Register gestrichenen Vorstrafen müssen nicht angegeben werden.

Nicht verheimlicht werden dürfen: die Sittlichkeitsdelikte des Erziehers, wenn er sich bei einem Jugenderziehungsheim bewirbt, oder die vielen hohen Verkehrsbussen eines Lastwagenchauffeurs, immer vorausgesetzt, dass diese Strafen im Register nicht wegen Verjährung gelöscht worden sind.

Im Vorstrafenregister sind alle Vergehen, nicht bloss die das Arbeitsverhältnis unmittelbar betreffenden, verzeichnet. Deshalb darf der Arbeitgeber vom Bewerber kein solches Verzeichnis anfordern.

Schwangerschaft und Hexenschuss
Schwangerschaft und Krankheit schwächen die Arbeitskraft der Lohnempfängerin und des Lohnempfängers. Sie tangieren die Interessen des Arbeitgebers, weil er nach Gesetz zu Lohnfortzahlung bei Krankheit, Unfall und Schwangerschaft verpflichtet ist. Fragt der Arbeitgeber nach einer bestehenden Schwangerschaft, darf diese nicht verschwiegen werden. Von sich aus ist die Schwangere aber nicht verpflichtet, auf die baldige Ankunft eines neuen Erdenbürgers hinzuweisen, es sei denn, sie bewerbe sich als Sportlehrerin oder Ballettänzerin; der Ballettrock vermag den dicken Bauch nicht lange zu verdecken, genauer: Die Schwangerschaft verunmöglicht die Berufsausübung. In den meisten anderen Fällen aber kann eine Schwangere bis kurz vor der Geburt arbeiten und danach die Arbeit nach relativ kurzer Zeit wieder aufnehmen. Die Berufsausübung wird nur während kurzer Zeit verunmöglicht.

Ansteckende Leiden oder ernsthafte Beschwerden, die sich beim Arbeiten verschlimmern oder nachteilig auswirken könnten, hat der Bewerber von sich aus zu nennen. Gehören dazu auch Hexenschuss und Gallensteine? Eine eindeutige Antwort darauf gibt es nicht; massgebend sind Schwere und Auswirkungen der Krankheit im Einzelfall. So braucht eine Büroangestellte nicht auf ihren Heuschnupfen hinzuweisen, wohl aber die landwirtschaftliche Angestellte. Es ist nach Auffassung des Beobachters sehr problematisch, wenn nicht gar unzulässig, dass der Arbeitgeber die Anstellung vom Ergebnis einer ärztlichen Untersuchung abhängig macht. Der Arbeitgeber hat auch kein Recht, einen Aids-Test zu verlangen. Diese Rechtsauffassung nützt dem Bewerber meist wenig: Denn selbst wenn er sich zu Recht weigert, wird er sehr wahrscheinlich die Stelle nicht erhalten.

Das berufliche Vorleben

An einem lückenlosen beruflichen Lebenslauf hat der Arbeitgeber alles Interesse. Deshalb gehört zu jeder Bewerbung ein kurzer schriftlicher Lebenslauf. Ergänzend werden viele Arbeitnehmer nebst den Zeugnissen auch direkte Auskünfte bei früheren Vorgesetzten einholen. Besteht die Gefahr, dass ein ehemaliger Arbeitgeber mehr als notwendige oder böswillig falsche Auskünfte über einen früheren Mitarbeiter weitergibt, muss dem Arbeitnehmer in gewissen Fällen das Recht eingeräumt werden, sich stillschweigend über einen Tolggen im Reinheft hinwegzumogeln. Jede andere Auffassung kann zu einem faktischen Berufsverbot führen, braucht es doch vielfach Jahre, bis ein «böses Maul» gerichtlich gestopft werden kann.

Der Strafentlassene hat es besonders schwer, sich wieder ins Berufsleben einzugliedern. Die Zwickmühle, in der er sich befindet: Entweder spielt er mit offenen Karten und beantwortet alle Fragen – dann erhält er meist die Stelle nicht. Oder er verweigert ausdrücklich die Auskunft auch dann erhält vermutlich ein anderer den Job. Oder es gelingt ihm, den Tolggen im Reinheft zu verschweigen, und dann kommt Jahre später die Kündigung.

Danilo M. arbeitete unbeanstandet während fünf Jahren bei der Internationalen Schlaf- und Speisewagen-Gesellschaft. Dann erfuhr der Personalchef von einer zwölf Jahre zurückliegenden Gefängnisstrafe. Danilo M.s Arbeitsverhältnis wurde sofort auf den nächsten Kündigungstermin aufgelöst. Eine Klage des Kellners wegen rechtsmissbräuchlicher Kündigung lehnte das Bundesgericht ab.

Viele Stellensuchende umschreiben die Zeit im Gefängnis mit den Worten «arbeitslos» oder «selbständig». Ist das zulässig? Bisher hat noch kein Richter über solcher Halbwahrheit gebrütet und einen Entscheid gefällt. Dennoch: Das Recht auf eine Notlüge muss dem Entlassenen dann zugebilligt werden, wenn es sich um keine einschlägige Vorstrafe handelt, also offensichtlich keine Gefahr besteht, dass der Bewerber das Delikt am Arbeitsplatz wiederholen könnte. Der Unternehmer, der später vom Gefängnisaufenthalt erfährt, darf dann das Schwindeln nicht mit einer fristlosen Entlassung oder gar einer Schadenersatzforderung quittieren. Aber einer Entlassung auf den nächsten Kündigungstermin steht in solchen Fällen leider nichts entgegen.

Im Prinzip – aber...
Der Stellenbewerber hat im Prinzip die Wahrheit zu sagen. Wichtige Tatsachen hat er von sich aus mitzuteilen: zum Beispiel, dass er als Maurer eines Hochbauunternehmens nicht schwindelfrei ist, dass er zuletzt bei einem Konkurrenten gearbeitet hat, der ihm ein Konkurrenzverbot auferlegt hat. Anders die Serviertochter, die schwanger ist. Nur wenn sie gefragt wird, muss sie antworten und nur auf Fragen, an denen der Arbeitgeber ein berechtigtes Interesse hat. Dazu gehört nebst der Frage nach der Schwangerschaft auch diejenige nach einschlägigen, das heisst für den Arbeitsbereich relevanten, Vorstrafen, die nicht im Strafregister gelöscht sind. Bei Fragen, die den Arbeitgeber nichts angehen, darf geschwindelt werden.

Im Prinzip gilt für den Arbeitgeber das gleiche wie für den Arbeitnehmer: Auf gezielte Fragen muss er die Wahrheit sagen. Er muss dem Provisionsvertreter die Höhe des zu erwartenden Umsatzes bekanntgeben. Verschweigt er, dass der letzte Stelleninhaber sein Vertretungsgebiet vernachlässigt hat, und beschönigt er damit die Umsatzzahlen, so riskiert er, dass der frisch eingestellte Arbeitnehmer das Arbeitsverhältnis fristlos auflösen und Schadenersatz verlangen kann – dann nämlich, wenn Versprechen und Wirklichkeit erheblich auseinanderklaffen.

Auch sonst hat der Arbeitgeber die Interessen des Bewerbers zu wahren. Er darf nicht etwa am alten Arbeitsplatz ohne Einverständnis des Bewerbers Erkundigungen einholen, wenn das alte Arbeitsverhältnis noch gar nicht gekündigt ist.

Graphologische Gutachten und psychologische Tests
Psychologische Tests werden in der Schweiz nur selten durchgeführt. Dagegen sind – besonders beim Besetzen von Kaderpositionen – graphologische Gutachten beliebt. Der Arbeitgeber darf ein solches Gutachten jedoch nur mit ausdrücklicher Einwilligung des Bewerbers einholen. Die weitverbreitete Meinung, wer eine verlangte handschriftliche Bewerbung einreiche, gebe seine Zustimmung zu einer solchen Begutachtung, ist nach Auffassung des Beobachters falsch. Ein derart schwerer Eingriff in die Persönlichkeit benötigt die ausdrückliche Zustimmung des Bewerbers. Wer sich nicht durch ein graphologisches Gutachten in die Karten blicken lassen will, muss bei einer allfälligen handschriftlichen Bewerbung zur Sicherheit darauf hinweisen, dass er mit einer graphologischen Beurteilung nicht einverstanden sei. Nur riskiert er mit seiner Weigerung, die Stelle eben nicht zu bekommen.

Was tun, wenn der Arbeitgeber ohne ausdrückliche Zustimmung ein graphologisches Gutachten machen lässt? Wenn der Bewerber davon erfährt, kann er es herausverlangen und eine Genugtuungsklage wegen Verletzung der Persönlichkeit anstrengen. Eine solche Klage ist allerdings mit einem erheblichen Prozessrisiko verbunden.

Und wenn die Bewerbung scheitert?

Ist der Stellensuchende zu einem Vorstellungsgespräch vorgeladen worden, trägt der potentielle Arbeitgeber die Reise-, Übernachtungs- und Verpflegungskosten, es sei denn, der Auslagenersatz werde im voraus ausdrücklich abgelehnt. Keine Spesenentschädigung darf ein Bewerber dagegen erwarten, wenn er von sich aus das persönliche Vorstellungsgespräch gesucht hat. Lohnausfall kann er gegenüber dem neuen Arbeitgeber nicht geltend machen. Doch hat der alte Arbeitgeber beim gekündigten Arbeitsverhältnis die nötige Zeit zur Stellensuche zur Verfügung zu stellen. Den Lohnausfall trägt also der bisherige Arbeitgeber. Der Stellensuchende kann ferner beim Scheitern der Bewerbung alle Unterlagen zurückverlangen. Sind in seinem Einverständnis graphologische Gutachten und psychologische Tests gemacht, sind Arztberichte eingeholt worden, darf der Bewerber verlangen, dass diese Unterlagen vernichtet werden. Er darf auch in die eingeholten Arzt- und Graphologie-Berichte Einsicht nehmen (siehe Seite 85).

Es kommt auf die Einstellung an

Das Gleichstellungsgesetz für Mann und Frau (GlG, vollständiger Gesetzestext im Anhang, Seite 297) verbietet auf dem Papier bei der Anstellung jede Diskriminierung nach Geschlecht. Eine betroffene Person, die nachweist, dass sie wegen ihres Geschlechts diskriminiert worden ist, kann mittels einer Klage eine Entschädigung von bis zu drei Monatslöhnen verlangen. Berechnungsgrundlage bildet dabei der voraussichtliche Lohn. Die Klage, die innert drei Monaten seit Kenntnis der diskriminierenden Ablehnung einzureichen ist, geht nur auf Entschädigung und nicht etwa auf Anstellung. Im Diskriminierungsprozess dürfen keine Gerichtskosten erhoben werden; je nach Kanton muss aber die unterliegende Partei der Prozessgegnerin eine Parteientschädigung bezahlen.

Auch Gewerkschaften haben das Recht zu einer Klage auf Feststellung der Diskriminierung. Dies jedoch nur, wenn der Ausgang des Prozesses eine grössere Gruppe von Arbeitnehmerinnen und Arbeitnehmern betrifft.

Doch machen wir uns nichts vor: Es wird sehr schwer sein, je eine Diskriminierung bei der Personalselektion zu beweisen. Eine Bewerberin, die abgelehnt wurde, hat zwar die Möglichkeit, eine schriftliche Begründung für die Absage zu verlangen. Doch kaum ein Arbeitgeber wird so dumm sein und hinschreiben: «Wir können sie nicht brauchen, weil sie eine Frau sind», oder: «... weil sie schwanger sind.» Statt dessen heisst es vielleicht: «Sie sind für unseren Posten leider überqualifiziert.»

Am schwächeren Hebelarm
Alles in allem ist der Bewerber dem potentiellen Arbeitgeber weitgehend ausgeliefert. Er kann zwar auf gewisse Rechte pochen («Ich will keinen Aids-Test machen.» – «Ich will nicht, dass ein graphologisches Gutachten erstellt wird.»), doch wenn er sich so wehrt, ist das Risiko gross, dass er die Stelle nicht erhält. Geht er gar gerichtlich vor, betritt er häufig Neuland, was mit erheblichen Prozessrisiken verbunden ist, besteht doch keine gesetzliche Regelung der Bewerbung. Er kann sich am ehesten auf eine Verletzung seiner Persönlichkeitsrechte berufen (ZGB 27/28).

Der Arbeitsvertrag

Wer seine Arbeitskraft gegen Lohn verkauft, ist Arbeitnehmer, auch wenn kein schriftlicher Vertrag abgeschlossen worden ist. Er kann sich auch bei bloss mündlicher Vereinbarung auf die zahlreichen Schutzvorschriften des Arbeitsrechts berufen. Arbeitgeber, die glauben, ohne schriftlichen Vertrag Beiträge an Versicherungen zu sparen oder einen Mitarbeiter ohne schriftlichen Vertrag von einem Tag auf den andern auf die Strasse stellen zu können, sind auf dem Holzweg.

Nur mit Lehrlingen, Saisonniers und Kurzaufenthaltern müssen Verträge schriftlich abgefasst werden. Für alle anderen genügt eine mündliche oder gar stillschweigende Vereinbarung. Um Beweise zu sichern und zum Schutz der schwächeren Vertragspartei, des Arbeitnehmers, sind verschiedene Abmachungen nur gültig, wenn sie schriftlich fixiert worden sind, zum Beispiel wenn dem Lohnbezüger ein Konkurrenzverbot nach Beendigung des Vertrags auferlegt wird (siehe «Das Konkurrenzverbot», Seite 220) oder wenn der Arbeitnehmer auf den gesetzlichen Lohnzuschlag von 25 Prozent bei Überstunden verzichtet (OR 321c).

Lieber kurz und bündig, als lang und einseitig
Wurde die Arbeit ohne schriftlichen Vertrag angetreten, empfiehlt es sich, die wichtigsten Vereinbarungen schriftlich festzuhalten (Höhe des Lohns, 13. Monatslohn, Arbeitszeit, Ferien, Lohnzusicherung bei Krankheit, Probezeit und Kündigungsfrist). Weigert sich ein Arbeitgeber, die getroffene Abmachung schriftlich zu geben, kann der Bewerber zur Selbsthilfe greifen und ein Bestätigungsschreiben verfassen, das er dem neuen Chef zustellt. Mehr als einen kurzen Vertrag braucht es häufig nicht, da im OR (Obligationenrecht) die meisten Fragen geregelt sind. Gewarnt sei vor langen Verträgen, die allein vom Arbeitgeber aufgesetzt sind. Solche «beeindruckende» Vertragswerke beinhalten oft Regelungen, die ungünstiger sind als die gesetzlichen Bestimmungen.

Bei grösseren Firmen gelten häufig *Betriebsreglemente* für alle Mitarbeiter. Ein solches Reglement muss dem Mitarbeiter zu Beginn des Arbeitsverhältnisses ausgehändigt werden. Es genügt nicht, in einem schriftlichen Vertrag einfach den Zusatz zu verwenden: «Im übrigen gilt das Betriebsreglement», ohne dass der Bewerber Gelegenheit erhält, diese Bestimmungen zu lesen.

Wann kommt der Vertrag zustande?
Immer wieder einigen sich Parteien mündlich, vereinbaren aber, noch einen schriftlichen Vertrag aufzusetzen. Im Zweifelsfall kommt der Vertrag zwischen den beiden nicht erst mit der Unterschrift unter dieses Vertragswerk zustande. Die schriftliche Fixierung hat nur Beweisfunktion.

Peter H. ist glücklich. Er erhält die neue Stelle; mit dem Personalchef ist er sich über alle wichtigen Vertragspunkte einig. «Also abgemacht, am übernächsten Montag, und schicken Sie mir noch den schriftlichen Vertrag.» So verabschiedet sich Peter H. Als er nach Hause kommt, findet er ein weitaus besseres Arbeitsangebot in der Post. Sofort ruft er den Personalchef an: Er habe sich die Sache überlegt, er trete die Stelle nicht an. Doch so einfach ist das nicht: Das Arbeitsverhältnis ist bereits vor Unterzeichnung des schriftlichen Vertrags zustande gekommen. Der Arbeitgeber ist berechtigt, wenn Peter H. die Stelle nicht antritt, Schadenersatz – meist ein Viertel des vereinbarten Monatslohnes – zu verlangen (siehe «Die missbräuchliche Kündigung», Seite 181).

Jugendliche unter 20 Jahren und Bevormundete benötigen die mündliche oder schriftliche Zustimmung ihres gesetzlichen Vertreters zum Vertrag. Stillschweigende Duldung der Eltern oder des Vormunds kann als Zustimmung gewertet werden.

Welche Vorschriften gelten eigentlich für mich?
Wer in einem Kleinbetrieb arbeitet, hat es oft einfach: Wenn er wissen will, welche Bestimmungen für ihn massgebend sind, kann er im Obligationenrecht die *Vorschriften über den Einzelarbeitsvertrag* durchblättern und seinen *Arbeitsvertrag* konsultieren. Grossbetriebe haben oft *Arbeitsreglemente,* die bei Vertragsabschluss übergeben werden. Auch diese Reglemente enthalten meist wichtige Regelungen bezüglich des Vertragsverhältnisses. Wenn Gewerkschaften in einer Branche stark sind, bringt das ihren Mitgliedern und manchmal auch Aussenstehenden bessere Arbeitsbedingungen in den *Gesamtarbeitsverträgen* (GAV, siehe «Gesamt- und Normalarbeitsvertrag», Seite 38). Nur wird es komplizierter; dann gelten nicht nur Vereinbarung und Gesetz, sondern auch der entsprechende Gesamtarbeitsvertrag.

Doch damit nicht genug. Knechte, Mägde, Haushälterinnen und Putzfrauen sollten beim Kanton, in dem sie arbeiten, einen *Normalarbeits-*

vertrag verlangen, aus dem sie ihre Rechte und Pflichten erkennen können (siehe Seite 41).

Assistenzärzte, Pflegepersonal, milchwirtschaftliche Arbeitnehmer, Privatgärtner und das Erziehungspersonal in Heimen und Internaten können sich auf Vorschriften des Bundes, der für diese Kategorien je eine gesamtschweizerische Lösung getroffen hat, berufen: Diese Berufstätigen sollten bei der Eidgenössischen Drucksachen- und Materialzentrale in Bern den für ihre Branche gültigen *eidgenössischen Normalarbeitsvertrag* bestellen.

Beamte: etwas Besonderes
Was unterscheidet Beamte von gewöhnlichen Mitarbeitern in der Privatwirtschaft? Sie haben mehr Rechte, aber auch mehr Pflichten. Nicht jeder, der beim Staat arbeitet, ist Beamter. Nicht jeder, der beim Staat arbeitet, kann wissen, welche Vorschriften für ihn gelten. Vielfach ist auch nicht klar, an welches Gericht er sich im Streitfall wenden muss.

Es gibt, vereinfacht gesagt, zwei Kategorien von Staatsangestellten: Beamte, die den eidgenössischen bzw. kantonalen Beamtengesetzen unterstehen, und Mitarbeiter, die zwar in staatlichen Betrieben arbeiten, aber dem OR unterstellt sind. Im Einzelfall ist es oft ausserordentlich schwierig, zu ermitteln, wer dem Beamtengesetz und wer dem OR unterstellt ist. Wenigstens in einem Drittel der Kantone und beim Bund sind die Verhältnisse überschaubar: Fast alle Mitarbeiter sind Beamte, das heisst, sie sind auf eine bestimmte Amtsdauer gewählt und in Lohnklassen eingeteilt. Das Arbeitsverhältnis ist detailliert in Gesetz und Verordnung geregelt. Ein gewählter Beamter braucht wegen seines Arbeitsverhältnisses kaum je das Obligationenrecht aufzuschlagen; das wird nur gebraucht, wenn eine Frage nicht im Beamtengesetz geregelt ist.

Privilegien für die richtigen Beamten: In zwei Dritteln der Kantone und vielen Städten und Gemeinden sind die Staatsangestellten in zwei oder mehr Klassen eingeteilt. Nebst den richtigen Beamten sind vor allem Teilzeitarbeiter, Aushilfen und die unteren Chargen mit privatrechtlich ausgestalteten Arbeitsverträgen versehen. Sie werden nicht für eine Amtsdauer gewählt, sondern es wird ein auf unbestimmte Zeit abgeschlossener, jedoch relativ kurzfristig kündbarer Arbeitsvertrag nach den Bestimmungen des Obligationenrechts aufgesetzt. Es ist also ein Vertragsverhältnis; jede Änderung dieses Vertrags bedarf der Zustimmung beider Parteien. Anders ist es beim Beamtenverhältnis: Der Staat kann die Arbeitsbedingungen in Gesetzen und Reglementen einseitig abändern, muss aber darauf achten, dass er nicht willkürlich handelt und dass er nicht in die sogenannten wohlerworbenen Rechte des Beamten eingreift. Diese Zweiteilung in Beamte und in staatliche Angestellte ist problematisch, vor allem, weil oft unklar ist, welche rechtlichen Bestimmungen zur Anwendung gelangen. Auch der Rechtsweg ist in diesen Fällen vielfach schwierig zu ermitteln. Während Beamte sich meist an die kantonalen Verwaltungsgerichte zu wenden haben, muss ein Angestellter nach OR unter Umständen ans Arbeitsgericht gelangen (siehe «Der Arbeitsrechtsprozess», Seite 234).

Sanfter Zwang zum Schutz des Schwächeren
Zum Schutz des Arbeitnehmers sind zahlreiche gesetzliche Regelungen *zwingend*. Anderslautende Vereinbarungen zu Lasten des Lohnbezügers sind ungültig. Der Arbeitnehmer kann beispielsweise nicht auf vier Wochen bezahlte Ferien oder Lohn im Krankheitsfall verzichten. Und die Probezeit darf nicht länger als drei Monate sein (OR 361/362).

Im Hauswartsvertrag von Fridolin T. steht geschrieben: «Der Arbeitnehmer ist für die Stellvertretung in seinen Ferien besorgt. Er bezahlt seinem Stellvertreter auch den Lohn.» Solche Klauseln sind selbst dann ungültig, wenn Fridolin T. seine Unterschrift daruntergesetzt hat. Suche und Bezahlung von Ferienablösern ist Sache des Arbeitgebers.

Auch in Gesamtarbeitsverträgen (siehe Seite 38) können zwingende Vorschriften enthalten sein. Davon kann ebenfalls nicht zuungunsten des Arbeitnehmers abgewichen werden.
Sind diese zwingenden Vorschriften in einer mündlichen oder schriftlichen Vereinbarung umgangen worden, kann sich der Arbeitnehmer jederzeit auf deren Ungültigkeit berufen; je nach Fall sogar bis fünf Jahre nach Beendigung des Arbeitsverhältnisses. Er kann nicht bezogenen Ferienlohn geltend machen, der Hauswart darf nachträglich den Lohn von seinem Arbeitgeber verlangen, den er seinem Ferienstellvertreter vorgestreckt hat. Er kann Kinderzulagen und Überstundenentschädigungen samt einem Zuschlag begehren, selbst wenn er damit seinem Patron die Zornesröte ins Gesicht treibt.

Gegen Per-Saldo-Erklärungen kann man sich wehren: Es ist für den Arbeitnehmer wichtig zu wissen, dass dieser gesetzliche Schutz im

Prinzip fünf Jahre dauert. Danach verjähren die Forderungen aus dem Arbeitsvertrag. Selbst wenn er sich bei Beendigung des Arbeitsverhältnisses (zum Beispiel weil der Arbeitgeber erklärt, sonst bekomme er den restlichen Lohn nicht) zu einer Saldoerklärung («Ich erkläre mich per Saldo aller Ansprüche abgefunden.») hat hinreissen lassen, kann er diese Unterschrift unter gewissen Umständen widerrufen (OR 341).

Zahlreiche zwingende Bestimmungen finden sich auch in Gesamt- und Normalarbeitsverträgen (siehe Seite 38) und im Arbeitsgesetz (siehe «Schutzvorschriften», Seite 43). Nicht unter die zwingenden Schutzbestimmungen fällt leider die Lohnhöhe (Ausnahme: Salär bei Krankheit und während der Ferien oder in einem GAV festgesetzte Mindestlöhne). Die Lohnhöhe können die Parteien ab sofort und für die Zukunft neu festlegen, ohne dass der Arbeitnehmer eine geschluckte Lohnkürzung nachträglich anfechten könnte. Im Gegensatz zu den zwingenden Bestimmungen gilt: Verträge sind einzuhalten.

Vergleich und Verzicht – ein wichtiger Unterschied
Vergleiche über Punkte, die nicht zwingend geregelt sind, können nicht mehr angefochten werden. Vergleiche sind Kompromiss-Verträge zwischen den Parteien, bei denen jeder nachgibt. Liegt kein beidseitiger, sondern ein einseitiger Verzicht des Arbeitnehmers vor, ist eine Anfechtung dann möglich, wenn dieser auf ihm zwingend zustehende Ansprüche verzichtet hat.

Der Arbeitgeber präsentierte Fritz H. am Vorabend des Einrückens in die Unteroffiziersschule einen Fetzen Papier, den Fritz H. in der Hitze des Gefechts unterschrieb. Darin verzichtete er auf jeglichen Lohn während der Dauer des Militärs und nahm zur Kenntnis, dass er, wenn er wieder ins Zivilleben zurückkehre, weiterbeschäftigt werde. Doch davon wollte der Arbeitgeber nach H.s Absolvierung der «Schule der Nation» nichts mehr wissen. Fritz H. klagte auf Lohnersatz für die Zeit des Militärdienstes und auf Ungültigkeit der Kündigung, da diese in der Sperrfrist erfolgte (siehe Seite 145 und 177). Er bekam vom Gewerblichen Schiedsgericht (Arbeitsgericht) Basel recht: Der Fetzen Papier war kein Vergleich, sondern ein einseitiger Verzicht des jungen Arbeitnehmers. Sein Chef erbrachte keine Gegenleistung, weshalb von einem Vergleich nicht gesprochen werden konnte.

Vertragsänderungen
Arbeitsverträge werden häufig stillschweigend geändert. In Zeiten der Hochkonjunktur fallen solche Änderungen meist zugunsten des Lohnempfängers aus. Er wird nicht auf die Idee kommen, wegen eines höheren Lohnes zu reklamieren.

Jolanda F. wurden ab dem zweiten Dienstjahr die Sozialversicherungsbeiträge nicht mehr abgezogen. Plötzlich, nach fünf Jahren, wollte der Arbeitgeber diese Abzüge auf fünf Jahre zurück vornehmen. Mit Erfolg konnte sich Jolanda F. vor dem Arbeitsgericht dagegen zur Wehr setzen: Die Parteien hätten stillschweigend den Vertrag geändert, indem der Arbeitgeber sich zur Bezahlung auch der Arbeitnehmerbeiträge an AHV usw. bereit erklärt hatte.

Zum Schutz des Arbeitnehmers darf eine stillschweigende Zustimmung nicht leichthin angenommen werden. So heisst sein Schweigen auf ein Schreiben des Arbeitgebers: «Dieses Jahr erhalten Sie wegen der katastrophalen Geschäftslage keinen 13. Monatslohn», nicht, dass er auf diesen vorweihnachtlichen Zustupf für alle Zeiten verzichtet hätte. Erst wenn er mehrere Jahre lang akzeptiert, dass kein «Dreizehnter» mehr ausbezahlt wird, könnte der Arbeitgeber sein Schweigen so interpretieren, dass man den Lohn im gegenseitigen Einvernehmen gekürzt habe.

Wenn der Arbeitnehmer stillschweigend eine Lohnquittung mit einem niedrigeren Lohn als ursprünglich vereinbart unterschreibt, ist er bloss mit dieser einmaligen Kürzung, nicht mit einer generellen Lohnreduktion einverstanden (siehe «Der Lohn», Seite 98).

Auch hier gilt: Abänderungen sind nur zulässig, wenn die Verschlechterung nicht gegen zwingende Bestimmungen verstösst. Das Salär fällt, wie erwähnt, nicht darunter und kann weitgehend frei vereinbart und auch nachträglich reduziert werden. Zwingend geregelt ist dagegen der Lohn bei Krankheit oder Ferien. Der Salärempfänger vergibt sich nichts, wenn er auf ein Schreiben des Arbeitgebers: «In Zukunft erhalten Sie während Ihrer Ferien keinen Lohn mehr», nicht reagiert. Er kann jederzeit auf fünf Jahre zurück den ihm vorenthaltenen Ferienlohn verlangen (OR 329 d und 361).

Gegen Verschlechterungen protestieren
Welche Bestimmungen zwingend vor Abänderungen zu Lasten des Arbeitnehmers schützen, ist für den Lohnempfänger nicht immer einfach

festzustellen. Deshalb gilt der Grundsatz: Gegen jede vertragliche Verschlechterung sollte, sofern man nicht damit einverstanden ist, *schriftlich protestiert* werden. Dies mit dem Hinweis, man erachte den bisherigen Vertrag nach wie vor als gültig. Sind andere Mitarbeiter ebenfalls betroffen, empfiehlt sich ein gemeinsames Vorgehen.

Der Arbeitgeber wird dann häufig mit einem blauen Brief reagieren und erklären, nach Ablauf dieser Kündigungsfrist sei er bereit, das Vertragsverhältnis zu den schlechteren Bedingungen aufrechtzuerhalten. Eine solche Änderungskündigung ist in der Regel zulässig; sie wird vor allem in Zeiten der Rezession angewendet (siehe aber Seite 183).

Wer ist Arbeitnehmer?

Nicht jeder, der gegen Entschädigung Arbeit leistet, ist Arbeitnehmer. Es kann auch ein Auftrag, ein Werkvertrag oder ein Gesellschaftsvertrag vorliegen. Was unterscheidet den Arbeitsvertrag von diesen anderen Vertragsverhältnissen? Und: Stehen Ehefrauen und Konkubinatspartnerinnen auch in einem Arbeitsverhältnis, wenn sie ihrem Ehemann oder Partner im Geschäft aushelfen?

Der Arbeitsvertrag besteht primär im Tausch von Lohn gegen Zurverfügungstellung der Arbeitskraft (OR 319). Der Vertrag ist in der Regel auf Dauer angelegt. Vielfach entscheidend daran ist: Der Arbeitnehmer ordnet sich einem Patron unter und gliedert sich in eine Arbeitsorganisation ein. Er hat Mindestarbeitszeiten einzuhalten. Die Werkzeuge und Arbeitsinstrumente werden vom Betrieb gestellt. Der Arbeitnehmer arbeitet im Betrieb des Arbeitgebers, und er muss nicht nur Weisungen seiner Vorgesetzten befolgen, sondern auch regelmässig Bericht erstatten. Er beteiligt sich nicht am Verlust, und er hat bezahlte Ferien. Er verspricht nicht den Erfolg, sondern bloss, seine Arbeitskraft zur Verfügung zu stellen. Entgegen einer weit verbreiteten Meinung spielen die Bezeichnung des Verhältnisses und die Frage, wer Sozialversicherungsbeiträge abliefert, eine untergeordnete Rolle.

Natürlich sind in zahlreichen Fällen nicht alle diese Voraussetzungen eines Modell-Arbeitnehmers erfüllt. Der Chauffeur, der Zeitungsverträger, der Hauswart arbeiten ausserhalb der Geschäftsräumlichkeiten, der Chefarzt am Spital muss sich fachlich nicht dreinreden lassen, aber er ist organisatorisch einer Spitalhierarchie unterstellt und ist deshalb unselbständig.

Entscheidend ist die Würdigung der gesamten Umstände. Doch in Zweifelsfällen besteht die Tendenz, zugunsten des Status als Arbeitnehmer zu entscheiden, also den schwächeren Partner zu schützen.

Der Traum vom Selbständigerwerbenden
Das Arbeitsvertragsrecht enthält umfangreiche Schutzbestimmungen für die Lohnabhängigen. *Dieser Schutz gilt nicht für die Selbständigerwerbenden.* Diese müssen ihre Sozialversicherungsbeiträge und Ferien selber finanzieren. Vielfach sind sich zwei Vertragsparteien anfänglich einig: Im schriftlichen Vertrag erhebt man einen Buchhalter, einen Fussballspieler,

einen Versicherungsagenten, einen Lastwagenchauffeur zum Selbständigerwerbenden. Beiden Parteien kann es vorerst so recht sein: Der Arbeitgeber spart Sozialversicherungsbeiträge, der Arbeitnehmer sieht sich nicht nur in seinem Selbstbewusstsein gestärkt, auch sein berufliches Ansehen steigt. Er weiss auch, dass er Steuern sparen kann. So wird er zum Beispiel das auswärtige Geburtstagsnachtessen mit seiner Ehefrau im Gegensatz zum Unselbständigerwerbenden irgendwie als Geschäftsauslage tarnen können.

Freddy A. ist «selbständiger» Lastwagenfahrer. Er erhält seine Aufträge ausschliesslich von einem Grossunternehmer in der Branche, der ihm auch den Lastwagen finanziert hat. Am Lastwagen prangt ein grosses Schild: Freddy A., Internationale Transporte. Er bezahlt auch die AHV allein, während seiner Ferien und bei Krankheit hat er keinen Lohn, und wenn keine «Büez» vorhanden ist, kann er anders als der Arbeitnehmer nicht Lohn von seinem Auftraggeber verlangen. Seine Selbständigkeit hat also an einem kleinen Ort, nämlich auf dem Schild am Lastwagen, Platz.

Doch plötzlich gibt es Streit zwischen den Parteien, oder ein Rechtskundiger weist den vermeintlich Selbständigerwerbenden darauf hin, er sei doch völlig abhängig, und in eine fremde Arbeitsorganisation eingegliedert, er habe darum Anspruch auf Ferienlohn, sein Vertragspartner sei in Wirklichkeit Arbeitgeber, der sich an Kündigungsfristen zu halten habe.

Stellt sich heraus, dass ein als Selbständiger bezeichneter Vertragspartner in Wirklichkeit Lohnabhängiger ist, hat das für ihn meist erfreuliche Konsequenzen. Er kann sich auf die zwingenden Bestimmungen des Arbeitsrechts auch rückwirkend berufen und beispielsweise bezahlte Ferien verlangen. Rückwirkend können auch die Soziallasten neu verteilt werden, das heisst, der Arbeitgeber muss sich zur Hälfte daran beteiligen.

Auftrag oder Arbeitsvertrag?
Der frei berufstätige Arzt kann seine Zeit frei einteilen. Er kann weitgehend selber bestimmen, wie er behandeln will. Er steht zu seinen Patienten in einem Auftragsverhältnis, das von beiden Seiten ohne Kündigung jederzeit und sofort aufgelöst werden kann. Er ist im Gegensatz zum Werksarzt nicht an Weisungen gebunden und nicht in eine fremde Organisation integriert. Gibt der gleiche frei praktizierende Arzt seine Praxis auf und übernimmt vor einer längeren Weltreise bei einem Kollegen eine

Ferienstellvertretung, ordnet er sich in dessen Organisation ein. Er ist gegenüber seinem Kollegen Arbeitnehmer und kann deshalb beispielsweise Ferienlohn verlangen.

Der Fussballstar ist ebenfalls Arbeitnehmer, da er sich stark unterzuordnen hat. Schwieriger ist die Abgrenzung beim Trainer vorzunehmen. Auch wenn er weitgehend frei bezüglich Trainings- und Spielgestaltung und der Mannschaftsaufstellung entscheidet, ist er trotzdem unter dem Daumen eines Vereinsvorstands, dem er weniger fachlich als organisatorisch klar unterstellt ist. Auch ist er wirtschaftlich abhängig. Deshalb ist auch er Arbeitnehmer.

Eine Firma, die ihre Buchhaltung durch ein auswärtiges Treuhandbüro machen lässt, erteilt einen Auftrag. Wenn sie jedoch einen Buchhalter nebenamtlich beschäftigt, der eine fixe monatliche Entschädigung dafür erhält, dass er die Zahlen zusammenzählt, die Steuererklärung ausfüllt und Mahnungen schreibt, ist dieser Teilzeitarbeitnehmer, auch wenn er seine Arbeitszeit frei einteilen und vieles zu Hause machen kann: Er ist weisungsgebunden, in eine fremde Arbeitsorganisation eingegliedert und hat beispielsweise Anspruch auf Ferien- und Krankenlohn.

Der leitende Direktor ist zwar relativ frei in seinen Entscheidungen. Er untersteht aber dem Verwaltungsrat und ist deshalb unselbständiger Arbeitnehmer. Die Mitglieder des Verwaltungsrats sind nach Gerichtspraxis dann selbständigerwerbend, wenn sie diesen Job im Nebenamt ausführen. Anders ein Vollzeit-Verwaltungsrat: Der Delegierte des obersten Verwaltungsgremiums einer Aktiengesellschaft ist diesem Rat rechenschaftspflichtig. Er ist weisungsgebunden, also untergeordnet.

Das Schweizer Fernsehen stellt immer wieder sogenannt freie Kameraleute und Toningenieure an. Diese nehmen ihre eigenen Geräte mit, und es wird ihnen eine bestimmte Anzahl Tage Beschäftigung garantiert. Auch hier, so das Zürcher Obergericht, überwiegen die Elemente der Unterordnung, sind doch diese Mitarbeiter eines Regisseurs jeweils von dessen Weisungen abhängig.

Wo bleibt die grosse Freiheit?

Es gibt Tausende «freier Mitarbeiter» zum Beispiel in der Computerbranche, kaufmännische Angestellte usw., die in Wirklichkeit nicht den Freiheitsgrad der Selbständigerwerbenden erreichen. *Das Weniger an Freiheit kann dafür mehr Lohn und Schutz dank Arbeitsrecht bedeuten.*

Werk- oder Arbeitsvertrag?
Der Beauftragte wird im Dienst des Auftraggebers tätig, der Hersteller eines Werkes verspricht, ein konkretes Arbeitsresultat abzuliefern; so der Bauunternehmer, der eine Stützmauer erstellt. Der Hauseigentümer hat diesem Werkersteller gegenüber zwar ein Weisungsrecht, das aber weniger weit geht als bei einem Arbeitnehmer.

Lädt ein Geburtstagskind einen Zauberer an sein Fest ein oder engagiert ein Wirt die «Oberkrainer Spatzen» für die Dauer eines Monats, liegt ebenfalls ein Werkvertrag vor, wenn die Künstler weitgehend frei sind in der Programmgestaltung.

Der selbständige Werkersteller (zum Beispiel Bauunternehmer) ist frei in der Einteilung der Arbeitszeit, er muss nur dafür sorgen, dass der Endtermin eingehalten wird. Er hat keine umfassende Rapportierungspflicht und stellt seine Arbeitsgeräte und das Material meist selber. Wenn er Konstruktionen herstellt, geschieht dies in seinen eigenen Räumen. Er haftet dafür, dass die Konstruktion gelingt. Im Gegensatz dazu stellt der Arbeitnehmer seine Zeit zur Erstellung des Werkes zur Verfügung. Hauptgegenstand ist sein *Wirken,* nicht das *Werk.* Er haftet nicht für die pünktliche Einhaltung, er trägt weniger Eigenverantwortung und ist weniger selbständig.

Das Go-go-Girl und der Diskjockey erbringen mit ihrer Arbeit ein «künstlerisches Werk». Sie sind in aller Regel Arbeitnehmer, da sie einen Stundenplan einhalten müssen, in eine fremde Organisation eingeordnet und auch meist fix entschädigt sind.

Gesellschafts- oder Arbeitsvertrag?
Durch den Gesellschaftsvertrag schliessen sich zwei oder mehr Personen zur Erreichung eines gemeinsamen Zieles mit gemeinsamen Kräften zusammen. Sie sind *einander nicht untergeordnet* und führen die Geschäfte und die Kontrolle gemeinsam aus. Besteht dagegen ein Unterordnungsverhältnis, ist Arbeitsvertrag anzunehmen.

Coiffeurmeister L. stellt in seinem Salon einen Sessel seinem Berufskollegen Sch. zur Verfügung, der darin seine Kundschaft bedient. Sch. kann gegen Vergütung von 40 Prozent der Einnahmen als Unkostenbeitrag schalten und walten, wie er will. Hier handelt es sich um einen gesellschaftsähnlichen Vertrag. Sch. kann keinen Ferienlohn verlangen, da L. ihm keine Weisungen erteilt.

Arbeit für Gotteslohn?
Immer wieder passiert es, dass jemand für einen anderen arbeitet, ohne dass ein Lohn im voraus vereinbart wird. Bloss einmalige Handreichungen wie Nachbarschaftshilfe oder eine längerdauernde soziale Tätigkeit, vor allem wenn sie nebenamtlich geschieht, werden in der Regel in Erfüllung einer moralischen Pflicht unentgeltlich ausgeführt. Hier wird das Stillschweigen zur Lohnfrage als Verzicht ausgelegt. Wenn aber allgemein angenommen werden muss, dass solche Dienste nur gegen Lohn geleistet werden, kommt ein Arbeitsvertrag auch ohne vorherige Salärvereinbarung zustande. Geschuldet ist dann der übliche Lohn.

Franz B. arbeitet im ersten Jahr nur aushilfsweise, dann während neun Jahren für Gotteslohn, Logis und Verpflegung in der Bäckerei seines Vaters, weil ihm dieser zugesichert hat, er könne bald in seine Bäckerstapfen treten. Deshalb wurde kein Lohn fixiert.
Wenn Franz B. im gemeinsamen Haushalt mit den Eltern auch noch wohnt, gelten für ihn die besonderen Bestimmungen des Lidlohns, *das heisst, er hat, auch wenn bezüglich der Höhe des Lohnes nichts vereinbart wurde, Anspruch auf einen allerdings bescheidenen Lidlohn, der im Familienrecht geregelt ist (ZGB 334).*
Wohnt Franz B. aber getrennt von den Eltern, gilt: Stillschweigen der Parteien bezüglich des Lohnes kann nicht einfach als Verzicht interpretiert werden. Ein branchenübliches Salär ist dann geschuldet, wenn aus den Umständen zu entnehmen ist, dass eine langjährige Hilfe nur gegen Lohn zu erwarten ist. Franz B.s aufopferungsvolle Tätigkeit fällt zweifellos unter diese Bestimmung. Anders präsentiert sich die Lage für die Zeit, da er nur aushilfsweise tätig war und daneben anderswo sein Brot verdiente. In dieser Zeit handelte er gegenüber seinem Vater in Erfüllung einer moralischen Pflicht, *die bei nahen Familienangehörigen gewöhnlich unentgeltlich geleistet wird.*

Vor allem unter Fremden wird selbst bei kurzer Anstellungsdauer rasch angenommen, es sei ein Arbeitsvertrag zustande gekommen, auch wenn kein Lohn vereinbart worden ist.

Viktor H. wurde probeweise an zwei Tagen von einer Treuhandgesellschaft eingesetzt. Danach wurde er mit der Begründung entlassen, er habe den Arbeitstest nicht bestanden. Trotz fehlender Lohn-

vereinbarung hatte Viktor H. nach Auffassung des Arbeitsgerichts Anspruch auf Lohn bis zum Ablauf der Probezeit.

Lohn für die Ehefrau?

Lotti I. führt nicht nur den Haushalt, sie hilft ihrem Mann auch halbtags in seinem Immobiliengeschäft, ohne während zehn Jahren einen Lohn zu verlangen. Es kommt zur Scheidung, und jetzt verlangt die durch Haushalt und Berufsarbeit doppelt belastete Ehefrau auf zehn Jahre zurück über 1500 Franken pro Monat. «Kann sie das wirklich?» fragt schäumend vor Wut der Ehemann.

Im Prinzip ja. Wohl kann sie für die geleistete Hausarbeit kein Salär verlangen. Sie übte diese Tätigkeit im Rahmen ihrer ehelichen Beistandspflicht aus. Krampft sie aber mehr, als ihr zuzumuten ist, opfert sie sich auf, hat sie Anspruch auf Lohn, obwohl sie auch davon profitiert, dass dank ihres Einsatzes der gemeinsame Lebensstandard steigt. Ein Lohn von über 1500 Franken pro Monat für Lotti I. erschien dem angerufenen Gericht als durchaus angemessen. Niedriger würde die Entschädigung ausfallen, wenn ihr Mann sie im Haushalt und in der Kinderbetreuung entlastet oder sie durch eine Haushälterin in der Arbeitszeit ersetzt hätte. Keine Entschädigung erhielte Lotti I., wenn die Ehepartner im voraus ausdrücklich auf eine Lohnzahlung verzichtet hätten.

Leistet eine Hausfrau (dasselbe gilt natürlich für den Hausmann, der im Geschäft der Frau mitarbeitet) einen substantiellen, dauernden ausserhäuslichen Beitrag, empfiehlt es sich, nicht nur einen Ehevertrag, sondern auch einen *Arbeitsvertrag mit einer Lohnvereinbarung* aufzusetzen und die Beiträge an die Sozialversicherung abzuführen. So ist die Ehefrau im Alter und bei Unfall wesentlich besser gestellt als die meist schlecht versicherte «Nur»-Hausfrau.

Doch keine Regel ohne Ausnahme: Wäre Lottis Mann nicht Immobilienhändler, sondern Bauer, sähe die Sache wieder anders aus; im bäuerlichen oder gewerblichen Kleinbetrieb mit geringer Ertragskraft liegt eine zusätzliche Entlöhnung der Ehefrau nicht drin. Auch gehört nach vorherrschender Auffassung bei einer Bäuerin die aktive Mithilfe in Feld, Stall und Haushalt zu ihrer Beistandspflicht.

Und im Konkubinat?

Ähnlich zu behandeln ist das Konkubinat. Werden die Rollen aufgeteilt – eines verdient den Lohn auswärts, das andere Lob für seine aufopfernde Tätigkeit im Haushalt –, besteht kein Lohnanspruch für den Hausmann oder die Hausfrau. Lohnzahlungen sind nicht üblich, auch wenn die AHV-Behörden dazu übergegangen sind, für Verpflegung, Logis und Taschengeld fiktive Einkommen zu bestimmen und davon Beiträge einzutreiben.

Anders, wenn der Hausmann oder die Hausfrau im Geschäft mithilft. Hier ist rascher als bei Eheleuten (Konkubinatspartner haben keine eheliche Beistandspflicht) anzunehmen, wer sich ausserhäuslich im Geschäft des Partners einsetze, tue dies im Hinblick auf den Broterwerb. Um Missverständnisse zu vermeiden: In allen Fällen lohnt es sich, die Lohnfrage zu diskutieren und anschliessend schriftlich zu fixieren.

Kriegt ein Schwarzarbeiter Lohn?

Recht häufig kommt es vor, dass Arbeitgeber und Arbeitnehmer sich gemeinsam über zwingende gesetzliche Vorschriften hinwegsetzen. Häufigstes Beispiel ist die Beschäftigung eines Schwarzarbeiters, das heisst eines Ausländers ohne Arbeitsbewilligung. Diese Verträge sind sogenannt nichtig und fallen dahin, wenn eine Partei sich auf die Ungültigkeit beruft. Verboten ist beispielsweise auch, einen unter 18jährigen Burschen als Kellner im Stripteaselokal anzustellen. Ebenfalls nichtig, weil anstössig, ist es, Arbeitnehmer als Schmuggler zu beschäftigen.

Kann in diesen Fällen der Schwarzarbeiter, der Schmuggler noch nicht erhaltenen Lohn und das Salär bis zum Ablauf der Kündigungsfrist verlangen? Der Arbeitgeber bräuchte eigentlich wegen der Bösgläubigkeit seines Mitarbeiters nichts mehr zu bezahlen (OR 320/3). Das ist jedoch stossend, weil der Arbeitgeber selber alles andere als gutgläubig ist und dafür nicht noch honoriert werden soll. Der Beobachter meint: Bei Bösgläubigkeit beider Parteien hat der Arbeitgeber den Lohn bis zum Ablauf der gesetzlichen Kündigungsfrist weiter zu zahlen.

Nicht nur wegen Gesetzwidrigkeit (Schwarzarbeit) kann sich ein Vertrag nachträglich als ungültig erweisen. Eine der Vertragsparteien kann mit Erfolg eine sofortige Vertragsauflösung verlangen, wenn sie *getäuscht* worden ist oder *sich über eine wesentliche Voraussetzung geirrt* hat (OR 24/28). Ein Arbeitsverhältnis mit einem farbenblinden Maler oder einem nicht schwindelfreien Dachdecker kann sofort aufgelöst werden (ähnlich einer fristlosen Entlassung). Bis zum Tag der Aufhebung kommt der gutgläubige Arbeitnehmer in den Genuss der vollen vertraglichen oder gesetzlichen Leistungen.

Oder: Ein Arbeitgeber beschäftigt einen 17jährigen zu einem mickrigen Lohn. Der Vertrag stellt sich später als ungültig heraus, da die Eltern nicht zugestimmt hatten. Hier kann der 17jährige mit seinen Eltern wegen *Übervorteilung* (wucherischen Bedingungen) die Vereinbarung sofort auflösen und rückwirkend einen höheren Lohn beanspruchen.

Handelsreisende und Heimarbeiterinnen

Für verschiedene Personengruppen finden sich im Obligationenrecht weitere Vorschriften in Ergänzung zu den allgemeinen. So für die gegen 50 000 Handelsreisenden, die einen wesentlichen Teil ihrer Arbeitszeit auf Achse verbringen. So auch für die über 10 000 Frauen und rund 1000 Männer – vor allem in wirtschaftlichen Randgebieten –, die ihr Tagwerk in der guten Stube verrichten. Weitere Vorschriften des Obligationenrechts befassen sich mit den Lehrlingen.

Die Geräderten

Die Handelsreisenden (OR 347 ff.) schliessen ausserhalb der Geschäftsräume des Arbeitgebers Geschäfte ab oder vermitteln sie. In der Regel arbeiten sie ganz oder teilweise auf Provisionsbasis. Diese «Geräderten» arbeiten für ein im Handelsregister eingetragenes Unternehmen, dem sie rechenschaftspflichtig sind. Sie sind in die Betriebsorganisation eingebaut, sind also untergeordnet, unselbständig, weisungsgebunden und müssen regelmässig über ihre Tätigkeit rapportieren. Dadurch unterscheiden sie sich vom Agenten, für den andere Bestimmungen gelten. Der Durchschnittsagent ist selbständigerwerbend, er hat ein eigenes Geschäftsdomizil, muss nicht regelmässig rapportieren, braucht keine Weisungen bezüglich Reiseroute entgegenzunehmen und bezahlt die Reklame, die er für sich macht, selber. Er ist im Handelsregister eingetragen, kann selbständig Hilfskräfte anstellen und ist häufig für mehrere Auftraggeber tätig.

Um Sozialversicherungsbeiträge zu sparen, tendieren Unternehmen dazu, ihre abhängigen Arbeitskräfte in den Stand des Selbständigerwerbenden zu erheben und sie als Agenten zu bezeichnen. Dagegen kann man sich wehren. Denn nicht die Bezeichnung ist massgebend, sondern ob ein Abhängigkeitsverhältnis vorliegt oder nicht. Der «Agent», der in Wirklichkeit Handelsreisender ist, kann jederzeit verlangen, dass die Bestimmungen des Arbeitsvertragsrechts auf ihn Anwendung findet. Das hat Vorteile, beispielsweise zusätzlich eine Ferienentschädigung in Höhe von 8,33 Prozent. Rückwirkend muss der Arbeitgeber auch einen Teil der Sozialabzüge für seinen Untergebenen mitfinanzieren.

Die nachfolgend kurz beschriebenen Vorschriften beschränken sich auf den Handelsreisenden. Der Verkaufsleiter, der von der Zentrale aus regiert, gehört ebensowenig zu dieser Kategorie wie ein Verteiler von

Zigaretten-Müsterli; beide vermitteln keine Geschäfte. Nicht dazu gehört auch der Brillen-Wunderputzmittel-Demonstrant vor dem Warenhaus, auf Jahrmärkten oder an der Muba.

Schriftlichkeit ist vorgeschrieben für Bestimmungen über die Dauer des Arbeitsvertrags, den Lohn, die Auslagen und den Umfang der Vertretungsvollmacht (OR 347a). Fehlt eine schriftliche Vereinbarung, gelten zwingend die gesetzlichen Bestimmungen, wonach der Handelsreisende bloss vermitteln, nicht aber Geld entgegennehmen darf. Der Lohn wird, ohne gegenteilige Vereinbarung, nach Branchenusanz bestimmt, nicht etwa nach der Usanz im Betrieb des Arbeitgebers, und es gelten die OR-Kündigungsfristen.

Ohne zusätzliche Vollmachten wenig Kompetenzen. Der Handelsreisende muss sich bezüglich Kunden- und Routenauswahl an die Weisungen des Arbeitgebers halten (OR 348). Er darf ohne schriftliche Zustimmung seines Patrons diesen nicht konkurrenzieren. Er darf von vorgeschriebenen Preisen ohne die Zustimmung des Arbeitgebers nicht abweichen und muss regelmässig Bericht über seine Tätigkeit erstatten – da er ausser Haus arbeitet, ist er schwieriger zu kontrollieren.

Häufig erhält der Handelsreisende für die von ihm vermittelten Geschäfte eine *Provision,* also eine Umsatzbeteiligung (siehe «Provision, Trinkgeld und andere Beteiligungen», Seite 113). Es kommt vor, dass die abgeschlossenen Geschäfte sich nachträglich als faul herausstellen, weil der Kunde zahlungsunfähig ist. Häufig muss dann der Handelsreisende auf seine Provision verzichten. Will ein Versicherungsvertreter um seine Provision kämpfen, kann er von seinem Arbeitgeber verlangen, dass er den Kunden betreibe oder vor Gericht einklage. Er muss sich aber bis zu 50 Prozent an den Kosten beteiligen, auch dann, wenn die Inkassobemühungen erfolglos bleiben. Alle Reisenden, nicht nur die Versicherungsvertreter, können sich auch eine *Delcredere-Provision* bezahlen lassen (OR 348a), das heisst einen zusätzlichen Lohn dafür, dass sie sich an den Betreibungskosten usw. von schlechten Zahlern beteiligen (nach OR Beteiligung maximal ein Viertel des Schadens, nur bei Privat-, nicht bei Geschäftskundschaft möglich).

Ohne besondere Vereinbarung ist der Handelsreisende nur zur Vermittlung von Geschäften berechtigt. Er berichtet dem Arbeitgeber, welcher Kunde einen Vertrag abschliessen möchte. Häufig erhält der Vertreter eine schriftliche *Vollmacht,* die er auf Verlangen vorzuweisen hat. Oft wird er darin ermächtigt, Geschäfte abzuschliessen. So kann sich der Kunde darauf verlassen, dass der Vertreter Rabatte gewähren,

Lieferfristen vereinbaren kann usw. Überschreitet der Vertreter seine Befugnisse (gibt er zum Beispiel zuviel Rabatt), wird er schadenersatzpflichtig gegenüber dem Arbeitgeber. Es gibt auch Vertreter, die gar zum Bezug des Geldes berechtigt sind; dies braucht wieder eine schriftliche Ermächtigung. Ein Kunde, der sich eine solche Vollmacht nicht zeigen lässt, riskiert, dass er zweimal zahlt.

Wenn der Arbeitgeber dem Arbeitnehmer ein Reisegebiet oder einen bestimmten *Kundenkreis* zuweist, kann dieser ohne anderslautende Vereinbarung davon ausgehen, dass er sein Revier allein bereist (OR 349). Der Arbeitgeber darf zwar selber auch reisen, muss aber für jedes Geschäft seinem Arbeitnehmer die vereinbarte Provision bezahlen.

Normalerweise kann im Arbeitsvertragsrecht der Vertrag nicht einseitig innerhalb der Kündigungsfrist abgeändert werden. Für Handelsreisende gibt es eine wichtige Ausnahme: Der Arbeitgeber kann sofort das Tätigkeitsgebiet des Reisenden abändern, wenn er begründeten Anlass dazu hat (zum Beispiel wenn ein Produkt so erfolgreich ist, dass der Arbeitnehmer nicht mehr alles bearbeiten kann). Der Arbeitnehmer kann aber in solchen Fällen eine Entschädigung für entgangene Provision beanspruchen und, wenn ihm die Änderung unzumutbar erscheint, das Arbeitsverhältnis gar fristlos auflösen (OR 349).

Der Richter kann den Lohn des Reisenden überprüfen! In allen anderen Berufssparten kann der Lohn frei vereinbart werden, es sei denn, es seien Mindestlöhne in Gesamtarbeitsverträgen vereinbart. Besteht beim Reisenden der Lohn vorwiegend in einer Provision, kann der Richter die Entlöhnung auf ihre Angemessenheit überprüfen (OR 349a, Ausnahme: die ersten zwei Monate, wenn eine Probezeit vereinbart wurde). Massstab ist der mögliche Verdienst eines Durchschnittsvertreters. Absprachen, wonach Auslagen ganz oder teilweise in der Provision inbegriffen sind, sind nichtig. Der Reisende hat einen zwingenden Anspruch auf vollen Auslagenersatz.

Heimarbeit in der guten Stube
Heimarbeiterinnen und Heimarbeiter (OR 351 ff.) arbeiten für Industrie und Gewerbe mit ihren Händen und allenfalls Maschinen bei sich zu Hause oder in Arbeitsräumen in ihrer Nähe. Daneben gibt es eine wachsende Zahl, es sind Tausende, die vorwiegend als kaufmännische Angestellte zu Hause tippen und rechnen. Manche sagen der Tele-Heimarbeit eine grosse Zukunft voraus. Arbeitnehmer sitzen vor ihrem Computer,

der via Telefon mit der Zentrale des Arbeitgebers verbunden wird. Diese Tele-Heimarbeiter brauchen nicht mehr auf dem Weg zur Arbeit in der Autokolonne zu stehen. Der Arbeitgeber spart nicht nur Infrastrukturkosten, sondern auch an den Löhnen, da das Salärniveau bei Heimarbeitern wegen der grossen Nachfrage tiefer ist. Der dezentrale Arbeitsplatz beinhaltet auch Gefahren für die Heimarbeiter: Eintönigkeit, Vereinsamung und die verstärkte Leistungskontrolle via Computer.

Für alle zu Hause Arbeitenden gelten nebst den allgemein gültigen OR-Regeln einige Sonderbestimmungen im Obligationenrecht. Von einem Heimarbeitsvertrag spricht man ebenfalls, wenn mehrere zusammenspannen, um die Isolation zu überwinden und um effizienter arbeiten zu können. Hier ordnet sich also eine Gruppe einem auswärtigen Arbeitgeber unter. Der Arbeitgeber ist verpflichtet, den Heimarbeitern einen Lohn zu bezahlen (OR 352a). Und zwar halbmonatlich (im Einverständnis mit dem Heimarbeiter monatlich) bei regelmässiger Beschäftigung, sonst spätestens bei Ablieferung eines jeden Auftrags (der Heimarbeiter darf nach ausdrücklicher Gesetzesvorschrift nicht auf Kredit arbeiten).

Verdienst muss im voraus berechnet werden
Meist handelt es sich um einen Akkordlohn, das heisst, der Arbeitgeber zahlt nach Stück (Industrie, Gewerbe) oder Seitenzahl (kaufmännische Heimarbeiter). Der Arbeitgeber muss vor Erteilen eines jeden Auftrags im voraus die Arbeitsbedingungen bekanntgeben; davon müssen schriftlich vorliegen: die Entschädigung für das vom Heimarbeiter zu beschaffende Material und der Lohn (OR 351a). Um das Salär ermitteln zu können, muss auch die Vorgabezeit schriftlich genannt werden, also, wie lange der Arbeitnehmer pro Stück verwenden sollte, um den Lohn zu erreichen. Fehlt es an der schriftlichen Bekanntgabe, so berechnen sich beide Positionen nachträglich nicht einfach nach dem Wunsch des Arbeitgebers; massgebend sind die branchenüblichen Ansätze.

Der Arbeitgeber ist weiter verpflichtet, die abgelieferte Ware innert Wochenfrist zu prüfen und allenfalls Mängel zu rügen. Danach gilt die Ware als einwandfrei, es sei denn, es lägen versteckte Mängel vor oder der Arbeitnehmer habe seinen Chef getäuscht (OR 353).

Warnung vor Heimarbeit, die Geld kostet
Der Arbeitgeber hat dem Heimarbeiter die Arbeitsgeräte kostenlos zur Verfügung zu stellen. Bringt der Arbeitnehmer diese mit, sollte sich der

Arbeitgeber an den Wartungs-, Reparatur- und Abschreibekosten beteiligen. Meist unseriös sind Angebote von potentiellen Arbeitgebern, die verlangen, dass der Heimarbeiter Investitionen selber leiste. (Den Gewinn dabei erzielt meist der Arbeitgeber, dem Arbeitnehmer bleibt das Risiko.) Stellt der Heimarbeiter bei der Ausführung der Arbeit Mängel an Material oder Geräten fest, hat er sofort den Arbeitgeber zu benachrichtigen und, bevor er weiterfährt, dessen Weisungen abzuwarten (OR 352a).

Der Heimarbeiter muss, wenn ein Zeitpunkt abgemacht ist, seine Arbeit pünktlich abliefern. Er haftet für verspätete Ablieferung, es sei denn, er trage daran kein Verschulden. Ist das Produkt mangelhaft, wird ihm dieses in der Regel zur Nachbesserung zurückgeschickt. Wenn Material und Geräte verdorben werden, haftet der Arbeitnehmer höchstens für die Selbstkosten, nicht aber für den entgangenen Gewinn. Im übrigen gilt auch hier eine bloss beschränkte Haftung.

Der Heimarbeiter hat *immer* Anspruch auf Ferienentschädigung. Der Patron muss ihm die nötige Zeit zum Ferienbezug freihalten. Er darf ihn also nicht 365 Tage im Jahr mit Arbeit eindecken.

Der Heimarbeiter, der ununterbrochen im Dienst des Arbeitgebers steht, erhält auch dann den vollen Lohn, wenn ihm der Chef nicht rechtzeitig neue Arbeit zuweist oder wenn er unverschuldet an der Arbeit verhindert ist. Ununterbrochen meint nicht lückenlose Beschäftigung, sondern eine über einen längeren Zeitraum, wenn auch mit kürzeren oder längeren Unterbrüchen, regelmässige Beschäftigung. Der Arbeitgeber kann übrigens diese zwingende Bestimmung nicht zu seinen Gunsten im Arbeitsvertrag abändern.

Schlechter gestellt sind die unregelmässig beschäftigten Heimarbeiter. Sie haben bloss Anspruch auf Ferienentschädigung, nicht aber auf Lohn bei Krankheit, Schwangerschaft usw.

Rechtsmissbräuchliche Kettenverträge
Einzelne Arbeitgeber versuchen, ihre Sozialleistungen kleinzuhalten, indem sie Kettenarbeitsverträge abschliessen, das heisst, für jeden neuen Auftrag wird ein neuer Arbeitsvertrag abgeschlossen. Solche Verträge sind rechtsmissbräuchlich; Heimarbeiter können in diesen Fällen den Arbeitsrichter anrufen. Nur, wohl in keinem Arbeitsbereich steht ein grösseres Heer von Arbeitswilligen einem relativ bescheidenen Arbeitsangebot gegenüber. Viele sagen sich: Lieber ein gesetzwidriger Kettenvertrag als gar keine Arbeit ...

Steht ein Arbeitnehmer ununterbrochen im Einsatz, gilt die Vermutung, es liege ein Arbeitsverhältnis auf unbestimmte Zeit vor, das nicht von einem Tag auf den andern, sondern durch Kündigung aufzuheben ist (siehe «Die ordentliche Kündigung», Seite 172). Anders bei unregelmässigen Arbeitseinsätzen: Hier gilt die Vermutung, das Arbeitsverhältnis sei mit Ablieferung der Ware jedesmal beendet (OR 354).

Das Heimarbeitsgesetz gilt nicht für alle
Neben den allgemeinen und den Sonderbestimmungen des OR gibt es ein spezielles Heimarbeitsgesetz und eine Verordnung für Heimarbeiter, die ihre Handarbeit für Industrie und Gewerbe leisten. Die nachfolgend erwähnten Bestimmungen gelten aber nicht für wissenschaftliche, künstlerische, kaufmännische und technische Verrichtungen (Buchhaltung führen, übersetzen, kalkulieren, Pläne zeichnen, Maschine schreiben).

Gesetzesmässig geniessen die Heimarbeiter Lohngleichheit mit den Arbeitern im Betrieb. In der Praxis lässt sich dieser Vergleich jedoch nie anstellen. Der Heimarbeiter ist so zu beschäftigen, dass er einen angemessenen Lohn erzielen kann, ohne sich dabei gesundheitlich zu gefährden. Gefährliche Heimarbeiten sind verboten oder nur unter gewissen Bedingungen erlaubt (zum Beispiel Herstellung von Sprengstoffen, Sortieren ungereinigter Wäsche, Arbeiten mit Schweiss- und Schneidbrennern, Tragen schwerer Lasten), doch kann die kantonale Aufsichtsbehörde Ausnahmebewilligungen erteilen. Industrie- und Gewerbebetriebe, die Heimarbeit ausgeben, haben sich in das kantonale Arbeitgeberregister eintragen zu lassen. Der Arbeitgeber hat ein Verzeichnis der von ihm beschäftigten Heimarbeiter zu führen. Im Streitfall kann sich der gewerbliche/industrielle Heimarbeiter an die kantonalen Aufsichtsbehörden wenden (Amt für Industrie, Gewerbe und Arbeit) oder Klage gegen den Heimarbeitgeber beim Arbeitsgericht anbringen.

Wie versichert?
Heimarbeiter sind obligatorisch bei der AHV/IV und gegen Berufsunfälle (UVG) versichert. Freizeitunfälle sind obligatorisch nur gedeckt, wenn der Heimarbeiter mindestens zwölf Stunden pro Woche für denselben Arbeitgeber zu Hause arbeitet. Heimarbeiter sind auch gegen die Folgen der Arbeitslosigkeit versichert, aber nur, wenn sie in den letzten sechs Monaten vor dem unerfreulichen Ereignis im Durchschnitt monatlich mindestens 500 Franken brutto erzielt haben. Sie können dann stempeln gehen, müssen aber bereit sein, auch ausserhäusliche Arbeit anzu-

nehmen, es sei denn, dies sei ihnen aus persönlichen Gründen nicht möglich (zum Beispiel Pflege der kranken Mutter). Beim BVG (siehe «Die berufliche Altersvorsorge», Seite 210) liegt die Schallmauer noch höher. Nur wenn ein Heimarbeiter mehr als 23 280 Franken pro Jahr (Stand 1995/96) verdient, haben die Vertragsparteien Beiträge an die Pensionskasse abzuführen.

Nicht obligatorisch mitversichert sind Familienmitglieder des Heimarbeiters, sofern sie keinen Barlohn beziehen und keine Beiträge an die AHV entrichten (sie können sich aber freiwillig versichern).

Gesamt- und Normalarbeitsvertrag

Über eine Million Arbeitnehmer können sich nicht nur auf die Bestimmungen im OR berufen, sondern auch auf einen Gesamtarbeitsvertrag (GAV). Was ist das eigentlich?

Der GAV regelt Arbeitsbedingungen in einer Branche oder einzelnen Betrieben. Er legt gegenseitige Rechte und Pflichten fest, häufig wird darin auch ein Streikverbot stipuliert (OR 356 ff.). Er wird zwischen einem Arbeitgeber oder Arbeitgeberverbänden und Gewerkschaften oder Angestelltenverbänden geschlossen. Etwa zwei Drittel der Arbeitnehmer im Industrie-, Gewerbe- und Dienstleistungssektor müssen auch in einem der über 1100 schweizerischen GAV blättern, wenn sie wissen wollen, von welchen Bestimmungen ihr Arbeitsverhältnis geregelt wird.

Der GAV gilt oft nur für Mitglieder
Es gibt kantonale, regionale oder gesamtschweizerische GAV. Zum Teil sind es Firmenverträge, also der GAV einer Gewerkschaft mit nur einer Firma. Davon zu unterscheiden sind Abmachungen zwischen Unternehmen und einer internen Betriebskommission (Hausverträge). Der GAV hat gesetzesähnliche Kraft, gilt aber meist *nur für Mitglieder* der Gewerkschaft bzw. der Arbeitgeberverbände. Der GAV enthält regelmässig zwingende Minimalbestimmungen, die nicht unterschritten werden dürfen. Daneben sind häufig Vorschriften über Versicherungen, Sozialpläne, Konflikterledigungen, Mitwirkungsrechte des Personals usw. aufgeführt.

Für alle gültig: der allgemeinverbindliche GAV
Ein GAV kann vom Bundesrat (gesamtschweizerisch) oder kantonal (Regierungsrat; dies kommt selten vor) auf Antrag der Verbände allgemeinverbindlich erklärt werden. Auf eidgenössischer Ebene existieren zum Beispiel für folgende Berufszweige allgemeingültige Vertragswerke: Maler und Gipser, Baugewerbe, Marmor- und Granitbetriebe, Coiffeure, Möbelindustrie, Schreiner, Gastgewerbe und Metallgewerbe (Stand 30. April 1996).

In diesen Branchen gelten auch ohne besondere Vereinbarung die Bestimmungen des GAV, die aber nicht gegen zwingende Paragraphen des Arbeitsvertragsrechts verstossen dürfen. Der allgemeinverbindliche

GAV gilt selbst dann, wenn die Parteien den Inhalt nicht kennen oder gar gemeinsam mit einzelnen Bestimmungen nicht einverstanden sind. Die Gesamtarbeitsverträge können bei den Arbeitgeber- oder Arbeitnehmerverbänden bezogen werden.

Der GAV will ein Minimum an Rechten gewähren und nicht bessere Einzellösungen verhindern. Es kommt häufig vor, dass der einzelne Betrieb zusätzlich einen schriftlichen Einzelarbeitsvertrag abschliesst. Widersprechen sich GAV und Einzelarbeitsvertrag, gilt die für den Arbeitnehmer günstigere Variante.

Typisches Beispiel: In einem GAV werden Mindestlöhne festgesetzt. Werden im Einzelarbeitsvertrag höhere Löhne vereinbart, gelten diese für den Arbeitnehmer günstigeren Vertragsbestimmungen.

Ein GAV gilt nur für eine begrenzte Berufskategorie. So gilt der GAV des Baugewerbes nur für die Handwerker, nicht aber für das Büropersonal und den Bauführer. Ab und zu gibt es Abgrenzungsschwierigkeiten, die im Streitfall vom Arbeitsgericht zu entscheiden sind:

Trudi R. arbeitet hinter dem Patisseriebuffet im Café einer Konditorei. Gilt für sie der Gesamtarbeitsvertrag des Gastgewerbes, oder ist sie als Verkäuferin dem Bäcker- und Konditorgewerbe zuzuschlagen? Das Zürcher Arbeitsgericht entschied: Sie gehört zum Gastgewerbe.

Die Gesamtarbeitsverträge bringen Vorteile für die Arbeitnehmer, so zum Beispiel im Gastgewerbe, wo viele Wirte mangels Erfahrung (im Gegensatz zu Grossbetrieben etwa) sich im Arbeitsrecht schlecht auskennen. Es kommt deshalb relativ häufig zu Meinungsverschiedenheiten in Abrechnungsfragen. Dann kann der Arbeitnehmer die Kontrollstelle für den Landes-GAV des Gastgewerbes in Basel anrufen; sie wacht darüber, dass der allgemeinverbindlich erklärte Gesamtarbeitsvertrag auch eingehalten wird. Die Kontrollstelle nimmt auf Begehren des Arbeitnehmers eine unentgeltliche Betriebskontrolle vor und teilt beiden Parteien das Ergebnis mit. Weigert sich der Arbeitgeber, das von der Kontrollstelle ermittelte Guthaben des Arbeitnehmers zu bezahlen, kann dieser gut dokumentiert ans Arbeitsgericht gelangen.

Meistens sind GAV nur beschränkt gültig. Liegt keine Allgemeinverbindlichkeitserklärung seitens des Bundes oder eines Kantons vor, gilt der GAV nur, wenn Arbeitgeber und Arbeitnehmer Mitglieder der vertragsunterzeichnenden Arbeitgeberorganisation bzw. Gewerkschaft

sind. Auch dann finden die Vereinbarungen gemäss GAV für alle Gewerkschafter und der Arbeitgeberorganisation angeschlossenen Arbeitgeber Anwendung, wenn die Parteien einzelne Bestimmungen nicht kennen oder damit nicht einverstanden sind.
Die nicht organisierten Arbeitgeber und -nehmer haben häufig die Möglichkeit, eine Anschlusserklärung an diesen GAV abzugeben. Dann gelten die Bestimmungen auch für sie. Die freiwillig sich Anschliessenden müssen aber einen *Solidaritätsbeitrag* entrichten. Denn der sich Anschliessende soll nicht einfach von der Arbeit der Verbände profitieren und dabei noch die monatlichen Beiträge an die Gewerkschaft sparen. Das gilt auch für gewisse allgemeinverbindlich erklärte GAV.

> *Das war für Josef F. zuviel: Seit er in einer Schreinerei arbeitete, sollte er jedes Jahr über 100 Franken Solidaritätsbeitrag an die Paritätische Berufskommission des Schreinergewerbes bezahlen. Doch Josef F. kann sich dagegen nicht wehren. Im allgemeinverbindlich erklärten, vom Bundesrat abgesegneten GAV seiner Branche ist dieser Beitrag fixiert. Er muss zahlen, auch wenn er nicht Gewerkschafter ist.*

Der Solidaritätsbeitrag wird von Arbeitgeber- und Arbeitnehmerverbänden gemeinsam verwendet, das heisst sinnvoll eingesetzt für Weiterbildung, Fürsorge in Härtefällen usw.

In zahlreichen Betrieben wird nicht mit der Anschlusserklärung operiert. Vielmehr wird mit dem nichtorganisierten Arbeitnehmer ein Einzelvertrag abgeschlossen, in dem erklärt wird: «Im übrigen gelten die Bestimmungen des Gesamtarbeitsvertrags X, der dem Arbeitnehmer bei Vertragsunterzeichnung ausgehändigt wird.» Damit wird der GAV zum Vertragsinhalt des Einzelarbeitsvertrags. Doch aufgepasst: Ohne Übergabe und ohne genaue Bezeichnung des GAV bleiben die darin enthaltenen Bestimmungen unwirksam.

Organisationszwang verboten – Vertragszwang gestattet
Kein Arbeitnehmer kann zum Beitritt in eine Gewerkschaft gezwungen werden. Im GAV kann nicht verordnet werden, dass nur gewerkschaftlich organisierte Arbeitnehmer angestellt werden. Zulässig ist dagegen, festzulegen, dass alle Beschäftigten dem GAV unterstellt werden und dass die Nichtorganisierten Solidaritätsbeiträge bezahlen müssen, welche jedoch nach der Praxis nicht mehr als zwei Drittel des monatlichen

Gewerkschaftsbeitrags betragen dürfen. Der Vertrags-, nicht aber der Organisationszwang ist also zulässig.

GAV – wichtiges Instrument zur Konfliktlösung
Der GAV regelt meist nicht nur Mindestlöhne, Rechte und Pflichten, sondern auch die Frage, wie Streitigkeiten zu schlichten sind. Zur Friedenspflicht gehört, dass die Vertragsparteien versuchen, sich gütlich zu einigen. Das kann zum Beispiel durch Anrufen eines Schiedsgerichts der Verbände erfolgen. Auch kann der einzelne Arbeitnehmer von der Gewerkschaft verlangen, dass sie beim Arbeitgeber oder dessen Verband interveniert. Im Rahmen dieser Kontrollfunktion können auch disziplinarische Massnahmen ergriffen oder Geldstrafen verhängt werden. Verbände können sogar klagen und feststellen lassen, dass ein Partner den Vertrag nicht eingehalten habe.

Für den einzelnen ist häufig nicht klar, welche Instanz (Schieds- oder Arbeitsgericht) er im konkreten Fall anrufen soll. Hier empfiehlt sich, den Rat der Verbände oder Betriebskommissionen einzuholen.

Arbeiter- oder Betriebskommissionen werden in den einzelnen grösseren Betrieben gebildet. Sie sind die Vertreter der Arbeitnehmerschaft, das heisst das Mitspracheorgan für betriebliche Fragen. Wählbar sind in der Regel alle Mitarbeiter des Betriebs.

GAV werden nicht lebenslänglich, sondern bloss auf ein paar Jahre abgeschlossen. Wird ein GAV nicht fristgerecht erneuert, besteht ein «vertragsloser Zustand». Wenn aber Arbeitnehmer und -geber den Vertrag stillschweigend fortfahren, gelten die Bestimmungen des GAV weiter, bis die Parteien im gegenseitigen Einverständnis oder eine Partei mit einer Änderungskündigung (siehe Seite 22) einzelne Teile oder den ganzen Vertrag aufheben.

Normalarbeitsvertrag:
Gummiparagraphen für Knechte und Hausangestellte
Wer in der Landwirtschaft oder im Hausdienst tätig ist, steht finanziell meist im Schatten des Lebens und muss zudem 50 oder gar 60 Stunden für einen bescheidenen Lohn Dienst tun. Weil diese Kategorien von Angestellten meist nicht organisiert, sondern häufig isoliert sind und weil sie in einem besonders engen Abhängigkeitsverhältnis zu ihrem Patron stehen, ist der Kanton nach Arbeitsvertragsrecht verpflichtet (OR 359), Normalarbeitsverträge (NAV) aufzustellen, die bei den jeweiligen kantonalen Materialverwaltungsstellen bezogen werden können.

Das sind keine eigentlichen Verträge, sondern verordnete gesetzesähnliche Bestimmungen, die Arbeitszeit, Sozialleistungen, insbesondere eine obligatorische Krankenversicherung, Treueprämien, Abgangsentschädigung und Ferienregelung beinhalten.
Der Nachteil dieser NAV: Durch schriftliche Vereinbarung, zum Teil sogar mündlich, kann von allen Bestimmungen abgewichen werden. Wenn das die vielen Arbeitgeber wüssten, könnten sie die ohnehin bescheidenen Schutzbestimmungen dieser NAV mühelos ausser Kraft setzen. Allerdings können sie sich nicht über die zwingenden Bestimmungen des Arbeitsvertragsrechts hinwegsetzen. Sie können aber die ohnehin schon langen Arbeitszeiten schriftlich verlängern. Zum Glück wissen das die wenigsten; man trifft keine schriftliche Vereinbarung. So gilt der NAV, auch wenn die Regelung im NAV den Parteien nicht bekannt ist. Zum Beispiel wird in den NAV oft verlangt, dass der Lohn der Hausangestellten bei Krankheit für 720 Tage versichert sein muss. Unterlässt der Arbeitgeber diese Versicherung leichtsinnigerweise und legt er auch nichts anderes schriftlich fest («Die Parteien vereinbaren, dass keine Krankentaggeldversicherung abzuschliessen ist.»), hat er wohl mehrere zehntausend Franken aufzubringen, wenn seine Hausangestellte durch Krankheit lange arbeitsunfähig ist.
Ein Teil der Bestimmungen des NAV gilt auch für die Teilzeitangestellten, so für die Putzfrau, die nur während drei Stunden pro Woche der Wohnung neuen Glanz verleiht.
Nebst den genannten Personengruppen sind in wenigen Kantonen weitere Arbeitnehmer mit NAV erfasst. Besonders normalarbeitsvertragsfreudig ist der Kanton Wallis: Weinstockveredler, Käser, Kellerarbeiter, Lastwagenchauffeure, Skiliftpersonal und Angestellte der Ingenieur- und Architekturbüros haben ihren eigenen Walliser NAV.
Der Bund hat für folgende Branchen den NAV gesamtschweizerisch eingeführt: Erziehungspersonal von Heimen, Assistenzärzte, Pflegepersonal, Privatgärtner und Arbeitnehmer in der Milchwirtschaft. Diese Verträge können schriftlich oder telefonisch bei der Eidgenössischen Drucksachen- und Materialzentrale in Bern bestellt werden.

Schutzvorschriften

Das Arbeitsgesetz (ArG) fordert beim Durchblättern viel vom geneigten Leser. Es enthält insbesondere Gesundheitsschutzbestimmungen für Frauen und Jugendliche sowie Vorschriften über Höchstarbeitszeit, Ruhe- und Überzeit, Sonntags-, Nacht- und Schichtarbeit, Pausen usw. Es handelt sich dabei um zahlreiche Mindestvorschriften mit unzähligen Ausnahmebestimmungen. Der Gesundheitsvorsorge dienen auch einzelne Artikel des Unfallversicherungsgesetzes (UVG).

Der Gesetzesdschungel lebt
Welche Vorschriften im Arbeitsgesetz auf welchen Arbeitnehmer Anwendung finden, ist für den Laien kaum durchschaubar. Im nachfolgenden Überblick werden einige Grundsätze herausgeschält. Eine fundierte Behandlung aller Schutzbestimmungen ist aber nicht möglich, denn es gibt nicht weniger als 37 Sonderregelungen bezüglich Arbeitszeiten in den einzelnen Branchen (wie Schausteller, Fernsehmitarbeiter, Krankenschwestern usw.).

Kurz vor der Überarbeitung der vierten Auflage des Ratgebers hat das Parlament das Gesetz in einigen Punkten revidiert. Die Gewerkschaften haben das Referendum ergriffen. Mit dem Inkrafttreten der Revision ist deshalb kaum vor 1998 zu rechnen – vorausgesetzt, das Volk stimmt ihr in der Referendumsabstimmung zu. Die neuen Bestimmungen bringen vor allem den Arbeitgebern Vorteile: Geplant ist insbesondere die Aufhebung des Nachtarbeitsverbots für Frauen und eine Lockerung des Verbots der Sonntagsarbeit. Die folgenden Ausführungen halten sich an die im Zeitpunkt der Drucklegung gültigen Gesetzes- und Verordnungsbestimmungen.

Wichtig: Das Arbeitsgesetz ist nicht zu verwechseln mit dem Arbeitsvertragsrecht, das im OR geregelt ist und in den übrigen Kapiteln dieses Buches ausführlich behandelt wird.

Dem Arbeitsgesetz unterstehen praktisch alle Industrie-, Gewerbe- und Handelsbetriebe, wenn sie mindestens einen Arbeitnehmer beschäftigen. Dem Arbeitsgesetz nicht unterstellt sind in der Regel die reinen Familienbetriebe.

Ausdrücklich nicht unterstellt sind die meisten Verwaltungen des Bundes, der Kantone und der Gemeinden sowie die Betriebe des öffentlichen Verkehrs (für sie gilt das Arbeitszeitgesetz), ferner die Landwirtschaftsbetriebe und die Haushaltungen; für sie gelten die kantonalen Normalarbeitsverträge (siehe Seite 41).

Nicht erfasst werden (lauter Ausnahmen, die den Überblick unheimlich erschweren): Heimarbeiter (für sie gilt ein Spezialgesetz, siehe Seite 33), Handelsreisende, Wissenschaftler, Künstler, Personen in höherer leitender Stellung (Direktoren, Prokuristen nur von Fall zu Fall) und Assistenzärzte (denen man horrende, geradezu unmenschliche Arbeitszeiten zumutet). Die Unübersichtlichkeit wird noch erhöht: Einzelne Bestimmungen gelten nur für industrielle Betriebe; das sind Unternehmen, die Güter serienmässig produzieren oder Energie erzeugen und die mindestens sechs Mitarbeiter beschäftigen. Dazu gehören etwa als Grenzfälle eine Wäscherei und Glätterei in einem Hotel, die Molkerei, die Mosterei. In den industriellen Betrieben gelten verschärfte Bestimmungen aus dem Arbeitsgesetz, aber nur wenn sie mit einer besonderen Verfügung des BIGA (Bundesamt für Industrie, Gewerbe und Arbeit) als solche Betriebe bezeichnet werden. Das Durcheinander wird ins schier Unermessliche gesteigert, weil für zahlreiche Bereiche wiederum Ausnahmeregelungen und Sonderbewilligungen möglich sind.

Das Arbeitsgesetz kann bei der Eidgenössischen Drucksachen- und Materialzentrale in Bern (Adresse siehe Anhang, Seite 244) oder im Buchhandel bezogen werden.

Arbeitszeit, lange Zeit

Wer in der Grossstadt im Büro seine 40 Stunden arbeitet, macht sich vielfach keine Vorstellung, wie lange in anderen Branchen für einen weit geringeren Lohn gearbeitet werden muss.

Das Arbeitsgesetz legt die Höchstarbeitszeit für folgende Arbeitnehmer auf *45 Stunden* fest: in industriellen Betrieben Tätige, Büropersonal, technische und andere Angestellte mit Einschluss des Verkaufspersonals in Grossbetrieben des Detailhandels. Das Maximum von *50 Stunden* gilt für die übrigen Arbeitnehmer, insbesondere für die im Gewerbe Tätigen. Daneben gibt es zahlreiche Sonderbestimmungen für Krankenanstalten, Heime und Internate, Gast- und Autogewerbe, Chauffeure, Baugewerbe, Coiffeure, wo zum Teil längere Arbeitszeiten zugelassen sind. Auch kann die wöchentliche Arbeitszeit manchmal mit, manchmal ohne Bewilligung um vier Stunden pro Woche verlängert werden, wenn nur die Jahreshöchstarbeitszeit nicht mehr als 45 oder 50 Stunden pro Woche beträgt.

Natürlich ist es möglich, und es wird auch immer häufiger gemacht, die Höchstarbeitszeiten in Gesamt- oder Einzelarbeitsverträgen niedriger anzusetzen. Fehlen ausdrückliche Vereinbarungen, gilt aber das Arbeitsgesetz für uns Schweizer – Europameister im langen Arbeiten...

Verschnaufpausen
Arbeitsweg und Bereitschaftsdienst zu Hause gelten nicht als Arbeitszeit. Anders, wenn von einem Arbeitnehmer Präsenzzeit verlangt wird oder wenn er in den Pausen seinen Arbeitsplatz nicht verlassen darf. Hier betragen die Mindestpausen
- eine Viertelstunde bei einer täglichen Arbeitszeit von mehr als fünfeinhalb Stunden
- 30 Minuten bei mehr als sieben Stunden Arbeitszeit
- eine Stunde bei mehr als neun Stunden Arbeit

Werden diese Pausen nicht gewährt (das kommt auch heute noch vor), sind sie zur effektiven Arbeitszeit hinzuzuzählen. Ergeben sich dabei Überstunden oder Überzeit (zur Unterscheidung siehe «Überstunden», Seite 90), fallen häufig erkleckliche Beträge ab, die der Arbeitnehmer auf fünf Jahre zurück einstreichen kann.

Nachtarbeiter wissen häufig nichts von der Fünftagewoche, sie arbeiten sechs Nächte durch. Wer tagsüber tätig ist, hat es etwas besser: er darf nur maximal fünfeinhalb Tage beschäftigt werden.

Nacht- und Sonntagsarbeit: verboten, aber erlaubt
Nacht- und Sonntagsarbeit sind grundsätzlich verboten. Doch es gibt zahlreiche Ausnahmeregelungen, die sich aus der Natur der Sache ergeben (wie der Schauspieler im Theater) oder die durch eine sehr grosszügige, unternehmerfreundliche Bewilligungspraxis den Gesundheitsschutz weitgehend aushöhlen.
- Besteht ein dringendes Bedürfnis, kann die kantonale Behörde *vorübergehend Nachtarbeit* bewilligen. Dabei muss der Arbeitnehmer einverstanden sein, und er hat Anspruch auf einen Lohnzuschlag von 25 Prozent in der Nacht und 50 Prozent am Sonntag.
- Auch eine Bewilligung für *dauernde Nachtarbeit* ist bei Nachweis der Unentbehrlichkeit zu haben. In diesen Fällen ist kein Lohnzuschlag zu zahlen, da man davon ausgeht, dass die dauernde Nacht- und Sonntagsarbeit bereits in der Lohnhöhe berücksichtigt ist.

Hat der Arbeitnehmer die Zuschläge bei vorübergehender Nachtarbeit nicht erhalten, kann er sich auf die Schutzvorschriften des Arbeitsgesetzes berufen und die Zuschläge auf fünf Jahre zurück verlangen. Er hat die Möglichkeit, an die Aufsichtsbehörden in den Kantonen zu gelangen, wenn der Arbeitgeber nicht bereit ist, eine an sich gesetzwidrige Praxis zu ändern (Adressliste im Anhang, Seite 258).

Jugendschutz: mit zwölf im Warenhaus
Florian St. ist erst zwölf. Doch in seinen Ferien hilft er in einem grossen Warenhaus für drei Franken pro Stunde Gestelle auffüllen. Er findet es wunderbar, auf diese Art sein Sackgeld aufzubessern. Nur: Das Warenhaus tut Verbotenes. Kinder unter 13 Jahren dürfen überhaupt nicht beschäftigt werden.

Es gibt hinsichtlich des Jugendschutzes viele schwammige Vorschriften und Ausnahmeregelungen, zum Beispiel
- Jugendliche bis zum 19., Lehrlinge bis zum 20. Altersjahr dürfen gewisse gefahrenträchtige Arbeiten überhaupt nicht leisten.
- Unter 18 Jahren dürfen sie nicht im Gastgewerbe tätig sein.
- Unter 16 Jahren dürfen sie nicht in Betrieben der Filmvorführung, im Zirkus und in Schaustellungsbetrieben arbeiten (die vielen Zirkuskinder in der Schweiz balancieren ohne das Bewilligungsnetz des Arbeitsgesetzes).
- Kinder dürfen nicht länger als neun Stunden pro Tag beschäftigt werden.
- Bis zum 16. Altersjahr dürfen Jugendliche nicht zu Überzeit, zu Nacht- und Sonntagsarbeit hinzugezogen werden.

Regeln für die unter 16jährigen
- Kinder unter 13 Jahren dürfen nicht beschäftigt werden.
- 13- bis 15jährige dürfen während der Schulzeit und in den Ferien nur Botengänge und leichte Arbeiten im Detailhandel und in der Forstwirtschaft ausführen, jedoch nur als Teilzeitbeschäftigung und nicht mehr als drei Stunden an Werktagen (diese Bestimmung wurde anfangs der fünfziger Jahre eingeführt, als der Ausläufer des Bäckers oder des Blumenhändlers meist noch nicht 16 Jahre alt war).
- Wer 14 Jahre alt geworden ist, darf sogar während eines Teils der Schulferien in Betrieben beschäftigt werden.

Der Arbeitgeber hat auf die Gesundheit der Jugendlichen Rücksicht zu nehmen, er muss sie vor Überanstrengungen usw. schützen. Missachtet er dies, kann er verwarnt und, wenn es nichts nützt, kann ein Beschäftigungsverbot für Jugendliche in seinem Betrieb angeordnet werden. Das sind doch sehr bescheidene Schutzvorschriften, die mit der gesellschaftlichen Entwicklung nicht Schritt gehalten haben.

Das schwache Geschlecht?

Frauen verfügen über geringere Muskelkraft als Männer und haben neben ihrer Erwerbsarbeit meist noch einen Haushalt sowie Mann und/ oder Kinder zu versorgen. Dies waren wohl die Gründe, welche den Gesetzgeber veranlassten, neben dem Jugendschutz auch noch Sonderbestimmungen für Frauen ins Arbeitsgesetz aufzunehmen. Was auf den ersten Blick wie ritterliche Rücksichtnahme auf das «schwache Geschlecht» aussieht, entpuppt sich bei näherem Hinsehen als nicht unproblematisch. Einige der Bestimmungen sind schlicht überflüssig, andere lassen so viele Ausnahmen zu, dass sie ihre Schutzfunktion praktisch verlieren. Zudem können die Schutzbestimmungen sogar zur Diskriminierung der Frauen am Arbeitsplatz beitragen. Alt-Bundesrat Hanspeter Tschudi räumt in seinem Kommentar zum schweizerischen Arbeitsschutzrecht ein: «Nicht zu verkennen ist allerdings, dass der erhöhte Schutz der Frauen als Vorwand für eine niedrigere Entlöhnung dienen kann.» (siehe «Überstunden», Seite 90)

Bestimmte, vom Gesetzgeber als besonders gesundheitsgefährdend eingestufte Arbeiten sind für Frauen verboten. Dazu einige Beispiele: Arbeiten, die mit heftigen Erschütterungen verbunden sind; Arbeiten bei grosser Hitze und Kälte; Heben, Tragen und Fortbewegen schwerer Lasten; Untertagarbeit im Stollenbau und in Bergwerken.

Die Frage drängt sich auf: Wieviele dieser Beschäftigungsverbote lassen sich tatsächlich mit den biologischen Unterschieden zwischen Mann und Frau rechtfertigen? Sollten derart gesundheitsschädigende Arbeiten nicht auch für Männer verboten werden?

Frauen müssen zwar pro Woche gleich viele Stunden arbeiten wie Männer, ihre tägliche Arbeitszeit muss aber – inklusive Pausen – innerhalb eines Zeitraums von zwölf Stunden liegen. Auf Arbeitnehmerinnen, die einen Haushalt mit Familienangehörigen versorgen, muss bei der Festlegung von Arbeits- und Ruhezeit besonders Rücksicht genommen werden. Sie können eine Mittagspause von mindestens eineinhalb Stunden verlangen.

Nacht- und Sonntagsarbeit: nichts für Frauen

Nacht- und Sonntagsarbeit ist für Frauen *und* Männer grundsätzlich verboten. Doch Männer erhalten viel leichter eine Ausnahmebewilligung. Eine Bewilligung für Nachtarbeit wird für Frauen nur erteilt, wenn die ungewöhnliche Arbeitszeit
- für die Berufsbildung unentbehrlich ist (zum Beispiel Bäckerinnenlehre).
- nötig ist, um einem sonst unvermeidlichen Verderb von Gütern vorzubeugen.
- nötig ist, um eine Betriebsstörung infolge höherer Gewalt zu beheben.

Daneben gibt es jedoch zahlreiche Betriebe und Personengruppen, die von diesem Verbot ausgenommen sind: Krankenanstalten, Heime und Internate, Zahnarztpraxen, Apotheken, Gastbetriebe, Konservenfabriken, Gartenbaubetriebe, Radio- und Fernsehanstalten, Zeitungs- und Zeitschriftenredaktionen, Berufstheater, Kinos, Zirkusbetriebe, Schaustellungsbetriebe usw.

Das Nachtarbeitsverbot für Frauen in industriellen Betrieben gab in letzter Zeit zu hitzigen Diskussionen Anlass, nachdem einem Unternehmen aus der Uhrenindustrie eine entsprechende Bewilligung vom BIGA verweigert wurde. Arbeitgeberorganisationen fordern eine Abschaffung des Nachtarbeitsverbots für Frauen, indem sie sich – anders als im Zusammenhang mit der Lohngleichheit – vehement auf den Gleichberechtigungsartikel in der Bundesverfassung berufen. Arbeitnehmervertreter hingegen wollen am Nachtarbeitsverbot festhalten bzw. dieses auf die Männer ausdehnen, um dem Gleichheitsgebot Genüge zu tun. Das Nachtarbeitsverbot für Frauen ist eine zwiespältige Sache.

Einerseits ist es nicht einfach eine Schutzbestimmung zugunsten der Frauen. Sie wurde vielmehr damit gerechtfertigt, dass Ehefrauen nicht wie der Mann tagsüber ausruhen können, sondern sich der Hausarbeit widmen müssen. Dank Nachtarbeitsverbot können die Frauen ihrer Doppelbelastung zugunsten des nicht doppelt gestressten Ehemanns besser nachkommen. Wer sich für die Beibehaltung des Nachtarbeitsverbots einsetzt, unterstützt damit ein Stück weit die überholte Rollenteilung zwischen Mann und Frau.

Anderseits würde die Aufhebung des Verbots den Interessen der Frauen deutlich entgegenlaufen. Zumindest solange, wie die Familienpflichten tatsächlich noch einseitig auf den Frauen lasten. Untersuchungen in Deutschland haben ergeben, dass Frauen mit Kindern, wenn sie Nachtschicht leisten, täglich nur gerade vier Stunden Ruhe haben. Zudem lassen die Argumente jener Firmen, die bisher Gesuche um Bewilligung von Frauennachtarbeit gestellt haben, aufhorchen. Es handle sich um Arbeitsplätze, die typisch weibliche Verhaltensweisen und Eigenschaften erforderten, wie Monotonie-Resistenz, Geduld, Gewissenhaftigkeit, fehlendes Karrieredenken, gute Intelligenz ohne entsprechende berufliche Ausbildung usw. Überspitzt gesagt, sollen Frauen also jene Nachtarbeitsplätze übernehmen, die für Männer zu langweilig und zu wenig karriereträchtig sind. Eine Lockerung des Nachtarbeitsverbots würde die Berufschancen der Frauen wohl kaum verbessern. Man sollte vielmehr den Schutz für die Frauen belassen und die benachteiligten Männer besser schützen.

Wenn es nach dem Willen des Parlaments geht, soll das Nachtarbeitsverbot für Frauen noch in diesem Jahrhundert fallen. Die Gewerkschaften haben aber gegen den entsprechenden Beschluss das Referendum ergriffen.

Unfallverhütung
Jeder Arbeitgeber, der Mitarbeiter beschäftigt, muss von Gesetzes wegen durch geeignete Sicherheitsmassnahmen dafür sorgen, dass Leben und Gesundheit seiner Untergebenen bei der Arbeit nicht gefährdet werden. Er ist verpflichtet, alle Massnahmen zu ergreifen, die nach der Erfahrung notwendig, nach dem Stand der Technik anwendbar und den gegebenen Verhältnissen angemessen sind, um Gefährdungen zu beseitigen oder einzudämmen. Der Arbeitgeber trägt die Verantwortung dafür, dass die in Gesetzen, Verordnungen und Richtlinien festgehaltenen Sicherheitsvorschriften in seinem Betrieb befolgt werden (Folgen der Missachtung dieser Vorschrift siehe «Berufsunfälle», Seite 77).

Der Mitarbeiter seinerseits ist verpflichtet, die Weisungen des Chefs zu befolgen und die Sicherheitsvorrichtungen und -ausrüstungen richtig zu benützen. Die eidgenössischen und kantonalen Arbeitsinspektorate (Adressen im Anhang, Seite 258) sowie die SUVA beaufsichtigen und beraten Arbeitgeber und -nehmer in Fragen der Unfallverhütung. Die Anzeige eines betroffenen Arbeitnehmers bei den Amtsstellen oder bei der SUVA wird gegenüber dessen Chef auf Wunsch streng vertraulich behandelt.

Teilzeitbeschäftigte, Aushilfen und Temporäre

Über 20 Prozent aller Erwerbstätigen sind Teilzeitbeschäftigte. Davon sind rund 80 Prozent Frauen. Diese wachsende Gruppe von Arbeitnehmerinnen ist gegenüber ihren vollbeschäftigten Kollegen in der Praxis vielfach benachteiligt, obwohl das Gesetz sie grundsätzlich gleich behandelt wissen will wie die Vollbeschäftigten. Viele Arbeitgeber halten ihr Teilzeitpersonal noch immer für eine billige Arbeitskraftreserve, der man Leistungen beliebig vorenthält. In Tat und Wahrheit haben Teilzeitangestellte jedoch die gleichen Rechte wie die Vollbeschäftigten, unabhängig davon, ob sie tage- oder stundenweise arbeiten und ob der Einsatz regelmässig oder nach variierendem Stundenplan erfolgt.

Teilzeitangestellte werden häufig fälschlicherweise als Aushilfen bezeichnet, damit der Arbeitgeber Sozialleistungen sparen kann. Eine Aushilfs- oder Gelegenheitskraft ist jedoch nur, wer für einen befristeten, absehbaren Einsatz von maximal drei Monaten beschäftigt wird. Aushilfen werden von vornherein bloss vorübergehend und von Fall zu Fall eingestellt. Nach jedem Einsatz erlischt das Arbeitsverhältnis. Aushilfe ist beispielsweise die Studentin, welche vor Weihnachten drei Wochen in einem Warenhaus einspringt. Wiederholen sich diese Einsätze, wird die Studentin rasch zur Teilzeitmitarbeiterin, auch wenn die Parteien diesem Vertragsverhältnis einen anderen Namen geben. Denn es kommt nicht auf die Bezeichnung an, sondern darauf, wie das Arbeitsverhältnis tatsächlich ausgestaltet ist. Aushilfen sind in verschiedener Hinsicht schlechter gestellt (kein Lohn bei Krankheit, keine Kündigungsfristen, wohl aber Anspruch auf Ferienentschädigung). Darum lohnt es sich, als Aushilfsvertrag bezeichnete Schriftstücke besonders genau unter die Lupe zu nehmen. Keine Aushilfe ist beispielsweise die Serviertochter, die seit zwei Jahren jeden Sonntag in einem Ausflugslokal Bratwürste und Bier serviert. Keine Aushilfe ist, wer auf Abruf zu Hause wartet und regelmässig eingesetzt wird, wenn Mitarbeiter ausfallen oder Spitzenzeiten zu verzeichnen sind.

Wer regelmässig – stunden- oder tageweise – in einer Firma arbeitet, sollte, wenn immer möglich, auf einem Monatslohn beharren. Die Bezahlung im Stundenlohn bringt Nachteile: Vergütet wird nur die tatsächlich geleistete Arbeitszeit. Stundenlöhner gehen daher – sofern sie vertraglich nichts anderes vereinbart haben – an Feiertagen leer aus und erleiden

Lohneinbussen, wenn sie einmal während der Arbeitszeit den Arzt oder eine Behörde aufsuchen müssen. Dagegen haben solche Kurzabsenzen auf die Höhe eines Monatslohns keinen Einfluss, wenn die Abwesenheit unverschuldet ist.

Ferien und Krankheitsabsenzen
Auch Teilzeitarbeiter haben Anspruch auf bezahlte Ferien. So will es das Gesetz (OR 319). Mit der Anwendung hapert es allerdings. In der Praxis wird beispielsweise der Putzfrau, die für zwei Stunden pro Woche die Wohnung reinigt, weder eine Ferienentschädigung noch der Lohn bei Krankheit ausbezahlt. Vor allem bei unregelmässigem Arbeitsanfall ist es schwierig, den Ferienanspruch zu berechnen. In diesen Fällen ist es zulässig, den Lohn für die Ferien mit einem Zuschlag von 8,33 Prozent in das Salär einzubeziehen und gesondert auszuweisen (siehe Seite 150).

Unverschuldete Krankheitsabsenzen hat der Arbeitgeber den Teilzeitangestellten zu entschädigen, auch wenn im Stundenlohn ein Betrag für solche Absenzen eingerechnet ist (siehe «Krankheit und Unfall», Seite 130). Meist werden diese Mitarbeiter gar nicht erst gegen Berufsunfall versichert. Das ist gesetzwidrig. Rutscht eine Putzfrau beim Lampenputzen vom Tabourettli, ist sie auch dann versichert, wenn der Arbeitgeber seine Pflichten versäumt hat. In solchen Fällen springt die sogenannte Ersatzkasse UVG ein (siehe Anhang, Seite 259). Sie verlangt dann vom nicht UVG-versicherten Arbeitgeber im Normalfall die Prämien auf fünf Jahre zurück, zuzüglich einen Verzugszins von einem Prozent pro Monat.

Eine Einschränkung besteht: Während die Putzfrau, die bei zehn Arbeitgebern je eine Stunde in Teilzeit arbeitet, von jedem Arbeitgeber versichert werden muss, auch wenn sie beim einzelnen Arbeitgeber weniger als 2000 Franken pro Jahr verdient, sieht die Sache beim nebenberuflichen Arbeitnehmer, der daneben einen Hauptberuf hat, etwas anders aus. Verdient er im Nebenberuf mehr als 2000 Franken pro Jahr, ist eine obligatorische Berufsunfallversicherung abzuschliessen. Bleibt der Verdienst unter 2000 Franken, kann man sich bei der zuständigen AHV-Ausgleichskasse von der Beitragspflicht befreien lassen – schriftliches Einverständnis von Arbeitgeber und -nehmer vorausgesetzt. Erst dann entfällt auch die UVG-Versicherungspflicht dieser nebenberuflichen Arbeitnehmer mit einem Jahresverdienst von weniger als 2000 Franken. Es besteht also ein feiner Unterschied zwischen der Teilzeitarbeit als Hauptberuf und einer rein nebenberuflichen Tätigkeit.

Unfälle in der Freizeit

Obligatorisch mitversichert sind auch die Nichtberufsunfälle. Dies aber nur, wenn der Arbeitnehmer mindestens zwölf Stunden pro Woche gegen Lohn bei *einem* Arbeitgeber tätig ist. Bei Schwankungen wird auf die durchschnittliche Arbeitsdauer während der letzten drei oder zwölf Monate abgestellt. Ein Teilzeitangestellter, der durchschnittlich weniger als zwei Tage pro Woche bei einem einzelnen Arbeitgeber arbeitet, sollte sich daher selbst um einen Schutz bei Freizeitunfällen kümmern (zum Beispiel bei der eigenen Krankenkasse).

Wer auf dem direkten Arbeitsweg verunfallt, ist immer versichert. Bei Teilzeitern, die weniger als zwölf Stunden pro Woche bei einem Arbeitgeber tätig sind, gilt der Unfall auf dem Arbeitsweg als Berufsunfall. Bei den Teilzeitbeschäftigten, die mehr als zwölf Stunden pro Woche beim gleichen Arbeitgeber tätig sind, gilt der Arbeitsunfall als versicherter Nichtberufsunfall.

Anna H. war bei drei Arbeitgebern tätig; hauptberuflich als Nachtwache in einem Spital, dann sprang sie aushilfsweise je weniger als zwölf Stunden pro Woche bei einem Temporärbüro ein und half bei der Hauspflege ihrer Gemeinde aus. Anna H. verunfallte auf dem Weg zu einem Einsatz für die Hauspflege. Die Versicherung der Gemeinde übernahm die Koordination, da der Unfall auf dem Arbeitsweg zum «Weniger-als-zwölf-Stunden-pro-Woche-Arbeitsplatz» passierte. Anna H.s Löhne aller drei Arbeitgeber aus dem Jahr vor dem Unfall wurden zusammengerechnet und wieder durch drei dividiert. Von diesem durchschnittlichen Jahreslohn erhielt sie 80 Prozent als Unfalltaggeld ausbezahlt.

Da Teilzeitmitarbeiter meist weniger als 23 280 Franken pro Jahr verdienen, fallen sie nicht unter das Pensionskassen-Versicherungs-Obligatorium (siehe «Die berufliche Altersvorsorge», Seite 210).

Überstunden, Kündigung und Arbeitslosigkeit

Wer Überstundenarbeit leistet, hat Anspruch auf eine Entschädigung von 125 Prozent des Normallohns. Teilzeiter erbringen Überstunden, wenn sie die *verabredete* wöchentliche Arbeitszeit überschreiten.

Fridolin L. arbeitet 20 Stunden in einer Kleiderfabrik. In seinem Vertrag steht die Klausel: «Allfällige Mehrstunden zwischen Ihrer reduzierten Arbeitszeit und der im Betrieb üblichen 45-Stunden-Woche werden ohne Zuschlag entschädigt.» *Solche Bestimmungen sind zulässig, wenn sie schriftlich vereinbart sind.*

Für Teilzeiter gelten die *gleichen Kündigungsfristen* wie für Vollzeitangestellte. Die nur teilweise Beschäftigten können auch stempeln, wenn sie arbeitslos geworden sind. Sie müssen jedoch in den zwei Jahren vor Beginn der Arbeitslosigkeit während mindestens sechs Monaten 500 Franken monatlich verdient haben.

Gilt der GAV auch für Teilzeiter?
In gewissen Gesamtarbeitsverträgen werden Teilzeiter ausdrücklich von verschiedenen Vorteilen ausgeschlossen. In anderen GAV werden sie gar nicht erwähnt; dann gilt – jedenfalls hat das Schiedsgericht des Buchdruckgewerbes so entschieden – der GAV auch für Teilzeitangestellte.

Die ausgeliehenen Arbeitskräfte
Von Teilzeitarbeit zu unterscheiden ist der *Personalverleih.* Das Arbeitsverhältnis besteht hier in der Regel zwischen einer Temporärfirma und dem Mitarbeiter, der an eine Drittfirma (Einsatzbetrieb) verliehen wird. Erfolgt der Verleih nur vorübergehend, liegt ein eigentliches Temporär-Arbeitsverhältnis vor. Erfolgt die Ausleihe auf längere Zeit, spricht man von *Regieausleihe.*

Von der Regieausleihe zu unterscheiden ist die echte *Leiharbeit:* Hier vermittelt der Arbeitgeber seine Mannen in flauen Zeiten selber an Dritte weiter. Früher stand bei dieser Form der Ausleihe die Solidarität zum anderen Betrieb im Vordergrund. Heute besteht die weitverbreitete Unsitte, viel Personal einzustellen, das die Spitzenzeiten deckt, dann aber diese Mitarbeiter gegen ansehnliche Gewinne weiterzuvermieten. Allerdings ist diese Form der echten Leiharbeit nur zulässig, wenn der Mitarbeiter damit einverstanden ist.

Beim sogenannten *Try and hire* haben die Einsatzfirmen die Möglichkeit, temporäre Mitarbeiter später als Festangestellte zu übernehmen.

Wer ist der Boss?
Arbeitgeber ist immer die Temporärfirma und nicht etwa der Einsatzbetrieb. Temporärarbeiter haben die gleichen Rechte und Pflichten wie andere Arbeitnehmer. Das Temporärunternehmen schliesst mit dem Einsatzwilligen einen Rahmenvertrag ab, der für alle Einsätze gültig ist.

Für jeden Einsatz wird dem Arbeitnehmer ein zusätzlicher individueller Vertrag ausgestellt, welcher die spezifischen Bedingungen (zum Beispiel Arbeitszeit, Stundenlohn, Beginn und Dauer des Einsatzes) regelt. Der Arbeitnehmer hat das Recht, einen Einsatz abzulehnen. Aber auch die Temporärfirma ist nicht verpflichtet, Arbeit anzubieten.

Kündigungsfrist: 48 Stunden
Die Arbeitszeit richtet sich nach den Bedingungen der Einsatzfirma. Überstunden werden mit 25 Prozent Zuschlag zum Normallohn (an Sonn- und Feiertagen 50 Prozent) entschädigt. Andere Regelungen müssen schriftlich vereinbart werden, um gültig zu sein. Bei unbefristeten Einsätzen im ersten Anstellungsjahr gilt in der Regel eine Kündigungsfrist von 48 Stunden. Hat das Arbeitsverhältnis (Summe aller ununterbrochen aufeinander folgenden Einsätze) jedoch länger als ein Jahr gedauert, muss die Kündigungsfrist mindestens einen Monat betragen.

Temporärarbeiter haben, wie ihre in festen Dauerstellen tätigen Kollegen, den gesetzlichen *Anspruch auf bezahlte Ferien* und zwar vom ersten Einsatztag an. Der Einfachheit halber wird die Ferienvergütung mit dem Stundenlohn ausbezahlt. In diesen Fällen muss das Salär jedoch klar nach Grundlohn, Ferienvergütung und allfälligen weiteren Zusatzleistungen aufgeschlüsselt werden. Pauschallöhne sind unzulässig (siehe Seite 150, für Spesen siehe Seite 119).

Arbeitslos: Darf ich stempeln?
Auch Temporärangestellte sind verpflichtet, Prämien für die Arbeitslosenversicherung zu bezahlen. Sie haben Anspruch auf Stempelgeld wie alle anderen, sofern die temporäre Arbeit nicht länger als drei Monate gedauert hat oder wenn diese Arbeitsform im Einvernehmen mit dem Arbeitsamt zur Vermeidung von Arbeitslosigkeit ausgeübt wurde. Ansonsten müssen Temporäre eine Wartezeit von einem Tag pro Monat bestehen, bevor sie Stempelgelder beziehen können. Ausserdem gelten sie nur als vermittlungsfähig (nur dann gibt es Geld), wenn sie bereit und in der Lage sind, eine Dauerstelle anzunehmen. Keine Stempelgelder kriegen temporäre Mitarbeiter, wenn ihr Betrieb Kurzarbeit einführt.

Wie finde ich die richtige Temporärfirma?
Der Personalverleih hat in den letzten zwei Jahrzehnten einen grossen Aufschwung erlebt. Er ist vor allem bei jüngeren Arbeitnehmern, die Erfahrungen sammeln und sich vorläufig nicht binden wollen, bei Stu-

denten, Wiedereinsteigern und Hausfrauen, die einen Zusatzverdienst suchen, beliebt. Die Qualität einer Temporärfirma ist in erster Linie aus ihrem Verhalten als Arbeitgeber ersichtlich. Beim Suchen nach einer Temporärstelle ist insbesondere auf folgendes zu achten:
- Ein schriftlicher Arbeitsvertrag, der Rechte und Pflichten beider Parteien klar regelt, sollte bestehen. Der Lohn sollte marktgerecht sein, das heisst demjenigen einer vergleichbaren festen Anstellung entsprechen. Alle Sozialleistungen wie Ferien, Feiertage und begründete Kurzabsenzen, Lohnfortzahlung im Krankheitsfall, Unfallversicherung, Entschädigung bei Militär- oder Zivilschutzdienst, Kinderzulagen, Arbeitslosenversicherung und berufliche Vorsorge sollten klar geregelt werden.
- Zweifelhafte Angebote wie hohe Spesen und Umgehung der Sozialabgaben sollten zurückgewiesen werden.
- Mit Firmen, die vom Ausland operieren, insbesondere Liechtenstein, sollte kein Vertrag geschlossen werden. Auch Klauseln, wonach der Gerichtsstand bei Streitigkeiten nicht in der Schweiz liegt, lassen das Temporärunternehmen in einem zweifelhaften Licht erscheinen.

Rund 50 Unternehmungen für temporäre Arbeit sind im Branchenverband SVUTA (Schweizerischer Verband der Unternehmungen für temporäre Arbeit) zusammengeschlossen. Sie sind einem Ehrenkodex unterstellt, der eine gewisse Garantie für eine korrekte Behandlung bietet.

Der GAV gilt nicht für Temporärangestellte
Der temporäre Mitarbeiter ist einem allenfalls bestehenden GAV, der in der Einsatzfirma gelten mag, nicht unterstellt. Die Anstellungsbedingungen, die von den Mitgliederfirmen des SVUTA gewährt werden, entsprechen jedoch in vielen Punkten den gesamtvertraglichen Abmachungen. Im kaufmännischen Bereich besteht zwischen dem SVUTA und dem Schweizerischen Kaufmännischen Verband ein GAV.

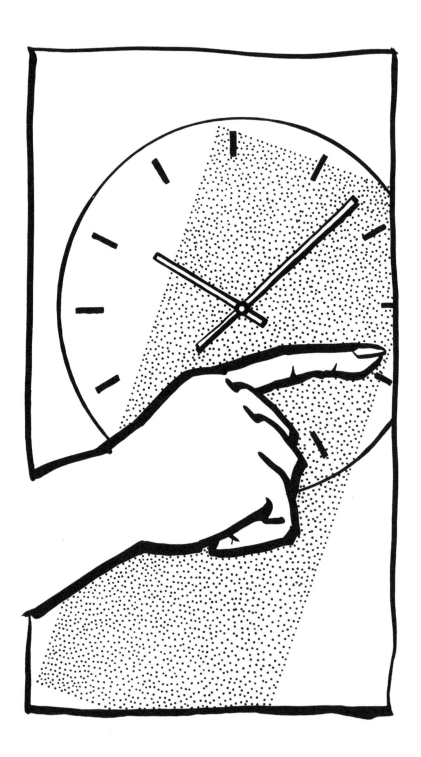

2. Rechte und Pflichten

Die Pflicht, persönlich zu erscheinen

Es tönt ganz einfach: Der Arbeitnehmer stellt seine Zeit zur Verfügung. Der Arbeitgeber zahlt. Doch was passiert, wenn der Chef keine Arbeit anbietet, was, wenn er plötzlich verlangt, dass sein Untergebener statt in Zürich im Calancatal arbeitet?

Der Arbeitnehmer muss in der Regel die Arbeiten eigenhändig verrichten (OR 321). Doch es gibt Ausnahmen; dann nämlich, wenn es anders vereinbart ist oder sich aus den Umständen ergibt: Dem Hausbesitzer ist es in der Regel egal, wer dem Rasen die nötige makellose Kahlgeschorenheit verleiht, der Hauswart oder seine Frau. Bei Heimarbeitern ist es sogar üblich, dass die ganze Familie mithilft. Dagegen wird der erste Geiger sicher nicht seine mässig musikalische Frau schicken können, weil er gerade keinen guten Tag hat. Ist der Geiger krank, muss er aber ebensowenig einen Ersatz stellen wie der Hauswart, der in die Ferien fährt. Es gehört zum Unternehmerrisiko des Arbeitgebers, solche Verhinderungen zu überbrücken. Er kann dieses Risiko nicht auf den Arbeitnehmer abwälzen. In Hauswartsverträgen finden sich immer noch mittelalterlich anmutende, unzulässige Klauseln, wonach der Hauswart nicht nur den Stellvertreter in seinen Ferien selber stellen, sondern ihn auch noch bezahlen muss. Doch in aller Regel gilt: Der Arbeitnehmer hat seine versprochene Arbeitsleistung persönlich zu erbringen. Verletzt er diese Pflicht, wird er allenfalls schadenersatzpflichtig.

Jede Versetzung zumutbar?
Der Arbeitnehmer hat die Arbeit zu verrichten, die bei Vertragsbeginn vereinbart worden ist. In Krisensituationen kann das Tätigkeitsgebiet vorübergehend erweitert werden. Auch der Vizedirektor wird nach einem Brand beim Aufräumen seines Büros Hand anlegen müssen, wenn wirklich Not am Mann ist. Eine längerfristige Degradierung und Beschneidung seines vereinbarten Aufgabenbereichs muss kein Arbeitnehmer hinnehmen. Erhält er gar den Auftrag, vorübergehend eine besser qualifizierte Arbeit zu übernehmen, so hat er mangels anderslautender Vereinbarung einen dementsprechend höheren Lohn zugute. So zum Beispiel, wenn der langjährige Hilfsarbeiter den Bauführer in dessen Ferienabwesenheit ersetzt.

Nicht zulässig ist es, den Arbeitnehmer ausserhalb seines angestammten Arbeitsgebiets als Streikbrecher einzusetzen: So kann der kaufmännische Angestellte einer Bauunternehmung nicht für Maurerarbeiten herangezogen werden, wenn die Baustelle von den Berufsleuten bestreikt wird.

Der Ort des Einsatzes wird von den Parteien im voraus bestimmt. Örtliche Versetzungen sind ohne Einverständnis des Arbeitnehmers nur beschränkt möglich, das heisst, soweit sie für ihn zumutbar sind. Er braucht eine erhebliche Verlängerung des Arbeitswegs nicht in Kauf zu nehmen. Will der Arbeitgeber seinen Willen durchsetzen, muss er zum Mittel der Änderungskündigung schreiten (siehe Seite 22). Er hat also zu kündigen und dem Arbeitnehmer einen neuen Arbeitsvertrag mit dem neuen Einsatzort zu unterbreiten. Eine Versetzung bloss vorübergehender Natur ist eher zumutbar, da das Privatleben weniger beeinträchtigt wird.

Ohne Arbeit kein Lohn?
Was passiert, wenn der Mitarbeiter arbeitswillig ist, aber der Chef keine Arbeit anbietet (OR 324)? Zum Beispiel wenn Flugplatzgegner einen Kran in die Landebahn des Flugplatzes stellen – so passiert in Lommiswil – und das Bodenpersonal nach Hause geschickt wird. Oder wenn die Fabrik infolge Blitzschlags abbrennt oder der Chef auf die Dienste seines Mitarbeiters, nachdem der die Kündigung eingereicht hat, bis zum Ablauf der Kündigungsfrist verzichtet?

Der Arbeitgeber hat den *vollen Lohn* weiterzuzahlen (auch die entfallenen Trinkgelder einer Serviertochter). Dies nicht nur, wenn er schuldhaft handelt (zum Beispiel die nötigen Maschinen nicht anschafft, Bewilligungen nicht einholt), sondern auch, wenn er an den fehlenden Arbeitsmöglichkeiten unschuldig ist. Der Arbeitgeber trägt also ein sehr weitreichendes Betriebsrisiko, das von den meisten Arbeitgebern unter Miteinbezug von höherer Gewalt (Überschwemmung), Zufall, Absatzschwierigkeiten, Personalmangel und Ausfall von Maschinen versichert wird. Der Arbeitgeber kann seine Belegschaft auch nicht fristlos entlassen, wenn die Fabrik abbrennt, er kann allenfalls kündigen und muss bei Arbeitsmangel bis zum Ablauf der Kündigungsfrist in der Regel den vollen Lohn bezahlen.

Ebenfalls muss der Arbeitgeber den Lohn weiterzahlen, wenn er den Arbeitnehmer nach der Kündigung freistellt, ihm also keine Arbeit mehr zuweist.

Dauert ein Betriebsunterbruch allerdings länger, ist der Mitarbeiter auf Aufforderung des Arbeitgebers hin verpflichtet, eine Ersatzarbeit anzunehmen, die zumutbar ist.

Immer wieder gibt es Fälle, bei denen der Arbeitgeber das Arbeitsangebot eines Mitarbeiters ungerechtfertigterweise nicht annimmt: Der Hilfsglaser Victor Sch. hatte sich in der Freizeit bei einer Schlägerei ein blaues Auge zugezogen; er war trotzdem voll arbeitsfähig. Sein Chef schickte ihn aber nach Hause, weil er der Kundschaft einen so blauäugigen Mitarbeiter nicht zumuten könne. Den Lohn wollte der Chef auch nicht zahlen, denn der Hilfsglaser sei ja selber schuld an dieser Verletzung. Doch das Basler Gewerbliche Schiedsgericht wies diese Argumentation ab. Ein blaues Auge allein könne den Firmenruf bei den Kunden in dieser Branche nicht schädigen. Der Arbeitgeber hätte das Arbeitsangebot des Hilfsglasers annehmen müssen.

Wichtig: Beweissicherung!

In all diesen Fällen sollte der Arbeitnehmer zur Beweissicherung seinen Arbeitswillen unmissverständlich kundtun und seine Arbeitskraft einmal schriftlich mit einer kurzen Fristansetzung anbieten: «Sollten Sie mein Angebot nicht innert vier Tagen annehmen, gehe ich davon aus, dass Sie an meiner weiteren Mitarbeit nicht interessiert sind. Solange ich keine andere geeignete Stelle gefunden habe, bleiben Sie bis zum Ablauf der Kündigungsfrist lohnzahlungspflichtig.»

Wer aus was für Gründen auch immer nach Hause geschickt wird und dagegen nicht sofort schriftlich protestiert, riskiert, dass sein Schweigen als Verzicht auf Arbeitsleistung und Lohn oder gar als Weglaufen interpretiert wird.

Auf Kurzarbeit gesetzt

Bei wirtschaftlichen Schwierigkeiten kann der Arbeitgeber, um Arbeitsplätze langfristig zu retten, in seinem Betrieb Kurzarbeit einführen. Er kann zum Beispiel seine Leute statt 40 nur noch 30 Stunden pro Woche arbeiten lassen. Der Patron hat sich an die Arbeitslosenkasse zu wenden, die ihm 80 Prozent des Lohnes deckt. Die Mitarbeiter verdienen für die Zeit, in der sie nicht arbeiten, 20 Prozent weniger, bei einer 25prozentigen Kürzung der Arbeitszeit also fünf Prozent.

Der Arbeitnehmer muss sich eine derartige Lohnkürzung nicht gefallen lassen. Der Arbeitgeber hat ihm, wenn er sich wehrt, den vollen Lohn zu entrichten. Nur machen wir uns nichts vor: Die Gefahr ist gross, dass er dem widerspenstigen Arbeitnehmer die Kündigung schickt.

Arbeitnehmer in gekündigten Arbeitsverhältnissen, und zwar auch dann, wenn die eine oder andere Partei erst nach Einführung der Kurzarbeit gekündigt hat, haben Anspruch auf den vollen Lohn. In diesen Fällen geht es nicht mehr darum, Arbeitsplätze zu sichern – was ja das Ziel der Kurzarbeitsentschädigung ist, wenn der Arbeitnehmer auf einen Teil des Salärs verzichtet, um das langfristige Überleben des Unternehmens sicherzustellen. Selbst wenn der Mitarbeiter der Kurzarbeit zustimmte, dann kurz danach den blauen Brief kriegt, wird er die Lohnkürzung unter Berufung auf einen wesentlichen Irrtum rückgängig machen können. Dies mit dem Hinweis, er habe nur zugestimmt, um seinen Arbeitsplatz längerfristig zu sichern.

Keine wirtschaftliche Schwierigkeiten, sondern den übel gelaunten Wettergott bekämpft die *Schlechtwetterentschädigung*. Können Mitarbeiter, insbesondere im Baugewerbe, im Rebbau, in der Waldwirtschaft usw., wegen des schlechten Wetters wie Regen, Schnee, Kälte nicht eingesetzt werden, kann der Arbeitgeber einen Teil des Lohnes von der Arbeitslosenkasse geltend machen. Der Arbeitnehmer hat hier keinen Lohnausfall zu befürchten und braucht die ausgefallene Arbeitszeit in keinem Fall nachzuholen.

Der Treueschwur

Arbeitnehmer müssen dem Arbeitgeber die Stange und damit die Treue halten. Sie dürfen keine Schwarzarbeit leisten, den Arbeitgeber nicht konkurrenzieren, keine Schmiergelder annehmen, und sie sind zur Verschwiegenheit verpflichtet. Zur Treuepflicht gehört noch mehr: das Rechenschaft-Ablegen und das Erfindungen-Herausgeben.

Die vier Gebote

Allgemein wird vom Mitarbeiter loyales, redliches Verhalten erwartet. Er hat die Interessen des Arbeitgebers in guten Treuen zu wahren und Schaden abzuwenden. So muss der Mitarbeiter einen Defekt an einer Maschine melden; befindet sich der Chef in einer Notlage, muss er kurzfristig auch Arbeiten erledigen, für die er sich auf die Dauer zu schade fühlt (wie Aufräumen nach Brand). Gewisse Autoren behaupten sogar – der Beobachter ist nicht dieser Meinung –, der Mitarbeiter sei selbst dann zur Verschwiegenheit verpflichtet, wenn der Arbeitgeber gegenüber seinen Kunden Verträge verletzt oder leichte strafbare Handlungen begeht. Treuwidrig verhält sich der Arbeitnehmer auch, wenn er zu viele private Telefongespräche führt, wenn er Kraftwörter braucht (wobei die Reizschwelle auf dem Bau sicher höher liegt als in der Bank).

Kein Verstoss gegen die Treuepflicht liegt dagegen vor, wenn sich mehrere Mitarbeiter zusammenschliessen und ein Begehren um Lohnerhöhung mit einer Kündigungsdrohung verbinden. Der Mitarbeiter ist auch nicht verpflichtet, einen Kollegen zu denunzieren, der eine Maschine in grobfahrlässiger Weise beschädigt hat, es sei denn, er sei verantwortlicher Vorgesetzter oder es liege eine ernsthafte konkrete Gefährdung vor.

Nach Auffassung des Bundesgerichts gibt es keine gesetzliche Pflicht, über den eigenen Lohn zu schweigen. Der Arbeitnehmer könne seine Interessen mit gesetzlich zulässigen Mitteln fördern, auch wenn dies auf Kosten des Arbeitgebers gehe. Er darf seine Kollegen auf anderweitige bessere Verdienstmöglichkeiten hinweisen, solange er sie nicht zu einer Pflichtverletzung gegenüber dem Arbeitgeber verleitet. «Wie dem Arbeitgeber kann auch dem Arbeitnehmer nicht verwehrt sein, sich um Gewinnmaximierung zu bemühen, sofern er die ihm obliegenden besonderen Treuepflichten einhält.» Ermutigt also ein Arbeitnehmer seine Kollegen zu einer höheren Lohnforderung – dies unter Offenlegung seines eigenen tollen Lohnes –, liegt kein treuwidriges Verhalten vor.

Dies, so das Bundesgericht, gilt jedenfalls dann, wenn weder Vertrag noch Betriebsreglement eine Verpflichtung zur Verschwiegenheit über die Höhe des Salärs vorsehen.

Du sollst keine Schwarzarbeit leisten
Es gibt die Schwarzarbeit des ausländischen Arbeitnehmers ohne Bewilligung. Es gibt die Schwarzarbeit – nur davon ist hier die Rede –, mit welcher der Mitarbeiter seinen Chef konkurrenziert (das kann auch durch Gratisauskünfte geschehen) oder die seine Leistungsfähigkeit merklich herabsetzt. Denn wer in der Freizeit zuviel arbeitet, macht früher schlapp. Ein Arbeitnehmer, der zwei Acht-Stunden-Jobs ausfüllt, um die Kleinkreditschulden abzuzahlen, und deswegen mit Augenringen zur Arbeit erscheint, verletzt seine Treuepflicht und kann, wenn er sein Verhalten auf Mahnung hin nicht ändert, gar fristlos entlassen werden (Schwarzarbeit während den Ferien siehe Seite 151).

In Verträgen, die vom Arbeitgeber allein aufgesetzt worden sind, finden sich immer wieder Bestimmungen, wonach *Nebenbeschäftigungen* vom Chef bewilligt werden müssen. Eine solche Genehmigung darf nicht willkürlich verweigert werden. Denn der Arbeitgeber darf die Freizeit seiner Leute nicht beliebig reglementieren, es sei denn, er werde konkurrenziert oder der Mitarbeiter sei wegen erheblicher Mehrbelastung permanent müde (OR 321a).

Du sollst deinem Arbeitgeber die Schmiergelder herausrücken
Der Arbeitnehmer darf wohl branchenübliche Gelegenheitsgeschenke annehmen und für sich behalten, zum Beispiel ein Feuerzeug oder einige Flaschen Wein. Werden ihm namhafte Summen angeboten, ist er verpflichtet, dies dem Arbeitgeber zu melden, da diesem allein solch zwielichtige Geschenke zustehen. Nimmt der Arbeitnehmer heimlich Präsente grösseren Umfangs an und erfährt der Arbeitgeber später davon, hat der Arbeitnehmer das Nachsehen: Er muss das Schmiergeld dem Arbeitgeber unter Umständen nach Jahren herausrücken.

Du sollst deinen Arbeitgeber nicht konkurrenzieren
Es ist dem Arbeitnehmer nicht verboten, während der Kündigungszeit Vorbereitungen auf eine selbständige Tätigkeit zu treffen, solange er dabei nicht den Arbeitgeber schädigt. Er darf dazu nur nicht die Geschäftszeit verwenden und dadurch andere Arbeiten vernachlässigen. Er darf in der Kündigungszeit eine Aktiengesellschaft gründen im Hinblick auf die

neue Tätigkeit und in Inseraten Personal anwerben, nicht jedoch im eigenen Betrieb während der Kündigungszeit Mitarbeiter anheuern. Verboten ist ihm auch, weil er damit seinen Arbeitgeber konkurrenziert, die Kunden seines Chefs während der Kündigungszeit anzuschreiben und darauf hinzuweisen, er eröffne nachher ein Konkurrenzunternehmen. Unbedenklich ist jedoch während der Kündigungszeit die gleiche briefliche Kontaktnahme mit Kollegen oder Kunden aus früheren Arbeitsverhältnissen. Der Arbeitnehmer darf bei Beendigung des Arbeitsverhältnisses auch keine Geschäftsunterlagen (Kundenlisten usw.) mitlaufen lassen (siehe «Das Konkurrenzverbot», Seite 220).

Du sollst deinen Mund halten, auch wenn der Chef eine Freundin hat
Fabrikations- und Geschäftsgeheimnisse darf der Arbeitnehmer während des Vertragsverhältnisses überhaupt nicht weiterverbreiten. Alles, was der Chef geheimhalten will, fällt unter den sehr weitreichenden Schutz, und zwar von Gesetzes wegen, auch ohne ausdrückliche Vereinbarung. Darunter fallen auch persönliche Informationen, die der Mitarbeiter zufällig erfahren hat (zum Beispiel ein Liebesverhältnis des Chefs, das der Chauffeur mitbekommt). Geheimzuhalten sind vor allem Forschungsergebnisse, Produktionsverfahren, Kundenverzeichnisse, Kalkulationen. Allgemein bekannte oder übliche Verfahren oder Tatsachen sind jedoch keine Geschäftsgeheimnisse, auch wenn der Arbeitgeber sie fälschlicherweise als solche bezeichnet.

Was darf der Mitarbeiter tun, wenn er merkt, dass sein Chef massiv Steuern hinterzieht oder sich sonst strafbar macht? Er muss zuerst das Gespräch mit dem Arbeitgeber suchen. Sollte dieser sein gesetzwidriges Handeln nicht aufgeben, darf der Untergebene die Behörden informieren. Denn der Arbeitgeber hat kein rechtlich geschütztes Geheimhaltungsinteresse an schwerwiegenden Gesetzesverletzungen. Eine Treuepflichtverletzung läge in der sofortigen Benachrichtigung der Presse. Dieser Schritt wäre erst zulässig, wenn auch die zuständige Behörde versagt. So geschehen im Fall jenes Polizisten, der in der Stadt Zürich illegale Abhörpraktiken aufdeckte, bei seinen Vorgesetzten reklamierte und erst, als diese nicht reagierten, sich an eine Tageszeitung wandte. Gleiches gilt, wenn der Arbeitgeber Unfallverhütungsregeln nicht beachtet: Der Arbeitnehmer darf nach einem erfolglosen Gespräch mit dem Vorgesetzten die SUVA zu einem Augenschein auffordern.

Auch nach Auflösung des Arbeitsverhältnisses gilt die Geheimhaltungspflicht in reduziertem Umfang weiter, nämlich soweit, wie der

Arbeitgeber ein berechtigtes Interesse an einer zu verschweigenden Tatsache hat. Während und nach Beendigung des Arbeitsverhältnisses kann der Arbeitgeber seinen Untergebenen nicht verbieten, als Zeugen vor Gericht zu erscheinen und Wahrheiten auszupacken, die eigentlich Geschäftsgeheimnisse sind.

Auch die Treue hat ihre Grenzen
An sich unterliegt die Treuepflicht der freien Vereinbarung der Parteien. Sie kann erweitert oder beschränkt werden (so kann dem Mitarbeiter das Recht eingeräumt werden, bei der Konkurrenz auszuhelfen). Doch alles hat seine Grenzen: Vereinbarungen dürfen nicht schikanös sein. Der Mitarbeiter hat ein Recht auf freie Meinungsäusserung, er muss sich nicht aus Treue gesundheitlich oder finanziell ruinieren. Je enger die persönliche Bindung zwischen den Parteien, je höher der Mitarbeiter die Hierarchie hochgeklettert ist, desto loyaler muss er sich verhalten.

Nur sehr begrenzt muss sich ein Mitarbeiter Vorschriften über sein Freizeitverhalten machen lassen. Mehr einschränken muss sich, wer in einem sogenannten Tendenzbetrieb arbeitet (zum Beispiel weltanschaulich ausgerichtetes Unternehmen) oder in leitender Position steht. So darf einem Redaktor einer freisinnigen Zeitung verboten werden, sich für die Abschaffung der Armee einzusetzen. Der Leiter einer kirchlichen Stelle für Ökumene darf nicht Hasstiraden auf andere Religionsangehörige loslassen, da sonst die Glaubwürdigkeit seiner Institution in der Öffentlichkeit leiden würde. Nicht zulässig – dies wäre ein unverhältnismässiger Eingriff in die Privatsphäre – ist ein Gebot, seine Kleider ausschliesslich beim Arbeitgeber zu kaufen. Die Migros dürfte auch nicht verbieten, dass ihre Mitarbeiter bei Denner einkaufen.

Zulässig ist es ausnahmsweise auch, ein gewisses Verhalten in der Freizeit mit fristloser Auflösung des Arbeitsverhältnisses zu beantworten, zum Beispiel wenn ein Berufschauffeur betrunken am Steuer erwischt wird. Sein Freizeitverhalten verunmöglicht ihm für Monate die Berufsausübung. Unverhältnismässig ist dagegen, den Mitarbeitern das Skifahren, das Tanzen oder die Teilnahme an Motocross-Rennen zu verbieten.

Was muss der treulose Mitarbeiter fürchten?
Die Sitten sind hart, die Treuepflicht ist ernst zu nehmen. Sonst droht eventuell nach vorangehender Ermahnung eine fristlose Entlassung, eine Schadenersatzforderung, wenn eine Wiederholung der Treulosigkeit zu befürchten ist, eine Klage auf Unterlassung oder gar ein Strafverfahren:

Max S. hatte eine Diamantenschleifmaschine seines früheren Arbeitgebers kopiert. Der Richter ordnete, gestützt auf das Gesetz über den unlauteren Wettbewerb, die Vernichtung dieser Maschine an.

Philipp F., Mitarbeiter eines Ingenieurbüros, erledigte in der Arbeitszeit schwarz auf eigene Rechnung zwei Aufträge, die seinem Arbeitgeber zugefallen wären. Gewinn: 10 000 Franken. Philipp F. erhielt vom Strafrichter zwei Monate Gefängnis wegen ungetreuer Geschäftsführung aufgebrummt.

Nicht besser erging es Johann M., der eine von seinem Arbeitgeber entwickelte Blechstanzmaschine nachahmte, indem er die Pläne entwendete. Ihm wurde eine Verletzung des Fabrikations- und Geschäftsgeheimnisses vorgeworfen, und er wurde zu einer mehrmonatigen bedingten Gefängnisstrafe verknurrt.

Gar zwölf Monate Gefängnis erhielt ein Mitarbeiter des Basler Chemieriesen Roche. Ihm wurden wirtschaftlicher Nachrichtendienst und Verletzung von Geschäftsgeheimnissen vorgeworfen, weil er gegenüber den Organen der Europäischen Gemeinschaft verschiedene Informationen preisgab (unzulässige Preisabsprachen unter den europäischen Chemiefirmen). Diese Absprachen waren nach den Gesetzen der Europäischen Gemeinschaft, nicht aber nach denjenigen der Schweiz (wir sind schliesslich ein sehr kartellfreudiges Land), krass rechtswidrig.

Beamte: Sauftour in aller Öffentlichkeit?
Beamte haben eine spezielle Treuepflicht. Sie müssen sich auch ausserhalb der Dienstzeit des Vertrauens würdig erweisen, das ihre amtliche Stellung erfordert. So muss ein Gerichtspräsident um seine Stelle bangen, wenn er nach Arbeitsschluss in aller Öffentlichkeit herumsäuft oder für Hunderttausende von Franken betrieben worden ist. Wenn das gleiche dem Briefträger – der in seiner Berufsausübung weniger exponiert ist – passiert, wird dies für ihn kaum Folgen haben, solange seine Arbeit in Ordnung ist.

Beamte dürfen sich in ihrer Freizeit politisch betätigen. Sie können ihre Meinung weitgehend frei äussern. Nur bei seinen Amtsgeschäften sollte sich der Beamte eine gewisse Zurückhaltung auferlegen. So jedenfalls will es das engherzige Bundesgericht, das den Verweis schützte, den das Zürcher Obergericht einem Bezirksrichter erteilte. Er hatte während der Zürcher Krawalle ein Flugblatt verteilt, mit dem die Einstellung aller Strafverfahren gegen Demonstranten verlangt und behauptet wurde, die Polizei hätte willkürlich Verhaftungen vorgenommen. Insbesondere letzterer Vorwurf ging dem Bundesgericht zu weit. Es sei doch – so das Bundesgericht – damit zu rechnen, dass dieser Richter in einem späteren Zeitpunkt einen dieser Fälle zu beurteilen habe.

Strenger sind die Bräuche für Beamte am Arbeitsplatz: Der Lehrer mit dem Protestknopf «Jesus siegt» riskiert einen Verweis. In Glaubens- und in politischen Fragen wird eine gewisse Zurückhaltung erwartet. Sicher weniger problematisch sind zum Beispiel «YB gewinnt» oder die goldene Nadel des Mieterverbands.

Besondere gesetzliche Bestimmungen gibt es auch in strafrechtlicher und disziplinarischer Hinsicht für Beamte. Sie werden für Vergehen im Strafgesetz strenger bestraft als der Buchhalter in der Privatwirtschaft. Sie unterstehen auch meist einer Disziplinarordnung (Verweis, Androhung der Nichtwiederwahl), wovor die in der Privatwirtschaft Angestellten verschont bleiben.

Akten und Geld herausgeben
Auch das gehört zur Treuepflicht. Erhält der Arbeitnehmer von einem Dritten Geld, muss er dieses seinem Arbeitgeber sofort weiterleiten, es sei denn, er habe selber bisher unbefriedigte Ansprüche gegenüber seinem Arbeitgeber (OR 321b). Diese kann er verrechnen und muss nur den allfälligen Restbetrag überweisen. Da die Bestimmung über die Herausgabe nicht zwingendes Recht ist, kann vertraglich etwas anderes vereinbart werden. Zum Beispiel, dass der Arbeitnehmer Einnahmen nicht direkt verrechnen dürfe.

Kursunterlagen zur eigenen Weiterbildung sind Eigentum des Mitarbeiters, auch dann, wenn der Arbeitgeber den Kurs bezahlt hat. Denn der Mitarbeiter muss jederzeit auf diese Unterlagen zurückgreifen können. Doch kann vertraglich vereinbart werden, dass solche Unterlagen bei Austritt aus der Firma ins Eigentum der Firma übergehen.

Wem gehört die bahnbrechende Erfindung?
Der kreative Tüftler hat in der Regel nur Anspruch auf den Lohn, nicht aber auf einen Anteil am Gewinn einer Erfindung, die er *im Rahmen seiner dienstlichen Tätigkeit* macht, mögen auch dem Arbeitgeber Millionen zufallen. Etwas anders sind Erfindungen zu beurteilen, die der Mitarbei-

ter ausserhalb seiner vertraglichen Verpflichtungen macht. Es handelt sich dabei um *Zufallserfindungen,* wenn das Tüfteln entweder nicht zu seinen Obliegenheiten gehört oder die konkrete Erfindung nicht in sachlichem Zusammenhang mit seiner Arbeit steht. In diesen sehr seltenen Fällen kann der Arbeitgeber verlangen, aber nur wenn es im voraus schriftlich vereinbart worden ist, dass der Mitarbeiter solche Erfindungen gegen ein angemessenes Entgelt an ihn abtritt. Der Arbeitgeber hat also ausnahmsweise ein Vorkaufsrecht, ansonsten ist der Arbeitnehmer frei, seine Zufallserfindung zu verwerten (OR 332).

Arbeitnehmers Sorgfaltspflicht

Muss die Kioskverkäuferin Hanna M. die fünfhundert Franken, die in der Kasse fehlen, aus dem eigenen Sack einwerfen? Muss der Chauffeur Paul J., der leider vergessen hat, die Bremse am Geschäftswagen anzuziehen, den Blechschaden bezahlen, nachdem sich das Auto in seiner Abwesenheit selbständig gemacht hatte? Und hat die Putzfrau Dorina S. die mit dem Besenstiel unbeabsichtigt zerstörte altchinesische Vase zu ersetzen?

Jeder Arbeitnehmer hat sorgfältig zu arbeiten. Verletzt er dieses Grundprinzip und schädigt den Arbeitgeber, haftet er dafür, sei es, weil er fahrlässig, sei es, weil er vorsätzlich gehandelt hat (OR 321e). Allerdings wird im Arbeitsvertragsrecht diese Haftung erheblich gemildert: Bei der Schadensbemessung müssen auch der Bildungsgrad, das berufliche Risiko, die Fachkenntnis, die Fähigkeiten und Eigenschaften des Arbeitnehmers berücksichtigt werden. Die allfällige Ersatzpflicht muss zum Lohn in einem vernünftigen Verhältnis stehen.

Chauffeure haben ein hohes Berufsrisiko. Häufigster Streitpunkt sind die Autounfälle, vor allem von Reisenden und Berufschauffeuren. *Nicht jeder Fahrfehler führt zur Schadenersatzpflicht.* Dem Arbeitgeber ist immer zuzumuten, eine Kaskoversicherung abzuschliessen, um dem hohen Blechschadenrisiko zu begegnen. Unterlässt er dies, wird er in aller Regel den Schaden, der den Selbstbehalt und den Bonusverlust (Versetzung in eine höhere Prämienstufe) übersteigt, selber zu tragen haben.

Bei leichter Fahrlässigkeit kann der Arbeitgeber wegen des hohen Chauffeur-Berufsrisikos trotz grösserem Schaden häufig nur einen Viertel oder einen Drittel eines Monatslohnes verlangen. Bagatellfälle hat der Arbeitgeber in der Regel selber zu tragen.

Anders nur bei grober Fahrlässigkeit, wie beispielsweise im Fall von Leopold L., den das Zürcher Obergericht zu unnachgiebig anfasste: Er fuhr als Vertreter im Edelsteinhandel in betrunkenem Zustand mit dem Geschäftsauto. Der Führerausweis wurde ihm sofort entzogen, und der Arbeitgeber durfte ihn fristlos entlassen. Leopold L. musste den Bonusverlust und den Selbstbehalt übernehmen, vor allem aber auch den entgangenen Gewinn. Sein Arbeitgeber hatte drei Monate lang keinen Vertreter, was ihm einen Verlust von rund 60 000 Franken netto einbrachte (Entscheid von 1978).

Schäden an Dienstautos sind genau gleich zu behandeln wie Fälle, in denen der Arbeitnehmer sein privates Fahrzeug dem Geschäft zur Verfügung stellt: Auch bei Fahrten im Auto des Arbeitnehmers muss der Chef selbst dann einen Bagatellschaden voll übernehmen, wenn ein leichtes Verschulden auf seiten des Mitarbeiters vorliegt.

Grobfahrlässigkeit
Grobe Fahrlässigkeit liegt vor, wenn ein Arbeitnehmer gegen die Gebote elementarster Vorsicht verstösst und nicht berücksichtigt, was jedem verständigen Berufsmann in gleicher Lage und unter gleichen Umständen einleuchten müsste. Es ist grobfahrlässig, wenn eine Serviertochter ihr Portemonnaie mit den Tageseinnahmen trotz wiederholten Ermahnungen auf dem Buffet liegen lässt. Es ist grobfahrlässig, alkoholisiert herumzufahren.

Leichte Fahrlässigkeit führt regelmässig zu einer Reduktion der Schadenersatzpflicht, eventuell gar zum Wegfall, vor allem wenn ein erhebliches Berufsrisiko vorliegt. Der Vorwurf lautet hier: «Er hätt sölle.» Bei Grobfahrlässigkeit erschallt jedoch der Ausruf: «Wie chame au nume!»

Nicht jedes fehlerhafte Arbeitsergebnis stellt eine Verletzung der Sorgfaltspflicht dar. Es gibt zahlreiche Arbeiten, die so heikel sind, dass sie auch misslingen können.

So hatte der junge Schlosser Peter H., der anderthalb Jahre zuvor die Lehre beendet hatte und relativ wenig verdiente, ein Treppengeländer falsch berechnet. Er verursachte damit einen Schaden von 3000 Franken. Die selbständige Anfertigung von Treppengeländern – so das Gericht – sei sehr heikel und werde normalerweise nur erfahrenen Schlossern mit entsprechendem Gehalt übertragen. Zudem sei Peter H. auch nicht genügend instruiert worden, nachdem die Arbeit schon beim ersten Versuch missglückt war und damals der Fehler mit relativ wenig Aufwand hätte behoben werden können. Schliesslich musste er auch unter Zeitdruck arbeiten. Peter H. hatte daher bloss für einen Drittel des Schadens aufzukommen. Wäre Peter H. besser ausgebildet oder besser bezahlt gewesen und hätte er über eine längere Erfahrung verfügt, hätte er einen grösseren Teil des Schadens tragen müssen.

Jeannette O. arbeitete zwischen Schulabschluss und Lehrbeginn in einer Bilderrahmenfabrik. Sie war kaum instruiert worden und hatte einen bescheidenen Lohn. Versehentlich radierte sie die Unterschrift auf einem Holzschnitt aus, wohl weil sie glaubte, es handle sich um eine Verunreinigung (offensichtlich war die Handschrift des Künstlers unleserlich). Der Arbeitgeber musste in diesem Fall den Wertverlust selber tragen; denn erst nach diesem Vorfall orientierte er die Belegschaft mit einem Anschlag, dass Radieren grundsätzlich verboten sei. Erst darauf realisierte Jeannette O., dass es nicht nur auf den Holzschnitt, sondern auch auf die Unterschrift ankommen kann. Der Arbeitgeber musste sich sagen lassen, dass er, wenn er für die im übrigen nicht sehr anspruchsvolle Arbeit wenig qualifizierte Leute anstelle, diese genaustens instruieren und das Risiko von Fehlleistungen durch Versicherungen auffangen sollte.

Weniger glimpflich kam 1984 der Techniker Willi G. weg, als er sich in einer vom ihm ausgefüllten Offerte um fast 200 000 Franken verrechnete. Das Bundesgericht brummte ihm unverständlicherweise nicht weniger als 35 000 Franken auf, trotz seines bescheidenen Lohnes und der fehlenden Kontrolle durch Vorgesetzte.

Das Kassenmanko

Recht häufig wird der Arbeitnehmer für fehlendes Inventar oder für ein Kassenmanko haftbar gemacht. Es ist Sache des Arbeitgebers, zu beweisen, dass und in welcher Höhe ein Schaden entstanden ist. Häufig misslingt dieser Beweis, weil die Buchhaltung nicht vollständig ist und sich der Schaden dann gar nicht mehr sicher rekonstruieren lässt.

Lässt sich nicht mehr eruieren, wer ein Manko verursachte, zum Beispiel weil mehrere die gleiche Kasse benutzten, darf der Schaden auch nicht etwa gleichmässig auf alle Beteiligten verteilt werden.

Ausnahme: wenn einem der Beteiligten die Kontrolle oder Verwahrung obliegt und diese Pflicht nachweislich verletzt wurde. Das *Berufsrisiko* ist auch hier schadenmindernd zu berücksichtigen. Ein Bankkassier, der versehentlich hunderttausend Franken zuviel über den Schalter schiebt, wird nicht den ganzen Schaden übernehmen müssen. Auch wenn in einem Restaurant ein Gast sich vor Begleichen der Rechnung aus dem Staub macht, ist dieser Verlust in aller Regel vom Arbeitgeber zu tragen, es sei denn, der Arbeitnehmer habe sich leichtsinnig verhalten.

Wie beurteilt sich der Einzelfall?
Die einschränkende Haftungsvorschrift des OR ist zwingend und kann höchstens zugunsten des Arbeitnehmers vertraglich gemildert, nicht aber verschärft werden. Unzulässig sind deshalb Klauseln, die ohne Rücksicht auf Verschulden und Verursachung den Mitarbeitern gewisse Lohnabzüge bringen: zum Beispiel zehn Franken pro Monat für alle Mitarbeiter wegen den in Schlafwagen häufig gestohlenen Wolldecken oder zehn Franken für Geschirrbruch beim Küchenpersonal. Unzulässig ist auch die Vereinbarung eines Lohnabzugs zwecks Finanzierung einer Haftpflichtversicherung. In einem praktischen Fall hat zuerst der Arbeitgeber den konkreten Schaden und die Pflichtverletzung des Mitarbeiters zu beweisen, wie auch, dass dieser allein und kein anderer das Kassenmanko verursacht hat. Der Arbeitnehmer seinerseits wird versuchen, sich zu entlasten. Der Chauffeur mit der Beule an seinem Lastwagen wird geltend machen, er sei auf ein unerwartetes Hindernis gestossen, etwa ein Reh, Glatteis usw. Steht die Schwere des Verschuldens fest, sind Gründe zu suchen, die die Schadenersatzpflicht reduzieren:
- ein *hohes Berufsrisiko* wie Geschirrbruch im Restaurant, Kassenmanko beim Bankkassier, beim regelmässigen Autofahren, aber auch bei Berufen, in denen mit teuren Maschinen gearbeitet wird, wo ein hektisches Arbeitstempo verlangt ist, wo eintönige Arbeit vorliegt, oder generell in unfallgefährdeten Betrieben.
- ein *Mitverschulden des Arbeitgebers*, eines anderen Vorgesetzten oder Mitarbeiters, zum Beispiel wenn der Chef ungeeignete Arbeitskräfte beschäftigt, wenn er zuwenig kontrolliert und instruiert, wenn er der Serviertochter kein abschliessbares Schubladenfach für ihr Portemonnaie zur Verfügung stellt usw.
- wenn *der Arbeitnehmer bei Leistung des vollen Schadenersatzes in eine Notlage geriete*. Allerdings trägt dieser Grundsatz nicht, wenn der Arbeitnehmer ein grobfahrlässiges Verhalten an den Tag gelegt hat.

Recht häufig zaubert der Arbeitgeber seine Schadenersatzforderung erst viel später hervor, eventuell nach der Kündigung durch den Arbeitnehmer oder gar erst nach Beendigung des Arbeitsverhältnisses oder als Retourkutsche, wenn der Arbeitnehmer wegen Lohnansprüchen ans Arbeitsgericht gelangt. Die Praxis verschiedener kantonaler Gerichte verlangt vom Arbeitgeber, dass er einen Schaden sofort nach dessen Kenntnis geltend macht und spätestens am nächsten Lohn einen Abzug oder einen klaren Vorbehalt anbringen muss.

Auch wenn der Arbeitgeber im Arbeitszeugnis die Floskel fallen lässt: «Herr M. verlässt uns frei von jeder Verpflichtung», kann er in einem späteren Zeitpunkt keinen Schadenersatz geltend machen, es sei denn, er habe den Schaden erst nach Beendigung des Arbeitsverhältnisses erfahren.

Der Arbeitgeber darf den Lohnabzug nicht in beliebiger Höhe vornehmen. Er muss seinen Mitarbeitern das Existenzminimum belassen, es sei denn, diese hätten vorsätzlich und nicht bloss grobfahrlässig gehandelt (OR 323b). Die Putzfrau, die unabsichtlich die chinesische Vase umstösst, erhält ihr Existenzminimum (überhaupt ist in solchen Fällen ein Abzug fragwürdig). Bezahlen muss sie, wenn sie die Vase in der Wut nach ihrem Vorgesetzten wirft.

Wie wehrt man sich gegen ungerechtfertigte Abzüge?
Häufig reagieren Arbeitgeber sofort und nehmen happige Lohnkürzungen trotz bloss leichtem Verschulden vor. Der Arbeitnehmer erklärt sich, weil er noch keine neue Stelle hat oder diesen Arbeitsplatz behalten will, mit den Abzügen unter Zähneknirschen häufig auch schriftlich einverstanden. Doch keine Angst: Der Arbeitnehmer kann auf diese Unterschrift zurückkommen, denn er kann *während des Arbeitsverhältnisses* und *einen Monat danach* nicht auf ihn schützende zwingende Bestimmungen des OR verzichten (OR 341). Notfalls wird der Richter trotz Unterschrift den ganzen Fall nochmals aufrollen und feststellen, ob eine Haftung und allenfalls Gründe für die Milderung der Schadenersatzpflicht vorliegen.

Das Weisungsrecht

Der Arbeitnehmer ist seinem Chef untergeordnet, er hat deshalb dessen Weisungen zu befolgen (OR 321d). Die Befehlsgewalt des Patrons ist aber beschränkt: Eine wichtige Schranke bildet das Persönlichkeitsrecht des Mitarbeiters. Schikanöse Weisungen zum Beispiel braucht er ebensowenig zu beachten wie die meisten Weisungen bezüglich seines Freizeitverhaltens.

Krawattenzwang?
Die industriellen Betriebe haben gemäss Arbeitsgesetz eine Betriebsordnung zu erlassen. Darin sind Bestimmungen über Unfallverhütung und Gesundheitsvorsorge aufzunehmen. Zusätzlich werden meist weitere Bestimmungen darin aufgeführt: Mitwirkungsrechte der Mitarbeiter, Arbeitszeiten, Pausen, Absenzen usw. Auch nichtindustrielle Betriebe können solche schriftlichen Ordnungen erlassen, sei es von oben, sei es in Zusammenarbeit mit den Mitarbeitern. Auch Weisungen an Anschlagbrettern kommen in der Praxis häufig vor. Doch muss der Mitarbeiter Gelegenheit erhalten, von jeder Weisung Kenntnis zu nehmen. Der Arbeitgeber kann sich bei Neueintretenden nicht auf einen Aushang am schwarzen Brett von vor zwei Jahren berufen.

Viel wichtiger sind die zahllosen Einzelanweisungen bezüglich Arbeitsausführung und sonstigen Verhaltens am Arbeitsplatz, die sich der Arbeitnehmer gefallen lassen muss. Zu weit gehen Wirte, die von ihren Serviertöchtern das Tragen von Minijupes verlangen. Zu weit gehend ist auch das Verbot von Oberschwestern, das Personal dürfe sich nicht duzen oder die Haare grün färben. Auch der Krawattenzwang für die Heerscharen von Angestellten mit Publikumskontakt ist problematisch, verlangt werden kann nach Auffassung des Beobachters nur saubere Kleidung. Zu weit geht ein Verbot des Arbeitgebers, im Betrieb zu politisieren. Zulässig hingegen sind Vorschriften, die das Tragen einer Uniform oder von Sicherheitsbekleidung zwecks Unfallverhütung verlangen.

Nur selten wird sich ein Mitarbeiter dagegen bezüglich seines ausserbetrieblichen Verhaltens Vorschriften machen lassen müssen (Ausnahmen insbesondere bei Tendenzbetrieben). Sinnvoll ist die Weisung einer Fluggesellschaft oder eines Carunternehmers, ihre Piloten bzw. Chauffeure dürften 24 Stunden vor dem Start keinen Alkohol konsumieren.

Johann, fahren Sie schneller!
Willkürliche, ja schikanöse Weisungen braucht der Arbeitnehmer nicht zu befolgen. Er kann sich auch widersetzen, wenn der Gleichbehandlungsgrundsatz schwer verletzt wird, wenn von vier Mitarbeitern nur er immer zu Überstunden herangezogen wird. Er kann sich widersetzen, wenn der Chef von ihm verlangt, die Höchstgeschwindigkeit innerorts zu überschreiten. Hingegen muss er sich bloss unzweckmässige Weisungen gefallen lassen, wenn der Arbeitgeber auf seine Argumente nicht eingeht: Herr im Haus ist schliesslich der Arbeitgeber.
Nicht zu beachten braucht der Arbeitnehmer Weisungen, mit denen das Vertragsverhältnis geändert wird:

Philipp B. hatte bisher als Nachtportier immer in Hemd und Jeans gearbeitet. Nach einem Pächterwechsel wurde von ihm verlangt, er habe in tadellosem Anzug und Krawatte zu erscheinen. Der Portier lehnte sich gegen die Vertragsänderung auf, da er keinen Anzug besitze, erklärte sich aber dazu bereit, wenn ihm die Firma eine «Schale» zur Verfügung stelle. Er wurde daraufhin fristlos entlassen; zu Unrecht, wie das Arbeitsgericht später feststellte. Der Arbeitgeber hätte das Verhältnis auf den ordentlichen Termin kündigen und eine Weiterbeschäftigung nur mit Krawatte und Anzug in Aussicht stellen müssen (Änderungskündigung siehe Seite 21).

Der Ausgang dieses Falls kann nicht über eine Schwierigkeit hinwegtäuschen: Die Grauzone zwischen erlaubter und unerlaubter Weisung ist gross. Will der Arbeitnehmer keine Risiken eingehen, wird er im Zweifelsfall eine Weisung schlucken. Denn wenn er sich wehrt, riskiert er nicht nur eine fristlose Entlassung, sondern auch noch, dass das Gericht eine solche Entlassung als gerechtfertigt erachtet. Wird aber eine unzulässige Weisung geschluckt, wird sie zum neuen Vertragsinhalt, jedenfalls wenn sie nicht in ungebührlichem Mass in die Persönlichkeitssphäre des Mitarbeiters eingreift.
Arbeitnehmer in leitender Stellung brauchen sich nicht überall dreinreden zu lassen. Sie haben aufgrund ihrer Position eine gewisse Organisationsfreiheit nötig, sei es, weil sie weit oben in der Hierarchie stehen, sei es, weil sie fachlich wesentlich mehr verstehen als ihr Vorgesetzter. So muss der Chefarzt sich vom Personalchef des Spitals nicht fachliche Weisungen gefallen lassen, zum Beispiel wieviel Verbandsstoff er verbrauchen darf.

Das Recht ist auf seiten der Nichtraucher
Dass Rauchen auch für Nichtraucher schädlich ist, wird wohl nur noch von der Tabakindustrie bestritten. Darf oder muss der Arbeitgeber, gestützt auf die wissenschaftlichen Erkenntnisse, den Rauchern das Paffen verbieten? Die Freiheit des Rauchers und die Pflicht des Arbeitgebers, die Gesundheit des Nichtrauchers zu schützen, prallen aufeinander.

Die Rechtslage ist klar: Artikel 19 der Verordnung 3 «Zum Arbeitsgesetz» besagt zum Nichtraucherschutz: «Der Arbeitgeber hat im Rahmen der betrieblichen Möglichkeiten dafür zu sorgen, dass die Nichtraucher nicht durch das Rauchen anderer Personen belästigt werden.» Betrieblich möglich ist ein Verbot immer dann, wenn der Betriebsablauf dadurch nicht gestört wird.

Die kantonalen Berufsinspektorate sind verpflichtet, für die Durchsetzung der Rechte der Nichtraucher zu sorgen. Nichtraucher können darauf drängen, nicht mit Rauchern im gleichen Büro arbeiten zu müssen. Es ist Sache des Arbeitgebers, die von mehreren Personen genutzten Räume zu rauchfreien Zonen zu erklären. Kündigungen oder Schlechterstellungen von Nichtrauchern, die auf ihrem Recht auf ein rauchfreies Arbeitsklima bestehen, sind missbräuchlich und können vor Arbeitsgericht angefochten werden (Beratungsstelle für Nichtraucher siehe Anhang, Seite 256).

Berufsunfälle

So, wie der Arbeitnehmer dem Arbeitgeber seine Treue halten muss, hat der Arbeitgeber gegenüber seinen Mitarbeitern sehr weitreichende Fürsorgepflichten. Er hat deren ganze Persönlichkeit zu schützen, insbesondere Leib und Leben (OR 328).

Diese Pflicht wird häufig verletzt. So lesen wir fast täglich in den Zeitungen Schlagzeilen aus dem Baugewerbe: «Aus 44 Metern in die Tiefe gestürzt» – «Bauarbeiter von Holzstapel erdrückt» – «Für immer gelähmt». Landauf, landab turnen immer noch Bauarbeiter ungesichert auf exponierten Bauplätzen herum. Über 70 000 Unfälle pro Jahr allein im Baugewerbe, rund 230 000 in den übrigen Branchen – das könnte wesentlich besser aussehen, wenn Arbeitgeber und -nehmer die Unfallverhütungsvorschriften beachten würden.

Natürlich kann der Arbeitgeber nicht jeder Gefahr begegnen. Zahlreiche Arbeiten sind riskant. So verletzt der Dachdeckermeister seine Fürsorgepflicht nicht, wenn er seine Mannen in luftige Höhen schickt. Erst wenn er zulässt, dass diese mit profillosen Turnschuhen bei Nässe und ohne Absicherungen die Dächer besteigen, muss er nach einem Unfall mit kritischen Fragen rechnen: Hat er sorgfältig instruiert, überwacht und gegebenenfalls ausdrückliche Verbote ausgesprochen?

Fehlende Sicherheitsvorrichtungen
Häufig sind Unfälle mit Maschinen ohne genügende Schutzvorrichtungen. Der Arbeitgeber ist generell verpflichtet, den Arbeitsablauf möglichst gefahrlos zu gestalten und regelmässig Kontrollen durchzuführen. Er muss seine Maschinen dem Stand der Technik laufend anpassen. Je gefährlicher die Arbeit, um so *striktere* Unfallverhütungsmassnahmen muss er ergreifen. Er hat Sicherheitsvorschriften allenfalls auch gegen den Willen seiner Mitarbeiter streng durchzusetzen. *Instruieren, warnen und gegebenenfalls verbieten*, lautet die Devise.

Der Arbeitgeber soll seine Mitarbeiter nicht überfordern. Er muss mit Fehlern seiner Untergebenen rechnen und kann sich selten durch deren Mitverschulden ganz entlasten. Andererseits muss er aber nicht auf offensichtliche Gefahren hinweisen. Wenn der Ausläufer der Bäckerei zum Spass mit dem Brotkorb vor dem Gesicht Velo fährt, kann seinem Chef kaum der Vorwurf gemacht werden, er hätte davor warnen sollen.

Der Arbeitgeber hat die Pflicht, den Mitarbeiter auch vor seinen Arbeitskollegen zu schützen, zum Beispiel vor einem Kettenraucher. Besondere Aufmerksamkeit muss er den ungeschulten Hilfskräften zuwenden. Denn je mehr sich der Arbeiter an die Gefahren gewöhnt hat, je niedriger sein Bildungsniveau ist – so das Bundesgericht –, desto intensiver muss der Arbeitgeber sich um ihn kümmern. Insbesondere muss er immer wieder verlangen, dass Gehörschutz, Masken und Brillen nach Vorschrift getragen werden. Doch eben: Weil viele Arbeitgeber ihre Fürsorgepflicht verletzen, schlägt das Schicksal immer wieder zu.

Paul K., der beim Bau eines Silos für eine Grastrocknungsanlage 44 Meter abstürzte und am Boden zerschmettert wurde, fand den Tod, weil der Arbeitgeber entgegen einer bundesrätlichen Verordnung keine Absturzsicherung (Fangnetz, Anseilgerät) angebracht hatte. Solche Vorschriften dürfen nicht aus Bequemlichkeit oder um Kosten einzusparen vernachlässigt werden. In diesem Fall hatte der Bauleiter kopflos gehandelt. Er hatte seine Verpflichtung, den Arbeitnehmer vor Unfallgefahren zu schützen, sträflich vernachlässigt. K.s Witwe konnte eine erkleckliche Genugtuungssumme und als sogenannten Versorgerschaden den restlichen Lohnausfall (ein Teil wird vom UVG-Versicherer übernommen) vom Arbeitgeber fordern.

Kann dem Arbeitgeber bloss ein leichter Vorwurf gemacht werden, können die Hinterbliebenen wenigstens eine Genugtuung für den Verlust des sogenannten Versorgers und allfälligen Sachschaden vom Arbeitgeber fordern, nicht aber den Lohnausfall. Wenn K. mit seiner Freundin im Konkubinat gelebt hätte, könnte diese eine Genugtuung wegen seines Todes verlangen.

Und bei Körperverletzung?
Wer wegen eines Berufsunfalls die Arbeit aussetzen oder reduzieren muss, wird einen Teil seines Lohnes – sofern er Arbeitnehmer ist – von der obligatorischen Unfallversicherung (UVG) und, wenn eine bleibende Erwerbsunfähigkeit von mindestens 40 Prozent besteht, auch von der IV (Invalidenversicherung) erhalten. Diese Versicherungen decken aber nicht den ganzen Schaden. Kann der Arbeitnehmer die verbleibende Saläreinbusse vom Arbeitgeber oder allenfalls einem Mitarbeiter, der schuldhaft gehandelt hat, verlangen? Die genaue Antwort würde den Rahmen dieses Buches sprengen. Nur soviel sei gesagt: Es lohnt sich,

einen spezialisierten Anwalt aufzusuchen, wenn ein Dritter am Unfall mitschuldig sein könnte. Das ist auch dann der Fall, wenn der Arbeitgeber veraltete Maschinen mit mangelhaften Sicherheitseinrichtungen im Einsatz hat und deswegen ein Untergebener schwer verletzt wird. Leider werden die vielen Unfallverhütungsvorschriften auch von Arbeitnehmern in den Wind geschlagen und als Schikane empfunden. Kein Lohnausfall und keine Genugtuung schuldet der Arbeitgeber, wenn dem Arbeitnehmer ein *grobes Selbstverschulden* vorgeworfen werden kann, wenn er tollkühn, unverzeihlich gleichgültig gehandelt hat und die elementarste Vorsicht vermissen liess. Zum Beispiel wenn ein Akkordarbeitnehmer immer dann den vorgeschriebenen Helm und die Schutzbrille ablegt, wenn der Vorarbeiter den Rücken kehrt. Eine Reduktion von Schadenersatz und Genugtuung wegen Selbstverschuldens des Mitarbeiters erfolgt, wenn der Arbeitgeber diese vorschriftswidrige Haltung toleriert. Dann handelt auch er selber grobfahrlässig.

Hanna H., Sekretärin einer Bank, hat für die durstigen Kehlen auf den Direktionsetagen immer wieder 18 Kilogramm schwere Getränke-Harasse zu schleppen, obwohl die Verantwortlichen wissen, dass sie an einem Rückenschaden leidet. Gemäss den Schweizerischen Blättern für Arbeitssicherheit sollten einer gesunden 40jährigen höchstens Lasten von 13 Kilogramm zugemutet werden. Auch hätte der Arbeitgeber, der seine Mitarbeiter schwere Lasten tragen lässt, Kurse für das richtige Heben der Harasse durchführen müssen. Fehlende Instruktion und das Zulassen von Überanstrengung stellen eine grobe Pflichtverletzung des Arbeitgebers dar.

Was kann Hanna H. im voraus tun? Wenn sie ihre Stelle nicht verlieren will: herzlich wenig. Sie kann zwar diese Arbeiten ablehnen und darf deswegen auch nicht fristlos entlassen werden. Doch steht es dem Arbeitgeber frei, das Arbeitsverhältnis unter Einhaltung der Kündigungsfrist aufzulösen. Ähnliches gilt bei fehlenden Sicherungsvorrichtungen. Der Arbeitnehmer kann die Arbeit verweigern oder sich an die Unfallverhütungsabteilung der SUVA oder an das Kantonale Amt für Industrie, Gewerbe und Arbeit (KIGA) wenden. Diese Amtsstellen sind verpflichtet, Abklärungen zu treffen und den Namen des Anzeigers streng geheim zu halten.

Was tun, wenn ein schwerer Berufsunfall passiert?
Wichtig nach jedem schweren Arbeitsunfall: Sofort einen Anwalt beiziehen, der unverzüglich abklärt, ob gegen den Arbeitgeber Strafanzeige wegen fahrlässiger Körperverletzung oder Tötung einzureichen ist. Kurz nach dem Unfall kann der Unfallhergang leichter rekonstruiert werden. Polizei und Strafbehörden werden viel zu selten sofort informiert. Bei einem Autounfall wird die Polizei obligatorisch zugezogen, wenn Personen nur leicht verletzt sind.

Jeder Vorgesetzte, der unfallträchtigen Gefahren nicht begegnet, muss mit einem Strafverfahren rechnen, wenn ein Untergebener verletzt oder getötet wird. Folgende Vergehen sind *unter Strafe gestellt*: fahrlässige Tötung und Körperverletzung, Gefährdung des Lebens, fahrlässiges Verursachen einer Feuersbrunst oder einer Explosion, Gefährdung durch Sprengstoff und giftige Gase, Verursachung einer Überschwemmung oder eines Einsturzes, Gefährdung durch Verletzung von Regeln der Baukunde, Beseitigung oder Nichtanbringen von Sicherheitsvorschriften, Überanstrengung von Behinderten, Jugendlichen und Frauen.

Gemäss UVG wird mit Gefängnis bis zu sechs Monaten oder Busse bestraft, wer den Vorschriften über die Verhütung von Unfällen und Berufskrankheiten vorsätzlich oder fahrlässig zuwiderhandelt. Wenn die Polizei davon erfährt, muss sie einschreiten. Nur, wann erfährt die Polizei von einem Arbeitsunfall! Deshalb sollten Kollegen eines Schwerverletzten dafür sorgen, dass die Polizei sofort am Unfallort erscheint.

In die falsche Richtung
Leider wird die Untersuchung von den Strafbehörden oft in die falsche Richtung gelenkt. Es wird nicht gefragt, ob der Verantwortliche seinen Pflichten nachgekommen sei, sondern nur, ob das Opfer etwas falsch gemacht habe.

Zur Abklärung, ob Strafbestimmungen verletzt werden, sind die zahlreichen Unfallverhütungsvorschriften beizuziehen. Bei der SUVA (siehe Anhang, Seite 259) kann gratis bezogen werden:
- Verzeichnis der Veröffentlichungen über Arbeitssicherheit
- Verzeichnis der Drucksachen betreffend Schutzvorrichtungen und Schutzmittel
- Verzeichnis über Bundesgesetze, Verordnungen, Richtlinien und Anleitungen für die Arbeitssicherheit

Fritz M. bedient mit seinem eigenen Mofa als Ausläufer verschiedene Kunden seines Chefs. Er erleidet einen Selbstunfall, ohne dass man ihm ein Verschulden nachweisen kann. Der Lohnausfall wird von der Unfallversicherung gedeckt, nicht aber der Kleider- und Mofaschaden. Fritz M. belangt seinen Arbeitgeber, der diesen Schaden nicht begleichen will, da er ein Kilometergeld für das Mofa bezahlt habe. In dieser Pauschalentschädigung sind jedoch nur die Betriebskosten samt Amortisation und laufenden Reparaturen abgedeckt, nicht aber allfällige Sachschäden nach Unfällen. Als Ausläufer muss Fritz M. nur soweit für den Schaden aufkommen, wie wenn das Mofa vom Chef gestellt worden wäre. Ein mittelschweres Verschulden ist ihm nicht anzulasten, weshalb der Arbeitgeber den Mofaschaden bezahlen muss. Anders der Kleiderschaden: Der Arbeitgeber muss für die Bekleidung seiner Mitarbeiter nicht aufkommen, es sei denn, er schreibe besondere Berufskleidung vor.

Langeweile am Bildschirm
Immer mehr Angestellte starren heute während der Arbeitszeit auf den Bildschirm, der einerseits Entlastung, anderseits gesundheitliche Probleme mit sich bringt: Wer häufig am Bildschirm arbeitet, klagt nicht selten über Kopfschmerzen und Augenbeschwerden. Der Arbeitgeber hat diesen gesundheitlichen Gefahren entgegenzuwirken. Er soll die Arbeitsplätze so gestalten, dass keine Langeweile entstehen kann, dass die Mitarbeiter nicht desinteressiert und überfordert werden. Das geschieht durch abwechslungsreiche Arbeitsplätze mit wechselnden, interessanten, verantwortungsvollen Aufgaben. Die Arbeitswissenschaft fordert Mischarbeitsplätze, eine Kombination von Bildschirm- mit anderen Arbeiten.
  Mehr als vier Stunden täglich sollte keine Arbeitskraft am Bildschirm arbeiten müssen. Diese vier Stunden sollten möglichst über den ganzen Tag verteilt werden. Sitzt jemand diese vier Stunden ununterbrochen ab, sollten folgende Pausen gewährt werden:
– nach einer Stunde: 5–10 Minuten
– nach zwei Stunden: 15–20 Minuten
– nach drei Stunden: 15–20 Minuten

Augenärztliche Untersuchungen sollten vor Aufnahme der Bildschirmarbeit und dann alle drei (bei über 45jährigen) bzw. alle fünf Jahre durchgeführt werden.

Arbeitgeber und Persönlichkeitsrecht

Die Fürsorgepflicht des Arbeitgebers geht noch weiter. Er hat die Sittlichkeit und Ehre, kurz die Persönlichkeit, seiner Untergebenen zu schützen. So wurde ein Versicherungsvertreter, der betrunken zwei Mitarbeiterinnen sexuell belästigt hatte, zu drei Monaten Gefängnis bedingt verurteilt und musste einer Angestellten 1000 Franken als Genugtuung bezahlen.

Anhaltende Kollegenschelte (Mobbing), diskriminierende Behandlung aufgrund des Geschlechts, sexuelle Belästigungen sind vermehrt ein Thema im Arbeitsalltag. Es fällt schwer, die Zahl der Betroffenen zu quantifizieren; konkrete Fälle sind bisher sehr selten bis vor die Gerichte gelangt. Klar ist, dass der Arbeitgeber verpflichtet wäre, Leib und Seele seiner Untergebenen zu schützen. Klar ist auch, dass sich beispielsweise sexuelle Übergriffe nur schwer beweisen lassen. Dies gilt auch für die oft subtil geführten Machtkämpfe in der Arbeitswelt.

Diskriminierung aufgrund des Geschlechts verboten
Nach dem Gleichstellungsgesetz (Gesetzestext siehe Anhang, Seite 297), das am 1. Juli 1996 in Kraft tritt, dürfen Arbeitnehmerinnen und Arbeitnehmer aufgrund ihres Geschlechts weder direkt noch indirekt benachteiligt werden, namentlich nicht unter Berufung auf den Zivilstand, auf die familiäre Situation oder, bei Arbeitnehmerinnen, auf eine Schwangerschaft. Direkt diskriminiert werden beispielsweise Frauen, wenn sie für die gleiche Arbeit schlechter bezahlt sind als Männer. Indirekt diskriminiert sind sie, wenn eine typisch weibliche Tätigkeit schlechter entlöhnt wird als eine typisch männliche Arbeit. Indirekt können Frauen insbesondere auch durch eine Massnahme diskriminiert werden, welche Teilzeitangestellte gegenüber Vollzeitangestellten benachteiligt. Dies jedenfalls dann, wenn deutlich mehr Frauen teilzeitlich beschäftigt sind (das ist meistens der Fall).

Das Verbot der Diskriminierung gilt insbesondere für die Anstellung (siehe Seite 14), die Gestaltung der Arbeitsbedingungen, die Entlöhnung, die Aus- und Weiterbildung, die Beförderung und die Entlassung (siehe Seite 188). Diskriminierend ist jede unterschiedliche Behandlung, für die keine sachliche Rechtfertigung besteht. Verboten ist auch die sexuelle Belästigung am Arbeitsplatz.

Bei sexueller Belästigung und diskriminierender Anstellung muss der oder die Klagende beweisen, dass er oder sie diskriminiert worden ist. In den übrigen Fällen gilt eine Beweiserleichterung: Eine Diskriminierung wird vermutet, wenn sie von der betroffenen Person glaubhaft gemacht wird. Das heisst, der Richter braucht nicht von der Richtigkeit einer Behauptung überzeugt zu werden; es genügt, dass er den Eindruck einer gewissen Wahrscheinlichkeit der behaupteten Tatsache hat.

Das Gleichstellungsgesetz konkretisiert zum Teil die Pflichten des Arbeitgebers und legt die Sanktionen fest. Diskriminierung durch sexuelle Belästigung beispielsweise wird folgendermassen definiert: «Diskriminierend ist jedes belästigende Verhalten sexueller Natur oder ein anderes Verhalten aufgrund der Geschlechtszugehörigkeit, das die Würde von Frauen und Männern am Arbeitsplatz beeinträchtigt. Darunter fallen insbesondere Drohungen, das Versprechen von Vorteilen, das Auferlegen von Zwang und das Ausüben von Druck zur Erlangung eines Entgegenkommens sexueller Art.»

Der Arbeitgeber hat dafür zu sorgen, dass seine Arbeitnehmerinnen nicht sexuell belästigt werden. Er hat deshalb alle zumutbaren Vorkehren zur Vermeidung solcher Vorfälle zu treffen. Führungskräfte und Aufsichtspersonen sind anzuhalten, die Einhaltung des Diskriminierungsverbots im Betrieb sicherzustellen.

Bei Diskriminierung durch sexuelle Belästigung kann der Richter (muss aber nicht) der oder dem Betroffenen eine Entschädigung zusprechen. Diese beträgt maximal sechs Monatslöhne, wobei als Massstab der schweizerische Durchschnittslohn gilt. 1996 betrug dieser etwas mehr als 5000 Franken (genauere Angaben sind noch nicht erhältlich). Die Entschädigung hat weder Schadenersatz- noch Genugtuungscharakter. Erleidet die betroffene Person eine finanzielle Einbusse, ist zusätzlich Schadenersatz geschuldet, bei einer erheblichen Persönlichkeitsverletzung kann auch ein Schmerzensgeld (Genugtuung) verlangt werden. Gewerkschaften und Verbände können nur dann Klage einreichen, wenn eine grössere Anzahl von Mitarbeiterinnen von diskriminierendem Verhalten betroffen ist (Kündigungsschutz siehe Seite 188).

Es bleibt abzuwarten, wie die Gerichte diese neuen Bestimmungen auslegen. Sicher ist, dass nur eine verschwindend kleine Zahl von Betroffenen den Gang zum Gericht wagen wird.

Werbung für Gewerkschaften erlaubt

Zur Fürsorgepflicht des Arbeitgebers gehört auch, seinen Angestellten gewisse Freiheitsräume am Arbeitsplatz zu belassen. Mitarbeiter dürfen ihre politische Meinung während der Arbeit frei äussern.

Der Maler Oswald K. ist ein überzeugter Gewerkschafter. Er verkauft 1.-Mai-Bändel auf der Baustelle, protestiert lautstark, wenn die Baumaschinen unerlaubterweise über Mittag laufen, und seinen Maurerkollegen versucht er, die Vorzüge der Gewerkschaften darzustellen. Dies unter Hinweis darauf, dass die Maler gegenüber den Maurern wesentlich besser gestellt seien. Als sein Chef davon erfährt, entlässt er Oswald K. fristlos. Doch das Arbeitsgericht Zürich schickt den Arbeitgeber in die Wüste: «Angesichts der volkswirtschaftlichen Bedeutung und des politischen Nutzens der Gewerkschaften sind keine Gründe denkbar, Gewerkschaftswerbung am Arbeitsplatz zu verbieten, solange der Arbeitsablauf dadurch nicht erheblich gestört wird. Auch dann wäre der Arbeitgeber aber höchstens befugt, sie einzuschränken.»

Videoaufnahmen und Telefonabhören verboten

Der Arbeitgeber verletzt die Persönlichkeit seiner Angestellten, wenn er Privat- oder Geschäftstelefone abhört. Zulässig wäre einzig ein vorher angekündigtes Belauschen zu Ausbildungszwecken. Einen unzulässigen Eingriff in die Privatsphäre stellen auch Video-Überwachungsanlagen dar; zum Beispiel werden in Lebensmittelläden und zahlreichen Fabriken die Mitarbeiter in Missachtung ihrer Persönlichkeitsrechte ständig mit Videoapparaten beobachtet.

Die Privat- und Geheimsphäre des Arbeitnehmers wird auch verletzt, wenn der Arbeitgeber über einen früheren Mitarbeiter Auskünfte erteilt, die sich nicht mit dem gewährten Zeugnis decken. Seine Pflicht zu schweigen gehört zu seiner Fürsorgepflicht und entspricht der Schweigepflicht des Arbeitnehmers. Auch hat der Chef seinen Mitarbeitern mitzuteilen, welche Auskünfte er Drittpersonen gegenüber gegeben hat.

Nicht nur hinsichtlich der Personalakten hat der Arbeitgeber eine Informationspflicht. Er muss seinen Mitarbeitern auch alle wichtigen Angaben über die verschiedenen Sozialversicherungsleistungen liefern, zum Beispiel, bei wem und in welcher Höhe welche Versicherungen abgeschlossen worden sind, wie hoch Krankentaggeld, Altersrente, Invaliditätsleistungen der Pensionskassen sind.

Recht auf Einblick in die Personalakten

Über jeden Mitarbeiter wird eine Personalakte geführt. Häufig sind darin graphologische Gutachten, Aufzeichnungen über Gehaltserhöhungen und Beförderungen oder eingeholte Referenzen von früheren Arbeitgebern aufbewahrt. Gemäss Artikel 328b OR darf der Arbeitgeber Daten über den Arbeitnehmer nur bearbeiten, soweit sie dessen Eignung für das Arbeitsverhältnis betreffen oder zur Durchführung des Arbeitsvertrags erforderlich sind. Die detaillierten Bestimmungen für die Bearbeitung von Personaldaten finden sich im Datenschutzgesetz. Zum Beispiel haben Angestellte ein Recht auf Auskunft über und Einsicht in ihr Dossier.

Der eidgenössische Datenschutzbeauftragte (Adresse siehe Anhang, Seite 256) hat eine interessante Gratis-Broschüre zum Thema Datenschutz im Arbeitsrecht verfasst. Die darin enthaltenen Rechtsauffassungen sind durchaus arbeitnehmerfreundlich; das Gesetz dürfte jedoch in der Praxis von den Arbeitgebern häufig nicht so verstanden und angewendet werden.

Als einziger keine Gratifikation?

Inwieweit muss der Arbeitgeber seine Mitarbeiter gleich behandeln? Kann er von zwei Mitarbeitern, die ihn tätlich angegriffen haben, nur einen entlassen? Kann er einem von 100 Mitarbeitern die Gratifikation verweigern, nur weil dieser in etwas schmuddeliger Kleidung herumläuft? Dem Gesetz lässt sich direkt keine Antwort entnehmen. Einzig in der Verfassung ist der Grundsatz festgehalten: gleicher Lohn für gleiche Arbeit (siehe Seite 99). Im übrigen herrscht Vertragsfreiheit, und der Arbeitgeber ist weitgehend frei in der Lohngestaltung, in der Privilegierung einzelner Mitarbeiter.

Eine Schranke für Fälle ausserhalb des Verfassungsgrundsatzes bildet das Verbot, willkürlich, ohne jeden sachlichen Grund zu handeln. Nur dann verstösst der Arbeitgeber gegen den *Gleichbehandlungsgrundsatz*. Häufigster Anwendungsfall ist das Verweigern einer Gratifikation, wo die Gerichtspraxis davon ausgeht, dass als Ausfluss der Fürsorgepflicht alle Mitarbeiter bei Ausrichtung einer Zulage gleich zu behandeln sind, es sei denn, es lägen sachliche Gründe vor. Doch gerade hier liegt der Haken: Meist wird der Arbeitgeber seine Willkür mit einem sachlichen Grund kaschieren können.

Zuerst die Betroffenen informieren

Der Arbeitgeber darf seine Mitarbeiter *nicht vor anderen blossstellen.*

Rosemarie L. kam braungebrannt aus den Ferien zurück. Im Briefkasten fand sie völlig überrascht die Kündigung vor. Fast vom Bürostuhl fiel sie, als sie erfuhr, dass alle anderen Mitarbeiter schon eine Woche früher von ihrem Abgang erfahren hatten. Am schwarzen Brett hing die Mitteilung: «Rosemarie L. verlässt uns per Ende Dezember.»

Der Arbeitgeber hat hier in krasser Weise seine Fürsorgepflicht verletzt. In einem ähnlich gelagerten Fall sprach die erste arbeitsgerichtliche Instanz im Kanton Genf einer Mitarbeiterin eine Genugtuung von 1000 Franken zu. Unverständlicherweise hob die zweite Instanz diesen Entscheid wieder auf. Auch wenn deshalb der Prozesserfolg hinsichtlich der Genugtuungssumme fraglich ist, kann Rosemarie L. das Arbeitsverhältnis fristlos auflösen und den Lohn bis zum Ablauf der Kündigungsfrist verlangen.

Schikanöse Weisungen verstossen gegen die Perönlichkeitsrechte des Mitarbeiters. Dazu ein Beispiel:

Nachdem Hans M. gekündigt hatte, wurde er vom Chef freigestellt. Dieser aber hatte Angst, sein Untergebener könne in der freien Zeit noch woanders Lohn beziehen. Der Arbeitgeber verlangte deshalb, dass sich Hans M. viermal am Tag bei ihm melde. Hans M. weigerte sich und bot an, sich zweimal zu melden. Der Chef beharrte auf seiner Weisung und entliess darauf Hans M. fristlos. Das Arbeitsgericht Zürich bezeichnete die Weisung des Chefs als demütigend, degradierend und sinnlos. Solche schikanöse Weisungen sind ein Verstoss gegen die Persönlichkeitsrechte des Mitarbeiters.

Wie wehrt man sich gegen Schikanen und gegen Persönlichkeitsverletzungen? In krassen Fällen kann der Arbeitnehmer den Vorgesetzten mahnen. Bleiben seine Bemühungen erfolglos, kann er das Arbeitsverhältnis fristlos auflösen. Doch aufgepasst: Die Grauzone ist gross. Um Prozessniederlagen zu vermeiden, empfiehlt es sich, vorher rechtliche Beratung einzuholen. Nach unberechtigter fristloser Auflösung des Arbeitsverhältnisses kann der Lohn bis zum Ablauf der Kündigungsfrist verlangt werden, wenn bis dahin der Mitarbeiter trotz eifrigem Bemühen keine Stelle gefunden hat. Der Arbeitnehmer kann bei erheblichen Persönlichkeitsverletzungen gar eine Genugtuung verlangen (siehe «Die fristlose Kündigung», Seite 190).

Ich will, dass Sie mir Arbeit geben
Der Arbeitnehmer ist vielleicht nicht nur am Lohn interessiert. Er will beschäftigt werden, seine beruflichen Kenntnisse ständig aktivieren und verbessern können. Trotzdem hat nach schweizerischer Rechtsauffassung der Mitarbeiter in der Regel keinen Anspruch auf Beschäftigung. Anders sind die Fälle zu beurteilen, wo ein Mitarbeiter wegen der Nichtbeschäftigung in seinem späteren wirtschaftlichen Fortkommen ernsthaft benachteiligt wird: Künstler, Balletteusen und Zirkusartisten, Journalisten, Spezialisten, Fussballer, Piloten usw. Einen eindeutigen Beschäftigungsanspruch hat der Lehrling, da sonst der Ausbildungszweck nicht erreicht würde.

Geldbussen
Schon 1910 wollte der Bundesrat im Fabrikgesetz (heute Arbeitsgesetz) festlegen: «Die Verhängung von Geldbussen ist unzulässig.» Denn, so der weitsichtige Bundesrat: «Die Vorschrift, dass der Fabrikinhaber über die guten Sitten und den öffentlichen Anstand in seinem Betrieb wachen solle, passt nicht mehr in unsere Zeit, die von alten patriarchalischen Verhältnissen nichts mehr wissen will; sie hat ausserdem eine einseitige, gegen die Arbeiter gerichtete Tendenz.» Nun, es blieb beim Entwurf, und heute noch steht im Arbeitsgesetz: «Ordnungsbussen sind nur zulässig, wenn sie in der Betriebsordnung angemessen geregelt sind.» Noch heute kommt es also vor, dass dem Arbeitsgesetz unterstellte Betriebe Verwarnungen oder Bussen aussprechen für zu spätes Erscheinen am Arbeitsplatz, Verstoss gegen Sicherheitsbestimmungen usw. Es gibt Zeiten, da sehnt man sich nach der guten alten Zeit – wie nach dem fortschrittlichen Bundesrat aus dem Jahr 1910.

Salvatore O. war Mitglied eines Tessiner Basketballclubs. Drei Monate vor Auslaufen des Vertrags wurde er erstmals mit 1500 Franken gebüsst. Grund: Er habe das Training nicht mehr absolviert. Kurze Zeit später wurde ihm ein angeblich für den Club ungünstiges Interview zur Last gelegt. Schliesslich wurde er fristlos entlassen und mit einer Busse von 3000 Franken bestraft, weil er angeblich während eines Spiels das Trikot der gegnerischen Mannschaft aus Vevey trug. Im konkreten Fall beurteilte das Bundesgericht die auferlegten Bussen als unrechtmässig. Dem Arbeitgeber stehe keine Disziplinargewalt zu. Es sei zwar möglich, im Arbeitsvertrag oder in einem allfälligen Geschäftsreglement für den Fall von Vertragsverletzungen disziplinarische Massnahmen vorzusehen, in jedem Fall müssten aber diese Sanktionen verhältnismässig und im voraus bestimmt und umschrieben sein. Solche Bussen könnten nicht nach Gutdünken verteilt werden.

Vorsicht mit Vertrauensärzten
In zahlreichen Einzel- und Gesamtarbeitsverträgen wird verlangt, dass der Mitarbeiter sich bei seinem Eintritt beim Vertrauens- oder Werksarzt untersuchen lassen müsse. Auch bei jeder Krankheit sei der Arbeitgeber berechtigt, einen Arzt seiner Wahl beizuziehen und sich mit dessen Hilfe ein eigenes, vielleicht arbeitgeberfreundliches Bild zu machen. Dies geht alles zu weit und verletzt nach Auffassung des Beobachters die Persönlichkeitsrechte des Mitarbeiters. Daran ändert nichts, dass die Gerichte derartige Klauseln verschiedentlich befürworten.

Gerechtfertigt sind Eintrittsuntersuchungen höchstens, wenn in einem Betrieb Pensionskassen bestehen, welche die gesetzlichen Minimalvorschriften überschreiten. Tun sie dies, dürfen sie hinsichtlich ihrer überobligatorischen Leistungen Vorbehalte bezüglich bestehender oder drohender Krankheiten anbringen.

Selbst bei einem Vertrauensarzt des Arbeitgebers kann man auf dessen ärztliche Schweigepflicht pochen. Das heisst, dieser Vertrauensarzt darf Einzelheiten der Krankengeschichte nicht ohne Zustimmung des Arbeitnehmers weitergeben, auch dann nicht, wenn dieser in einem Vertrag die Vertrauensärzte des Arbeitgebers im voraus vom Arztgeheimnis entbunden hat. Denn im OR ist eine relativ zwingende Bestimmung: Der Arbeitnehmer kann vertraglich nicht auf den Schutz seiner Persönlichkeit verzichten. Anderslautende Klauseln sind nichtig; man kann also nicht sozusagen auf Vorrat Ärzte vom Arztgeheimnis entbinden.

Was der Vertrauensarzt höchstens und mit Einwilligung des Patienten weitergeben darf, ist die Diagnose im Hinblick auf die konkrete Arbeitsplatzsituation, das heisst Befunde, die den Mitarbeiter am Arbeitsplatz erheblich beeinträchtigen könnten. Eine längst ausgeheilte Geschlechtskrankheit geht den Arbeitgeber nichts an. Ausführliche Krankengeschichten gehören nicht in die Schubladen von Arbeitgebern, Pensionskassen und Versicherungsgesellschaften.

Sonja B. kommt zum Vertrauensarzt und bringt ein vorbereitetes Schreiben mit: «*Ich erkläre, dass der Arzt mit mir den Inhalt des Zeugnisses besprochen hat. Ich entbinde ihn gegenüber der Pensionskasse bezüglich Bekanntgabe des Schlussurteils ausdrücklich vom Arztgeheimnis.*» *Nur so kann sie einigermassen sicher sein, dass nicht seitenlange Berichte in ihr nicht bekannte Dossiers wandern.*

Bei Hausgemeinschaft: weitergehende Fürsorge
Wohnen Arbeitgeber und Arbeitnehmer zusammen, hat der Patron bei Schwangerschaft, Unfall und Krankheit für eine beschränkte Zeit auch Pflege und ärztliche Behandlung zu offerieren (OR 328a).

Überstunden

Wir Schweizerinnen und Schweizer sind ein arbeitsames Volk. Während in Deutschland und Frankreich durchschnittlich 39 Stunden gearbeitet und über die 35-Stunden-Woche diskutiert wird, beträgt die gesetzliche Höchstarbeitszeit laut schweizerischem Arbeitsgesetz 45 oder 50 Stunden, je nach Wirtschaftszweig. Für «gewisse Kategorien von Betrieben oder Arbeitnehmern» sind sogar Arbeitszeiten bis zu 60 Stunden pro Woche erlaubt. Und zusätzlich sind Arbeitnehmer verpflichtet, in zumutbarem Rahmen Überstunden zu leisten.

Überstunden und Überzeit – ein Unterschied
Arbeitnehmer sind von Gesetzes wegen verpflichtet, wenn nötig auch über die vereinbarte Arbeitszeit hinaus zu arbeiten, sofern ihnen dies nach «Treu und Glauben zugemutet werden kann». Übersteigt diese Mehrarbeit lediglich die vertraglich vereinbarte Arbeitszeit, so spricht man von *Überstunden*. Wird hingegen gleichzeitig die gesetzliche Höchstarbeitszeit überschritten, so ist das *Überzeitarbeit*.

Diese Unterscheidung zwischen Überstunden und Überzeit ist eine rein juristische Differenzierung. In der Umgangssprache und auch in Arbeitsverträgen haben die beiden Begriffe oft die gleiche Bedeutung.

Roberta W. arbeitet als Sekretärin in einem Grossbetrieb. In ihrem Arbeitsvertrag ist eine 40-Stunden-Woche vereinbart. Ihre gesetzliche Höchstarbeitszeit als Büroangestellte beträgt jedoch 45 Stunden. Gegen Ende des Geschäftsjahrs herrscht in ihrer Firma jeweils Hochbetrieb. In einer Woche muss Roberta W. sechs Stunden länger arbeiten als üblich. Von diesen sechs Überstunden ist eine Stunde Überzeitarbeit, da sie die gesetzliche Höchstarbeitszeit von 45 Stunden überschreitet.

Überstunden bzw. Überzeit fallen unter zwei verschiedene Gesetze: Die Überstundenarbeit ist im Obligationenrecht geregelt (OR 321c), die Überzeitarbeit im Arbeitsgesetz (Art. 12 und 13).

Wieviel Überstunden sind erlaubt?
Überstunden müssen geleistet werden, sofern sie betrieblich notwendig sind. Notfalls muss der Arbeitgeber diese Notwendigkeit beweisen kön-

nen (zum Beispiel Jahresabschluss, wegen Krankheit oder Ferien fehlende Mitarbeiter, Behebung irgendwelcher Schäden usw.). Überstunden dürfen nicht zur Regel werden. Nicht zulässig ist es, wenn Mitarbeiter ständig Überstunden zu leisten haben, nur weil der Chef sich weigert, genügend Personal einzustellen. Überstunden müssen für den betroffenen Arbeitnehmer zumutbar sein. Wo die Grenzen liegen, hängt stark von den jeweiligen Verhältnissen ab. Ist der Arbeitgeber in einer akuten Notlage, muss der Arbeitnehmer eher einspringen als bei vorsehbaren Arbeitsspitzen. Unzumutbar werden die Überstunden, wenn die Leistungsfähigkeit des Angestellten überstrapaziert wird, wenn gesundheitliche Schäden auftreten könnten oder wenn Überstunden einem Arbeitnehmer verunmöglichen, seine Familienpflichten wahrzunehmen.

> Ein Arbeitgeber kann zum Beispiel keine Überstunden verlangen
> – von einem Vater, der jeden Abend nach der Arbeit sein Kind von der Kinderkrippe abholen muss
> – an dem Wochentag, an dem die Mitarbeiterin nach Feierabend einen Computerkurs besucht
> – vom Angestellten, der sein letztes Postauto verpassen würde
> – immer von dem gleichen unter mehreren Mitarbeitern

Klare Grenzen gibt es bei der *Überzeitarbeit*. Sie darf nur ausnahmsweise und bei ausserordentlichem Arbeitsanfall gefordert werden und ist auf höchstens zwei Stunden täglich begrenzt. Pro Kalenderjahr sind maximal 260 Stunden zulässig, davon nur 90 Stunden ohne behördliche Bewilligung. An Sonntagen und an Ersatzruhetagen für Sonntagsarbeit darf keine Überzeitarbeit angeordnet werden.

Wie werden Überstunden entschädigt?

Bei der Kompensation wird zwischen Überstunden- und Überzeitarbeit unterschieden. Der Arbeitgeber hat dem Arbeitnehmer für die *Überzeitarbeit* einen Lohnzuschlag von mindestens 25 Prozent zu entrichten; dem Büropersonal, den technischen und anderen Angestellten, dem Verkaufspersonal in Grossbetrieben des Detailhandels jedoch nur für Überzeitarbeit, die 60 Stunden im Kalenderjahr übersteigt. Im Einverständnis mit dem einzelnen Arbeitnehmer kann Überzeit innert 14 Tagen (Ver-

längerung dieser Frist auf zwölf Monate im gegenseitigen Einvernehmen möglich) auch durch Freizeit von gleicher Dauer kompensiert werden. *Überstundenarbeit* wird grundsätzlich auf die gleiche Weise ausgeglichen: Freizeit von gleicher Dauer oder Lohnzuschlag von 25 Prozent. Aber hier ist keine Frist zur zeitlichen Kompensation vorgeschrieben. Zudem ist es bei Überstunden erlaubt, etwas anderes im Arbeitsvertrag oder GAV *schriftlich* zu vereinbaren. Solche Änderungen waren ursprünglich vom Gesetzgeber nicht beabsichtigt, sie werden jedoch von der neuen Rechtsprechung ausdrücklich zugelassen. So kann beispielsweise vereinbart werden, dass die ersten zehn Überstunden pro Monat gratis zu leisten sind, dass eine Kompensation durch Freizeit nicht möglich ist, dass Überstunden ohne Zuschlag entschädigt werden. Es ist sogar zulässig, eine Überstundenentschädigung völlig auszuschliessen. Es sei hier ausdrücklich betont, dass solche Regelungen schriftlich getroffen und zum Vertragsbestandteil werden müssen. Mündliche Vereinbarungen, ein Anschlag am schwarzen Brett oder ein Rundschreiben an alle Mitarbeiter genügen nicht.
• Überstundenentschädigungen verjähren – wie andere arbeitsrechtliche Forderungen – nach fünf Jahren. Sie können also auch nach Beendigung des Arbeitsverhältnisses geltend gemacht werden. Voraussetzung ist, dass über geleistete Überstunden genau Buch geführt und der Arbeitgeber regelmässig informiert wird.

Überstunden und Teilzeitarbeit
Nora Z. arbeitet gemäss Vertrag 24 Stunden pro Woche. Häufig muss sie jedoch wegen dringender Arbeiten länger bleiben, dafür erhält sie keinen speziellen Lohnzuschlag. Schliesslich fragt sie sich, ob sie nicht eine Überstundenentschädigung geltend machen könne.

Sie kann. Mit Frau Z. sind 24 Stunden wöchentliche Arbeitszeit vereinbart. Von der 25. Stunde an leistet sie Überstundenarbeit, die wie oben beschrieben zu entschädigen ist.
• Teilzeitangestellte können nur auf ihrer Überstundenentschädigung bestehen, wenn sie eine feste Arbeitszeit vereinbart haben oder wenn sich während einer längeren Anstellungsdauer eine feste Arbeitszeit eingespielt hat. Also, bei Vertragsabschluss wenn immer möglich eine feste Arbeitszeit abmachen.

Überstunden und leitende Angestellte

Es ist ein weitverbreiteter Irrtum, dass leitende Angestellte keine Entschädigung für Überstunden zugut hätten. Für sie gilt das OR wie für andere Arbeitnehmer. Danach müssen Überstunden durch Freizeit oder Lohnzuschlag kompensiert werden, wenn nichts anderes schriftlich vereinbart wurde. Abmachungen, dass Überstunden nicht entschädigt werden, sind in Arbeitsverträgen von Führungskräften allerdings häufiger zu finden als bei gewöhnlichen Angestellten. Ausserdem wird mit höheren Angestellten oft keine feste Arbeitszeit abgemacht, so dass der Nachweis von Überstunden ohnehin erschwert ist.

Aber: Höhere leitende Angestellte sind dem Arbeitsgesetz nicht unterstellt. Gemeint sind damit Chefs, die über Entscheidungsbefugnisse in wesentlichen Angelegenheiten verfügen und entsprechende Verantwortung tragen, also Betriebsleiter, Direktoren usw. Für sie gilt die obligatorische Kompensation von *Überzeit* nicht. Wenn in ihrem Vertrag also die Überstundenentschädigung wegbedungen worden ist, gehen sie auch dann leer aus, wenn sie über die gesetzliche Höchstarbeitszeit hinaus arbeiten müssen.

Zum Thema «Überstunden für Chefs» hat das Bundesgericht vor einiger Zeit einen wegweisenden Entscheid gefällt: Paul K. war leitender Angestellter in der Lebensmittelabteilung eines Warenhauses. Während das ausführende Personal seine durch Stempelkarten ausgewiesenen Überstunden jeweils mit Freizeit kompensieren konnte, war Paul K. als Chef von der Stempelpflicht befreit. Er erhielt eine jährliche Gehaltszulage und hatte eine Woche mehr Ferien zugut als die «gewöhnlichen» Angestellten. Überstunden wurden ihm nicht vergütet. Paul K.s zeitliche Beanspruchung wurde immer grösser. Schliesslich begann er, auf eigene Faust Stempelkarten auszufüllen, die er seinem Vorgesetzten von Zeit zu Zeit präsentierte. Als Paul K. schliesslich aus der Firma austrat, hatte er Überstundenleistungen von über 35 000 Franken erbracht. Bis vors Bundesgericht kämpfte er um eine Entschädigung – und gewann.

Der Fall ist deshalb so interessant, weil es in der betreffenden Firma tatsächlich ein Reglement gab, welches besagte: «Grundsätzlich wird die Überzeit des Chefpersonals nicht kompensiert ...» Die Norm war Paul K. bekannt, doch in seinem Arbeitsvertrag fehlte jeder Hinweis darauf. Sie war somit nicht Vertragsbestandteil geworden. Dem Arbeitgeber nützte es auch nichts, dass er sich darauf berief, die Überstunden würden durch die Chefzulage und die zusätzlichen Ferien abgegolten. Denn auch dies hätte schriftlich so fixiert werden müssen.

In zwei unveröffentlichten Entscheiden aus dem Jahr 1992 hat das Bundesgericht seine Haltung zur Überstundenentschädigung für leitende Angestellte noch präzisiert. Die Überlegungen des höchsten Gerichts kurz zusammengefasst: Wurde im Vertrag des Kaderangestellten eine feste Arbeitszeit fixiert, dann sind Überstunden zu entschädigen, sofern nichts anderes schriftlich vereinbart wurde. Wenn die Parteien aber weder vertraglich eine bestimmte Arbeitszeit abgemacht noch eine Überstundenentschädigung ausdrücklich vereinbart haben, besteht die Pflicht, ohne Entschädigung Mehrarbeit zu leisten. In diesem Fall ist davon auszugehen, dass die Überstunden bereits durch den höheren Lohn abgegolten sind. Der leitende Angestellte kann nur dann trotzdem Überstundenentschädigung geltend machen, wenn ihm über sein vertraglich vereinbartes Pensum hinaus zusätzliche Aufgaben übertragen werden oder wenn während längerer Zeit alle Angestellten in wesentlichem Umfang Überstunden leisten müssen.

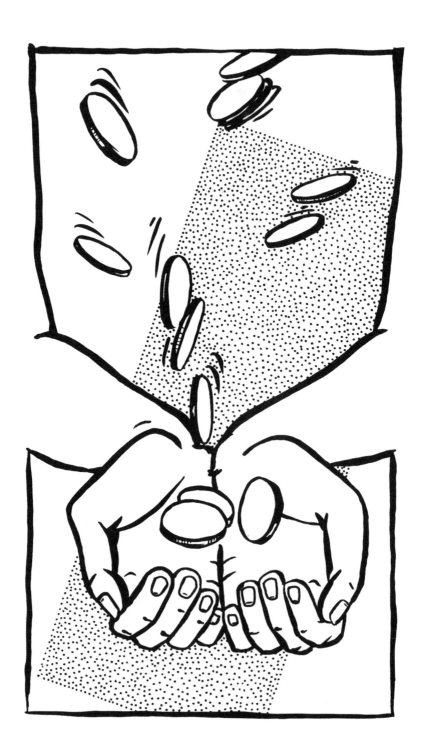

3. Lohn, Provision, Spesen, Gratifikation

Der Lohn

Der Lohn besteht aus dem, was wir bekommen, und aus dem, was wir nicht bekommen – nämlich den Abzügen. Was man verdient, bestimmt nicht nur, was man hat, sondern auch, was man haben wird. Denn beispielsweise die AHV-Rente, ein Arbeitslosentaggeld oder auch eine Invalidenrente sind abhängig vom früheren Verdienst. Gründe genug, einmal genauer in die Lohntüte zu schauen.

Wie sich der Lohn zusammensetzt, muss in der *schriftlichen Abrechnung* stehen, die der Arbeitgeber regelmässig auszuhändigen hat – auch wenn das Nettogehalt auf das Postcheck- oder Lohnkonto überwiesen wird (OR 323b Abs. 1). Diese Abrechnungen sollten lange aufbewahrt werden. Sie können als Beweismittel dienen, wenn sich zum Beispiel nachträglich herausstellt, dass der Arbeitgeber Sozialversicherungsprämien nicht weitergeleitet hat (siehe Seite 105 und 235).

Wie wird der Lohn festgesetzt?
Grundsätzlich wird das Gehalt zwischen den Parteien frei bestimmt. Der Lohn, auf den sich Arbeitgeber und Angestellter einigen, ist verbindlich. Er muss nicht schriftlich festgelegt werden. Nur in gewissen Gesamtarbeitsverträgen gibt es Mindestlohnbestimmungen. In Branchen mit allgemeinverbindlich erklärtem GAV gelten dessen Lohnansätze für alle Beschäftigten. Bekanntestes Beispiel ist das Gastgewerbe. Zum Schutz des allgemeinen Lohnniveaus werden auch an Ausländer nur Arbeitsbewilligungen erteilt, wenn die orts- und branchenüblichen Bedingungen eingehalten werden.
   Die meisten Arbeitnehmer sind im Monatslohn angestellt. Im Stundenlohn sind insbesondere Teilzeitbeschäftigte und Aushilfen angestellt (siehe «Teilzeitbeschäftigte, Aushilfen und Temporäre», Seite 50). Im Bereich der Warenproduktion finden wir den sogenannten Akkordlohn, die Bezahlung nach der Menge der produzierten Teile. Vielfach wird diese Lohnform mit einem Fixum, einer garantierten Mindestsumme, verbunden. Ähnliches gilt bei der Entlöhnung in Form einer Provision. Darunter versteht man eine Beteiligung an der Anzahl oder am Volumen der Geschäfte, die für den Arbeitgeber ermöglicht wurden (siehe «Provision, Trinkgeld und andere Beteiligungen», Seite 113).

Der pensionierte Eisenbahner Kurt E. half einem Bauern bei der Weinernte. Obwohl beiden Parteien klar war, dass es sich nicht um einen Freundschaftsdienst handelte, wurde der Lohn nicht abgemacht. Als der Bauer für zwei Wochen harte Arbeit mit 50 Franken und einem Korb Äpfel «bezahlte», fühlte sich Kurt betrogen. Da keine Einigung zustande kam, endete die «Wümmet» vor dem Kadi.

Das Gesetz bietet für solche Situationen keine grosse Hilfe. Es verweist für Fälle, bei denen nichts vereinbart worden ist, auf den «üblichen Lohn». Damit stellt sich für den Arbeitnehmer das Problem, zu beweisen, was in der betroffenen Branche und Region für Dienstleistungen wie die umstrittene bezahlt wird. Im geschilderten Beispiel wird üblicherweise kein Akkordlohn bezahlt, der abhängig wäre von den abgelieferten Trauben. Doch über den Stundenansatz gingen die Vorstellungen der Parteien weit auseinander.

Obwohl der Richter von Gesetzes wegen dazu verpflichtet wäre, eigene Abklärungen zu treffen (siehe Seite 239), empfiehlt es sich, Zeugen oder Belege für den geforderten Lohnansatz zu beschaffen. Andernfalls läuft man Gefahr, dass der Richter den Entscheid, was «üblich» sei, auf die Gegenpartei abstützt (zur Frage, ob überhaupt ein Lohn geschuldet sei oder ob vielmehr eine unentgeltliche Gefälligkeit vorlag, siehe «Arbeit für Gotteslohn?», Seite 27).

Gleicher Lohn für gleiche Arbeit?
Seit 1981 verspricht die Schweizerische Bundesverfassung Mann und Frau den Anspruch auf «gleichen Lohn für gleichwertige Arbeit». Die Realität ist anders. Ende 1988 wies eine Arbeitsgruppe des Bundes nach, dass Frauenlöhne noch immer rund ein Drittel unter denjenigen der Männer liegen. Dies hat sich auch acht Jahre später noch nicht geändert. Und das kommt keineswegs daher, dass die Frauen schlechter ausgebildet wären, und es lässt sich auch nicht mit den Karriereunterbrüchen durch Mutterschaft erklären.

Die Frauen haben das Recht, sich gegen die Diskriminierung bei den Löhnen zu wehren. Seit Inkrafttreten des Gleichstellungsgesetzes (GlG, siehe Anhang) müssen sie die Lohndiskriminierung nicht mehr beweisen, sondern nur noch glaubhaft machen. Betroffene Frauen können sich an eine Kantonale Schlichtungsstelle oder ans Arbeitsgericht wenden (siehe Seite 189). Zu fordern ist für die Zukunft gleicher Lohn für gleiche Arbeit sowie eine Nachzahlung der Lohndifferenz, soweit sie nicht verjährt ist (Verjährung = 5 Jahre). Falls sich der Ausgang des Verfahrens voraussichtlich auf eine grössere Anzahl von Arbeitsverhältnissen auswirken wird, kann auch ein Berufsverband oder eine Gleichstellungsorganisation Klage einreichen.

Für Arbeitnehmerinnen, die sich gegen Lohndiskriminierung zur Wehr setzen, sieht das Gleichstellungsgesetz einen speziellen Kündigungsschutz vor (siehe Seite 188/189). Frauen, die wegen Benachteiligungen in der Entlöhnung klagen wollen, sollen sich qualifiziert beraten lassen. Der Beobachter vermittelt Adressen und bietet Unterstützung.

Die folgenden Urteile wurden noch vor Inkrafttreten des GIG gefällt:

Eine Hilfsarbeiterin in einer Möbelfabrik wurde gemäss der im GAV aufgeführten Lohnklasse «Hilfsarbeiterin mit leichter Arbeit» entlöhnt. Diese Tieflohngruppe gab es für Männer gar nicht. Hingegen hatten früher Männer diese Arbeit erledigt. Zeugenbefragungen des Gerichts bestätigten, dass die Arbeit der Frau durchaus derjenigen ihrer Vorgänger entsprach. Ja, die Frau hatte sogar eine um 30 Prozent höhere Produktivität erreicht. Das Arbeitsgericht Oberrheintal entschied, dass sie zumindest entsprechend der tiefsten Männerlohnkategorie zu entlöhnen sei.

Eine nebenamtliche Schauspielerin, die in Montreux hätte auftreten sollen, erkrankte schwer und musste durch eine Berufsschauspielerin ersetzt werden. Dieser wurde eine Gage geboten, die über ein Drittel tiefer war als die der gleichfalls eingesetzten Berufsschauspieler. Als sie das realisierte, klagte sie wegen Verletzung des Anspruchs auf gleichen Lohn. Der Arbeitgeber führte zu seiner Entlastung ins Feld, die Klägerin sei nur als Ersatz für eine nebenamtliche Schauspielerin eingesetzt worden und habe die Vertragsbedingungen ja akzeptiert. Dies konnte das Gericht jedoch nicht überzeugen. Vielmehr stellte es einen konkreten Vergleich an. Demnach enthielt die Rolle der Klägerin in sieben Szenen 18 Einsätze. Wohl gab es wichtigere Rollen, doch war ihre vergleichbar mit derjenigen eines männlichen Schauspielers, der in fünf Szenen 16 Einsätze zu bestreiten hatte. Da dieser wie alle übrigen männlichen Berufsschauspieler eine Gage von 4000 Franken kassierte, stand auch seiner Kollegin soviel zu.

Teuerungsausgleich

Auch wenn Milch, Miete und Mittagsmenu periodisch teurer werden, veranlasst das den Arbeitgeber noch lange nicht, die Gehälter anzuheben. Wohl gibt es Anpassungen von Löhnen an die Teuerung, doch steht darüber nichts im Gesetz. Das Ausmass der Angleichung muss meist von den Organisationen der Arbeitnehmerschaft ausgehandelt werden. Wenn im (Gesamt-)Arbeitsvertrag nichts ausdrücklich zugesichert wird, besteht kein Anspruch auf Teuerungsausgleich.

In der Druckbranche waren Ende der siebziger Jahre verschiedene Arbeitgeber auf einen Trick gekommen: Um die gesamtarbeitsvertraglich vereinbarte monatliche Teuerungszulage von 80 Franken einzusparen, reduzierten sie den Lohn im Vorjahr um vergleichbare Beträge. Die Begründung: schlechtere Beschäftigungsaussichten. Obwohl sie entsprechende Erklärungen unterschrieben hatten, fochten einzelne Arbeiter diese Vertragsänderungen nachträglich vor Gericht an. Verschiedene Gerichte hielten den schlitzohrigen Arbeitgebern entgegen, ihr Vorgehen sei unzulässig. Wohl sei die Teuerungszulage ausbezahlt und damit die GAV-Vereinbarung dem Wortlaut nach eingehalten worden. Deren Sinn sei aber verletzt, weil der Lohn nicht erhöht worden sei. Soweit nicht andere berechtigte Reduktionsgründe nachgewiesen würden, sei das eine Vertragsumgehung. Da der Anspruch aus dem GAV zwingend sei, könne den Arbeitnehmern auch die von ihnen unterschriebene Anerkennung nicht entgegengehalten werden (siehe Seite 236).

Sofern der Teuerungsausgleich zugesichert wurde, bezieht er sich ohne spezielle Abmachung auf das feste Grundgehalt, also nicht auf allfällige Zulagen oder gar Spesenentschädigungen (siehe auch Seite 123). Der Teuerungsausgleich orientiert sich in der Regel am Landesindex der Konsumentenpreise und wird von den sogenannten Sozialpartnern (Arbeitgeberverbände und Gewerkschaften) für die einzelnen Branchen oder Betriebe gesondert ausgehandelt und in Prozenten festgelegt.

Unter besonders günstigen Umständen kann auch ohne vertragliche Zusicherung ein Anspruch auf Teuerungsausgleich bestehen. Dies zeigt der folgende Entscheid aus dem Kanton Aargau.

Hat ein Unternehmen während zwölf Jahren regelmässig den Teuerungsausgleich gewährt, kann von einer stillschweigenden Abmachung ausgegangen werden, auf die sich die Arbeitnehmer berufen können. Dies entschied 1983 das Arbeitsgericht Rheinfelden. *Es verstosse überdies gegen Treu und Glauben, wenn in einem Betrieb von 100 Angestellten die Anpassung nur drei Personen nicht zugesprochen werde und dafür keine rationalen Gründe belegt werden könnten. Daher wurde der Arbeitgeber zur Nachzahlung der den anderen Mitarbeitern gewährten Lohnprozente verurteilt.*

Woraus setzt sich der Lohn zusammen?
Der Lohn ist im Prinzip das gleiche wie ein Mietzins. Der Arbeitgeber mietet die Kraft und die Fähigkeiten der Angestellten für eine bestimmte Zeit zu einem festgesetzten Preis. Der Preis bezieht sich in der Regel auf einen Monat oder eine Stunde. Neben diesem *Grundgehalt* können Zusatzleistungen in verschiedensten Formen zur Auszahlung kommen. Hier eine Übersicht:

Schichtzulage und **Nachtzulage** ist ein Ausgleich für die mit den verschobenen Arbeitszeiten verbundenen Unannehmlichkeiten (Einschränkung des Privatlebens, Gesundheitsgefährdung, Transportmehrkosten für den Arbeitsweg usw.) und ein Anreiz, diese auf sich zu nehmen.

Schmutz- und **Lärmzulage** dienen faktisch dazu, den betroffenen Arbeitnehmern die Gesundheit abzukaufen. Das kommt billiger als sichere Arbeitsplatzgestaltung und trifft meistens Personen in Notlagen.

Überstundenzulage ist der Zuschlag von üblicherweise 25 Prozent auf dem normalen Stundenlohnansatz, der für die Stunden vergütet wird, die über die vertragliche oder betriebsübliche Arbeitszeit hinaus geleistet und nicht kompensiert wurden (siehe «Überstunden», Seite 90).

Unter dem Oberbegriff **Familienzulagen** werden soziale Ausgleichszahlungen für Personen mit Unterhaltsverpflichtungen im Interesse einer Familienförderungspolitik erfasst. Alle Kantone kennen **Kinderzulagen,** einige auch Geburtszulagen und/oder Haushaltszulagen. Die Höhe der Kinderzulage ist je nach Kanton unterschiedlich, bewegt sich aber zwischen 100 und 150 Franken für das erste Kind. Über die konkreten Beträge oder die Anspruchsberechtigung insbesondere bei Teilzeitbeschäftigung oder von Doppelverdienern orientieren die kantonalen Ausgleichskassen.

Trinkgeld und andere **Provisionen** sind Beteiligungen am Geschäftsumsatz, soweit er auf die Arbeitsleistung des Angestellten zurückzuführen ist. Im Gastgewerbe etwa gehen aufgrund des «Service inbegriffen» 13,04 Prozent des Verkaufspreises ans Bedienungspersonal.

Naturalleistungen sind Werte, die nicht mit Geld vergütet, jedoch an den Lohn angerechnet werden. Das können die günstige Dienstwohnung des nebenamtlichen Abwarts, die kostenlose Verpflegung durch den Arbeitgeber oder das von ihm für Privatzwecke zur Verfügung gestellte Auto sein.

Spesen sind Auslagen, die in Zusammenhang mit der Ausführung der Arbeit entstehen. Sie müssen vom Arbeitgeber zwingend vergütet werden. Dies kann anhand von Belegen oder durch einen regelmässigen Pauschalbetrag geschehen. Spesen gehören im Prinzip nicht zum Lohn.

13. Monatslohn und Gratifikation

Das eine ist Lohn im Sinn einer festen Zusage, das andere eine Begünstigung, ein Geschenk. Auf die Gratifikation hat der Arbeitnehmer keinen Anspruch. Sie wird in der Regel abhängig gemacht vom Geschäftsgang oder vom Einsatz der begünstigten Person. Dagegen ist der «Dreizehnte» der Höhe nach bestimmt und auch geschuldet bei der Verhinderung an der Arbeit (siehe «Lohn, ohne zu arbeiten», Seite 126).

Schwierigkeiten entstehen, wenn der Arbeitgeber den Vertrag unklar formuliert oder sich über die Jahre widersprüchlich verhält. Typisch sind Formulierungen wie diese: «Der Arbeitnehmer erhält eine Gratifikation in der Höhe eines 13. Monatslohns unter der Voraussetzung, dass er im Zeitpunkt der Auszahlung im ungekündigten Arbeitsverhältnis steht. Beim Eintritt während des Jahres entsteht nach drei Beschäftigungsmonaten ein anteilmässiger Anspruch.»

Das heisst: Die Leistung ist klar als Gratifikation bezeichnet. Aber die Bemessung in der Höhe eines Monatslohns und die anteilmässige Zusicherung (pro rata temporis) erscheinen als feste Zusage. Das «ungekündigte» Verhältnis besagt, dass die Zahlung eine Aufmunterung für die Zukunft sei. Das wiederum spräche gegen den Lohncharakter. Nach dem Rechtsgrundsatz, unklare Formulierungen gehen zu Lasten der Partei, die den Vertrag aufgesetzt hat, ist aber von einem 13. Gehalt auszugehen. Dagegen könnte der Arbeitgeber beweisen, dass die Praxis der vergangenen Jahre für den Angestellten erkennbar das Gegenteil belege.

Entscheidende Kriterien für einen festen Lohnbestandteil (13. Monatslohn) sind:
- klar umschriebener Betrag, der anders sein kann als das Monatsgehalt (eventuell nur Fixlohn oder fester Prozentsatz)
- regelmässige Auszahlung, zumeist am Ende des (Geschäfts-) Jahres

- Zusicherung eines sogenannten Pro-rata-Anteils bei kürzerer Betriebszugehörigkeit als die Zahlungsintervalle
- regelmässige Zahlung ohne Vorbehalt. Auch wenn regelmässig behauptet wird, die Zahlung erfolge «freiwillig», widerlegt die Wiederholung und die Auszahlungspraxis den Geschenkcharakter.
13. Monatslohn und Gratifikation gelten AHV- und steuerrechtlich als Lohn (siehe Seite 117).

Lohnabhängige Abgaben
Mindestens so wichtig wie die Zulagen sind die *Abzüge* in Form von Lohnprozenten zugunsten der Sozialversicherungen (AHV/IV, BVG, AVIG, UVG) und allenfalls einer kollektiven Krankentaggeldversicherung. Für die Bemessungsgrundlagen dieser Abgaben und deren Funktion sei auf den nebenstehenden Kasten verwiesen. Saisonniers und Personen mit Wohnsitz im Ausland wird unter Umständen eine Quellensteuer abgezogen. Alle Abzüge *müssen* auf den periodischen Lohnabrechnungen detailliert aufgeführt werden. Es darf nicht ein Gesamtabzug vorgenommen werden.

Unzulässig sind zum Beispiel Lohnabzüge für Haftpflichtversicherungen bei Chauffeuren. Da die gesetzlichen Regelungen über die Haftung der Arbeitnehmer zwingend sind, darf der Arbeitgeber das Risiko von Schäden nicht auf Angestellte abwälzen. Das betrifft auch andere, noch so geringe Versicherungsprämien (siehe Seite 72).

Sylvia B. arbeitete in einer chemischen Reinigung. Sie staunte, denn auf ihrem Lohnzettel war ein Abzug von 0,5 Prozent für eine Versicherung vermerkt. Dies sei, meinte der Chef, eine Versicherung, mit der die Schäden an Kundenkleidern vergütet würden! Auch wenn der monatliche Abzug gering war, ist er unzulässig; damit wird ein Betriebsrisiko auf die Angestellten abgewälzt. Das Gericht verurteilte den Arbeitgeber zur Rückzahlung.

AHV und andere Lohnabzüge
Auf jedem Lohnzettel findet man Abzüge für Sozialversicherungsprämien – einheitliche und je nach Betrieb unterschiedliche. Die Berechnungsgrundlagen sind sehr kompliziert. Wer Genaueres wissen will, wendet sich am besten an die kantonale Ausgleichskasse der AHV. Oft ist zum Beispiel umstritten, was als anrechenbarer Lohn gilt (Spesenpauschale, Dienstaltersgeschenk, vergünstigte Dienstwohnung usw.).

Lohn, Provision, Spesen, Gratifikation 105

AHV/IV/EO

- Alters-, Hinterbliebenen- und Invalidenversicherung sowie Erwerbsersatzordnung
- 5,05 Prozent auf dem gesamten Gehalt (gleich viel zahlt der Arbeitgeber)

AVIG

- Arbeitslosenversicherung (mit Einschluss der Entschädigungen bei Kurzarbeit, Schlechtwetter und Insolvenz des Arbeitgebers)
- 1,5 Prozent (hälftig vom Arbeitgeber getragen) bis maximal 97 200 Franken des AHV-pflichtigen Lohnes (Stand 1996). Seit 1996 wird auf Einkommensteilen über 97 200 und bis zu 243 000 Franken ein Beitrag von 1 Prozent erhoben.

UVG

- Unfallversicherung
- Obligatorium bis 97 200 Franken (AHV-Lohn)
- Prämie für Betriebsunfall zu Lasten des Arbeitgebers und abhängig vom Betriebsrisiko; die Prämie für Nichtbetriebsunfall (ca. 1,47 bis 2 Prozent, je nach Berufsgattung) kann dem Arbeitnehmer belastet werden.

BVG

- Berufliche Vorsorge (Pensionskasse/zweite Säule)
- Obligatorium von 23 280 bis 69 840 Franken (Stand 1995/96) des AHV-pflichtigen Lohnes
- Prämien je nach Betrieb unterschiedlich (ca. 7 Prozent); sie müssen nicht paritätisch aufgeteilt sein und können je nach Alter variieren (siehe Seite 213).

KK

- Krankenkasse/Krankenversicherung
- Taggeld für Lohnausfall, fakultativ
- ca. 1 Prozent Prämie, müsste mindestens paritätisch aufgeteilt sein

Wenn der Arbeitgeber die Sozialversicherungsprämien nicht abliefert
Die Leistungen der Sozialversicherungen sind abhängig davon, wieviel Beiträge geleistet wurden. Leitet der Arbeitgeber die Abzüge aus Nachlässigkeit oder gar vorsätzlich nicht weiter, tragen die schuldlosen Arbeitnehmer die Konsequenzen. Der Gesetzgeber hat deshalb zur Wahrung des Versicherungsschutzes der Angestellten Vorkehrungen getroffen. Der Arbeitgeber andererseits macht sich strafbar und muss nachzahlen. Doch vielfach wird erst mit einem Konkurs aufgedeckt, dass Prämien unterschlagen worden sind.

• Bei der *AHV/IV* und der *Arbeitslosenversicherung,* deren Prämien gemeinsam erhoben werden, können vom Lohn abgezogene, aber nicht abgelieferte Beiträge trotzdem berücksichtigt werden, bei Invalidität zum Beispiel noch nach vielen Jahren. Voraussetzung ist aber, dass man die Lohnsumme und Abzüge belegen kann. Daher sollten Lohnabrechnungen aufbewahrt werden.

Prämien können zur Wahrung der Ansprüche rückwirkend auf fünf Jahre nachbezahlt werden. Es empfiehlt sich daher, alle vier Jahre bei der zuständigen Ausgleichskasse einen Auszug des individuellen Kontos anzufordern. Das kostet zwölf Franken. Die Adresse der Ausgleichskasse findet sich im Telefonbuch auf den letzten Seiten; die Kassen-Nummer entspricht derjenigen auf dem AHV-Ausweis.

• Auch im Bereich der *obligatorischen Unfallversicherung* werden über eine sogenannte Ersatzkasse an diejenigen Angestellten Leistungen erbracht, die vom Arbeitgeber vorschriftswidrig nicht versichert wurden. Grundsätzlich sind alle Arbeitnehmer versichert, auch wenn sie nur teilzeitlich arbeiten (zum Beispiel zwei Stunden pro Woche).

• Im Bereich der *zweiten Säule (berufliche Vorsorge)* besteht über den Sicherheitsfonds eine Auffangeinrichtung für Pensionskassen, die zahlungsunfähig wurden. Damit werden aber nur Ausfälle im Bereich des Obligatoriums gedeckt (siehe «Die berufliche Altersvorsorge», Seite 210, Adressen im Anhang, Seite 261).

Wenn der Arbeitgeber nicht bereit ist, den vollen Lohn zu versichern, und beispielsweise unbegründet hohe Spesen auszahlt, sollte man sich an die Ausgleichskasse wenden. Diese kann dann eine Lohnbuchrevision veranlassen.

Wann ist Lohn geschuldet?

Sofern nicht kürzere Fristen abgemacht oder üblich sind, ist der Lohn spätestens Ende jeden Monats auszurichten. Wird bis dann nicht bezahlt, schuldet der Arbeitgeber einen Verzugszins (OR 323 Abs. 1 und 102 Abs. 2). Wenn der Lohn betriebsüblich zum Beispiel am 23. des Monats ausbezahlt wird, ist dies der Zahlungstermin. Im Fall einer Lohnklage müsste ein Verzugszins aber ausdrücklich beantragt werden, sonst kann ihn das Gericht nicht zusprechen. Und ohne Verzugszins ist jede Prozessverzögerung ein Geschäft für die Gegenpartei.

Lohnforderungen verjähren nach fünf Jahren. Diese Frist beginnt dann, wenn die Zahlung hätte erfolgen müssen. Eine Ausnahme besteht für Personen, die mit dem Arbeitgeber in Hausgemeinschaft leben. Da beginnt die Verjährung erst, wenn das Arbeitsverhältnis aufhört.

Anton F. erfährt erst einige Monate nach dem Austritt, dass er nicht bezogene Ferien bis zu fünf Jahre rückwirkend geltend machen kann. In der Firma galten Ferien, die nicht bis Ende März des folgenden Jahres bezogen worden waren, als verfallen. Eine derartige Regelung ist unzulässig, wenn der Arbeitgeber den Angestellten nicht die entsprechenden freien Tage einräumt. Das hatte der Chef unter Berufung auf die Personalknappheit jeweils unterlassen. Da ihm der Arbeitgeber nur den offenen Anspruch des letzten Dienstjahres freiwillig vergütet hatte, will Anton F. die nicht bezogenen Tage der vier vorangegangenen Dienstjahre einklagen. Neben dem entsprechenden Ferienlohn kann er auch fünf Prozent Verzugszins ab Ende des jeweiligen Dienstjahres einklagen.

Wer über längere Zeit ohne nachweisbaren Protest zu tiefe Zahlungen akzeptiert, läuft Gefahr, den Anspruch vor der Verjährung zu verlieren. Vor allem bei offenen Forderungen aus Überstunden oder bei Spesen empfiehlt sich mindestens jedes Vierteljahr eine schriftliche Mahnung. Sonst kann aus dem Schweigen ein Verzicht auf die Forderung gelesen werden.

Vorschuss

Anrüchig, aber verbreitet: Gerät das Familienbudget kurzfristig aus dem Gleichgewicht, ist Vorschuss ein besseres Abwehrmittel als ein Kleinkredit. Meistens ist der Arbeitgeber auch bereit, Vorschuss ohne grosse Fragerei zu gewähren. Er muss aber nicht. Anspruch auf Vorschussleistungen hat ein Angestellter nur, wenn er sich in einer Notlage befindet (OR 323 Abs. 4). Je nach Betrieb und Branche werden Vorschüsse gewährt; doch wird der Betrag meist abhängig gemacht von der geleisteten Arbeit seit der letzten Lohnperiode. Auf mehr besteht kein Anspruch. Je grösser die Notlage des Angestellten ist, desto eher muss ein Vorschuss möglich sein. Als Notlage gelten zum Beispiel eine kostspielige Erkrankung naher Angehöriger, ein Zimmerbrand oder ein Wohnungswechsel.

Lohnreduktion oder Lohnabzug
Erhält ein Arbeitnehmer am Monatsende nicht den vereinbarten Betrag, kann das verschiedene Gründe haben. Heikler als Rechen- oder Buchungsfehler sind Lohnreduktionen (die auch für die Zukunft gelten) oder Gegenforderungen des Arbeitgebers wie Schadenersatz oder ein Rückbehalt zu seiner Absicherung. Zahlt der Arbeitgeber den Lohn nur teilweise, weil er in Zahlungsschwierigkeiten steckt, ist grösste Vorsicht geboten. Wichtig ist es aber bei zu tiefen Lohnzahlungen in jedem Fall, den Grund abzuklären und nötigenfalls sofort und nachweisbar Protest anzumelden, damit nicht ein stillschweigendes Einverständnis angenommen wird.

Eine Angestellte hatte bei der ersten reduzierten Lohnzahlung als Protest auf die Abrechnung den Vermerk «Teilzahlung» geschrieben. Aus der Tatsache, dass sie in den folgenden neun Monaten nicht mehr nachweisbar protestiert hatte, schloss das Basler Appellationsgericht, dass sie den neuen Lohn akzeptiert habe.

Der Schreiner Kurt H. stutzte, als er in seiner Lohnabrechnung 200 Franken weniger vorfand. Darauf angesprochen, meinte der Firmenbuchhalter, Kurt H. sei noch glimpflich weggekommen. Da in letzter Zeit zuviel Ausschuss produziert worden sei, habe er allen Sägereiarbeitern Abzüge machen müssen. Zudem sehe die Auftragslage schlecht aus, weshalb für absehbare Zeit nur der reduzierte Lohn bezahlt werden könne. «So sicher nicht!» musste der Gewerkschaftssekretär, den die Belegschaft beizog, dem Firmeninhaber klarmachen. Kurzfristige Lohnkürzungen wegen angeblich schlechter Arbeit sind unzulässig. Der Lohn ist dafür geschuldet, dass die Arbeitskraft zur Verfügung gestellt und die zugewiesene Arbeit nach bestem Wissen und Können ausgeführt wird. Nur wenn einzelnen Angestellten ein

Verschulden nachgewiesen werden könnte, müsste geprüft werden, ob sie allenfalls für Schaden haftbar gemacht werden könnten (siehe «Arbeitnehmers Sorgfaltspflicht», Seite 69). Das stand aber hier nicht zur Diskussion und wäre in der globalen Art auch nicht zulässig. Das zweite Argument mit dem drohenden Geschäftsrückgang zeigte vielmehr, woher der Wind wehte. Aber auch das ist keine Rechtfertigung für sofortige Lohnreduktionen.

Grundsätzlich sind Änderungen der Vertragsbedingungen nur unter Einhaltung der Kündigungsfrist möglich. Der alte Vertrag muss aufgehoben und ein neuer mit anderen Bedingungen angeboten werden. Bei einer Lohnerhöhung wird sich niemand stören, wenn sie sofort eintritt. Eine Kürzung dagegen gefährdet auch das Haushaltsbudget der Betroffenen; sie muss deshalb angekündigt werden und kann frühestens nach Ablauf der Kündigungsfrist wirksam werden. Man kann sich im gegenseitigen Einverständnis auch auf eine frühere Reduktion einigen.

Im Arbeitsvertrag von Gerhard K. war ein Monatslohn von 4200 Franken vereinbart und festgehalten, dass jede Vertragsänderung schriftlich zu erfolgen habe. Nach zwei Jahren erhielt Gerhard 300 Franken mehr. Neun Monate lief alles anstandslos. Nachdem der Chef aber erfahren hatte, dass Gerhard K. mit der Chefsekretärin befreundet war, strich er die Erhöhung; sie sei entgegen dem Vertrag nie schriftlich zugesagt worden. Dieser Racheakt fand vor dem Kadi wenig Verständnis. Durch die vorbehaltlose und bewusste Zahlung habe sich der Arbeitgeber verpflichtet. Ein Rückzug sei nur auf Ablauf einer Kündigungsfrist möglich. Anders läge der Fall, wenn die erhöhte Zahlung nur über kurze Zeit erfolgt und dann als Irrtum erkannt worden wäre.

Einmalige Lohnreduktionen aufgrund einer Gegenforderung des Arbeitgebers sind zulässig, dürfen aber das Existenzminimum nicht beeinträchtigen – es sei denn, eine absichtliche Schadenszufügung habe sie ausgelöst.

Lohnrückbehalt und Kaution

Der Arbeitgeber kann zu seiner Absicherung von den Angestellten eine Depotzahlung verlangen. Dies geschieht besonders bei Angestellten, die

Waren oder Geld des Arbeitgebers verwahren. Beim Abschluss des Vertrags oder bei Arbeitsaufnahme wird eine Kaution verlangt oder in Raten ein Teil des Lohnes zurückbehalten. Diese Beträge darf der Arbeitgeber nur zur Deckung von Forderungen beanspruchen, die er aus dem Arbeitsverhältnis hat. Zum Beispiel kennt der Gesamtarbeitsvertrag für das Gastgewerbe ein solches «Standgeld» (Art. 38 des Landes-GAV). Solche Zahlungen bewirken eine andere Rollenverteilung im Streitfall: Nicht der Arbeitgeber muss ein Manko oder einen Schaden einklagen, sondern der Angestellte muss das (zu Unrecht?) behaltene Geld zurückfordern.

Derartige Sicherheitsleistungen müssen ausdrücklich vereinbart sein. Während der Lohnrückbehalt in der Regel nicht grösser ist als ein Wochenlohn (OR 323a Abs. 2), kann die Kaution von beträchtlicher Höhe sein; dafür muss der Arbeitgeber aber Sicherheit leisten (OR 330 Abs. 1).

Ohne weitere Abmachung darf der Lohnrückbehalt pro Zahltag nicht mehr als zehn Prozent betragen. Wird vertraglich ein erweiterter Abzug vorbehalten, muss der Existenzbedarf gesichert sein. Sofern die Sicherheitsleistung nicht verrechnungsweise verbraucht wurde, ist sie bei Beendigung des Arbeitsverhältnisses zurückzuerstatten. Zins gibt es ohne besondere Zusicherung nicht.

Die Kaution kann in beliebiger Höhe festgesetzt werden, doch muss sie zum Lohn und zum Schadenrisiko des Aufgabenbereichs in einem Verhältnis stehen. Sie darf den Arbeitnehmer nicht in eine wirtschaftliche Abhängigkeit bringen. Je kleiner der Lohn, desto geringer die Kaution. Der Arbeitgeber muss die empfangene Kautionsleistung von seinem Vermögen getrennt halten (OR 330 Abs. 4). Damit ist sie bei einem allfälligen Konkurs des Arbeitgebers nicht gefährdet.

Arbeitgeber in Zahlungsschwierigkeiten

Das Stichwort ist gefallen: auch der Arbeitgeber kann in Zahlungsschwierigkeiten geraten. Wenn er den Lohn nur teilweise oder Spesen «vorerst» nicht zahlt, muss man sich dies nicht gefallen lassen. Wenn der Arbeitgeber nach entsprechender Aufforderung die Ausstände nicht sofort begleicht, klärt man am besten beim Betreibungsamt ab, ob schon Gläubiger die Geduld verloren und Betreibung eingeleitet haben. Droht Zahlungsunfähigkeit, kann man das Arbeitsverhältnis fristlos auflösen. Das heisst, vorher muss der Arbeitgeber nochmals wenige Tage Frist erhalten, damit er zumindest für den vollen künftigen Lohn Sicherheit, zum Beispiel durch eine Bankgarantie, leisten kann (siehe «Pleitegeier und Fusionshaie», Seite 166).

Lohnzession und Lohnpfändung
Lohnzessionen (Lohnabtretungen) sind seit dem 1. Juli 1991 nicht mehr zulässig (OR 325 Abs. 2). Eine Ausnahme bilden einzig familienrechtliche Unterhaltsverpflichtungen (Alimente). Vor der Gesetzesänderung war mit fast jedem Abzahlungs- oder Kreditvertrag eine solche Lohnzession verbunden, die es dem Verkäufer oder Kreditgeber erlaubte, bei Zahlungsrückständen direkt beim Arbeitgeber auf den Lohn des Schuldners zu greifen. Auch heute noch versuchen einzelne Geschäftemacher, die Unkenntnis ihrer Kunden auszunützen und eine Lohnzession zu vereinbaren. Solche Abmachungen sind ungültig.

Etwas anderes ist die Lohnpfändung: Wer seine Schulden nicht mehr zahlen kann, wird betrieben und kann anschliessend von den Gläubigern gepfändet werden.

Doch: Was kann gepfändet werden? Bleibt noch etwas in der Wohnung? Das Betreibungsamt pfändet zunächst Gegenstände, die verwertbar erscheinen und nicht zu den sogenannten Kompetenzstücken gehören. Bett, Tisch und Stühle, Küchengeräte und andere Gegenstände des täglichen Gebrauchs werden nicht gepfändet. Ein Auto, das für die Arbeit benötigt wird, kommt nicht unter den Hammer. Wenn zu wenig verwertbare Objekte, deren Erlös die offenen Forderungen decken könnten, greifbar sind, wird schliesslich auch der Arbeitserwerb gepfändet.
- Gepfändet werden kann nur der über dem *Existenzminimum* liegende Lohn für maximal ein Jahr. Das Existenzminimum wird vom Betreibungsamt anhand der Umstände (Familiengrösse, Mietzins, Krankenkasse und andere feste Kosten) berechnet. Dabei wird berücksichtigt, wieviel der Ehepartner des Schuldners verdient, da er ja auch zum ehelichen Unterhalt beizutragen hat.
- Werden *Unterhaltsbeiträge* betrieben kann die Pfändung sogar ins Existenzminimum eingreifen.

Dem Arbeitgeber wird dann vom Betreibungsamt mitgeteilt, wieviel er jeden Monat vom Verdienst abzuziehen und an dieses zu überweisen hat. Diese Lohnpfändung gilt auch nach einem allfälligen Stellenwechsel. Das Existenzminimum heisst nicht nur so. Es lässt dem Schuldner wirklich nur das Minimum. Die Gebühren für Radio und Fernsehen oder das

Zeitungsabonnement beispielsweise werden nicht berücksichtigt bei der Berechnung des Notbedarfs. Darum ist es auch wichtig, eine allfällige Lohnreduktion sofort dem Betreibungsamt zu melden, damit dieses eine neue Berechnung vornimmt.

Provision, Trinkgeld und andere Beteiligungen

Als Vergütung für die geleistete Arbeit kann neben oder anstelle des festen Gehalts auch eine Entschädigung vereinbart werden, die nicht abhängig ist von der Zeit, sondern vom Geschäftserfolg.

Bezieht sich diese Beteiligung am Umsatz auf die vom Arbeitnehmer persönlich vermittelten oder abgeschlossenen Geschäfte, so spricht man von einer Provision oder im Spezialfall vom Trinkgeld. Verbreitet ist auch die Beteiligung am Geschäftsgang einer Abteilung oder der ganzen Firma, sei es Umsatz oder Gewinn. Dabei wird nicht von Provision, sondern von Beteiligung am Geschäftsergebnis gesprochen.

Vor allem im Bereich Verkauf vereinbart man den Lohn zumindest teilweise in Form einer Provision. Damit soll das Interesse der Angestellten am Geschäftsumsatz geweckt und gefördert werden. Bekannt sind die Provisionsabreden zum Beispiel aus der Versicherungsbranche. Aber auch im Gastgewerbe beinhaltet das Bedienungsgeld eine Provision. Die Provision ist eine Erfolgsbeteiligung, begrenzt auf die Tätigkeit der Angestellten.

Die Provision kann ein fixer Betrag pro Geschäft sein; sie kann aber auch in Prozenten des Verkaufspreises vereinbart werden. Im Fall von Prozenten wird festgehalten, ob vom Brutto- oder Nettoumsatz und wie Sonderrabatte des Arbeitgebers behandelt werden. Ohne Sonderregelung misst sich die Provision am fakturierten Nettopreis ohne Rabatte.

Handelsreisende

Für Vertreter oder Handelsreisende bestehen Sondervorschriften über die Provisionierung (OR 349b). Als Handelsreisender gilt, wer seine Aktivitäten für den Geschäftsherrn in erster Linie ausserhalb des Firmensitzes – meist in einem zugeordneten Gebiet – eben reisend entwickelt. Nur wenn eine angemessene Entlöhnung garantiert ist, darf das Gehalt allein aus der Provision bestehen. Sonst muss zusätzlich ein fixes Grundgehalt zugesichert sein. Wenn dieses mehr als 80 Prozent des durchschnittlichen Lohns ausmacht, kann man vereinbaren, dass bei Verhinderung an der Arbeitsleistung der Provisionsausfall nicht vergütet werden muss. Besteht eine ausschliessliche Gebietszusage, ob geographisch oder in bezug auf Kundenkreise, ist die Provision für jedes im Gebiet getätigte Geschäft zu zahlen, auch wenn es der Arbeitgeber direkt abschloss.

Voraussetzung des Provisionsanspruchs
Selbstverständlich kann eine Provision nur entstehen, wo ein Geschäft abgeschlossen oder vermittelt wurde. Was aber, wenn dabei Störungen auftreten?
• Fällt das Geschäft ohne Verschulden des Arbeitgebers dahin, erlischt auch die Provision (OR 322b Abs. 3). Dies gilt zum Beispiel, wenn der Kunde den Vertrag nicht einhält oder nachträglich zahlungsunfähig wird. Wenn der Kunde hingegen vom Vertrag zurücktritt, weil der Arbeitgeber seine Leistung zu spät oder mangelhaft erbracht hat, muss die Provision bezahlt werden.
• Schwierigkeiten ergeben sich, wenn mehrere Personen zum Abschluss des Geschäfts beigetragen haben. Wem steht die Provision zu?

Der Cheminéeverkäufer Kaspar R. erfuhr von einem Bauführer nachträglich, dass in einem Chalet ein Cheminée eingebaut wurde, das er offeriert und dem Bauherrn demonstriert hatte. Da er für diesen Abschluss keine Provision erhalten hatte, ging er der Sache nach und fand heraus, dass ein «Kollege» das Geschäft mit dem Architekten abgeschlossen hatte. Wohl war der Abschluss vom Kollegen gemacht worden, doch war es aufgrund der Demonstration durch Kaspar R. dazu gekommen. Wer bekam nun die Provision? Die Bestimmung des OR ist zugunsten des Arbeitnehmers unveränderlich. Und so musste der Arbeitgeber beide bezahlen.

Entscheidend ist, ob die Tätigkeit des Arbeitnehmers für den Abschluss ursächlich war. Bei Nachbestellungen steht nur dem ursprünglichen Vermittler eine Provision zu.
• Die Provision ist Lohnbestandteil, also besteht auch ein Anspruch darauf bei Arbeitsverhinderung (Krankheit oder Ferien zum Beispiel). Da dann keine Geschäfte vermittelt und keine Provisionen erarbeitet werden, gibt es einen Ausgleich der durchschnittlich entgehenden Vergütungen (siehe Seite 126).

Wann wird die Provision vergütet?
Der Provisionsanspruch entsteht sofort, nachdem das Geschäft abgeschlossen ist. In der Regel wird jedoch periodisch abgerechnet und bezahlt. Geschieht das in grösseren Abständen, müssen monatlich Akontozahlungen geleistet werden (OR 323 Abs. 1). Bei Geschäften mit gestaffelter Erfüllung (wie Versicherungs-, Miet- oder Abzahlungsver-

trägen) kann schriftlich abgemacht werden, dass mit jeder Rate auch ein Provisionsanteil fällig wird (OR 322b Abs. 2).

Wenn nicht der Arbeitnehmer die Provisionsabrechnungen macht, muss der Arbeitgeber auf jeden Fälligkeitstermin, also mindestens monatlich, eine Aufstellung über die provisionspflichtigen Geschäfte übergeben (OR 322c Abs. 1).

Zur Überprüfung der Berechnungsgrundlagen für die Provision kann jeder Angestellte die massgebenden Unterlagen einsehen. Dies kann auch eine sachverständige Person anstelle des Angestellten tun. Wenn sich die Vertragsparteien über diese Person streiten, bestimmt sie der Richter (OR 322c Abs. 2).

Mit dem Austritt aus dem Betrieb werden alle offenen Provisionen fällig. Hingegen kann man durch einen schriftlichen Vertrag vereinbaren, dass die Provision für Geschäfte, die erst später erfüllt werden, auch später fällig wird. In der Regel sind das maximal sechs Monate, bei Geschäften mit gestaffelter Erfüllung höchstens ein Jahr und bei Versicherungsverträgen bis zu zwei Jahre. Dieser Aufschub ist bei Handelsreisenden und Vertretern aufgrund einer gesetzlichen Sonderregelung nicht zulässig (OR 350a Abs. 1).

Der Aussendienstvertreter Elmar Sch. arbeitete für Fixum und Provision. Nach seinem Austritt aus der Firma verlangte er zur Überprüfung seiner Provisionsansprüche vom früheren Arbeitgeber detaillierten Aufschluss über die Geschäfte aus seinem Rayon im letzten Halbjahr vor und in den drei Monaten nach seinem Austritt. Der Arbeitgeber verweigerte dies mit dem Hinweis, dass Elmar Sch. nun bei der Konkurrenz arbeite und die Kundendaten daher missbrauchen könnte.

Das Gericht entschied, dass es einen zwingenden Anspruch auf eine Provisionsabrechnung gebe. Daran ändere die Tatsache nichts, dass damit eine Kundenliste ausgehändigt werde. Allein durch Einsicht in die Bücher sei eine Überprüfung des Provisionsanspruchs nicht möglich. Die Absicherung gegen die Konkurrenzierung hätte viel früher mit einem Konkurrenzverbot im Arbeitsvertrag erfolgen müssen, sofern die entsprechenden Voraussetzungen erfüllt seien (siehe «Das Konkurrenzverbot», Seite 220).

Das Trinkgeld ist mehr als ein Gnadenakt

Trinkgeld ist nicht gleich Trinkgeld. Auch wenn in der Schweiz im Gastgewerbe seit einigen Jahren das «Trinkgeld inbegriffen» gilt, erhält das Servierpersonal oft noch etwas darüber hinaus. Das im Verkaufspreis inbegriffene Trinkgeld ist auch eine Form von Provision, da es direkt vom Umsatz abhängt. Gemäss dem Landesgesamtarbeitsvertrag für das Gastgewerbe (LGAV) hat jeder Serviceangestellte eine Mindestlohngarantie in Form eines Fixums; das aber angerechnet wird auf das Trinkgeld! Soweit das regelmässige Einkommen aus Trinkgeldeinnahmen besteht, werden diese bei der Berechnung des Lohnes mitberücksichtigt. Der Lohn ist massgebend für den Anspruch während Krankheit oder Ferien.

Der Automechaniker mit festem Monatslohn, der auch Benzin abfüllt, oder die Krankenschwester in der Privatabteilung – beide erhalten pro Woche im Schnitt 100 Franken Trinkgeld. Bei Krankheit oder in den Ferien sollte ihnen dieser Ausfall vergütet werden. Das gilt in begrenztem Ausmass auch für die sogenannten «over-tips», also *Zusatztrinkgeld*. Die Grenze hängt von den betriebsspezifischen Verhältnissen ab. Wenn ein freiwilliges Zusatztrinkgeld üblich ist und allen Angestellten zukommt, ist es Lohnbestandteil. Wenn es abhängig ist vom Verhalten des Angestellten, muss der Arbeitgeber nicht dafür einstehen. Die Beweispflicht, zu welcher Kategorie es gehört, trägt im Streitfall der Angestellte.

> Nach dem Landes-GAV für das Gastgewerbe muss der Arbeitgeber eine Lohnausfallversicherung abschliessen (siehe Seite 135). Diese muss 80 Prozent des Bruttolohnes der Angestellten decken; das Zusatztrinkgeld ist nicht eingeschlossen. Auch die obligatorische Unfallversicherung muss es für ihre Leistungen nur dann berücksichtigen, wenn sie dafür auch Prämien erhalten hat.

Soweit das Trinkgeld als Lohnbestandteil gilt, ist es im Prinzip auch AHV-pflichtig. Die Praxis sieht bekanntlich anders aus. Dass Zusatztrinkgelder der AHV nicht gemeldet werden, heisst trotzdem nicht, sie seien kein Lohnbestandteil.

Anteil am Geschäftsergebnis

Wie die Provision ist die Beteiligung am Geschäftsergebnis eine Erfolgsvergütung. Diese kann in verschiedensten Formen erfolgen. Eine Beteiligung am Gesamtumsatz zum Beispiel wird oft mit Geschäftsführern von Filialbetrieben vereinbart. Eine Variante bildet die Gewinnbeteiligung, die man vor allem bei Kaderangestellten anwendet (Tantiemen). Immer muss genau umschrieben werden, ob auf den Brutto- oder Nettoumsatz abgestellt wird bzw. welche Abschreibungen bei der Gewinnermittlung berücksichtigt werden dürfen usw.

Diese Beteiligungsformen können als Zusatzleistung zu einem Fixlohn oder als einzige Gehaltsgrundlage vereinbart sein. Da Geschäftsabschlüsse in der Regel nicht in kurzen Intervallen erstellt werden, hat der Angestellte Anspruch auf monatliche Akontozahlungen zur Bestreitung des Lebensunterhalts (OR 323 Abs. 1). Für die AG und GmbH hat das Gesetz Sondervorschriften über die Ausschüttung an die Verwaltung aufgestellt.

Ebenfalls Beteiligungen am Geschäftsergebnis, aber kein Lohn sind Gratifikationszulagen in Form von Prämien oder Mitarbeiteraktien. Ohne gegenteilige Vereinbarung sind das Sondervergütungen, die abhängig gemacht werden vom Geschäftsgang und/oder vom persönlichen Einsatz des Angestellten.

Die Gratifikation

Als Gratifikation können alle Sonderleistungen des Arbeitgebers neben dem Lohn bezeichnet werden, deren Ausrichtung nicht fest zugesichert und betragsmässig nicht umschrieben wurde. Entsprechend besteht darauf kein Anspruch (siehe «13. Monatslohn und Gratifikation», Seite 103). Unter dem Begriff Gratifikation verbergen sich recht unterschiedliche Leistungen des Arbeitgebers vom «Weihnachtsgeld» bis zur Beteiligung am Jahresgewinn für Kaderangestellte, deren Schlüssel der Verwaltungsrat beschliesst.

Die Gratifikation wird meist zu bestimmten Anlässen (Weihnachten, Abschluss des Geschäftsjahres, Dienstjubiläum, Abschluss eines Grossauftrags) als Anerkennung für besondere Leistungen oder als Aufmunterung für die Zukunft ausgerichtet. Bei Kaderangehörigen kann die Gratifikation bis zu 50 Prozent des Jahreseinkommens ausmachen. Auch wenn die Zahlung einer Gratifikation freiwillig ist, gilt sie nicht als Geschenk. Sie wird steuer- und AHV-rechtlich als Lohn behandelt.

Nur wenn dies ausdrücklich vereinbart ist, besteht ein Anspruch auf die Ausrichtung (OR 322d Abs.1). Dabei kann aber die Höhe des Betrags noch offen sein, doch ist der Gleichbehandlungsgrundsatz zu beachten. Ist der Betrag festgelegt, bezeichnet man dies als Zulage. Zulagen sind beispielsweise der 13. Monatslohn oder fixe Dienstaltersgeschenke. Entscheidend ist die Betriebsübung.

Wird über Jahre eine Gratifikation ausbezahlt, so kann trotz regelmässigen Hinweisen auf ihre Freiwilligkeit und den Geschäftsgang ein Anspruch nur mit objektiven Gründen verweigert werden. Daran ändert auch die wechselnde Höhe nichts, die nur Hinweis ist auf eine variable Bezugsgrösse (zum Beispiel den Geschäftsgewinn).

Die Gratifikation ist nicht Lohn im Sinn von Entgelt für die Arbeitsleistung; daher besteht bei Angestellten in gekündigtem Verhältnis kein Anspruch auf eine anteilmässige Auszahlung. Ebenso gilt eine schlechte Arbeitsleistung als objektiver Reduktionsgrund für eine in der Höhe nicht bezifferte Gratifikation.

Einsichtsrecht
Damit der Angestellte den Beteiligungsanspruch überprüfen kann, ist der Arbeitgeber verpflichtet, Einsicht in die Geschäftsbücher zu gewähren. Dies wiederum setzt voraus, dass er über seine Geschäftstätigkeit nach kaufmännischen Grundsätzen Buch führt. Es steht den Angestellten das Recht zu, einen Sachverständigen mit der Überprüfung der Berechnung der Beteiligung zu beauftragen (OR 322a Abs. 2). Wenn sich die Parteien über dessen Person nicht einig werden, bestimmt sie das Gericht.

Spesen

Von Gesetzes wegen hat der Arbeitgeber den Angestellten alle durch die Ausführung der Arbeit notwendig entstehenden Auslagen zu ersetzen. Anlass zu Auseinandersetzungen gibt aber häufig die Frage, welche Auslagen notwendig sind bzw. ob die Vergütung nicht versteckter Lohn sei.

Keine Spesen sind das SBB-Billet für den Arbeitsweg oder die Absatzreparatur des Schuhmachers. Der Weg vom Wohnort zum Arbeitgeber ist ein Teil der Unannehmlichkeiten, die mit dem Stellenantritt übernommen werden.

Für die meisten regelmässigen Auslagen gibt es Erfahrungswerte; die Bezahlung muss zwangsläufig der Teuerung angepasst werden. Sofern nichts anderes angegeben ist, beziehen sich die folgenden Angaben über Spesenersätze auf die Empfehlungen der Konsultativkommission für die Handelsreisenden über den Spesenersatz, die 1988 herausgegeben wurden. Diese können bezogen werden beim Schweizerischen Verband reisender Kaufleute (siehe Anhang, Seite 246).

Die Vergütung der Auslagen hat spätestens mit jeder Lohnzahlung zu erfolgen, sofern die nötige Abrechnung vorliegt und keine kürzeren Fristen vereinbart sind (OR 327c Abs. 1). Sofern regelmässig Spesen anfallen, besteht auch ein Anspruch, Vorschuss auf diese Aufwendungen zu erhalten. Beide Vorschriften sind zugunsten des Arbeitnehmers zwingend. Oft werden auch Spesenpauschalen entrichtet.

Unechte Spesen

Spesen sind grundsätzlich *Vergütung von Auslagen*, die in Zusammenhang mit der Arbeitsleistung erwachsen. Spesen ist aber auch das Zauberwort für versteckte Lohnzahlungen.

Die Angestellten hoffen, so Einkommen ausserhalb des Lohnausweises an den Steuerbehörden vorbeizuschleusen. Sie sehen darin einen gerechten Ausgleich zu den vielfältigen Möglichkeiten der Selbständigerwerbenden, private Aufwendungen von den Steuern abzusetzen. Das ist verständlich und funktioniert vielfach. Dem Arbeitgeber kommt dies auch entgegen, sind es doch günstige Lohnaufwendungen, weil darauf keine Sozialversicherungsbeiträge zu entrichten sind.

Die Kehrseite der Medaille unechter Spesen geht – wen wundert's? – zu Lasten der Angestellten.

- Erstens fehlen die heute gesparten Beiträge an die Sozialversicherung morgen bei der Bemessung des Leistungsanspruchs. Denn eine allfällige AHV-, IV- oder UVG-Rente bzw. die Freizügigkeitsleistung der Personalvorsorgeeinrichtung (BVG) beim Stellenwechsel, aber auch das Taggeld der Arbeitslosenversicherung sind abhängig vom versicherten Einkommen.
- Zweitens: Kann bei einer Steuerrevision nicht belegt werden, dass die Spesenpauschale durch Auslagen gerechtfertigt ist, kann es Nach- und Strafsteuern absetzen. Unzulässig ist es, wenn der Arbeitgeber bei Verhinderung der Arbeitsleistung nur den als Lohn bezeichneten Teil zahlen will (siehe Seite 126).

> **Vorsicht** bei Lohnvereinbarungen mit unechten Spesen. Nicht in allen Arbeitsbereichen sind hohe Spesen für die Steuerbehörden plausibel. Umgekehrt hängen die Leistungen der Sozialversicherungen ab vom deklarierten und versicherten Gehalt. Das gleiche gilt ohne klare Abmachung zum Teil auch für den Kranken- oder Ferienlohn.

Echte Spesen
Wegentschädigung: Der Weg zum Arbeitsort kann nur vergütet werden, wenn dieser sowohl vom Betrieb des Arbeitgebers als auch vom Wohnort ausserordentlich abgelegen ist. In Gesamtarbeitsverträgen sind meist Gebietszonen festgelegt, in denen je nach Distanz zum Betrieb des Arbeitgebers gestufte Spesen auszuzahlen sind.

Umstritten ist, ob bei Temporärangestellten Wegspesen zu den Einsatzorten, sofern sie sich in gewisser Distanz vom Vermittlungsbüro befinden, angebracht sind. Nach Auffassung des Beobachters ist das zumindest dann der Fall, wenn in kürzerer Zeit verschiedene Stellen übernommen werden. In der Regel wird dann eine Spesenpauschale ausbezahlt. Demgegenüber kann aus der Annahme eines längeren Einsatzes an abgelegener Stelle ohne zugesicherte Auslagenvergütung ein Verzicht auf den Spesenausgleich abgeleitet werden.
Verpflegung und Unterkunft: Essen müssen alle. Zu Hause kommt es am günstigsten. Der Arbeitgeber muss die Verpflegungsmehrkosten aber dann übernehmen, wenn er Arbeit an einem Ort anweist, der die übliche Verpflegung verunmöglicht. Im Baugewerbe besteht dieser Anspruch in den meisten Regionen bei den Arbeitsstellen, die mehr als sechs Kilo-

meter vom Werkhof des Arbeitgebers entfernt sind, und sofern dieser nicht eine Kantine eingerichtet hat. Der Ansatz ist regional bestimmt und liegt in der Regel bei mindestens zehn Franken. Auch wenn Überstunden eine auswärtige Verpflegung mit sich bringen, muss der Arbeitgeber diese – und nicht nur die Mehrkosten im Verhältnis zur Heimverpflegung – entschädigen. Zwingt der angewiesene Arbeitsort dazu, dass der Angestellte auswärts übernachtet, sind die damit verbundenen Hotelkosten vom Arbeitgeber zu tragen.

Autospesen: Bei reisenden Vertretern ist die Auslagenvergütung für das zur Arbeit benötigte Auto üblich. Der Gesetzgeber hat zu diesem Thema sogar eine spezielle Bestimmung erlassen (OR 327b). Vergütet werden müssen selbstverständlich nur die Kosten für Dienstfahrten, auch wenn das Auto ebenfalls für private Zwecke benutzt wird. Der Aufwand ist daher im Verhältnis der Benützungszwecke aufzuteilen. Die Fahrt vom Wohn- zum Arbeitsort ist vermutungsweise Privatfahrt. Doch das hängt von den konkreten Umständen und Distanzen ab.

Zu vergüten sind die üblichen Kosten für Betrieb und Unterhalt eines Autos: Benzin, Öl, Pneus, Service und ordentliche Reparaturen. Meist rechnet man mit einer Kilometerentschädigung. Die Ansätze sind unterschiedlich nach Autotyp und abhängig davon, ob der Arbeitgeber oder der Angestellte den Wagen zur Verfügung stellt. Die Automobilverbände haben Tabellen erstellt über die Amortisations- und Unterhaltskosten, abhängig vom durchschnittlichen Gebrauch des Autos.

Stellt der Arbeitnehmer das Auto zur Verfügung, muss der Arbeitgeber neben den erwähnten Kosten auch die Steuer und Versicherung des Wagens und einen angemessenen Amortisationsbeitrag vergüten. Inklusive Kaskoversicherung belaufen sich die durchschnittlichen Kosten pro Kilometer auf folgende Beträge (Stand 1996, in Rappen):

Kaufpreis des Autos: Fr.	15 000.–	25 000.–	37 000.–
15 000 km/Jahr	55,8	80,6	105,2
25 000 km/Jahr	43,2	62,3	81,7
35 000 km/Jahr	37,8	54,5	71,6
50 000 km/Jahr	33,1	47,3	62,3

Angesichts dieser Zahlen scheint es sinnvoll, auch für den privaten Autogebrauch eine realistische Rechnung zu machen. Das öffentliche Verkehrsmittel rentiert sich rasch – den ökologischen Vorteil einmal ausser acht gelassen.

Kleiderspesen: Kleiderspesen werden Personen vergütet, an die Ansprüche hinsichtlich der äusseren Erscheinung gestellt werden und die sich nach eigenem Geschmack kleiden können. Besteht hingegen ein Uniformzwang oder die Notwendigkeit von Überkleidern, hat der Arbeitgeber diese als Arbeitsinstrumente kostenlos abzugeben, da sie ja ohne privaten Nutzen für die Angestellten sind (OR 327). Man kann diese Bestimmung aber vertraglich abändern, und so benutzen viele Arbeitgeber diese Gelegenheit, Betriebsaufwand auf die Angestellten abzuwälzen mit der Begründung, sie könnten ja bei den privaten Kleiderkosten sparen.

Der LGAV für das Gastgewerbe sieht eine Entschädigung für die Kleiderreinigung von 20 bis 50 Franken vor, wenn der Betrieb die Berufskleider nicht selber reinigen lässt.

Ausbildungskosten: Zu unterscheiden sind Ausbildungen, die eine besondere Qualifikation verschaffen, von Kursen, die der Einarbeitung oder Umschulung dienen und durch spezielle, vom Arbeitgeber eingesetzte, neue Arbeitsinstrumente erforderlich sind. Die Kosten für Einarbeiten und Umschulen hat der Arbeitgeber zu übernehmen; er ordnet sie ja auch an, und sie bilden Teil der Kosten seiner Produktionsmittel. Er muss also Kurse, allfällige Unterkunft und Verpflegung am Kursort und die Kursunterlagen vergüten.

Die Kursunterlagen bleiben nach Auffassung des Zürcher Arbeitsgerichts sicher dann im Besitz der Angestellten, wenn diese die Ausbildungskosten mitzutragen hatten oder wenn die Unterlagen zur Anwendung der erworbenen Kenntnisse notwendig sind (wie EDV-Handbücher). Eine teilweise Rückerstattungspflicht von Ausbildungskosten bei vorzeitigem Firmenaustritt ist nur zulässig bei allgemein nutzbarer Weiterbildung und sofern dies im voraus schriftlich vereinbart wurde. Das Ausmass der Beteiligung muss in einem Verhältnis stehen zum Gehalt, und die Kosten müssen innert nützlicher Frist (maximal drei Jahre) als amortisiert gelten (siehe «Folgen der Beendigung des Arbeitsverhältnisses», Seite 200).

Berufswerkzeug: Die Einrichtung und der Unterhalt des Arbeitsplatzes ist eindeutig Sache des Arbeitgebers. Hinsichtlich Bleistift, Hobelbank oder Computer wird das auch nicht in Frage gestellt. Es muss aber generell für die zur Arbeit notwendigen Instrumente gelten, also auch für Helm oder Überkleid. Brauchen Mitarbeiter aber eine Uniform, verlangen gewisse Arbeitgeber eine Kostenbeteiligung mit dem Argument, die Angestellten hätten Ersparnisse bei den privaten Kleidern. Das ist aufgrund des Gesetzes bei ausdrücklicher Vereinbarung zwar zulässig (OR 327), nach Auffassung des Beobachters aber kleinlich.

Für gewisse Berufe ist es hingegen üblich, dass die *persönlichen* Arbeitsgeräte von den Angestellten mitgebracht werden. So halten es beispielsweise Köche, Musikerinnen und Musiker oder Coiffeusen. Das schliesst aber eine Entschädigung durch den Arbeitgeber nicht aus.

Spesenpauschale
Um sich den Abrechnungsaufwand zu sparen und weil Spesen üblich sind, zahlen Arbeitgeber oft pauschale Vertrauensspesen. Sofern diese über ein paar Monate den effektiven Aufwand der Angestellten decken und ausdrücklich schriftlich vereinbart sind, ist das zulässig. Ob die Pauschale auch bei Arbeitsverhinderung und in den Ferien geschuldet ist, hängt ohne vertragliche Regelung davon ab, wie der Ansatz zu den Aufwendungen steht. Deckt die Pauschale die laufenden Kosten, ist sie nicht geschuldet, wenn nicht gearbeitet wird.

Sind derartige Pauschalen offensichtlich höher angesetzt, als die üblicherweise anfallenden Auslagen, sind sie versteckte Lohnzahlungen (siehe «Unechte Spesen», Seite 119). Liegt die Pauschale zu tief, kann die Differenz nachgefordert werden.

Für *Aussendienstmitarbeiter* werden 1996 folgende Spesenansätze empfohlen:
– 10 bis 15 Franken pro Reisetag für kleine Auslagen (ohne Mahlzeiten)
– 40 bis 55 Franken pro Reisetag mit Hauptmahlzeit
– 70 bis 85 Franken pro Reisetag mit zwei Hauptmahlzeiten
– 155 bis 180 Franken pro Reisetag mit Übernachtung und zwei Hauptmahlzeiten (Variante: effektive Hotelkosten plus Ansatz für Reisetag mit zwei Hauptmahlzeiten).

Separat sind zu vergüten: Kundenbewirtung, Porti, Telefon und andere Auslagen infolge der auswärtigen Tätigkeit.

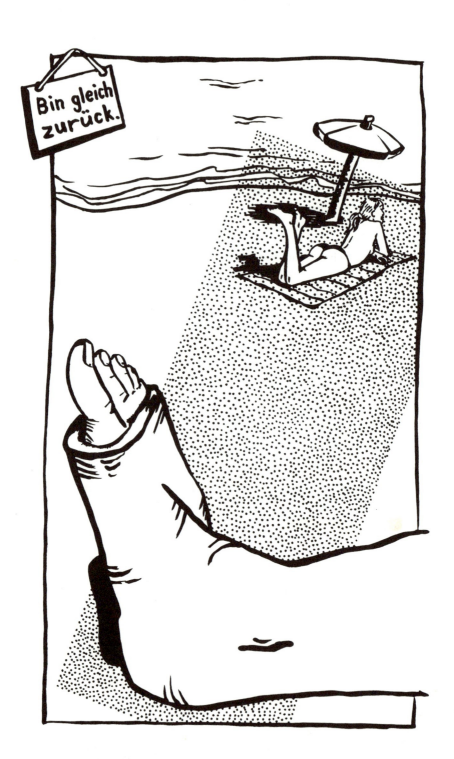

4. Krankheit, Unfall, Schwangerschaft, Ferien

Lohn, ohne zu arbeiten

Sabina K. und Kurt W. arbeiteten beide seit zwei Monaten in derselben Firma, als Sabina verunfallte und Kurt erkrankte. In der Folge konnten beide während fünf Monaten nicht arbeiten. Während Sabina K. in dieser Zeit 80 Prozent des Lohnes erhielt, wurde Kurt W. nichts ausbezahlt.

Zugegeben, das ist ein Extremfall. Aber diese Gegenüberstellung zeigt krass den Unterschied in der Absicherung, je nachdem, ob Unfall oder Krankheit Ursache der Arbeitsunfähigkeit ist. Bei Unfall sind die Arbeitnehmer dank des Versicherungsobligatoriums (UVG) weitgehend gedeckt, eine Krankheit kann gravierende Folgen haben. Die beiden Situationen werden darum getrennt dargestellt, und darum lohnt sich der Beizug spezialisierter Anwälte, wenn umstritten ist, ob Krankheit oder Unfall vorliegt.

Doch zunächst wollen wir darstellen, was bei unverschuldeter Verhinderung an der Arbeitsleistung gilt. Darunter versteht das Gesetz neben Krankheit und Unfall auch die «Erfüllung gesetzlicher Pflichten» und die «Ausübung eines öffentlichen Amtes» (siehe Seite 145). Der Grund der Verhinderung muss «in der Person» liegen und darf von dieser nicht verschuldet sein.

Verhinderung an der Arbeit

Grundsätzlich soll man den gleichen Lohn erhalten, wie wenn man zur Arbeit hätte gehen können. Das Gesetz nennt das zutreffend «den entfallenden Lohn» (OR 324a Abs. 1). Darin eingeschlossen sind Schicht-, Sonntags- und Nachtzulagen, die regelmässig anfallen, das neben dem Fixum üblicherweise eingenommene Trinkgeld zum Beispiel eines Tankwarts oder einer Serviertochter, aber auch Provisionen, Kinderzulagen und Vergütungen für Akkordleistungen usw. Besteht der Lohn auch aus Naturalleistungen wie Kost und Logis (Gastgewerbe, Hausangestellte), kann unter Umständen auch der Gegenwert dafür verlangt werden; so muss bei einem Spitalaufenthalt der Arbeitgeber das Kostgeld vergüten.

Zwei Einschränkungen sind zu beachten: Einerseits wird nur vergütet, was als Lohn für Arbeit gilt, nicht aber Spesen oder Zulagen, die wegfallen, wenn man nicht arbeitet. Andererseits reduziert sich der Vergütungsanspruch durch eine Versicherung, die eine längere Leistungsdauer zusichert, meist auf 80 Prozent des entfallenden Lohnes – zum Beispiel in der obligatorischen Unfallversicherung (OR 324b).

> **Wichtig:** Auch Teilzeitangestellte und Personen, die im Stundenlohn arbeiten sowie unechte Aushilfen haben den vollen Vergütungsanspruch.
> Ausnahmen: Wer für weniger als drei Monate eingestellt wurde oder noch keine drei Monate beim gleichen Arbeitgeber ist, hat – ausser bei Unfall – keinen Anspruch (siehe Seite 130).
> Wer weniger als zwölf Stunden pro Woche beim selben Arbeitgeber arbeitet, ist für Unfälle in der Freizeit nicht versichert

Unverschuldete Arbeitsverhinderung

Die Lohnzahlungspflicht des Arbeitgebers bei Krankheit, Militärdienst usw. ist Teil des Unternehmerrisikos. Denn er hat Menschen angestellt, die krank werden können und die noch andere Pflichten haben, als zu arbeiten. Umgekehrt wäre es stossend, der Arbeitgeber hätte einzustehen, wenn ein Angestellter aus grobem Selbstverschulden nicht arbeiten kann.

So hat 1983 das Basler Gewerbliche Schiedsgericht zwar eine Absenz wegen Symptomen eines Drogenentzugs mit ärztlich attestiertem Krankheitswert als unverschuldet qualifiziert. Hingegen dürfte Arbeitsunfähigkeit wegen Drogenkonsums in der Regel nicht als unverschuldet gelten.

Sportverletzungen selbst von risikoreichen Sportarten wie Motocross, Skifahren oder auch Deltasegeln stehen dem Lohnanspruch nicht entgegen. Das gleiche gilt für Folgen eines Verkehrsunfalls, wenn nicht ein schwerer Verstoss gegen Verkehrsregeln vorliegt.

Als selbstverschuldet gilt hingegen Arbeitsunfähigkeit, die als Folge übermässigen Alkoholgenusses oder wegen grober Missachtung ärztlicher Anordnungen eingetreten ist. Massgebend ist die im Unfallversicherungsrecht entwickelte Praxis der Leistungskürzungen bei grobem Selbstverschulden.

Lange Zeit umstritten war die Lohnfortzahlung bei der Erfüllung von Betreuungspflichten, zum Beispiel bei der Pflege eines kranken Kindes. Die Gerichte haben diesen Anspruch bis vor kurzem abgelehnt, obwohl das Gesetz als einen Grund unverschuldeter Arbeitsunfähigkeit die Erfüllung gesetzlicher Pflichten (zum Beispiel Vormundschaft, Zeugenaussage vor Gericht, Feuerwehreinsatz) nennt. Und Eltern sind auch von

Gesetzes wegen verpflichtet, für ihre Kinder zu sorgen. Das Zürcher Arbeitsgericht hat 1987 eine praktikable Abgrenzung aufgezeigt:
Bei einer akuten Gesundheitsstörung und bis eine zumutbare Ersatzbetreuung organisiert werden kann besteht ein Lohnanspruch auch bei Absenzen infolge Betreuung naher Angehöriger. Diese Zahlung wird aber angerechnet auf den persönlichen Krankenlohnanspruch.

Kein Lohn ohne Arztzeugnis?

Weit verbreitet ist die Ansicht, dass erst ab dem dritten Krankheitstag dem Arbeitgeber ein Arztzeugnis einzureichen und dies Voraussetzung für den Lohnanspruch sei. Beides trifft nicht zu. Die Lohnfortzahlungspflicht des Arbeitgebers bei Krankheit, Unfall und anderen Gründen unverschuldeter Verhinderung ist zwingend. Die Frage, ob und weshalb ein Zeugnis einzureichen sei, hat damit nur indirekt zu tun: Es geht um den Beweis der behaupteten Krankheit.

Zweifellos muss der Arbeitgeber über die Erkrankung bzw. den Unfall und die voraussichtliche Dauer der Absenz informiert werden. Er muss Ersatzvorkehrungen anordnen können, und bei der Versicherung muss er den Schadenfall anmelden (Unfallmeldung). Am besten dient hier ein Arztzeugnis. Doch kann der Arzt nicht wegen jedem Wehwehchen gerufen werden, und er sieht auch die Periodenkrämpfe oder Schwindelanfälle nicht, unter denen jemand am Vortag gelitten hat.

Daher ist eine Anordnung im Arbeitsvertrag, dass für jede Absenz ein Zeugnis beizubringen sei, unsinnig. Aber auch eine Vorschrift, dass erst ab dem vierten Absenztag ein Arztzeugnis einzureichen sei, bedeutet nicht, dass bei kürzeren Absenzen der Lohn immer geschuldet sei; vielleicht kann ja der Arbeitgeber beweisen, dass die Krankheit tatsächlich Blaumachen hiess.

Die fristlose Entlassung der Verkäuferin Sabine D., die während ihrer Krankheit im Schwimmbad gesehen wurde, schützte das Basler Gewerbliche Schiedsgericht nicht. Das nachträglich eingeholte Arztzeugnis belegte, dass der Aufenthalt im Schwimmbad der Genesung nicht schadete, sofern Sabine D. nicht ins Wasser ging. Im Wasser aber hatte sie niemand gesehen.

Der alleinstehende Hans W. erlitt eine akute Lebensmittelvergiftung und musste ins Spital eingeliefert werden. Weder er noch das Spital dachten an die Benachrichtigung seines Arbeitgebers. Dieser kündigte ihm nach dreitägiger unentschuldigter Abwesenheit schriftlich und fristlos. Nach der Spitalentlassung focht Hans W. die Kündigung erfolgreich an. Da der Nachweis der Krankheit leicht möglich war und selbst eine ordentliche Kündigung wegen der Sperrfrist aufgehoben würde, war der Arbeitgeber bereit, Hans W. weiterzubeschäftigen.

Auch bei Krankheit während der Ferien und im Ausland bestehen grundsätzlich keine strengeren Beweisvorschriften (siehe Seite 151).

Der Arbeitgeber hat aus persönlichkeitsrechtlichen Gründen keinen Anspruch darauf, zu erfahren, welches die konkreten medizinischen Gründe der Abwesenheit sind. Wenn er vermutet, dass keine hinreichenden Gründe für eine Absenz bestanden und dass ein sogenanntes Gefälligkeitszeugnis ausgestellt wurde, muss er eine gerichtliche Klärung suchen. Auch unter Juristen ist umstritten, ob der Arbeitgeber zum Zweck solcher Abklärungen Angestellte zu einem Arzt seines Vertrauens schicken darf (siehe Seite 88). Sicher ginge dies nur auf seine Kosten und unter der Voraussetzung, dass die Angestellten unter mehreren Ärzten aussuchen können.

Krankheit und Unfall

Krankheit und Unfall sind an sich schon Einschnitte in Privatleben und Arbeit. Die finanzielle Belastung dadurch wird heute dank vielfältiger Versicherungsmöglichkeiten zumindest überschaubar. Während bei der obligatorischen Unfallversicherung wenig Fragen bestehen, ist beim Krankenlohn und einer allfälligen Kollektivversicherung eine gründliche Information, auch vom Arbeitgeber, unumgänglich.

Arbeitsunfähig infolge Unfall
Dem Karosseriespengler Carlos G. wurde das rechte Bein von einem schlecht aufgebockten Auto derart zerquetscht, dass er sechs Monate vollständig und weitere vier Monate zur Hälfte arbeitsunfähig war. Da ihm der Fuss amputiert werden musste und er absehbar nicht mehr auf seinem Beruf arbeiten konnte, kündigte ihm der Arbeitgeber im vierten Monat der Arbeitsverhinderung vertragsgemäss auf Ablauf des fünften. Dies war aufgrund der kurzen Betriebszugehörigkeit möglich. Auch wenn es stossend ist, dass Carlos entlassen werden durfte, stand er finanziell nicht vor dem Nichts. Von der Unfallversicherung hat er einen unbedingten Anspruch auf ein Taggeld, das ausbezahlt wird, solange die ärztliche Behandlung dauert. Und das unabhängig von der Kündigung der Stelle. Er muss deswegen auch keine Prämien übernehmen.

In der Schweiz sind alle Arbeitnehmer gegen Unfall versichert. Die Deckung beginnt am ersten Arbeitstag, und zwar sobald die Wohnungstüre zu und der Arbeitsweg aufgenommen ist. Ein Sturz im Treppenhaus wäre schon versichert. Die obligatorische Versicherung deckt aber nur Einkommen bis 97 200 Franken. Mehr verdienen die meisten auch nicht. Nach der Stellenaufgabe gilt die Versicherung 30 Tage lang weiter.

Achtung: Die Deckung der obligatorischen Unfallversicherung erlischt 30 Tage nach Ende des Arbeitsverhältnisses. Besonders nach einer fristlosen Kündigung soll man sich absichern: Beim bisherigen Versicherer kann auf maximal sechs Monate die freiwillige Abredeversicherung abgeschlossen werden. Wer sofort stempeln geht, ist dadurch wieder obligatorische versichert.

Das Taggeld orientiert sich am Grad der Arbeitsunfähigkeit und deckt maximal 80 Prozent des Verdienstes vor dem Unfall. Zudem garantiert das Unfallversicherungsrecht für bleibende Beeinträchtigungen eine Invalidenrente und allenfalls sogar eine Genugtuungssumme (Integritätsentschädigung). Auch die Rente orientiert sich – unter Berücksichtigung der Leistungen der IV – am Lohn vor dem Unfall. Die Renten der Unfallversicherung und der IV zusammen decken maximal 90 Prozent des versicherten Verdienstes. Die Integritätsentschädigung ist abhängig von der Schwere des Körperschadens. Carlos G. erhielt zum Beispiel 29 160 Franken. Maximal können 97 200 Franken (Stand 1995/96) zugesprochen werden.

Wer mit der Erledigung seines Falls durch die Unfallversicherung nicht einverstanden ist, hat ein Einsprache- und Beschwerderecht; das ist grundsätzlich unentgeltlich. Einzelheiten zum Unfallversicherungsgesetz finden sich im Beobachter-Ratgeber «Unfall, was nun?».

Berufskrankheit
Nicht jede Krankheit, die auf den Beruf zurückgeführt wird, ist im Sinn der gesetzlichen Regelungen auch eine Berufskrankheit. Wer wegen der Arbeit einen Herzinfarkt oder ein Magengeschwür erleidet, ist nicht Opfer einer Berufskrankheit. Auch wer am Arbeitsplatz eine Krankheit wie etwa eine Grippe erwischt, leidet nicht an einer Berufskrankheit. Als solche anerkannt sind in erster Linie die auf einer speziellen Liste erwähnten besonderen Krankheiten, die zurückzuführen sind auf schädigende Stoffe oder bestimmte Arbeiten. Bekannt sind die berühmte Staublunge, aber auch Allergien, wie sie zum Beispiel das Coiffeurpersonal häufig erleidet. Als Berufskrankheiten anerkannt das Gesetz zwei Hauptgruppen:
• Krankheiten, die ausschliesslich oder vorwiegend zurückzuführen sind auf schädigende Stoffe oder bestimmte Arbeiten. Es existiert eine Liste dieser chemischen Stoffe und der erfassten Arbeiten (siehe unten).
• Durch diese Liste noch nicht anerkannte weitere Krankheiten, sofern nachgewiesen werden kann, dass sie ausschliesslich oder stark überwiegend durch die berufliche Tätigkeit verursacht worden sind. Dieser Nachweis ist natürlich schwierig.

Wenn ein Gesundheitsschaden *als Berufskrankheit anerkannt* wurde, wird die Unfallversicherung zuständig, und es entstehen die gleichen Ansprüche wie bei Unfall.

Interessant ist: Die Zahl der von der SUVA behandelten Berufskrankheiten nimmt kontinuierlich zu. Das ist vermutlich auf zwei Faktoren zurückzuführen. Erstens auf die Fortschritte und grössere Sensibilisierung der Mediziner hinsichtlich des Zusammenhangs zwischen der Gesundheit und den allgegenwärtigen Chemierückständen. Zweitens auf die Zunahme eben dieser chemischen Zusätze zum Beispiel in Baustoffen, Kosmetika usw. Was wir daraus lernen können: Was heute als Berufskrankheit noch bestritten ist, kann schon morgen anerkannt sein. Ein umsichtiger Arzt merkt und weiss mehr!

Doch die Anforderung für den Nachweis bei noch nicht anerkannten (Listen)-Krankheiten sind sehr hoch: Ein medizinisches Gutachten muss das Leiden mindestens zu 75 Prozent auf berufliche Einwirkungen zurückführen können.

Als Berufskrankheit anerkannt sind neben den Auswirkungen von schädigenden Stoffen (gemäss einer bei der SUVA erhältlichen Liste) beispielsweise folgende physikalische Einwirkungen, sofern sie auf die Arbeit zurückzuführen sind:

- Hautblasen, -risse, -schürfungen, -schwielen
- Drucklähmungen der Nerven
- Sehnenscheidenentzündung
- Erkrankungen durch Ultraschall oder Strahlungen
- Erkrankungen durch Vibrationen, die radiologisch nachweisbar sind
- erhebliche Schädigungen des Gehörs
- Infektionskrankheiten beim Personal von Spitälern, Laboratorien, Versuchsanstalten und dergleichen
- Staublungen und andere Lungen- und Bronchialerkrankungen
- Sonnenbrand, Sonnenstich, Hitzschlag oder Erfrierungen

Wer meint, unter einer Berufskrankheit zu leiden, die nicht anerkannt ist, wendet sich mit Vorteil an einen spezialisierten Anwalt und Arzt. Der Beobachter kann entsprechende Adressen vermitteln.

Arbeitsunfähig infolge Krankheit
Der Krankenlohnanspruch ist grundsätzlich davon abhängig, wie lange man bereits beim gleichen Arbeitgeber angestellt ist. Aber aufgepasst: In den ersten drei Monaten des Arbeitsverhältnisses besteht kein Lohnfortzahlungsanspruch bei Krankheit. Es sei denn, im Vertrag stehe etwas anderes, weil der Betrieb zum Beispiel eine kollektive Taggeldversiche-

rung hat (siehe Seite 135). Der Gesetzgeber hat nur festgelegt, dass der Anspruch im ersten Dienstjahr mindestens drei Wochen betrage und nachher «eine angemessene längere Zeit». Was unter angemessen zu verstehen ist, wurde in der Schweiz von den Gerichten festgelegt – natürlich föderalistisch, weshalb je nach Region verschiedene Perioden gelten. Hauptsächlich gibt es drei Skalen: die Basler, Berner und Zürcher (siehe Anhang, Seite 262).

Achtung: Sämtliche Absenzen des gleichen Anstellungsjahres (nicht Kalenderjahres!) können zusammengezählt werden. Hingegen entsteht der Anspruch jedes Jahr wieder neu.

Somit beginnt der Lohnfortzahlungsanspruch im ersten Anstellungsjahr – ausser bei Unfall – erst nach drei Monaten und dauert nur drei Wochen. Weil der Gesetzgeber alle unverschuldeten Verhinderungen an der Arbeitsleistung in einen Topf warf, kann der Arbeitgeber erst noch Absenzen aus anderem Grund anrechnen. Wer zum Beispiel drei Tage im Zivilschutz war, dem kann diese Absenz von der Dauer des Krankenlohnanspruchs abgezogen werden. Das gleiche muss sich die berufstätige Mutter gefallen lassen für die Tage, an denen sie wegen dringender Pflege ihres Kindes nicht arbeiten konnte (siehe Seite 127).
- Vertragliche Abmachungen, die von dieser Regelung abweichen, sind nur zulässig, wenn sie für die Angestellten mindestens gleichwertig sind.
- Ob eine Regelung gleichwertig ist, kann nur im Einzelfall beurteilt werden. Als anerkannt gelten Bestimmungen, wonach eine Taggeldversicherung zwar nur 80 Prozent vergütet, aber während längerer Zeit. Voraussetzung ist jedoch, dass der Arbeitgeber mindestens die halbe Prämie trägt. Die Regelung muss für den betroffenen Arbeitnehmer gesamthaft, nicht aber in jedem Krankheitsfall, günstiger sein.

Reicht eine längerdauernde Krankheit von einem Dienstjahr ins nächste, kann gesamthaft der Lohn für die maximalen Perioden beider Jahre beansprucht werden.

Die in Liestal beschäftigte Erna St. erkrankte im fünften Anstellungsjahr und war insgesamt fünf Monate vollständig arbeitsunfähig. Während der Krankheit vollendete sich das fünfte Jahr, so dass sie Anspruch hatte auf insgesamt sechs Monate Krankenlohn. Sollte sie im sechsten Jahr einen Rückfall erleiden, könnte sie für einen weiteren Monat Lohnausgleich beanspruchen. Erst dann wäre der volle Anspruch beider Jahre erschöpft. Im Anwendungsbereich der Berner Skala hingegen hätte sie insgesamt nur fünf Monate Anspruch gehabt! Das zeigt die Absurdität des Skalen-Föderalismus!

Bei teilweiser Arbeitsunfähigkeit verlängert sich der Anspruch auf Krankenlohn. Und zwar solange, bis die Lohnsumme des Anspruchs bei vollständiger Verhinderung erschöpft ist. Dies entschied 1987 das Solothurner Obergericht. Voraussetzung ist aber, dass die Arbeitskraft im Ausmass der Arbeitsfähigkeit für eine zumutbare Aufgabe zur Verfügung gestellt wird.

Emil. S. war zu 50 Prozent, also den halben Tag, krankgeschrieben. Den anderen Halbtag erledigte er leichte Arbeiten in der Firma. Er hat deshalb Anspruch auf nochmals so viele halbe Krankheitstage. Bei einer Arbeitsunfähigkeit von 75 Prozent während acht Tagen hätte sich der Anspruch um zwei Tage (8 mal $^1/_4$ Tag) verlängert.

Wer im Lauf eines Anstellungsjahres, in dem bereits der volle Krankenlohnanspruch ausgeschöpft worden ist, aus dem Betrieb austritt, ist nicht verpflichtet, die zuviel bezogenen Tage zurückzuerstatten.

> Je länger beim gleichen Arbeitgeber, desto länger der Krankenlohnanspruch. Bis zu dieser Lohnsumme sind unverschuldete Absenzen gesamthaft zu vergüten.
> **Aber aufpassen:** Lohnanspruch und Kündigungsschonfrist sind voneinander unabhängig!

Kündigung und Krankheit

Was passiert, wenn ich während der Krankheit die Kündigung erhalte oder in der Kündigungszeit krank werde? Diese Fragen treten häufig auf und lösen grosse Ängste aus, vielfach zu Recht.

Kündigung trotz Krankheit: Auch wenn die Schutzbestimmungen seit dem 1. Januar 1989 etwas verbessert wurden, bleiben doch noch erhebliche Löcher. Das Gesetz sieht bei Krankheit eine Schonfrist vor, während der eine Kündigung nicht ausgesprochen werden darf oder eine bereits laufende Kündigungsfrist ruht. Beides gilt aber nur für den Fall, dass der Arbeitgeber kündigt (siehe Seite 177).

Eine *Kündigungsschonfrist* besteht von Gesetzes wegen bei unverschuldeter Verhinderung an der Arbeit infolge von Krankheit oder Unfall nur während
- 30 Tagen im ersten Anstellungsjahr
- 90 Tagen vom zweiten bis und mit dem fünften Dienstjahr
- 180 Tagen bei mehr als fünf Jahren Betriebszugehörigkeit

Eine Kündigung, die vom Arbeitgeber in diesen Perioden ausgesprochen wurde, gilt nicht. Ausnahme: fristlose Kündigung. Die Schutzfristen gelten auch bei teilweiser Arbeitsunfähigkeit.

Achtung: Diese Sperrfrist deckt sich nicht mit dem Lohnfortzahlungsanspruch nach den Skalen von Seite 262!

Krank während der Kündigungsfrist: Ob sich die Kündigungsfrist verlängert, wenn ein Arbeitnehmer in dieser Zeit arbeitsunfähig wird, hängt davon ab, wer kündigte. Hat er selbst gekündigt, endet das Arbeitsverhältnis und damit auch der Lohnanspruch am Kündigungstermin. Nur wenn eine Krankentaggeld-Deckung besteht, dauert dieser Anspruch an (siehe Seite 136).

Hat der Arbeitgeber gekündigt und erkrankt der Angestellte während der Kündigungsfrist, so verlängert sich diese um die Dauer der Arbeitsunfähigkeit. Dies aber höchstens um die oben angegebenen Tage, je nach Dauer der Betriebszugehörigkeit. Nach dem Ablauf dieser Sperrfrist läuft die Kündigungsfrist weiter, und das Arbeitsverhältnis endet am nächstfolgenden Monatsende nach dieser Frist. Sofern die Arbeitsunfähigkeit vorher endet, muss auch die Arbeit bis zu diesem Kündigungstermin wieder aufgenommen werden.

Krankentaggeld-Versicherung
Vielfach besitzen Betriebe für den Fall krankheitsbedingter Arbeitsunfähigkeit Regelungen über eine Kollektivversicherung. Das trifft insbesondere in Bereichen zu, die Gesamtarbeitsverträgen unterstellt sind, und äussert sich in Vertragsbestimmungen, die zum Beispiel lauten: «Im Fall ärztlich bescheinigter Arbeitsunfähigkeit hat der Arbeitnehmer Anspruch auf 80 Prozent des entfallenden Lohnes bis maximal 720 aufeinanderfolgende Tage. Allfällige Leistungen der IV werden in Abzug gebracht. Damit sind die Ansprüche gemäss OR 324 abgegolten.»

Der Taggeldanspruch des Angestellten besteht bei derartigen Zusicherungen unabhängig davon, ob die Versicherung die entsprechenden

Leistungen erbringt. Aber der letzte Satz der Vertragsklausel ist falsch. Denn die Ansprüche aus anderen Gründen unverschuldeter Arbeitsverhinderung, wie beispielsweise wegen der Erfüllung gesetzlicher Pflichten (Militärdienst, Zeugenpflicht usw.) oder Mutterschaft, werden von der Krankentaggeld-Regelung zwangsläufig nicht erfasst und fallen unter die oben geschilderte Ordnung (siehe auch Seite 145).

Achtung: Auf den 1. Januar 1996 ist das revidierte Krankenversicherungsgesetz (KVG) in Kraft getreten. Dessen Auswirkungen auf die Taggelder-Ansprüche sind bei Drucklegung dieser Auflage noch nicht abschätzbar. Dies um so mehr, als die laufenden Verträge der meisten Arbeitgeber noch nicht angepasst wurden. Bei Problemen verlangt man am besten die im Zeitpunkt der Erkrankung geltenden allgemeinen Vertragsbestimmungen (AVB) und wendet sich an eine qualifizierte Beratungsstelle (Adressen im Anhang, Seite 252).

Taggeldanspruch überdauert Kündigung

Im Arbeitsvertrag von Christine K. war für den Fall von Krankheit zugesichert, dass sie während maximal 720 Tagen vier Fünftel des entgehenden Lohnes erhalte. Für die entsprechende Taggeldversicherung waren ihr auch Lohnprozente abgezogen worden. Nachdem absehbar war, dass die Krankheit länger dauern würde, kündigte ihr der Arbeitgeber vertragskonform nach drei Monaten. In den allgemeinen Vertragsbedingungen der Kollektivversicherung war das Taggeld bei gekündigtem Arbeitsverhältnis auf insgesamt 360 Tage begrenzt, wovon Christine nichts gewusst hatte. Da ihr die vertraglich versprochene Lohnfortzahlung nicht entzogen werden durfte, auf die sie sich ja verlassen hatte, musste der Arbeitgeber die Differenz aus der eigenen Kasse berappen.

Auch wenn der Arbeitgeber nach Ablauf der Sperrfrist trotz andauernder Krankheit kündigen darf, fällt der Taggeldanspruch gegenüber dem Versicherer nicht dahin. Das gilt auch, wenn der Angestellte kündigt. Andernfalls müsste im Einzelarbeitsvertrag festgehalten werden, inwiefern Einschränkungen bestehen und welche Regelung jeweils zur Anwendung kommt. Denn nur so kann der Angestellte eigene Vorkehren gegen allfällige Vorbehalte und Ausnahmen treffen.

Von Bedeutung ist schliesslich, ob diese Krankentaggeld-Versicherung bei einer anerkannten *Krankenkasse* oder bei einer privaten *Krankenversicherung* abgeschlossen wurde. Je nachdem haben die Angestellten bei einem Firmenaustritt unterschiedliche Ansprüche und Pflichten gegenüber dem Versicherer, und es kommen im Streitfall andere Regeln zur Anwendung. Der Arbeitgeber hat deshalb die Angestellten aufzuklären, wer die Versicherung ist, an die sie ja auch Prämien entrichten, und welches Leistungsreglement gilt.

Krankenkasse als Kollektivversicherer
Personen, die einer Taggeldversicherung angeschlossen sind, haben das Recht, diese auch nach dem Austritt aus dem Betrieb bei der gleichen Krankenkasse als *Einzelmitglied* weiterzuführen. Die Krankenkasse ist sogar verpflichtet, das Mitglied darauf aufmerksam zu machen. Wer von dieser Möglichkeit Gebrauch machen will, muss dies der Kasse innert 30 Tagen seit der Beendigung des Arbeitsverhältnisses bzw. – falls diese verspätet erfolgt – der Mitteilung der Kasse erklären. Die entsprechenden Prämien für die Taggeldversicherung muss man nun selber bezahlen. Das empfiehlt sich, will man nicht ohne Einkommen dastehen, weil die Arbeitslosenversicherung nur begrenzt und ein allfälliger neuer Arbeitgeber nicht zahlungspflichtig ist. Die Krankenkasse kann auch keinen Vorbehalt für ein akutes Leiden erklären, so dass man dafür in jedem Fall versichert bleibt. Das wäre bei einem Neueintritt nicht so.

Auf diese Weise kann man sich den vollen Anspruch auf die ursprünglich vereinbarten 720 Taggelder sichern. Wird man früher gesund und hat man beim neuen Arbeitgeber gleichfalls eine Deckung, kann die Versicherung leicht wieder aufgehoben werden.

Anerkannte Krankenkassen sichern mit den 720 Taggeldern eine feste Gesamtsumme zu, weshalb sich der Anspruch bei teilweiser Arbeitsunfähigkeit oder bei Kürzung wegen Überversicherung entsprechend verlängert. Die privaten Krankenversicherungen begrenzen demgegenüber ihre Leistungspflicht in der Regel auf 720 Kalendertage.

Krankenversicherung als Kollektivversicherer
Während bei den anerkannten Krankenkassen die Leistungspflicht vom Gesetz geregelt ist, hängt die Deckung bei den privaten Krankenversicherungen von den allgemeinen Vertragsbestimmungen ab. Und diese sehen neben der erwähnten zeitlichen Begrenzung vielfach vor, dass bei

einem Firmenaustritt der Zahlungsanspruch höchstens sechs Monate dauert.

Im Gegensatz zu den Krankenkassen besteht kein gesetzlicher Anspruch auf Übertritt in die Einzelversicherung ohne Vorbehalt. Dieses Recht wird aufgrund einer Absprache unter den Privatversicherern vielfach freiwillig gewährt. Die Versicherung muss aber austretende Angestellte darüber nicht informieren. Schliesslich muss ein allfälliger Streit mit der Versicherung vor dem ordentlichen Richter ausgetragen werden; das kostet eventuell sehr viel. Prozesse gegen Krankenkassen hingegen sind kostenlos und werden in einem rascheren Verfahren vor dem Versicherungsgericht ausgetragen.

Als Emil W. während einer langdauernden Krankheit und nach dem Betriebsaustritt in die Einzelversicherung übertreten wollte, teilte ihm die Versicherung mit, dies sei nicht möglich, da sie ihm gegenüber ohnehin vom Vertrag zurücktreten wolle. Sie begründete dies damit, dass er verschwiegen habe, schon früher wegen des nun akuten Herzleidens behandelt worden zu sein. Wohl war dies wahr, doch hatte ihn beim Firmenaustritt nie jemand danach gefragt. Zudem hatte die Versicherung bei der Anmeldung durch den Arbeitgeber auch keine Fragen nach dem Gesundheitszustand gestellt.

Unabhängig davon, wie dieses Problem versicherungsrechtlich zu beurteilen wäre, muss sich Emil W. keine Sorgen machen. Da ihm im Arbeitsvertrag eine Lohnfortzahlung von 720 Tagen ohne Wenn und Aber zugesichert worden war, haftet der Arbeitgeber dafür. Dies gilt auch, wenn das Arbeitsverhältnis ordnungsgemäss aufgelöst worden ist. Das Problem liegt nur darin, dass Emil W. seinen Anspruch in Form einer Schadenersatzforderung gegen den Arbeitgeber geltend machen muss. Und das braucht unter Umständen Zeit.

Wenn Arbeitnehmerinnen schwanger werden

«*Der Bund wird auf dem Wege der Gesetzgebung die Mutterschaftsversicherung einrichten.*» *Das steht seit 1945 in unserer Verfassung. Ein Auftrag an den Gesetzgeber, der bis heute unerfüllt geblieben ist.* Schwangere Arbeitnehmerinnen sind in der Schweiz so schlecht geschützt und finanziell so wenig abgesichert wie in kaum einem anderen europäischen Land.

Mutterschaftsschutz nach Schweizer Art
Vorstösse, die eine Verbesserung der Situation schwangerer Arbeitnehmerinnen zum Ziel hatten, wie 1984 die Mutterschaftsschutzinitiative oder 1987 die Revision des Kranken- und Mutterschaftsversicherungsgesetzes, wurden in Volksabstimmungen haushoch bachab geschickt. Mit dem Volksnein zum EWR am 6. Dezember 1992 ist eine weitere Chance verpasst worden, den Schweizer Arbeitnehmerinnen zu einem wirksamen Mutterschaftsschutz zu verhelfen (zur Diskussion stand ein 14wöchiger bezahlter Mutterschaftsurlaub), und zur Zeit der Drucklegung dieser Auflage wird wieder einmal über diverse Mutterschaftsversicherungsmodelle gestritten. Wenigstens ist seit dem 1. Januar 1989 ein neues Kündigungsrecht in Kraft, das schwangere Angestellte während der ganzen Dauer der Schwangerschaft und bis 16 Wochen nach der Geburt vor blauen Briefen schützt (OR 336c).

Finanzielle Absicherung bringt dies den zukünftigen Müttern bei schwangerschaftsbedingter Arbeitsunfähigkeit und während den ersten Wochen nach der Geburt allerdings nicht. Trotzdem ist das neue Recht eine entscheidende Verbesserung: Bis Ende 1988 gab es einen Kündigungsschutz nur gerade acht Wochen vor und nach der Geburt. Eine praktisch nutzlose Schutzfrist, denn keine Schwangere kann ihren Zustand so lange geheimhalten. Viele Arbeitnehmerinnen, die ein Kind erwarteten, erhielten denn auch prompt die Kündigung, sobald sie ihren Arbeitgeber vom bevorstehenden freudigen Ereignis unterrichteten oder sich das wachsende Bäuchlein nicht länger verbergen liess.

Heute ist das nicht mehr möglich, doch was geschieht, wenn eine Mitarbeiterin im bereits gekündigten Arbeitsverhältnis schwanger wird? Hat sie selbst gekündigt, passiert gar nichts. Das Arbeitsverhältnis endet mit Ablauf der Kündigungsfrist. Ging die Kündigung jedoch vom Arbeitgeber aus, so wird die Kündigungsfrist bis 16 Wochen nach der Geburt unterbrochen und erst nachher wieder fortgesetzt.

> Seit dem 1. Januar 1989 gilt: Werdende Mütter dürfen von ihren Arbeitgebern nicht mehr auf die Strasse gestellt werden. Während der ganzen Schwangerschaft und bis 16 Wochen nach der Geburt ist jeder blaue Brief ganz einfach ungültig. Doch aufgepasst: Der Kündigungsschutz beginnt erst nach Ablauf der Probezeit. Arbeitnehmerinnen, die trotz «anderen Umständen» die Kündigung erhalten, sollten unverzüglich in einem eingeschriebenen Brief gegen die Entlassung protestieren und ihre Arbeitskraft wieder anbieten. Stillschweigen kann als Annahme der Kündigung ausgelegt werden.

Bereits unter dem alten Gesetz haben Arbeitgeber, die von den anderen Umständen ihrer Angestellten «zu spät» erfuhren, nicht selten versucht, den Kündigungsschutz zu umgehen und die werdende Mutter doch noch loszuwerden. Sie legten ihr nahe, selbst zu kündigen. Ein Ansinnen, das häufig von unzulässigen Drohungen oder Versprechungen (beispielsweise über die Qualität des Arbeitszeugnisses) oder von moralischem Druck («Sie müssen jetzt doch in erster Linie an Ihr Kind denken.») begleitet war. Vielfach wurde den verdutzten Frauen gleich eine komplizierte Vereinbarung bezüglich Vertragsauflösung zur Unterschrift vorgelegt. Nach Inkrafttreten des massiv verbesserten Kündigungsschutzes bei Schwangerschaft kommen derartige Überrumpelungsmanöver eher noch vermehrt vor. Nach einem kürzlich gefällten Bundesgerichtsentscheid kann sich eine Frau nicht mehr auf den Kündigungsschutz berufen, wenn sie einmal einer Vertragsauflösung im gegenseitigen Einverständnis zugestimmt hat. Auch dann nicht, wenn sie behauptet, von den Schutzbestimmungen nichts gewusst zu haben.

- Deshalb sei hier ganz klar betont: Keine schwangere Arbeitnehmerin kann zur Kündigung gezwungen werden. Jede Frau hat das Recht, derartige Ansinnen ihres Chefs entschieden zurückzuweisen (notfalls mit einem schriftlichen Protest unter Hinweis auf die Kündigungsschutzbestimmungen).

Mutterschaftsurlaub?

Um es gleich vorwegzunehmen: Einen eigentlichen bezahlten Mutterschaftsurlaub, wie er in anderen europäischen Ländern selbstverständlich ist, gibt es im schweizerischen Arbeitsvertragsrecht nicht. Wie gut oder wie schlecht eine Arbeitnehmerin bei Mutterschaft gestellt ist, hängt von verschiedenen (mehr oder weniger zufälligen) Komponenten ab: Dienstjahre, Fortschrittlichkeit des Arbeitgebers, öffentliches oder privates Arbeitsverhältnis usw. «Wöchnerinnen dürfen während acht Wochen nach der Niederkunft nicht beschäftigt werden; doch darf der Arbeitgeber auf ihr Verlangen den Zeitraum bis auf sechs Wochen verkürzen, sofern der Wiedereintritt der Arbeitsfähigkeit durch ärztliches Zeugnis ausgewiesen ist.» So steht es im Arbeitsgesetz (Art. 35). Eine achtwöchige Schonfrist für Mutter und Kind ist kurz genug. Für viele junge Mütter dürfte sie dennoch zu lang werden. Denn finanziell sind sie in dieser Zeit keineswegs abgesichert. (Dies ist auch der Grund, weshalb der Gesetzgeber eine Verkürzung des Urlaubs auf sechs Wochen zulässt.) Schwangerschaft wird im Obligationenrecht behandelt wie Krankheit (OR 324a). Frischgebackene Mütter werden also während ihres Wochenbettes nach der Berner, Zürcher oder Basler Skala (siehe Seite 133 und Anhang, Seite 262) entlöhnt. Aufgepasst: Arbeitsunfähigkeiten aus anderen Gründen im gleichen Dienstjahr werden mitberücksichtigt. Frauen, die schon einige Wochen vor der Geburt die Arbeit niederlegen mussten, haben oft nur einen teilweise oder gar nicht bezahlten Mutterschaftsurlaub. Vor allem alleinstehende Mütter werden während ihres Mutterschaftsurlaubs nicht selten zu Sozialhilfeempfängerinnen.

Anna P. war im zweiten Dienstjahr, als sie ihren Sohn Roman gebar. Gemäss Berner Skala hatte sie vier Wochen Krankenlohn zugute. Da sie schon zwei Wochen vor der Geburt mit der Arbeit aufhören musste und im fünften Schwangerschaftsmonat eine Woche lang wegen einer Grippe fehlte, muss ihr der Arbeitgeber während des achtwöchigen Mutterschaftsurlaubs nur noch eine Woche den Lohn bezahlen.

Fortschrittliche Firmen schliessen für ihre Angestellten Krankentaggeld-Versicherungen ab, welche auch den Lohnausfall bei Mutterschaft decken (siehe Seite 135). Die Leistungen sind allerdings nicht überall gleich. Handelt es sich um eine Krankentaggeld-Versicherung nach Krankenversicherungsgesetz (KVG), dann sind bei Mutterschaft 16 Wochen Lohnfortzahlung geschuldet. Richtet sich die Versicherung jedoch nach den Bestimmungen des Versicherungsvertragsgesetzes, kann es auch weniger sein. Betroffene Arbeitnehmerinnen sollten auf jeden Fall Einblick in die allgemeinen Versicherungsbedingungen verlangen und sich im Zweifelsfall bei einer unabhängigen Stelle beraten lassen (Adressen im Anhang, Seite 252). Zu beachten ist, dass längst nicht alle Krankentaggeld-Versicherungen auch Leistungen bei Mutterschaft einschliessen. Notfalls kann man eine private Zusatzversicherungen abschliessen; das muss allerdings vor Eintritt einer Schwangerschaft geschehen.

Aufgepasst: Erfahrungen aus dem Beratungsdienst des Beobachters zeigen, dass viele Schwangere, welche ihre Stelle im Hinblick auf die bevorstehende Geburt selbst gekündigt haben, der irrigen Auffassung sind, sie hätten trotzdem – auch nach Ablauf der Kündigungsfrist – noch irgendein Mutterschaftsgeld zugute. Dies ist nicht der Fall. Mit der Beendigung des Arbeitsverhältnisses ist auch die Lohnzahlung zu Ende. Der Arbeitgeber schuldet keinen Rappen mehr. Frauen, die ihren Lohnanspruch optimal ausnützen möchten, müssen ihre Kündigung unter Berücksichtigung des achtwöchigen Mutterschaftsurlaubs, ihrer Kündigungsfrist und ihres Anspruchs auf Lohnfortzahlung terminieren:

Esther N. erwartet ihr Kind am 10. Februar. Ihr achtwöchiger Mutterschaftsurlaub endet somit am 7. April. Gemäss Arbeitsvertrag beträgt ihre Kündigungsfrist zwei Monate und ihr Anspruch auf Lohnfortzahlung bei Arbeitsunfähigkeit sieben Wochen. Esther N. entschliesst sich, ihr Arbeitsverhältnis auf Ende März zu kündigen. Wenn sie nun bis zum Geburtstermin arbeitet, erhält sie bis Ende März den vollen Lohn. Und wenn sie auf Ende April kündigen würden? Dann wäre die Woche vom 1. bis 7. April unbezahlt. Danach müsste sie, da der achtwöchige Mutterschaftsurlaub abgelaufen ist, die Arbeit bis Ende des Monats wieder aufnehmen.

Sonderschutz für Schwangere und stillende Mütter
Schwangere Frauen dürfen nur mit ihrem Einverständnis beschäftigt werden. Sie können auf blosse Anzeige hin von der Arbeit fernbleiben oder diese verlassen, zum Beispiel wegen starker Übelkeit. Nicht einmal ein Arztzeugnis ist nötig, sofern der Arbeitgeber über die Schwangerschaft informiert ist. Schwangere Frauen dürfen nicht zu Arbeiten herangezogen werden, die sich erfahrungsgemäss auf die Gesundheit und die Schwangerschaft nachteilig auswirken. Auf ihr Verlangen sind sie von Tätigkeiten zu befreien, die für sie beschwerlich sind. Ausserdem dürfen Schwangere «keinesfalls über die ordentliche Dauer der täglichen Arbeit hinaus beschäftigt werden», steht im Arbeitsgesetz. Mit anderen Worten:

Überstunden für Schwangere sind nicht erlaubt, selbst dann nicht, wenn die betroffene Frau damit einverstanden wäre (Art. 35 ArG). Auch stillende Mütter geniessen am Arbeitsplatz einen gewissen Schutz. Sie dürfen – nach Ablauf des achtwöchigen Mutterschaftsurlaubs – nur mit ihrem Einverständnis beschäftigt werden. Zum Stillen ist ihnen die erforderliche Zeit freizugeben.
Diese Schutzbestimmungen klingen grosszügig. Die Sache hat jedoch einen Haken. Den Lohn erhält eine Schwangere oder eine stillende Mutter, welche mit der Arbeit aussetzt, nur dann weiter, wenn ihre Arbeitsunfähigkeit durch Arztzeugnis ausgewiesen ist. Und auch dann nur im oben beschriebenen, bescheidenen Rahmen der Berner, Basler oder Zürcher Skala. Viele Frauen werden es sich daher kaum leisten können, von ihren Rechten Gebrauch zu machen.

Schwanger und arbeitslos – was tun?

Seit Inkrafttreten der neuen Kündigungsschutzbestimmungen sollte es keine Frauen mehr geben, die wegen Schwangerschaft ihre Stelle verlieren. Arbeitslose, die schwanger werden, gibt es jedoch allemal. Durch die «anderen Umstände» ist die Stellensuche natürlich erschwert. Werdenden Müttern auf Jobsuche stellt sich demnach vor allem die Frage: Muss ich jeden potentiellen Arbeitgeber auf das bevorstehende freudige Ereignis aufmerksam machen? Diese Frage wurde vor einiger Zeit vom St. Galler Obergericht klar verneint: Eine Schwangere, die nicht ausdrücklich danach gefragt wird, braucht nicht von sich aus über ihren Zustand zu sprechen. Es sei denn, die zur Diskussion stehende Tätigkeit könne von einer Schwangeren nicht ausgeübt werden (Tänzerin, Mannequin, Sportlehrerin).

Eine Arbeitnehmerin, die als Aufsicht in einem Spielsalon angestellt war, wurde von ihrem Arbeitgeber fristlos auf die Strasse gestellt, weil sie ihm ihre Schwangerschaft im Bewerbungsgespräch verschwiegen hatte. Der Arbeitgeber konnte nicht beweisen, dass er eine solche Frage gestellt hatte. Das Gericht kam zum Schluss, dass es sich bei den Aufgaben der Frau um «nicht allzu strenge Tätigkeiten» gehandelt habe. «Die Klägerin hätte diese Arbeiten durchaus auch weiterhin im Zustand der Schwangerschaft erbringen können. Dafür spricht auch die Tatsache, dass die Klägerin ihrer Arbeit bis zur fristlosen Entlassung nachgekommen ist. Vorliegend bestand daher keine Mitteilungspflicht der Klägerin bezüglich ihrer Schwangerschaft...»

Was viele Frauen nicht wissen: Auch Schwangere haben Anrecht auf Stempelgelder der Arbeitslosenversicherung. Sie müssen allerdings vermittelbar, das heisst arbeitsfähig, sein und sich aktiv um eine Stelle bemühen, selbst wenn ihnen dies aussichtslos erscheint. Am besten lässt sich eine werdende Mutter vom Arzt 100prozentige Arbeitsfähigkeit bescheinigen, um Diskussionen vorzubeugen. Aber auch Frauen, die wegen Mutterschaft nicht oder nur vermindert arbeitsfähig sind, gehen nicht leer aus. Sie können volle Taggelder beziehen. Ihr Anspruch auf Taggelder dauert jedoch höchstens bis zum 30. Tag nach Beginn der ganzen oder teilweisen Arbeitsunfähigkeit.

Andere Gründe der Arbeitsverhinderung

Der befristete Anspruch auf Lohnfortzahlung bei der Verhinderung an der Arbeitsleistung gilt nicht nur bei Krankheit, Unfall oder Schwangerschaft. Das Gesetz knüpft den Anspruch an zwei Kriterien: Der Grund muss «in der Person» des Arbeitnehmers liegen, und dieser darf an der Verhinderung nicht schuld sein. Ebenso besteht ein Lohnanspruch, wenn aus Gründen, die im Risikobereich des Arbeitgebers liegen, nicht gearbeitet werden kann.

Öffentliche Pflichten

Aufgrund der ausdrücklichen gesetzlichen Erwähnung besteht bei der Ausübung von öffentlichen Pflichten (militärische Inspektion, Zeugenaussage vor Gericht, politisches Mandat usw.) Anspruch auf Lohnersatz. Da diese Zeiten aber auf den Anspruch bei Krankheit angerechnet werden, empfiehlt sich, vor der Übernahme politischer Ämter (Gemeinderat, Richter usw.) mit dem Arbeitgeber eine klare Abmachung zu treffen über Lohnersatz und Zeitkompensation.

Militärdienst oder Zivilschutz

Ein sicherer Wert in fast jeder geselligen Runde von Männern ist der Dienst. Ob Militär oder Zivilschutz: Wenn sie drin sind, klagen sie, wenn sie draussen sind, verklären sie ihn. Aber auch wenn man im Dienst ist, müssen der Mietzins, die Krankenkasse und der übrige Lebensunterhalt bestritten werden. Seit dem zweiten Weltkrieg gibt es eine vom Bund finanzierte Vergütung an den Lohnausfall infolge militärischer Dienste: die Erwerbsersatzordnung (EO). Diese Versicherung wird analog der AHV aus Lohnprozenten (0,5 Prozent insgesamt) finanziert.

Auf die Leistungen der EO hat jeder Mann und jede Frau Anspruch, die Dienst leisten in der Armee, im Militärischen Frauendienst (früher FHD), im Zivilschutz, in Leiterkursen von Jugend und Sport und für die Jungschützen. Vergütet wird dieser Lohnersatz von der AHV-Ausgleichskasse, in der Regel an den Arbeitgeber. Die Berechnungsweise der Entschädigung ist grundsätzlich abhängig vom entgehenden AHV-pflichtigen Verdienst, vom Zivilstand und von den Unterstützungspflichten des Diensttuenden. Nicht zu verwechseln ist der Erwerbsersatz mit dem Sold pro geleistetem Diensttag. Dieser ist abhängig von der Funktion in der Einheit.

Seit 1994 bewegen sich die Ansätze der Erwerbsersatzordnung in folgendem Rahmen:
- für ledige Rekruten 31 Franken pro Diensttag
- für Alleinstehende 45 Prozent des entgehenden Lohns oder 31 (bei Beförderungsdiensten 62) bis 93 Franken pro Diensttag
- für Personen mit Unterstützungspflichten 75 Prozent des entgehenden Lohns oder 52 bis 154 Franken pro Diensttag
- Hinzu kommen eventuell Kinder- und Unterstützungszulagen, Betriebszulagen bei Selbständigerwerbenden. Obergrenze ist das Einkommen vor dem Dienst oder 205 Franken im Tag.
- Bei nicht ausgesteuerten Arbeitslosen wird auf das Einkommen vor der Arbeitslosigkeit abgestellt.

Bei komplizierten Verhältnissen empfiehlt es sich, bei der kantonalen Ausgleichskasse das Merkblatt zur Erwerbsersatzordnung oder konkrete Auskünfte zu verlangen. (Voraussichtlich 1998 wird die sechste Revision der Erwerbsersatzordnung in Kraft treten und einige Änderungen mit sich bringen. Bei Drucklegung dieser Auflage war das Vernehmlassungsverfahren noch im Gang.)

Von den Ansprüchen gegen die EO unabhängig ist der Lohnanspruch gegenüber dem Arbeitgeber. Dieser richtet sich vor allem nach dem Arbeitsvertrag. Er kann aber nie unter den Leistungen der EO liegen.

Sofern im persönlichen Arbeitsvertrag nichts anderes vereinbart wurde, gilt die vorne dargestellte Regelung bei unverschuldeter Verhinderung an der Arbeitsleistung (siehe Seite 126 und 132). Dementsprechend ist der Lohnfortzahlungsanspruch abhängig von der Beschäftigungsdauer beim Arbeitgeber. Hingegen muss dieser das Taggeld der EO in dieser Zeit nur bis zu 80 Prozent des entgehenden Lohns aufstocken (OR 324b Abs. 2). Durch vertragliche Abmachung sind andere Lösungen möglich, sofern sie für die Angestellten günstiger sind.

Häufig sind Zusicherungen in Gesamtarbeitsverträgen, wonach Rekruten während der ganzen 17 Wochen 50 Prozent des entgehenden Lohns erhalten. Dies ist nur zulässig, wenn es eine Verbesserung gegenüber der Mindestregelung bringt.

Da Arbeitsverhältnisse in diesem Alter kaum länger gedauert haben können als drei bis vier Jahre, würde der Lohnfortzahlungsanspruch höchstens zwei Monate betragen. Zu prüfen ist also, ob das Versprechen, statt gemäss Gesetz zwei Monate 80 Prozent, 17 Wochen 50 Prozent des Lohnes zu zahlen, eine günstigere Offerte ist. In jedem Fall besteht der

Anspruch auf 118 Taggelder der EO, die aber an den Lohn angerechnet werden.

Private Angelegenheiten
- *Private Pflichten wie Verkehr mit Behörden, Pflege Angehöriger, Arztbesuch, Hochzeit oder Beerdigung usw.*: Obwohl unbestritten ist, dass die Angestellten auch aus persönlichen und moralischen Gründen an der Arbeit verhindert sein können und ihnen dafür von Gesetzes wegen freie Zeit einzuräumen ist (OR 329 Abs. 3), bleibt unklar, wie weit der Lohnanspruch für diese Zeiten geht.

Wenn es um die üblichen persönlichen Verrichtungen geht, die man nur während der Arbeitszeit erledigen kann, besteht ein Lohnfortzahlungsanspruch, der unabhängig ist von demjenigen der unverschuldeten Arbeitsverhinderung. Dies betrifft insbesondere Arztbesuche oder Vorsprachen bei Behörden usw.

Anders liegt der Fall bei privaten Verrichtungen. Im Zusammenhang mit Wohnungswechsel, Familienanlässen oder der eigenen Hochzeit haben sich Gepflogenheiten herausgebildet (darüber mehr unter «Feiertage, Freitage und Absenzen», Seite 157). In diesen Fällen wird die Lohnzahlung nicht angerechnet auf den Anspruch der unverschuldeten Arbeitsverhinderung. Kompliziert kann die Situation bei anderen persönlichen Gründen sein:

Antonio D. wurde am 23. November 1980 von seinem Bruder aus Süditalien angerufen, sie hätten ein schweres Erdbeben. Nach dieser Mitteilung wurde der Anruf unterbrochen. Als Antonio D. aus den Medien vom katastrophalen Ausmass des Bebens erfuhr und mit seinen Angehörigen keinen Kontakt mehr herstellen konnte, reiste er zu ihnen, um sich nach ihren Umständen zu erkundigen. Obwohl der Arbeitgeber damit einverstanden war, verweigerte er in der Folge Antonio den Lohn für die ausgefallenen dreieinhalb Tage. Das Arbeitsgericht verurteilte aber den Arbeitgeber zur Lohnzahlung. Die Angst um die Angehörigen und die Ungewissheit in dieser aussergewöhnlichen Lage sei ein verständlicher, in der Person des Angestellten liegender unverschuldeter Grund der Verhinderung. Damit war die Zahlung aber anzurechnen auf den Gesamtanspruch bei Verhinderung an der Arbeitsleistung.

- *Verkehrszusammenbruch, Witterungsverhältnisse oder Bahnstreik verhindern Arbeitsaufnahme:* Sind derartige äussere Umstände für die Verhinderung an der Arbeitsleistung verantwortlich, ist der Arbeitgeber nicht verpflichtet, den Lohn zu zahlen. Das ist darauf zurückzuführen, dass der Grund der Verhinderung nicht «in der Person» des an sich schuldlosen Arbeitnehmers liegt. Meist wird jedoch auf Lohnabzüge verzichtet.

- *Arbeitsunterbruch infolge von Betriebsstörung oder Arbeitsmangel:* Anspruch auf den Lohn besteht, da den Arbeitnehmer keine Schuld an der Verhinderung trifft. Da der Grund aber nicht in der Person, sondern im Betriebs- oder Unternehmerrisiko liegt, ist die Bestimmung über den «Arbeitgeberverzug» massgebend (OR 324). Bei länger anhaltendem Arbeitsmangel kann der Arbeitgeber den Betrieb bei der Arbeitslosenversicherung anmelden zur Vergütung der sogenannten Kurzarbeitsentschädigung. Diese deckt aber nicht den vollen Lohn.

- *Stellensuche nach der Kündigung:* Das Gesetz sagt ausdrücklich, den Angestellten sei «nach erfolgter Kündigung die für das Aufsuchen einer anderen Arbeitsstelle erforderliche Zeit zu gewähren» (OR 329 Abs. 3). Das heisst, bei normalem Zeitaufwand (ca. einem halben Tag pro Woche) darf keine Lohneinbusse erfolgen.

Ferien

Bezahlte Ferien für Arbeitnehmer gibt es in der Schweiz noch nicht lange, zumindest nicht gesetzlich garantierte. Erst 1966 wurde ein Anspruch auf zwei Wochen entlöhnte Erholung im Obligationenrecht verankert. Heute stehen Schweizer Arbeitnehmerinnen und Arbeitnehmer besser da: Alle unselbständig Erwerbstätigen haben vier Wochen bezahlte Ferien zugut. Jugendliche bis zum 20. Geburtstag dürfen sich sogar während fünf Wochen auf Kosten des Unternehmens vom Berufsstress erholen (OR 329a).

Der Anspruch auf bezahlte Ferien besteht ungeachtet der Art und Dauer des Arbeitsverhältnisses vom ersten Arbeitstag an. Es spielt auch keine Rolle, ob Arbeitnehmer und Arbeitgeber miteinander einen schriftlichen Arbeitsvertrag abgeschlossen haben.

Auch wenn es immer noch Arbeitgeber gibt, die dies nicht wahrhaben wollen: Es gibt keine Arbeitnehmer ohne Ferienanspruch. Auch die im Privathaushalt stundenweise beschäftigte Putzfrau, die Teilzeitsekretärin, der Aushilfsverkäufer und der Temporärangestellte haben das Recht auf bezahlte Erholung.

Entgegen einer weitverbreiteten Meinung haben über 50jährige Arbeitnehmer *keinen* gesetzlich verbrieften Anspruch auf mehr Ferien. Hingegen enthalten viele GAV und Einzelarbeitsverträge grosszügigere Ferienregelungen als das OR, die ältere und langjährige Mitarbeiter begünstigen. Für Teilzeitbeschäftigte und Aushilfen wird der Ferienanspruch auf der Grundlage von vier Wochen im Verhältnis zur geleisteten Arbeitszeit berechnet.

Wie hoch ist der Ferienlohn?
Während der Ferien haben Angestellte den gleichen Lohn zugut, wie wenn sie arbeiten würden (OR 329d). In der Regel gibt diese Bestimmung zu keinen Diskussionen Anlass. Wie steht es jedoch bei einem Aussendienstmitarbeiter, der einen grossen Teil seines Einkommens in Form von unterschiedlich hohen Provisionen bezieht? Oder bei einem landwirtschaftlichen Angestellten, der zum Teil durch Unterkunft und Verpflegung entschädigt wird?

Alle festen Lohnbestandteile, die der Arbeitnehmer normalerweise bezieht, sind auch in den Ferien zu bezahlen. Dazu gehören Provisionen, Gewinnbeteiligungen, Schichtzulagen usw. sowie der Geldwert von Gratisverpflegung am Arbeitsplatz, die während der Ferien nicht beansprucht wird. Bei unregelmässigem Einkommen (Akkordlohn, Provisionen) zählen die durchschnittlichen Bezüge während des letzten Dienstjahres.

Grundsätzlich wird der Ferienlohn gleich berechnet wie die Lohnfortzahlung, die der Arbeitgeber, wenn der Angestellte infolge Krankheit nicht arbeiten kann, auszurichten hat (siehe «Lohn, ohne zu arbeiten», Seite 126).

Feriengeld im Lohn inbegriffen?
Bei unregelmässiger Aushilfs- und Teilzeitarbeit ist es schwierig, die Höhe der Ferienentschädigung zu berechnen. Viele Arbeitgeber lösen dieses Problem, indem sie die Ferienentschädigung mit dem Stundenlohn ausbezahlen. Dies ist allerdings nur unter bestimmten Voraussetzungen gestattet, wie das Bundesgericht wiederholt feststellte: Klauseln im Arbeitsvertrag, wonach die Ferienentschädigung pauschal im Lohn inbegriffen ist, sind nicht erlaubt. Die Höhe des Ferienlohns muss im Arbeitsvertrag vielmehr genau festgelegt (absolut oder in Prozent) und auch in allen Lohnabrechnungen gesondert vom Grundlohn aufgeführt werden. Der Arbeitnehmer soll klar erkennen können, wieviel von seinem Lohn als Ferienanteil zu betrachten ist. Selbstverständlich muss ihm der Arbeitgeber auch die entsprechende Freizeit gewähren, damit er die Ferien tatsächlich beziehen kann.

Doch wie berechnet sich dieser Lohnzuschlag bei einem gesetzlichen Ferienanspruch von vier Wochen? Das Bundesamt für Industrie, Gewerbe und Arbeit geht davon aus, dass vier Wochen Ferien ungefähr einem Monat entsprechen, also einem Zwölftel der Jahresarbeitszeit. Der Ferienlohn beträgt demnach 8,33 Prozent des Bruttolohns. Fünf Wochen Ferien entsprechen 10,64 Prozent.

Ferien sollen der Erholung dienen
Ferien sind nicht einfach nur ein Geschenk an die Arbeitnehmer. Sie dienen auch den Interessen des Arbeitgebers. Denn die Angestellten sollen sich in dieser Zeit erholen, um anschliessend wieder ausgeruht am Arbeitsplatz zu erscheinen. Aus dieser Pflicht zur Erholung ergeben sich verschiedene Konsequenzen:

- Die Ferien müssen tatsächlich als Freizeit bezogen werden und dürfen während der Dauer des Arbeitsverhältnisses nicht durch Geldleistungen oder andere Vergünstigungen abgegolten werden. Nur wenn der Arbeitnehmer sich bereits in gekündigter Stellung befindet und es bis zum Ablauf der Kündigungsfrist nicht mehr möglich ist, die Ferien einzuziehen, ist eine Auszahlung gestattet (OR 329d).
- Dem Arbeitnehmer ist es verboten, während seiner Ferien bezahlte Arbeit für einen Dritten zu leisten, wenn dadurch berechtigte Interessen des Arbeitgebers verletzt werden – erst recht, wenn der Arbeitnehmer in einem Konkurrenzbetrieb arbeitet. Eine solche Verletzung kann jedoch auch vorliegen, wenn der Angestellte wegen seines Ferienjobs anschliessend nicht mehr ausgeruht und erholt an seiner angestammten Stelle erscheint. In solchen Fällen kann der Arbeitgeber den bereits ausbezahlten Ferienlohn zurückverlangen.
- Wer während der Ferien derart erkrankt oder sich verletzt, dass von Erholung keine Rede mehr sein kann, darf die entgangenen Ferientage zu einem späteren Zeitpunkt nachholen. Es empfiehlt sich, in diesem Fall ein Arztzeugnis zu beschaffen. Auch wenn es sich um einen ausländischen Arzt handelt, muss der Arbeitgeber dieses anerkennen. Dabei ist aber Arbeitsunfähigkeit und Ferienunfähigkeit nicht unbedingt das gleiche: Eine Datatypistin, die sich einen Finger verstaucht, ist in ihrer Arbeitsfähigkeit wesentlich eingeschränkt. Ihre Ferien am Strand kann sie jedoch trotzdem geniessen.
- Arbeitnehmer, die nur zu 50 Prozent arbeitsfähig sind, können nicht etwa doppelt so lange Ferien machen. Wenn sie trotz ihrer Krankheit in der Lage sind, in die Ferien zu verreisen, werden die Ferientage normal angerechnet wie bei jedem Gesunden.

Sommerferien im November?
In den meisten Betrieben werden die Arbeitnehmer zu Beginn des Jahres aufgefordert, ihre Ferienwünsche bekanntzugeben. Daraufhin erstellt der Arbeitgeber den verbindlichen Ferienplan. Das ist sein gutes Recht. Denn: «Den Zeitpunkt der Ferien bestimmt der Arbeitgeber», heisst es im Gesetz (OR 329c). Dabei muss er allerdings auf die Wünsche der Arbeitnehmer soweit Rücksicht nehmen, als dies mit den Interessen des Betriebs vereinbar ist. Er muss beispielsweise darauf achten, dass Eltern mit schulpflichtigen Kindern während der Schulferien verreisen können. Ausserdem ist das Recht auf Zuteilung der Ferien auch mit Pflichten verbunden:

- Die Ferien sind in der Regel im laufenden Dienstjahr zu gewähren. Nur in Ausnahmefällen und wenn er ganz gewichtige Gründe hat, darf der Chef einen Angestellten aufs nächste Jahr vertrösten. Grundsätzlich verjähren Ferienansprüche *nach fünf Jahren.*
- Da die Ferien der Erholung dienen, müssen mindestens zwei der vier Wochen zusammenhängen. Der Arbeitgeber darf seine Angestellten nicht ständig tageweise in die Ferien schicken, wenn ihm dies aufgrund des Geschäftsgangs gerade in den Kram passt.
- Zur Erholung gehören auch Luftveränderung, Reisen oder sportliche Betätigung nach Wunsch. Der Arbeitgeber muss die Ferien daher rechtzeitig zuweisen, damit der Arbeitnehmer Zeit hat, zu planen. Angemessen ist eine Zeitspanne von mindestens zwei bis drei Monaten.
- Wurden die Ferien verbindlich festgelegt, so braucht sich der Arbeitnehmer eine kurzfristige Verschiebung nicht gefallen zu lassen. Eine Ausnahme kann es in Notsituationen geben. In diesen Fällen hat der Arbeitnehmer Anspruch auf Ersatz des Schadens, welcher ihm durch die Verschiebung entstanden ist (zum Beispiel Annullierungskosten).

Schikanöse Ferienzuteilung braucht der Arbeitnehmer nicht zu akzeptieren. Er kann dagegen schriftlich protestieren und seine Arbeit für die Zeit der angeordneten Ferien anbieten. Lehnt der Arbeitgeber ohne triftige Gründe ab, so gerät er in Annahmeverzug. Das heisst, er muss den Lohn während der strittigen Zeit bezahlen, ohne dass der Ferienanspruch des Angestellten tangiert wird.

Eigenmächtiger Ferienbezug lohnt sich nicht. Er kann nach Bundesgerichtspraxis mit fristloser Entlassung geahndet werden. Der folgende Fall zeigt, dass die Gerichte mitunter mit den Arbeitnehmern sehr streng verfahren:

Ernst S. hatte 1984 keine Ferien beziehen können, 1985 erst drei Wochen. Er buchte daher – obwohl der Arbeitgeber mit dem Zeitpunkt nicht einverstanden war – ab 30. September 1985 eine einwöchige Parisreise. Am 28. September 1985 drohte der Chef schriftlich mit der fristlosen Kündigung, falls Ernst S. seine Ferien antreten würde. Ernst S. verreiste trotzdem und erhielt prompt den blauen Expressbrief. Das Arbeitsgericht der Stadt Bern gab dem Arbeitgeber recht: Es handle sich um einen Kleinbetrieb, in dem das «Weisungsrecht des Arbeitgebers ziemlich weit» gehe, «hat er doch oft Mühe, die Ferienabwesenheit einzelner Arbeitnehmer mit anderen Mitarbeitern zu überbrücken ...»

Der Chef sei daher «unbestritten berechtigt gewesen», den Zeitpunkt der Ferien festzulegen. Dass Ernst S. trotz mündlicher und schriftlicher Verwarnung seine Ferien bezog, «muss als unberechtigte Arbeitsverweigerung gewertet werden ... die fristlose Kündigung erfolgte daher zu Recht».

Ganz anders urteilte das Arbeitsgericht Gaster SG in folgendem Fall: Zwei italienische Arbeitnehmer, die seit 17 Jahren zur vollen Zufriedenheit des Arbeitgebers gearbeitet hatten, reisten wie alle Jahre – zusammen mit anderen italienischen Arbeitskollegen – am 22. Dezember 1982 in die Ferien, um die Weihnachtstage in Italien zu verbringen. Daraufhin kündigte der Arbeitgeber den beiden, da sie ohne seine Einwilligung zu diesem Zeitpunkt abgereist seien. Den anderen Mitarbeitern geschah nichts. Das Arbeitsgericht erachtete die Kündigung als missbräuchlich, da sie angesichts der langen Dienstdauer unverhältnismässig war. Dem Arbeitgeber seien durch die Abreise keinerlei Schwierigkeiten entstanden. Ausserdem habe er das Gleichbehandlungsgebot verletzt, als er nur zwei der abgereisten Arbeitnehmer entliess. Die beiden erhielten eine Entschädigung von zwei Monatslöhnen zugesprochen.

Muss ich meine Ferien vor Ablauf der Kündigungsfrist beziehen?
Während der Dauer des Arbeitsverhältnisses darf der Ferienanspruch nicht finanziell abgegolten werden. In der Regel sollte ein Restferienanspruch also noch in der Kündigungsfrist bezogen werden. Dies ist für den Arbeitnehmer allerdings nicht zumutbar, wenn er noch eine neue Stelle suchen muss und der Erholungszweck der Ferien somit nicht gewährleistet wäre. Nicht zumutbar ist auch ein allzu kurzfristiger Ferienantritt (weniger als etwa 14 Tage Vorbereitungszeit) oder Zwangsferien für Familienväter und Mütter ausserhalb der Schulferien. In diesen Fällen ist eine Barauszahlung der Ferien zulässig.

Ferienkürzung nach langer Arbeitsunfähigkeit?
Erika R. gebar am 2. August 1992 eine Tochter. Bereits zwei Wochen vor der Geburt blieb sie zu Hause. Am 1. Oktober erschien sie wieder am Arbeitsplatz. Dort erwartete sie eine böse Überraschung. Als sie ihrem Chef mitteilte, sie wolle ihren Restferienanspruch von zwei Wochen unmittelbar vor Weihnachten beziehen, winkte der Vorgesetzte ab. Sie sei schon lange genug der Arbeit ferngeblieben, Ferien lägen in diesem Jahr nicht mehr drin. Erika R. war empört. «Darf mir der Arbeitgeber so einfach die Ferien streichen?» fragte sie.

Er durfte nicht, wie später gezeigt wird. Das Obligationenrecht erlaubt allerdings unter bestimmten Voraussetzungen tatsächlich eine Ferienkürzung, wenn ein Arbeitnehmer lange an der Arbeit verhindert war. Drei Kürzungsgründe sind dabei zu unterscheiden (OR 329b):

- Der Arbeitnehmer ist *durch sein Verschulden* (Blaumachen, unbezahlter Urlaub) während eines Dienstjahres um mehr als einen Monat an der Arbeitsleistung verhindert. Der Arbeitgeber kann die Ferien für jeden vollen Monat der Verhinderung um einen Zwölftel kürzen. Beispiel: Felix H. nahm 1992 zweieinhalb Monate unbezahlten Urlaub. Die Ferienkürzung beträgt zwei Zwölftel.

- Der Arbeitnehmer ist während eines Dienstjahres *ohne sein Verschulden* durch Gründe, die in seiner Person liegen (Krankheit, Unfall, Erfüllung gesetzlicher Pflichten oder Ausübung eines öffentlichen Amtes) mehr als einen Monat an der Arbeitsleistung verhindert. Der Arbeitgeber darf die Ferien erst vom zweiten Monat an für jeden vollen Monat der Verhinderung um einen Zwölftel kürzen. Beispiel: Ernst F. musste wegen eines schweren Leidens 18 Wochen mit der Arbeit aussetzen. Das sind über vier volle Monate. Da für den ersten Krankheitsmonat noch nicht gekürzt werden darf, beträgt die Ferienkürzung drei Zwölftel. Halten wir also fest: Wer weniger als zwei volle Monate wegen Krankheit arbeitsunfähig ist, braucht keinen Ferienabzug zu akzeptieren.

- Eine Arbeitnehmerin ist *wegen Schwangerschaft* längere Zeit an der Arbeit verhindert. In diesem Fall darf der Arbeitgeber die Ferien erst vom dritten Monat an für jeden vollen Monat der Verhinderung um einen Zwölftel kürzen. Die erwähnte Erika R. hat also ihre vollen Ferien zugut, da sie nur zweieinhalb Monate mit der Arbeit aussetzte.

Zuviel Ferien bezogen – was nun?

Einmal den Karneval von Rio besuchen, davon träumte Thomas M. schon lange. Im Februar 1996 erfüllte er sich diesen Wunsch und unternahm anschliessend eine Rundreise durch Brasilien. Damit verbrauchte er seinen gesamten Ferienanspruch von vier Wochen. Kurz nach seiner Rückkehr wurde ihm eine interessante Stelle angeboten. Thomas M. griff zu und kündigte sein bisheriges Arbeitsverhältnis per Ende Mai 1996. Als er seine letzte Lohntüte vor dem Austritt in Empfang nahm, staunte er nicht schlecht: Sein Arbeitgeber hatte ihm zwei Wochenlöhne für zuviel bezogene Ferien vom Gehalt abgezogen. «Muss ich mir das gefallen lassen?» fragte Thomas M.

Die Frage, ob zuviel bezogene Ferien zurückbezahlt werden müssen, wird im Gesetz nicht ausdrücklich beantwortet. Es steht jedoch eindeutig fest, dass ein Arbeitnehmer in einem unvollständigen Dienstjahr nur einen anteilmässigen Ferienanspruch hat. Thomas M. hätte bis Ende Mai nur zwei Wochen Ferien beziehen dürfen, da er seine Stelle seinerzeit an einem 1. Dezember angetreten hatte. Weil er die Ferien auf eigenen Wunsch bezog und das Arbeitsverhältnis auflöste, ohne dass ihm der Arbeitgeber dazu Anlass gab, muss er tatsächlich den noch nicht erarbeiteten Teil des Ferienlohns zurückzahlen.

Grundsätzlich gilt: Wer auf eigenen Wunsch Ferien bezieht oder sich vom Arbeitgeber stillschweigend zuteilen lässt, obwohl er weiss, dass er diese Zeit noch gar nicht zugut hätte, muss im Fall einer vorzeitigen Vertragsauflösung mit einer Rückerstattung des Feriengeldes rechnen. Es empfiehlt sich daher, Ferien immer erst dann zu beziehen, wenn man sie erarbeitet hat oder sicher ist, dass man sie erarbeiten wird. Will einen der Chef trotzdem in die noch unverdienten Ferien schicken, so sollte man sicherheitshalber dagegen protestieren. Am besten schriftlich: So kann der Arbeitgeber das Feriengeld nicht zurückverlangen.

Eine Ausnahme bilden *Betriebsferien*. Hier wäre ein Protest von vornherein aussichtslos, da ein Arbeitgeber einen einzelnen Arbeitnehmer nicht beschäftigen kann, wenn der ganze Betrieb geschlossen ist. Ordnet ein Arbeitgeber also allgemeine Betriebsferien ohne Rücksicht auf den Ferienanspruch der einzelnen Angestellten an, dann kann er bei einem vorzeitigen Austritt eines Mitarbeiters den Ferienlohn nicht zurückverlangen.

Streik am Ferienort – was kann ich dafür?
Antonia K. verbrachte die Ferien in der Türkei. Wegen eines Streiks wurde ihre Heimreise aus den Ferien um mehrere Tage verzögert. Da sie an diesem Umstand kein Verschulden traf, war sie der Ansicht, dass ihr der Arbeitgeber diese Tage entschädigen müsse. Dieser stellte sich jedoch auf den Standpunkt, er könne die Tage von ihrem restlichen Ferienanspruch abziehen. Wer ist im Recht?

In diesem Fall der Arbeitgeber. Es stimmt zwar, dass Antonia K. ohne ihr Verschulden an der Arbeitsleistung verhindert ist. Der Arbeitgeber muss jedoch nur dann den Lohn weiter bezahlen, wenn die Verhinderungsgründe in der Person des Arbeitnehmers liegen (OR 324a). Dies wäre so gewesen, wenn Antonia K. in den Ferien erkrankt wäre. Nicht in der Person des Arbeitnehmers liegen Verhinderungsgründe, die auf äussere Umstände und höhere Gewalt zurückzuführen sind. Dazu gehören Verkehrsstaus, Naturkatastrophen, Seuchen und auch Streiks. In diesen Fällen kann der Arbeitgeber nicht zur Lohnzahlung verpflichtet werden. Antonia K. muss sich die Streiktage also tatsächlich auf ihren Ferienanspruch anrechnen lassen oder Lohnabzüge hinnehmen.

Feiertage, Freitage und Absenzen

Nebst ihren Ferien haben Arbeitnehmerinnen und Arbeitnehmer im Lauf eines Arbeitsjahres Anspruch auf weitere Freizeit. Allen voran bieten die Feiertage willkommene Unterbrechung des Berufsalltags. Doch auch bei individuellen Ereignissen, die den einzelnen Mitarbeiter betreffen, muss der Arbeitgeber freie Stunden und Tage gewähren, bei Heirat oder Tod in der Familie zum Beispiel. Und schliesslich haben stellensuchende Arbeitnehmer Anspruch auf freie Zeit für ihre Bewerbungen. Allerdings erst, nachdem der Kündigungsbrief beim Empfänger eingetroffen ist.

Die kleine Erholung
In Sachen Feiertage feiert der helvetische Kantönligeist Urständ. Mehr als 20 verschiedene Feiertage gibt es gesamtschweizerisch, und ihre Zahl schwankt von Kanton zu Kanton, teilweise sogar von Gemeinde zu Gemeinde, beträchtlich. Zudem ist Feiertag nicht gleich Feiertag:
- Dank einer Volksabstimmung ist der 1. August in der ganzen Schweiz ein Feiertag (Bundesfeiertag).
- Gemäss Arbeitsgesetz (Art. 18) hat jeder Kanton Anspruch darauf, maximal acht Tage rechtlich den Sonntagen gleichzustellen. Das heisst: Wie an Sonntagen ist das Arbeiten grundsätzlich verboten. Dieses Arbeitsverbot sowie die zahlreichen Ausnahmen (für die es in der Regel eine behördliche Bewilligung braucht) sind nach Bundesrecht geregelt (Arbeitsgesetz). In den meisten Kantonen sind Neujahr, Karfreitag, Auffahrt und Weihnachten den Sonntagen gleichgestellte Feiertage.
- Daneben gibt es *gesetzlich anerkannte Feiertage*, für welche jedoch kantonale oder sogar Gemeindevorschriften (Ruhetagegesetze) anwendbar sind. Bekanntestes Beispiel hierfür ist der 1. Mai in einigen Regionen der Schweiz.
- Darüber hinaus begeht man in zahlreichen Kantonen Feiertage, die zwar *gesetzlich nicht anerkannt* sind, an denen jedoch in der Regel die Betriebe und Läden geschlossen haben (zum Beispiel Fastnachtstage, Zürcher Sechseläuten, 2. Januar im Kanton Zürich).
- Schliesslich schützt das Gesetz die konfessionellen Minderheiten: Jeder Arbeitnehmer hat das Recht, an kantonal nicht anerkannten *religiösen Feiertagen* (nicht aber an politischen) mit der Arbeit auszusetzen. Er muss jedoch den Arbeitgeber rechtzeitig davon unterrichten und kann dazu verpflichtet werden, die entsprechende Zeit vor- oder nachzuholen.

Müssen Feiertage bezahlt werden?
Gar viele Gesetze und Vorschriften befassen sich mit den Feiertagen. Trotzdem bleiben zahlreiche Fragen unbeantwortet. Allen voran: Muss der Arbeitgeber den Lohn an Feiertagen bezahlen? Weder das Arbeitsgesetz noch das Obligationenrecht äussern sich dazu. Ausschlaggebend ist daher, was im GAV oder Einzelarbeitsvertrag verabredet wurde oder was in der betreffenden Branche und Region üblich ist.

Die Gerichtspraxis ist in dieser Frage allerdings eindeutig: Angestellte, die im Monatslohn bezahlt werden, müssen an Feiertagen keine Lohneinbussen in Kauf nehmen. Anders sieht es bei Stunden- oder Tagelöhnern aus. Sie erhalten ihren Lohn grundsätzlich nur für die tatsächlich geleistete Arbeitszeit, es sei denn, sie hätten einen GAV oder Einzelarbeitsvertrag, der ihnen die Lohnzahlung an Feiertagen ausdrücklich garantiert.

Arbeitnehmer, die im Stundenlohn bezahlt werden, tun gut daran, bereits bei Vertragsabschluss die Frage der Bezahlung von Feiertagen und Kurzabsenzen aufs Tapet zu bringen. Dabei gilt wie überall im Arbeitsvertragsrecht: Schriftliche Vereinbarungen sind besser als mündliche Versprechen.

Wenn Feiertage in die Ferien fallen
Wer kennt den alten Arbeitnehmertrick nicht: Man bezieht die Winterferien über Weihnachten oder Ostern, legt den Städteflug in die Auffahrtswoche und kann so dank der Feiertage einige Ferientage einsparen. Viele Arbeitgeber akzeptieren dieses Vorgehen ohne weiteres. Doch nicht immer geht die Rechnung auf:

Rolf W. verbringt seit Jahren mit seiner Familie die Skiferien in der Karwoche. Auf diese Weise muss er nur vier Ferientage beziehen, nämlich von Montag bis Gründonnerstag. Nach einem Stellenwechsel soll dies nun plötzlich nicht mehr möglich sein. Sein neuer Arbeitgeber stellt sich auf den Standpunkt, er müsse eine ganze Ferienwoche drangeben, Feiertage hin oder her. Rolf W. ist empört. Wozu soll er am Karfreitag einen Ferientag beziehen, wenn dieser ohnehin frei ist?

Das Gesetz gibt auf dieses Problem keine eindeutige Antwort. Das Obligationenrecht hält lediglich fest, dass jeder Arbeitnehmer pro Jahr mindestens vier Wochen bezahlte Ferien zugut hat (OR 329a). Im Gesetz ist also von Wochen, nicht von Tagen die Rede. Man kann argumentieren, eine Woche sei immer gleich lang, ob mit oder ohne Feiertag. Damit hätte Rolf W.s neuer Arbeitgeber recht.

Nach geltender Gerichtspraxis werden Feiertage jedoch nicht als Ferientage angerechnet. Der Zürcher Rechtsprofessor Dr. Manfred Rehbinder begründet dies so: «Andernfalls wäre es dem Arbeitgeber möglich, durch Festlegung der Ferienzeit auf eine Zeit mit vielen Feiertagen (z. B. Weihnachten und Neujahr) den Ferienanspruch sinnwidrig zu verkürzen.»

Das Problem Feiertage und Ferien wird übrigens in vielen GAV geregelt. Und zwar so, dass Feiertage nicht als Ferientage angerechnet werden müssen.

Eindeutig ist, dass Feiertage, die auf einen Sonntag fallen, niemals nachbezogen werden können. Auch wer an einem Feiertag das Bett hüten muss, darf diesen später nicht etwa nachholen. Dies im Gegensatz zu Ferientagen, für die ein Nachgenussrecht besteht, wenn der Arbeitnehmer nachweisbar erkrankt ist.

Vorgeholte Freitage – ein konfliktträchtiges Kapitel
Viele Betriebe schliessen zwischen Weihnachten und Neujahr oder auch am Freitag nach der Auffahrt. Die entsprechenden Arbeitsstunden werden vorgeholt, indem die Angestellten während des ganzen Jahres täglich einige Minuten länger arbeiten. In der Regel ist dieses Prozedere durchaus im Interesse von Arbeitgeber und Arbeitnehmer. Probleme tauchen jedoch auf, wenn jemand – bevor er die vorgeholte Zeit einziehen kann – aus der Firma austritt oder aber während der vorgearbeiteten freien Tage erkrankt.

Auch bei dieser Frage wird man in den Gesetzbüchern nicht fündig. Das Arbeitsgericht Zürich hat jedoch folgendes Urteil gefällt:

Ein Arbeitnehmer war vom 1. Februar 1981 bis zum 31. August 1983 in einer Firma angestellt. Zusätzlich zum schriftlichen Arbeitsvertrag vereinbarten die Parteien anlässlich des Anstellungsgesprächs mündlich, dass der Betrieb über Weihnachten/Neujahr geschlossen bleibe und der Angestellte diese Arbeitszeit über das Jahr durch mehr Arbeitsstunden, die für den ganzen Betrieb festgelegt würden, vorzuholen habe.

Nach seinem Austritt verlangte der Angestellte Ersatz für die im Hinblick auf die Betriebsferien von Weihnachten/Neujahr 1983/84 in der Zeit vom Januar bis August 1983 vorgeholten Arbeitsstunden. Das Gericht hiess die Klage gut. «Der Arbeitgeber hat dem Arbeitnehmer für geleistete Arbeitszeit den Lohn zu entrichten, der verabredet oder üblich ist», hiess es in der Urteilsbegründung. Also habe der Angestellte auch für die Vorholzeit Lohn zugut. Dessen Fälligkeit sei durch die Abmachung im Anstellungsgespräch einfach verschoben worden auf die Zeit zwischen Weihnachten und Neujahr. Dies heisse jedoch nicht, dass der Kläger auf die Bezahlung verzichtet habe. Das Gericht führte im weiteren aus, dass es dem Arbeitgeber freigestanden hätte, im Arbeitsvertrag ausdrücklich eine andere Abmachung zu treffen. Da dies aber nicht geschehen sei, fänden die gesetzlichen Bestimmungen Anwendung: «Demzufolge hat der Kläger mit seiner Kündigung die Fälligkeit des Anspruches auf Bezahlung der vorgeholten Arbeitsstunden herbeigeführt.»

Feiertage und Teilzeitarbeit
Probleme mit Feiertagen können sich vor allem auch bei Teilzeitbeschäftigten ergeben:

Roswitha H. arbeitet vier Tage in der Woche, wobei sie donnerstags jeweils frei hat. Ihr Arbeitgeber verlangt nun, dass sie in den beiden Wochen vor und nach Ostern am Donnerstag arbeitet. Begründung: In jede der Wochen falle ein Feiertag, damit sei der wöchentliche freie Tag abgegolten!

Der Arbeitgeber von Roswitha H. ist auf dem Holzweg. Nach allgemeiner Praxis hat ein Arbeitnehmer Anspruch auf seinen freien Tag, wenn dieser gemäss Vertrag oder «Übung» jeweils immer auf den gleichen Wochentag fällt. Roswitha H. braucht somit trotz Karfreitag und Ostermontag am Donnerstag nicht zu arbeiten. Umgekehrt darf sie in der Auffahrtswoche keinen zusätzlichen Freitag verlangen, wenn der Feiertag auf ihren freien Donnerstag fällt.

Anders sieht es für Teilzeitangestellte aus, die unregelmässig arbeiten und nicht immer am selben Wochentag frei haben. In solchen Fällen darf der Chef den arbeitsfreien Tag auf den Feiertag verlegen. Vor allem dann, wenn Arbeitsanfall und Betriebsinteresse dies verlangen.

Freizeit fürs Familienfest

«Dem Arbeitnehmer sind im übrigen die üblichen freien Stunden und Tage, und nach erfolgter Kündigung die für das Aufsuchen einer anderen Arbeitsstelle erforderliche Zeit, zu gewähren.» (OR 329) Die Formulierung im Obligationenrecht ist etwas geheimnisvoll: Was ist unter den «üblichen freien Stunden und Tagen» zu verstehen? Die Rechtsgelehrten sind sich einig: Gemeint sind jene Absenzen des Arbeitnehmers, die durch Familienereignisse, Züglete, militärische Inspektion und ähnliches begründet sind. Das Gesetz schweigt allerdings darüber, wieviel Freizeit den Angestellten in solchen Fällen zusteht und ob sie zu bezahlen ist.

Grosse Firmen regeln diese Frage in den Arbeitsverträgen mit ihren Mitarbeitern oder in separaten Hausordnungen und Personalreglementen. Auch die Gesamtarbeitsverträge enthalten in der Regel eine Liste der möglichen Absenzgründe und der damit verbundenen Freizeit. Dabei hat sich eine recht einheitliche Praxis herauskristallisiert:

> 2–3 Tage – eigene Heirat
> 1 Tag – Heirat eines Kindes oder sehr enger Verwandter
> 1 Tag – Geburt eines Kindes (für den Vater)
> 1–3 Tage – Tod eines Familienangehörigen (je nach Verwandtschaftsgrad)
> $1/2$–1 Tag – militärische Inspektion und Rekrutierung des Arbeitnehmers
> 1 Tag – Gründung oder Umzug des eigenen Haushalts (pro Jahr)

Auch für Besuche beim Arzt, Zahnarzt oder bei Behörden ist dem Arbeitnehmer die erforderliche Freizeit zu gewähren. Voraussetzung ist allerdings, dass es sich um dringliche Termine handelt, die nicht nach Feierabend erledigt werden können. Bei gleitender Arbeitszeit kann der Arbeitgeber verlangen, dass derartige Termine ausserhalb der Blockzeit wahrgenommen werden. Eine Ausnahme bilden selbstverständlich medizinische Notfälle.

Freizeit für die Stellensuche

Nach erfolgter Kündigung ist dem Arbeitnehmer «die für das Aufsuchen einer anderen Arbeitsstelle erforderliche Zeit zu gewähren». Dabei spielt es keine Rolle, von welcher Seite die Kündigung erfolgt ist. Als ungefähre Richtlinie kann gelten, dass der Arbeitnehmer pro Woche etwa einen halben Tag für Vorstellungsgespräche freinehmen darf. Dass er sich hierbei mit dem Arbeitgeber abspricht, ist selbstverständlich, denn «bei der Bestimmung der Freizeit ist auf die Interessen des Arbeitgebers wie des Arbeitnehmers angemessen Rücksicht zu nehmen», heisst es im Gesetz.

Doch wie steht es nun mit der Bezahlung derartiger Absenzen? Nach allgemeingültiger Praxis ist die Abwesenheit für Arbeitnehmer im Monatslohn bezahlt. Stundenlöhner hingegen erhalten in der Regel nur jene Stunden vergütet, in denen sie tatsächlich arbeiten (sofern sie keinem GAV unterstellt sind, der ihnen Bezahlung der Kurzabsenzen zusichert).

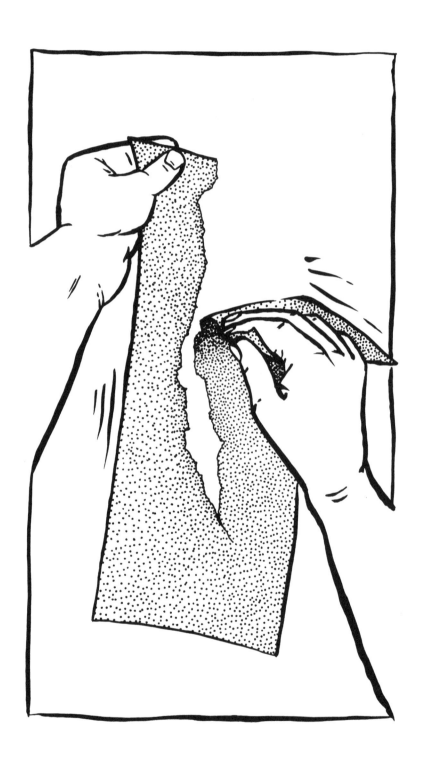

5. Aufhebung des Arbeitsverhältnisses

Pleitegeier und Fusionshaie

Die Beispiele sind zahlreich, aber leider rasch wieder vergessen: Eschler Urania, Saurer, Brown Boveri, Ciba und Sandoz – heute strahlend und profitabel, am nächsten Tag verkauft, fusioniert oder pleite. In der Regel bleibt nur ein sicherer Verlierer: die Belegschaft.

Veränderungen bei der Firma erfolgen selten ohne Vorzeichen, aber meistens kommen sie doch unerwartet. Dies liegt daran, dass es keine Mitbestimmung der Angestellten und eine nur wenig wirksame Informationspflicht gegenüber dem Personal gibt. Und Anzeichen für Krisen, Übernahmen, Umstrukturierungen werden meist nicht wahrgenommen oder erst im nachhinein als solche erkannt. Wo unter den Angestellten keine Gespräche stattfinden und keine Solidarität besteht, können die Informationen auch nicht zusammengetragen werden. Zwei Signale lassen aber sicher aufhorchen: Wechsel in Verwaltungsrat und Geschäftsleitung und auffällige Veränderungen des Aktienkurses. Vor allem bedeuten Schwierigkeiten bei den Lohnzahlungen höchste Alarmstufe.

• Bei Veränderungen in der Firmenstruktur soll man neben der Erhaltung des Arbeitsplatzes und der Sicherung der Löhne immer auch an die Personalvorsorge (Pensionskasse und Wohlfahrtsstiftungen) denken.

• Nur gemeinsames und organisiertes Handeln bewahrt die Chance auf eine angemessene Berücksichtigung der Personalinteressen. Fachkundige Beratung ist unerlässlich, da je nach Betriebsgrösse, Branchenverhältnissen und Wirtschaftslage auf die verschiedenen Vorkommnisse unterschiedlich reagiert werden muss. Wichtig ist, rasch zu handeln.

Zahlungsschwierigkeiten des Arbeitgebers

Kann der Arbeitgeber den Lohn nicht mehr fristgerecht oder vollständig bezahlen, bringt das nicht nur das Haushaltsbudget der Angestellten durcheinander, es verunsichert auch die Arbeitsperspektive. Natürlich wollen alle möglichst rasch das ihnen zustehende Geld, und viele überlegen sich, das vermeintlich sinkende Schiff möglichst bald zu verlassen. Im einen Fall mag das sinnvoll sein, in einem anderen den Sturz des Betriebs beschleunigen. Letzteres passiert vor allem, wenn qualifizierte Mitarbeiter abspringen und nur ein vorübergehender Liquiditätsengpass bestand. Umgekehrt arbeitet niemand gern weiter, wenn unsicher ist, ob er den Lohn überhaupt erhält.

- Bei offensichtlichen Zahlungsschwierigkeiten des Arbeitgebers muss dieser für den aktuellen und künftigen Lohn innert drei bis sieben Tagen Sicherheit leisten. Tut er das nicht, darf das Arbeitsverhältnis fristlos gekündigt werden.
- Sicher ist nur, was leicht flüssig gemacht werden kann: eine Bankgarantie oder allenfalls ein Wertschriftendepot. Die Verfügbarkeit und die Auszahlungsmodalitäten müssen geregelt werden (OR 337a).
- Sind ältere Forderungen offen und gibt der Arbeitgeber keine spezielle Zusicherung, muss der Anspruch durch Betreibung geltend gemacht werden. Zuvor kann mit einer Mahnung eine kurze Nachfrist zur Zahlung gesetzt werden.
- Hat der Arbeitgeber aus wirtschaftlichen Gründen gekündigt, kann den Angestellten, wenn sie einverstanden sind, eine kürzere Auflösungsfrist eingeräumt werden (OR 335a Abs. 2). Das erleichtert ihnen die Stellensuche.

Die Sicherheitsleistung betrifft den künftigen Lohn und besteht in der Regel in einer Bankgarantie. Diese gewährleistet aber nicht, dass der Betrieb sanierungsfähig wäre oder gerettet ist. In der Praxis sieht die Sicherheitsleistung meist so aus, dass die Hausbank des Arbeitgebers für den aktuellen und künftigen Lohn einsteht. In besonders günstigen Fällen wird sie sogar einen Teil der offenen Forderungen vergüten. Damit soll verhindert werden, dass das Personal davonläuft. Dies ist Voraussetzung dafür, dass die laufenden Aufträge erfüllt werden können und das Geld wieder hereinkommt. Die Firma muss der Bank im Gegenzug ihre Forderungen gegen Dritte abtreten. Das Vorgehen ist ähnlich wie bei der Lohnzession des Arbeitnehmers und führt dazu, dass die Bank im Fall eines Konkurses gesichert und privilegiert ist. Wenn das Unternehmen als abgewirtschaftet oder zukunftslos angesehen wird, dürfte es auch keine Sicherheiten auftreiben können und voraussichtlich in Konkurs fallen. Dann ist eine fristlose Vertragsauflösung angebracht.

Nach dem Grundsatz «zuerst die Arbeit, dann der Lohn» sind die Angestellten grundsätzlich vorleistungspflichtig. Zahlt der Arbeitgeber den Lohn nicht zum vereinbarten Zeitpunkt (zumindest jeweils Ende Monat, OR 323 Abs. 1), darf der Arbeitnehmer nach einem neuen Bundesgerichtsentscheid die Arbeitsleistung verweigern, solange sich der Arbeitgeber mit verfallenen Lohnzahlungen im Rückstand befindet. Im übrigen ist die Lohnforderung wie jede andere einzutreiben. War die Mahnung erfolglos oder erweisen sich die Zusicherungen als leere Versprechen, muss der offene Betrag durch Betreibung eingefordert werden. Dabei sollten auch Verzugszinsen ab dem jeweiligen Fälligkeitsdatum der verschiedenen Teilforderungen geltend gemacht werden. Für den Mai-Lohn ist zum Beispiel ab Juni Verzugszins geschuldet.

Kann der Arbeitgeber nicht mehr zahlen und ist auch niemand bereit, für ihn einzustehen, wird er als Folge von Betreibungen der Gläubiger in Konkurs fallen. Zum Schutz der Angestellten und ihrer offenen Forderungen sieht das Gesetz zwei Massnahmen vor:

- Die sogenannte Insolvenzentschädigung der Arbeitslosenversicherung vergütet offene Lohnforderungen der letzten sechs Monate vor Konkurseröffnung. Voraussetzung ist, dass die Lohnforderungen innert 60 Tagen nach der Publikation der Konkurseröffnung bei der kantonalen Arbeitslosenkasse am Sitz des Arbeitgebers angemeldet wurden.
- Das Betreibungsrecht privilegiert die Lohnforderungen, die in den letzten sechs Monaten vor der Konkurseröffnung oder als deren Folge (Kündigungsfrist) entstanden sind. Das heisst, sie werden nach den pfandgesicherten vor allen anderen Forderungen befriedigt, soweit die Mittel der Konkursmasse reichen.

Daher sollten Forderungen aus dem Arbeitsverhältnis nie lange offengelassen werden. Beim Anspruch auf den 13. Monatslohn beispielsweise ist nach der Praxis nicht der vertragliche Zahlungstermin massgebend.

Die Belegschaft des Baugeschäftes Stein & Bruch AG hatte Ende 1994 auf die Auszahlung des «Dreizehnten» vorerst verzichtet, weil ihr glaubhaft gemacht wurde, damit könne ein Liquiditätsengpass überbrückt und die Firma gerettet werden. Doch es kam anders: Am 26. April 1995 wurde über die Firma der Konkurs eröffnet. Schockiert waren die Angestellten, als das Konkursamt den 13. Monatslohn 1994 nur für die Zeit vom 27. November bis 31. Dezember 1994 in der ersten Klasse berücksichtigen wollte und den Rest in die allgemeine fünfte Klasse verwies, die voraussichtlich nur Verlustscheine zu erwarten hatte.

Eine Anfechtung dieses Entscheids vor Gericht blieb ohne Erfolg. Es sei im Gesetz ausdrücklich davon die Rede, dass der Zeitpunkt massgebend sei, in dem eine Forderung entstand. Der 13. Monatslohn sei im Lauf des ganzen Jahres entstanden, weshalb er nur soweit berücksichtigt werden dürfe, wie er in die Sechs-Monate-Frist falle.

Diese von verschiedenen Gerichten vertretene Auffassung übersieht aber, dass wohl der Anspruch kontinuierlich entsteht, aber eine Zahlung nicht laufend verlangt werden kann. *Die Belegschaft wurde daher dafür bestraft, dass sie dem Arbeitgeber entgegengekommen war.*

Die unbefriedigenden Auswirkungen dieser Regelungen sind durch ein neueres Urteil des Eidgenössischen Versicherungsgerichts etwas gemildert. Hinsichtlich der Insolvenzentschädigung entschied es, dass nicht strikt auf das Datum der Konkurseröffnung abgestellt werden könne. Vielmehr sei entscheidend, ob im Zeitpunkt der Vertragsauflösung die Zahlungsunfähigkeit des Arbeitgebers faktisch schon bestanden habe. Unter dieser Voraussetzung decke die Insolvenzentschädigung offene Forderungen, die sich auf die letzten drei Lohnmonate bezögen.

Am 21. April 1995 erhielt die kaufmännische Angestellte Helene R. die Kündigung «infolge Konkurs» per Ende April. Die noch offenen Lohnforderungen für die Monate März und April versprach die Firma, «sobald als möglich» zu vergüten. Es war dann aber nicht mehr möglich. Obwohl die Firma schliesslich erst am 14. Oktober 1995 in Konkurs fiel, konnte Helene R. für die offenen März- und Aprillöhne die Insolvenzentschädigung beanspruchen, da der Arbeitgeber dort schon zahlungsunfähig war und sie das ihr Mögliche zur Eintreibung der Forderung getan hatte.

- Wenn der (frühere) Arbeitgeber nicht mehr zahlen kann, muss die kantonale Arbeitslosenkasse beim Sitz des Arbeitgebers informiert und der offene Lohn dort innert 60 Tagen seit der Publikation der Konkurseröffnung angemeldet werden. Unter Umständen besteht Anspruch auf Vergütung des Lohnausfalls durch die Insolvenzentschädigung.
Auch beim Konkursamt müssen allfällige offene Lohnforderungen angemeldet werden. Die in den letzten sechs Monaten vor Konkurseröffnung entstandenen Ansprüche werden nach den Ansprüchen, die durch Pfänder gesichert sind, zuerst befriedigt. Die Arbeitslosenkasse wird behilflich sein.

Betriebsübernahmen, Fusionen, Umstrukturierungen
Ohne besondere Auswirkungen auf das Arbeitsverhältnis bleibt die Übernahme eines anderen Unternehmens durch den eigenen Arbeitgeber. Wird der eigene Betrieb aber verkauft, mit einem anderen zusam-

mengelegt oder von einer Personengesellschaft in eine AG umgewandelt, stellt sich die Frage, welche Auswirkungen dieser Vorgang auf das Arbeitsverhältnis hat. Wird zum Beispiel bei Ansprüchen, die abhängig sind von der Dauer der Betriebszugehörigkeit (Krankenlohn, Freizügigkeit der Pensionskasse, Abgangsentschädigung usw.), die gesamte Dauer der Beschäftigung berücksichtigt? Besteht die Verpflichtung, unter neuen Umständen weiterzuarbeiten?

Wenn die Arbeitgeberfirma oder ein Betriebsteil an ein anderes Unternehmen übergeht und die Arbeitsverhältnisse übernommen werden, müssen den Angestellten sämtliche Ansprüche erhalten bleiben. Sie haben aber das Recht, die Überführung abzulehnen und das Arbeitsverhältnis aufzulösen (OR 333 Abs. 1). Dies muss dem neuen Arbeitgeber spätestens innert Monatsfrist erklärt werden, es sei denn, der bisherige Arbeitgeber hätte zuvor eine Erklärungsfrist eingeräumt. Die Weigerung, für den neuen Eigner weiterzuarbeiten, bewirkt eine Vertragsauflösung nach Ablauf der gesetzlichen – nicht der vertraglichen – Kündigungsfrist (siehe Seite 174).

Gegenüber den bleibenden Angestellten ist der neue Arbeitgeber noch während eines Jahres an einen allfällig anwendbaren Gesamtarbeitsvertrag gebunden. Sonst kann er aber auf Ablauf einer ordentlichen Kündigungsfrist neue Anstellungsbedingungen einführen!

Seit dem 1. Juli 1994 verpflichtet das Gesetz den Arbeitgeber dazu, die Angestellten rechtzeitig vor der Durchführung eines Betriebsübergangs zu informieren (OR 333a). Er muss Aufschluss geben über die Ursache der Übertragung des Betriebs oder der Abteilung. Auch über die rechtlichen, wirtschaftlichen und sozialen Folgen sind die Angestellten zu orientieren. Sind Massnahmen, zum Beispiel ein Sozialplan, vorgesehen, wären die Angestellten bzw. ihre Vertretung vorgängig zu konsultieren. Da das Gesetz aber keine Sanktionen vorsieht, wenn der Arbeitgeber diese Pflichten nicht oder nicht rechtzeitig erfüllt, bleibt die Regelung voraussichtlich leerer Buchstabe. Im Einzelfall könnte aus der unterlassenen Information ein Anspruch auf Schadenersatz abgeleitet werden, zum Beispiel wenn ein Angestellter aufgrund seiner Unkenntnis einen möglichen Stellenwechsel unterliess.

Wenn betriebliche Veränderungen zu kollektiven Entlassungen führen, hat der Arbeitgeber eines Betriebs mit mehr als zwanzig Angestellten seit dem 1. Juli 1994 besondere Vorschriften zu beachten. Für solche *Massenentlassungen* wurde ein zwingendes Vorgehen gesetzlich festgelegt (siehe Seite 176).

Besonderer Aufmerksamkeit bedarf die Wahrung der Ansprüche der Angestellten gegenüber der *Pensionskasse,* wenn ein Betrieb oder Betriebsteil veräussert oder geschlossen wird. Da dies bei der Personalvorsorgeeinrichtung des früheren Arbeitgebers zu einer Reduktion der Zahl der Versicherten führt, sind besondere Massnahmen angezeigt. Die Problemstellung ist je nach Kassenstruktur unterschiedlich. Deshalb sollten die Angestellten in jedem Fall die kantonale Aufsichtsbehörde schriftlich über die Vorgänge im Betrieb, von denen ein grösseres Kollektiv betroffen ist, orientieren.

Veränderungen in der Betriebsstruktur, zu denen die Arbeitgeberseite die Ursache gesetzt hat und die zu grösseren Personalverschiebungen führen, dürfen die Anwartschaften der Arbeitnehmer nicht schmälern. Diesen Grundsatz der Besitzstandsgarantie hat das Bundesgericht aufgestellt; die Garantie geht weiter als der Freizügigkeitsanspruch. Die Betroffenen haben auch ein Anrecht auf Beteiligung am sogenannten freien Stiftungsvermögen unter Wahrung des «Gleichbehandlungsgrundsatzes nach auszuhandelnden Kriterien» (FGZ 23).

Achtung: Die Ansprüche aus der Pensionskasse dürfen nicht geschmälert werden. Die Angestellten sollten die Aufsichtsbehörde über die berufliche Vorsorge (siehe Anhang, Seite 260) von einem Eigentümerwechsel bei der Firma oder der Schliessung eines Betriebsteils schriftlich informieren und Anspruch auf die freien Stiftungsmittel anmelden.

Die ordentliche Kündigung

«Nach zehnjähriger befriedigender Tätigkeit in Ihrer Firma habe ich beschlossen, mich beruflich zu verändern. Ich kündige daher meine Stelle per ...» So etwa könnte das Kündigungsschreiben eines Angestellten beginnen, der seine Traumstelle gefunden hat und optimistisch in die berufliche Zukunft blickt. Häufig ist es jedoch anders: Viele Arbeitnehmer finden den blauen Brief ihres Brotgebers unverhofft im Briefkasten oder stehen sogar von einer Minute zur anderen auf der Strasse.

Im schweizerischen Arbeitsvertragsrecht herrscht der Grundsatz der Kündigungsfreiheit. Jede Partei kann dem Vertrag gültig ein Ende setzen, ohne dass eine bestimmte Form eingehalten werden muss. Auch mündliche und nicht eingeschriebene schriftliche Kündigungen sind gültig. Triftige Gründe, die eine Vertragsauflösung rechtfertigen, braucht es nicht.

Aber: Jede Kündigung muss schriftlich begründet werden, sofern die Gegenpartei dies wünscht. Bei Krankheit, Unfall, Mutterschaft gibt es einen beschränkten Kündigungsschutz, und verboten sind sogenannte missbräuchliche Kündigungen.

Befristete Arbeitsverhältnisse

Die Mehrzahl der Arbeitsverhältnisse wird für unbestimmte Dauer eingegangen. Beide Parteien hoffen auf eine möglichst lange, fruchtbare Zusammenarbeit. Es gibt jedoch auch Arbeitsverträge, die von vornherein befristet sind (OR 334).

Peter F. wurde bei der Firma Konstruktions AG für fünf Monate angestellt. So steht es in seinem Vertrag. Er vertritt einen langjährigen Angestellten der Konstruktions AG, dem unbezahlter Urlaub für eine Weltreise gewährt wurde. Peter F.s Anstellungsverhältnis wird nach Ablauf der fünf Monate automatisch enden, ohne dass er oder sein Arbeitgeber speziell kündigen müssen. Eine frühere Auflösung des Arbeitsvertrags wäre nur im gegenseitigen Einverständnis möglich. Kommt der Angestellte, den Peter F. vertritt, aus irgendwelchem Grund nicht rechtzeitig aus dem Urlaub zurück, kann Peter F. nicht verpflichtet werden, länger in der Firma zu bleiben.

Befristete Arbeitsverhältnisse werden stets für eine bestimmte Zeitspanne eingegangen. Hängt ihre Beendigung von einem künftigen Ereignis ab, muss dieses für beide Parteien objektiv bestimmbar sein (zum Beispiel Anstellung für die Dauer eines Projekts). Es ist nicht zulässig, eine Arbeitskraft zu engagieren, bis «der Angestellte Berger wieder genesen ist» oder – etwa in Wintersportorten – «bis zur Schneeschmelze». In solchen Fällen kann keiner der Beteiligten voraussagen, wann diese Ereignisse eintreten. Deshalb sind dies nicht befristete Arbeitsverhältnisse, sondern auf unbestimmte Zeit abgeschlossene. Sie müssen normal, unter Einhaltung der üblichen Fristen gekündigt werden.

Drum prüfe, wer sich lange bindet
Unbefristete Arbeitsverhältnisse beginnen in der Regel mit einer Probezeit. Arbeitnehmer und Arbeitgeber sollen prüfen können, ob eine fruchtbare Zusammenarbeit möglich ist. Wenn die Parteien nichts anderes schriftlich vereinbaren, gilt der erste Monat als Probezeit (OR 335b). In dieser Zeit kann von beiden Parteien jederzeit auf sieben Tage gekündigt werden. Bis Ende 1988 musste die Kündigung während der Probezeit auf das Ende einer Arbeitswoche erfolgen. Dies ist nicht mehr nötig. Es genügt, wenn die sieben Tage eingehalten werden. Das heisst: Die Kündigung muss am letzten Tag der Probezeit beim Empfänger eintreffen; die Kündigungsfrist darf jedoch über die Probezeit hinausreichen. Schriftlich kann die Dauer der Probezeit im Einzel-, Normal- oder Gesamtarbeitsvertrag abgeändert werden. Die Parteien können auch auf eine Probezeit verzichten. Die maximale Dauer der Probezeit beträgt drei Monate.

Eine nachträgliche Verlängerung der Probezeit – wenn der Arbeitnehmer die Stelle bereits angetreten hat – ist möglich; allerdings nur im gegenseitigen Einverständnis und nicht über drei Monate hinaus. Erfindungsreiche Arbeitgeber kommen, um diese für sie lästige Gesetzesvorschrift zu umgehen, bisweilen auf die Idee, das Arbeitsverhältnis innerhalb der Probezeit aufzulösen und sofort einen «neuen» Arbeitsvertrag anzubieten. Solche Kettenarbeitsverträge werden von den Gerichten nicht geduldet. Diese Art der Gesetzesumgehung ist nicht nur plump, sondern auch rechtswidrig. Eine Verlängerung der Probezeit über die drei Monate hinaus ist *nur dann erlaubt*, wenn der Arbeitnehmer während der Bewährungsfrist erkrankt, verunfallt oder wegen Militärdienst an der Arbeit verhindert ist. In diesem Fall verlängert sich die Probezeit um die Dauer der Arbeitsunfähigkeit.

Der ohnehin sehr beschränkte Kündigungsschutz ist in der Probezeit weitgehend ausgeschaltet. In diesen ersten Arbeitswochen kann der Arbeitgeber bei Arbeitsunfähigkeit des Arbeitnehmers rücksichtslos kündigen (OR 336c).

Die Kündigungsfristen
Kündigungsfristen bieten Arbeitgeber und Arbeitnehmer einen gewissen Schutz. Diejenige Partei, welche die Kündigung erhält, soll eine gewisse Zeit zur Verfügung haben, sich auf die neue Situation einzustellen und eine andere Stelle oder Arbeitskraft zu suchen.
Für Arbeitgeber und Arbeitnehmer müssen stets gleich lange Kündigungsfristen gelten. Wurden unterschiedliche Fristen vereinbart, müssen sich beide an die längere Frist halten (OR 335a). Das Gebot der gleich langen Kündigungsfristen für Arbeitgeber und Arbeitnehmer ist streng einzuhalten. Auch indirekte Verstösse sind nicht erlaubt. Dazu ein Beispiel aus der Gerichtspraxis:

Ein Wirt engagierte eine Musikkapelle für einen Monat. Er machte zur Bedingung, dass nur er den Vertrag mit dreitägiger Kündigungsfrist kündigen könne, falls den Gästen die Musik nicht gefiele. Doch das Gericht entschied: Er muss die Kapelle den ganzen Monat bezahlen.

Von der Regel der gleich langen Kündigung gibt es eine Ausnahme: Wird eine Kündigung aus wirtschaftlichen Gründen ausgesprochen oder steht sie in absehbarer Zeit bevor, so dürfen dem Arbeitnehmer kürzere Kündigungsfristen gewährt werden. Eine solche Abmachung kann auch mündlich erfolgen.

Die Firma K. & Co. muss im nächsten halben Jahr mindestens 30 Stellen abbauen. Der Patron orientiert seine Mitarbeiterinnen und Mitarbeiter frühzeitig. Obwohl er mit seinen Angestellten eine dreimonatige Kündigungsfrist vereinbart hat, bietet er ihnen an, dass sie unter den gegebenen Umständen nur eine einmonatige Kündigungsfrist einhalten müssen, falls sie bald eine andere Stelle finden. Er selbst muss sich weiterhin an die dreimonatige Frist halten.

Laut Obligationenrecht (OR 335c) gelten nach Ablauf der Probezeit – wenn nichts anderes schriftlich abgemacht ist – folgende Kündigungsfristen:

- im ersten Dienstjahr ein Monat auf Ende eines Monats
- vom zweiten bis neunten Dienstjahr zwei Monate auf Monatsende
- ab dem zehnten Dienstjahr drei Monate

Die erwähnten Kündigungsfristen können im Einzelarbeits-, Gesamt- oder Normalarbeitsvertrag schriftlich abgeändert werden. Bedingung: Ab dem zweiten Dienstjahr muss die Kündigungsfrist mindestens einen Monat betragen, und im ersten Dienstjahr darf nur ein GAV die Kündigungsfrist unter einen Monat herabsetzen. Für Angestellte, die keinem Gesamt- oder Normalarbeitsvertrag unterstehen und die keinen schriftlichen Arbeitsvertrag besitzen, gelten automatisch die gesetzlichen Kündigungsfristen. Abweichende mündliche Abmachungen sind ungültig.

Hans H. trat seine Stelle am 25. April 1992 an. Ein Jahr später, am 24. April 1993 erhielt er die Kündigung auf Ende Mai. Hans H. war damit nicht einverstanden. Er verlangte den Lohn bis Ende Juni. Er argumentierte, die Kündigungsfrist falle in sein zweites Dienstjahr, somit habe er Anspruch auf eine zweimonatige Kündigungsfrist. Hans H. war jedoch auf dem Holzweg. Das Arbeitsgericht wies seine Klage ab. Begründung: Massgebend in diesem Zusammenhang ist einzig und allein der Zeitpunkt der Kündigung, nicht aber der Beginn der Kündigungsfrist. H. erhielt die Kündigung am 24. April. Zu diesem Zeitpunkt war er noch im ersten Dienstjahr. Somit betrug die Kündigungsfrist einen Monat.

Die Kündigung eines Arbeitsverhältnisses ist eine empfangsbedürftige Erklärung. Das heisst, sie ist erst wirksam, wenn der Empfänger von ihr Kenntnis genommen hat. Daraus folgt, dass sie spätestens am letzten Tag eines Monats bei der Gegenpartei eingetroffen sein muss, damit die Kündigungsfrist am ersten des darauf folgenden Monats beginnen kann. Es ist also *nicht* das Datum des Poststempels massgebend. Trifft eine Kündigung auf Ende August (bei zweimonatiger Kündigungsfrist) beispielsweise am 1. Juli beim Empfänger ein, dann endet das Arbeitsverhältnis erst Ende September. Wird die Kündigung in Form eines eingeschriebenen Briefes verschickt, der nicht zugestellt werden kann, so gilt sie als beim Empfänger eingetroffen, sobald sie auf dem Postamt zur Abholung bereit liegt.

Müssen Kündigungen begründet werden?
«Der Kündigende muss die Kündigung schriftlich begründen, wenn die andere Partei dies verlangt.» So steht es im Gesetz (OR 335). Das heisst, dass man den Kündigenden auffordern kann, darzulegen, was ihn zu seinem Schritt bewogen hat. Aber die Kündigung bleibt gültig, auch wenn sie nicht begründet ist. An die Qualität der Begründung stellt das Gesetz keine Anforderungen, es spielt keine Rolle, ob triftige oder belanglose Gründe genannt werden. Eine rechtliche Handhabe, eine stichhaltige und wahrheitsgetreue Begründung zu erzwingen, gibt es nicht. Eine Rolle spielt die Begründungspflicht bei missbräuchlicher Kündigung; verdächtig ist, wenn eine Partei sich weigert, die Kündigung zu begründen. Der Richter wird dies bei der Urteilsfindung berücksichtigen (siehe Seite 181).

Sonderbestimmungen bei Massenentlassungen
Will ein Arbeitgeber mehrere Mitarbeiterinnen und Mitarbeiter auf einmal entlassen, so gilt es, ganz bestimmte Regeln zu beachten: Artikel 335d OR definiert, was unter einer sogenannten Massenentlassung zu verstehen ist. Es muss sich um Kündigungen handeln, die der Arbeitgeber aus Gründen ausspricht, die in keinem Zusammenhang mit der Person der betroffenen Arbeitnehmer – das heisst mit ihrer Leistung oder ihrem Verhalten – stehen. Zudem muss einer Mindestanzahl von Mitarbeitern desselben Betriebs innert Monatsfrist gekündigt werden, nämlich
- mindestens zehn Arbeitnehmern in Betrieben, die in der Regel mehr als 20 und weniger als 100 Personen beschäftigen
- mindestens zehn Prozent der Arbeitnehmer in Betrieben, die zwischen 100 und 300 Personen beschäftigen
- mindestens 30 Arbeitnehmern in Betrieben, die in der Regel 300 und mehr Personen beschäftigen

Damit eine derartige Massenentlassung zulässig ist, muss der Arbeitgeber vorher seine Angestellten bzw. eine allfällige Arbeitnehmervertretung konsultieren, und er muss die Massenentlassung dem kantonalen Arbeitsamt schriftlich anzeigen.
Die Konsultation muss stattfinden, bevor der Entscheid über die Massenentlassung definitiv ist. Dabei handelt es sich um ein Anhörungs-, nicht etwa um ein Mitbestimmungsrecht der Angestellten. Der Arbeitgeber kann nach der Konsultation frei entscheiden, ob er die Entlassungen vornehmen will oder nicht. Die Mitarbeiter müssen jedoch die

Möglichkeit haben, Vorschläge zu unterbreiten, wie die Entlassungen allenfalls verhindert oder wie die Folgen gemildert werden könnten. Zu denken ist beispielsweise an Umorganisationen, freiwillige Abgänge, Aufteilung von Vollzeit- in Teilzeitstellen, Lohnreduktionen oder das Erstellen eines Sozialplans.

Damit die Arbeitnehmer sinnvolle Vorschläge machen können, muss sie der Arbeitgeber schriftlich über alles Wesentliche informieren, vor allem über die Gründe der Entlassungen, die Zahl der betroffenen Mitarbeiter, die Zahl der in der Regel beschäftigten Arbeitnehmer und über die zeitliche Staffelung der Kündigungen. Eine Kopie dieser Information geht an das kantonale Arbeitsamt.

Führt ein Arbeitgeber eine Massenentlassung durch, ohne seine Angestellten konsultiert zu haben, handelt es sich um eine missbräuchliche Kündigung (OR 336). Die betroffenen Arbeitnehmer können eine Entschädigung in der Höhe von maximal zwei Monatslöhnen geltend machen (siehe Seite 187).

Das kantonale Arbeitsamt ist nicht nur über die Einzelheiten der geplanten Massenentlassung, sondern auch über das Ergebnis der Konsultation der Arbeitnehmer schriftlich zu informieren. Die Angestellten des Betriebs haben das Recht auf eine Kopie dieser Anzeige. Sie können dem Arbeitsamt Kommentare oder Vorschläge aus ihrer Sicht einreichen. Das Arbeitsamt sucht nach Lösungen für die Probleme, welche die Entlassungen aufwerfen. In der Regel wird es als neutrale Instanz in erster Linie versuchen, den Dialog zwischen den Parteien zu ermöglichen und zu vermitteln.

Arbeitsverhältnisse, die im Rahmen einer Massenentlassung gekündigt werden, enden nach Ablauf der vertraglichen oder gesetzlichen Kündigungsfrist, frühestens aber 30 Tage nach der Anzeige an das kantonale Arbeitsamt. Dies kann für den Arbeitgeber weitreichende Folgen haben. Unterlässt er nämlich die Anzeige, muss er sie nachholen, und die betroffenen Arbeitsverhältnisse werden bis 30 Tage nach diesem Zeitpunkt verlängert.

Kündigungsschutz bei Krankheit, Militärdienst und Mutterschaft
Nach der Probezeit darf der Arbeitgeber nicht kündigen (OR 336c):
- während die andere Partei schweizerischen obligatorischen Militärdienst, Zivilschutzdienst, militärischen Frauendienst oder Rotkreuzdienst leistet und – wenn die Dienstleistung mehr als zwölf Tage dauert – während vier Wochen vorher und nachher

- wenn der Arbeitnehmer ohne eigenes Verschulden durch Krankheit oder durch Unfall *ganz oder teilweise* an der Arbeitsleistung verhindert ist: im ersten Dienstjahr während 30 Tagen, ab dem zweiten bis und mit dem fünften Dienstjahr während 90 Tagen und ab dem sechsten Dienstjahr während 180 Tagen
- während der Schwangerschaft und in den 16 Wochen nach der Niederkunft einer Arbeitnehmerin
- während der Arbeitnehmer mit Zustimmung des Arbeitgebers an einer von der zuständigen Bundesbehörde angeordneten Dienstleistung für eine Hilfsaktion im Ausland teilnimmt

Alle Kündigungen, die während einer der oben genannten Sperrfristen – Juristen nennen dies «zur Unzeit» – ausgesprochen werden, sind ungültig. Sie haben keine Wirkung und müssen nach Ablauf der Sperrfrist wiederholt werden. Ist die Kündigung vor Beginn einer solchen Frist erfolgt und reicht das Ende der Kündigungsfrist noch in die Sperrfrist hinein, so ist der blaue Brief gültig. Aber: Die Kündigungsfrist wird während der Dauer der Sperrfrist unterbrochen und erst nachher wieder fortgesetzt. Dann endet die Kündigungsfrist am nächstmöglichen Endtermin, in der Regel an einem Monatsende.

Hanspeter K. rückt am 5. Juni für drei Wochen in den WK ein. Da sein Militärdienst länger als zwölf Tage dauert, hat er bereits vier Wochen vor dem WK bis vier Wochen danach einen Kündigungsschutz. Die Sperrfrist dauert in seinem Fall von 8. Mai bis 25. Juli. Am 28. April erhält er die Kündigung mit zweimonatiger Frist per Ende Juni. Die Kündigung ist gültig. Doch wann endet das Arbeitsverhältnis?

Die Kündigungsfrist beginnt am 1. Mai zu laufen, wird am 8. Mai unterbrochen und steht bis zum 24. Juli still. Ab 25. Juli läuft die restliche Kündigungsfrist weiter (dreieinhalb Wochen für Mai, einen ganzen Monat für Juli). Das Arbeitsverhältnis von Hanspeter K. endet somit Ende September (nächstmögliches Monatsende).

Die Sperrfristen bei Mutterschaft, Krankheiten und Unfall funktionieren gleich. Weitere Einzelheiten dazu finden sich unter «Kündigung und Krankheit», Seite 134 und «Wenn Arbeitnehmerinnen schwanger werden», Seite 139.

Die oben beschriebenen Kündigungsbeschränkungen gelten nur bei Kündigungen seitens des Arbeitgebers. Wer selbst kündigt, kann sich nicht auf die Sperrfristen berufen. Sie gelten auch dann nicht, wenn sich die Parteien im gegenseitigen Einverständnis auf eine Vertragsauflösung geeinigt haben oder wenn es sich um ein von vornherein befristetes Arbeitsverhältnis handelt. Schliesslich spielen die Sperrfristen auch bei einer fristlosen Entlassung aus wichtigen Gründen keine Rolle.

Kündigungssperrfristen gibt es auch zugunsten des Arbeitgebers. Allerdings nur bei Militär-, Zivilschutz- oder Rotkreuzdienst. Nach der Probezeit darf ein Arbeitnehmer nicht kündigen, wenn ein Vorgesetzter, dessen Funktionen er auszuüben vermag, oder der Arbeitgeber selbst wegen Militärdienst an der Arbeit verhindert ist und der Arbeitnehmer dessen Tätigkeit während der Abwesenheit zu übernehmen hat.

Und wenn man zweimal krank wird?
Doch was geschieht, wenn mehrere Sperrfristen zusammenfallen oder einander ablösen? Das Bundesgericht beurteilte 1994 folgenden Fall:

Eine Arbeitnehmerin erlitt nacheinander zwei Unfälle. Beide Male war sie mehrere Monate arbeitsunfähig. Während sie noch wegen des zweiten Unfalls zu Hause bleiben musste, kündigte ihr der Arbeitgeber. Die Arbeitnehmerin stellte sich auf den Standpunkt, die Kündigung sei zur Unzeit erfolgt. Das Bundesgericht gab ihr recht mit folgender Begründung: Ist ein Arbeitnehmer wegen Krankheiten oder Unfällen, die untereinander in keinem Zusammenhang stehen, arbeitsunfähig, so löst jede neue Krankheit und jeder neue Unfall eine erneute Sperrfrist aus, während der der Arbeitgeber nicht kündigen kann.

Achtung: Die Sperrfristen bei Krankheit und Mutterschaft sagen nichts darüber aus, ob Angestellte während dieser Zeit auch bezahlt sind. Ein während längerer Zeit erkrankter Arbeitnehmer kann durchaus vor Kündigung geschützt sein, aber längst keinen Lohnanspruch mehr haben (siehe dazu «Kündigung und Krankheit», Seite 134 und «Mutterschaftsurlaub?», Seite 140).

Beendigung des Arbeitsverhältnisses durch Tod des Arbeitnehmers
Stirbt ein Arbeitnehmer, so wird sein Arbeitsverhältnis dadurch sofort beendet. Hinterlässt der Verstorbene jedoch einen Ehegatten, minderjährige Kinder oder andere Personen, denen gegenüber er eine Unterstützungspflicht erfüllt hat, so darf der Arbeitgeber die Lohnzahlung nicht einfach einstellen. War der betreffende Arbeitnehmer weniger als fünf Jahre in seinem Betrieb tätig, muss der Arbeitgeber den genannten Erben noch einen weiteren Monatslohn, nach mehr als fünfjähriger Dienstdauer zwei Monatslöhne, ausbezahlen, jeweils vom Todestag an gerechnet. Dieser sogenannte Lohnnachgenuss ist sogar dann geschuldet, wenn der Arbeitnehmer vor seinem Tod bereits keinen Lohn mehr bezogen hat, da er lange krank war und sein gesetzlicher Krankenlohnanspruch bereits ausgeschöpft war (OR 338).

Zum Lohnnachgenuss gehören die üblichen Lohnbestandteile wie feste Zulagen, Anteil am 13. Monatslohn, aber auch restliche Ferienguthaben oder nicht entschädigte Überstunden. Der Anspruch auf Lohnnachgenuss besteht unabhängig von einer allfälligen Abgangsentschädigung oder von Hinterbliebenenrenten der Pensionskasse. Vom Lohnnachgenuss werden keinerlei Sozialversicherungsbeiträge abgezogen.

Die missbräuchliche Kündigung

Seit 1989 verbietet das Arbeitsvertragsrecht Kündigungen aus ganz bestimmten – vom Gesetzgeber als missbräuchlich betrachteten – Gründen. Gemeint sind damit Vertragsauflösungen wegen der Hautfarbe, des Geschlechts oder der politischen Gesinnung eines Partners. Verboten sind aber auch sogenannte Rachekündigungen, die dazu dienen, einen Arbeitnehmer zu bestrafen, weil er sich für seine gesetzlichen oder vertraglichen Rechte wehrt. Ab dem 1. Juli 1996 gilt zudem das Gleichstellungsgesetz, welches diskriminierende Kündigungen verbietet.

Verbotene Motive
Eine türkische Arbeitnehmerin arbeitete bereits seit acht Jahren in der gleichen Firma, als sie Ende 1989 begann, bei der Fabrikarbeit ein Kopftuch zu tragen. Aus religiösen Gründen, wie sie betonte. Der Arbeitgeber stellte sie zur Rede und forderte sie auf, sich an die Betriebsordnung zu halten, welche das Tragen von Kopftüchern während der Arbeit untersagte. Als sie sich dieser Weisung widersetzte, folgte eine schriftliche Verwarnung. Am 24. Januar 1990 wurde ihr schliesslich wegen des Kopftuchs gekündigt, und zwar unter Einhaltung der Kündigungsfrist auf Ende März 1990. Die entlassene Arbeiterin wandte sich sofort ans Arbeitsgericht. Die Kündigung sei missbräuchlich, protestierte sie.

Das Bezirksgericht Arbon, welches sich mit dem Fall zu befassen hatte, kam dann auch tatsächlich zum Schluss, dass der Arbeitgeber nur wegen des Kopftuchs nicht hätte kündigen dürfen. Das Tragen eines Kopftuchs durch eine mohammedanische Frau – so das Gericht – falle unter die von der schweizerischen Verfassung garantierte Religionsfreiheit. «Da die Klägerin unbestrittenermassen ausschliesslich wegen des Tragens des Kopftuchs während der Arbeit entlassen wurde, liegt die Grundvoraussetzung einer missbräuchlichen Kündigung wegen der Ausübung eines verfassungsmässigen Rechts vor.» Im übrigen bestehe keine betriebliche Notwendigkeit zum Verbot des Kopftuchs, und auch die Zusammenarbeit im Betrieb werde durch die Kopfbedeckung in keiner Weise behindert, hielt das Gericht weiter fest. Der entlassenen Arbeitnehmerin wurde eine Entschädigung in Höhe von 5000 Franken zugesprochen. Das am 17. Dezember 1990 ausgesprochene Urteil wurde im

Mai 1991 von der Rekurskommission des Obergerichts des Kantons Thurgau bestätigt.

Das Gesetz nennt eine ganze Liste von missbräuchlichen Kündigungsgründen; diese gelten jeweils für Arbeitgeber und Arbeitnehmer. Da jedoch in der Praxis missbräuchliche Kündigungen seitens des Arbeitnehmers kaum eine Rolle spielen dürften, wird nachfolgend in erster Linie auf Kündigungen seitens des Arbeitgebers eingegangen.

Die Kündigung eines Arbeitsverhältnisses ist missbräuchlich (OR 336), wenn eine Partei sie ausspricht:
- «wegen einer Eigenschaft, die der anderen Partei kraft ihrer Persönlichkeit zusteht, es sei denn diese Eigenschaft stehe in einem Zusammenhang mit dem Arbeitsverhältnis oder beeinträchtige wesentlich die Zusammenarbeit im Betrieb»

Gemeint sind Kündigungen, die wegen Alter, Geschlecht, sexuellen Neigungen, Rasse, Religion, Parteizugehörigkeit usw. ausgesprochen werden. Erlaubt sind solche Kündigungen allerdings in sogenannten Tendenzbetrieben, also Betrieben, die grundsätzlich für eine bestimmte Geisteshaltung arbeiten. Das heisst, einem Parteisekretär kann gekündigt werden, wenn er in eine andere Partei übertritt. Ebenso ist die Kündigung eines Angestellten der römisch-katholischen Kirche, der sich plötzlich zum Islam bekehren lässt, nicht missbräuchlich.

Der Gesetzgeber erlaubt zudem eine weitere Ausnahme: Führt die betreffende Eigenschaft des Angestellten zu wesentlichen Störungen im Betriebsklima, ist die Kündigung gestattet. Diese Bestimmung ist gefährlich und kann den ganzen Kündigungsschutz in Frage stellen. Das Wörtchen «wesentlich» zeigt jedoch, dass diese Bestimmung eher restriktiv auszulegen ist. Die Antipathie des Chefs gegenüber seinem Angestellten oder gelegentliche Meinungsverschiedenheiten genügen noch nicht, um eine Kündigung aus den oben genannten Gründen zu rechtfertigen.
- «weil die andere Partei ein verfassungsmässiges Recht ausübt, es sei denn, die Rechtsausübung verletze eine Pflicht aus dem Arbeitsverhältnis oder beeinträchtige wesentlich die Zusammenarbeit im Betrieb»

Mit verfassungsmässigen Rechten sind beispielsweise Organisations- und Versammlungsfreiheit (in Gewerkschaften, Parteien) gemeint oder die Ausübung des Stimmrechts, Recht auf freie Religionsausübung, Demonstrationsrecht usw. Auch der im Beispiel geschilderte Kopftuchstreit fällt unter diesen Abschnitt. Die Ausübung des verfassungsmässigen Rechts darf allerdings die arbeitsrechtlichen Pflichten nicht verletzen. So darf die Mitgliedschaft in einer politischen Partei kein Kündi-

gungsgrund sein. Verbringt der Arbeitnehmer jedoch Stunden seiner Arbeitszeit mit Parteiarbeit, ist die Kündigung nicht missbräuchlich.
- «ausschliesslich, um die Entstehung von Ansprüchen der anderen Partei aus dem Arbeitsverhältnis zu vereiteln»
Angesprochen sind hier Kündigungen, die nur (und nur deshalb) ausgesprochen werden, um den Anspruch des Arbeitnehmers auf ein Dienstaltersgeschenk, eine Treueprämie oder eine Gratifikation zu vereiteln. Entscheidend ist hier das Wort «ausschliesslich». Spielen noch andere Gründe mit, ist die Kündigung nicht missbräuchlich. Damit erweist sich die Vorschrift praktisch als wertlos. Die Beweisprobleme, die sich dem betroffenen Arbeitnehmer stellen, sind kaum lösbar, denn jeder Arbeitgeber wird irgendwelche Kündigungsgründe nennen können.
- «weil die andere Partei nach Treu und Glauben Ansprüche aus dem Arbeitsverhältnis geltend macht»
Gemeint sind hier sogenannte Rachekündigungen. Der Beobachter kennt zahllose Fälle von Arbeitnehmern, die sich aus Angst vor Kündigungen nicht getrauen, ihre gesetzlichen oder vertraglichen Rechte geltend zu machen. Die Drohung: «Wenn es Ihnen nicht passt, können Sie ja gehen», ist aber eindeutig rechtsmissbräuchlich – sofern man sie beweisen kann. Diese Bestimmung soll in erster Linie auch präventiv wirken.
- «weil die andere Partei schweizerischen obligatorischen Militärdienst, Zivilschutzdienst, militärischen Frauendienst oder Rotkreuzdienst leistet oder eine nicht freiwillig übernommene gesetzliche Pflicht erfüllt»
Ein junger Mann, der seinem Arbeitgeber nach der RS mitteilt, er habe sich zum Weitermachen entschlossen, und daraufhin die Kündigung erhält, könnte sich mit Recht zur Wehr setzen. Die Kündigung wäre missbräuchlich. Ebensowenig darf einer Frau gekündigt werden, nur weil sie sich zum militärischen Frauendienst gemeldet hat und daher in den nächsten Jahren entsprechende Absenzen zu erwarten sind. Unter «nicht freiwillig übernommenen gesetzlichen Pflichten» sind Ämter zu verstehen, die der Arbeitnehmer ohne sein Zutun, ohne sich beworben zu haben, annehmen muss. Beispiel: Stimmenzähler, Geschworener, Gemeindepräsident in kleinen Gemeinden mit Amtszwang usw.

Während die oben geschilderten Kündigungsverbote paritätisch ausgestaltet sind, das heisst gleichermassen für Arbeitnehmer wie auch für Arbeitgeber gelten, nennt das Gesetz noch drei weitere Kündigungsverbote, die sich ausschliesslich auf Kündigungen beziehen, die vom Arbeitgeber ausgesprochen werden:

- «weil der Arbeitnehmer einem Arbeitnehmerverband angehört oder nicht angehört oder weil er eine gewerkschaftliche Tätigkeit rechtmässig ausübt»

Hier sind Missverständnisse zu vermeiden: Ein Arbeitnehmer ist nicht allein deshalb schon gegen Kündigung geschützt, weil er einer Gewerkschaft angehört. Die Kündigung ist vielmehr nur dann unrechtmässig, wenn sie allein wegen der Gewerkschaftszugehörigkeit erfolgt. Zudem gilt der Kündigungsschutz nur bei rechtmässiger Ausübung der gewerkschaftlichen Tätigkeit. Als nicht rechtmässige Wahrnehmung der gewerkschaftlichen Tätigkeit wurde unter dem bis Ende 1988 geltenden alten Recht folgende Situation beurteilt: Gewerkschafter hatten trotz Verbot seitens des Arbeitgebers während der Arbeitszeit eine gewerkschaftliche Betriebszeitung verteilt. Es ist anzunehmen, dass auch unter den neuen Bestimmungen gleich entschieden würde.

- «während der Arbeitnehmer gewählter Arbeitnehmervertreter in einer betrieblichen oder in einer dem Unternehmen angeschlossenen Einrichtung ist und der Arbeitgeber nicht beweisen kann, dass er einen begründeten Anlass zur Kündigung hat»

Im Gegensatz zu den obigen Bestimmungen handelt es sich hier um einen zeitlichen Kündigungsschutz. Solange ein Arbeitnehmer gewähltes Mitglied einer Arbeitnehmervertretung ist, darf ihm nicht gekündigt werden, es sei denn, der Arbeitgeber habe einen begründeten Anlass dazu. Der «begründete Anlass» ist auf jeden Fall weniger schwerwiegend als der «wichtige Grund», welcher eine fristlose Entlassung rechtfertigen würde. Er muss nicht unbedingt in der Person des Arbeitnehmers liegen (Leistung, Verhalten). Auch die schlechte wirtschaftliche Lage kann den Arbeitgeber dazu berechtigen, einem Arbeitnehmervertreter zu kündigen. Zu beachten ist, dass hier ausnahmsweise der Arbeitgeber den Kündigungsgrund beweisen muss.

- Kündigungen im Rahmen von Massenentlassungen sind missbräuchlich, wenn sie ausgesprochen werden, «ohne dass die Arbeitnehmervertretung, oder falls es keine solche gibt, die Arbeitnehmer konsultiert worden sind» (siehe Seite 176).

Beweisprobleme

Ein Arbeitnehmer, dem missbräuchlich gekündigt wurde, steht zunächst vor einem kaum zu lösenden Beweisproblem und muss sich daher unbedingt an eine kompetente Beratungsstelle wenden. Wie soll er belegen, dass ihm der Chef nur wegen seiner Hautfarbe, wegen dem Engagement in der Gewerkschaft oder weil er nicht länger auf bezahlte Ferien verzichten wollte gekündigt hat? Der Zentralverband Schweizerischer Arbeitgeberorganisationen rät in einem Handkommentar zum neuen Kündigungsrecht ziemlich unverblümt: «Bei der schriftlichen Begründung der Kündigung tut der Kündigende gut daran, die Begründung im Hinblick auf die im Gesetz aufgelisteten Motivverbote sorgfältig zu überprüfen. Es kann damit vermieden werden, dass sich der Kündigende aus Unachtsamkeit oder Ungeschicklichkeit durch Nennung eines verbotenen Kündigungsgrundes unnötig belastet.» Im Klartext heisst dies: Ein Arbeitgeber wird einen missbräuchlichen Kündigungsgrund kaum jemals zugeben, sondern irgendeinen anderen Grund vorschieben. Dem Arbeitnehmer bleibt es dann überlassen, die wahren Kündigungsgründe zu beweisen.

Eine Hauptforderung in diesem Zusammenhang ist, dass Richter in derartigen Verfahren den jeweils vom Arbeitgeber genannten (eventuell vorgeschobenen) Kündigungsgrund eingehend auf seine Wahrhaftigkeit hin prüfen. Nur wenn der Arbeitgeber einen Kündigungsgrund nicht nur nennen, sondern auch belegen muss, hat der Arbeitnehmer eine reelle Chance, gegen missbräuchliche Kündigungen erfolgreich vorzugehen. Im übrigen ist von den neuen Bestimmungen eine präventive Wirkung zu erwarten. Allein die Tatsache, dass das Gesetz der absoluten Kündigungsfreiheit gewisse Grenzen gesetzt hat, dürfte dazu führen, dass Kündigungen weniger voreilig und leichtfertig ausgesprochen werden.

Den Arbeitnehmern ist zu raten: Sollten sich mit dem Arbeitgeber Meinungsverschiedenheiten ergeben, welche eine missbräuchliche Kündigung befürchten lassen, muss der Arbeitnehmer versuchen, die Auseinandersetzung schriftlich zu führen. Am einfachsten ist dies, wenn es darum geht, Forderungen, die dem Arbeitnehmer aufgrund seines Vertrages oder kraft des Gesetzes zustehen, durchzusetzen:

Esther B. arbeitet als Teilzeitsekretärin in einer kleinen Firma. In ihrem Vertrag heisst es, dass die Ferien im Stundenlohn inbegriffen seien. Per Zufall erfährt die Frau, dass solche Regelungen nicht erlaubt sind und sie ein Recht auf zusätzliche Bezahlung des Ferienlohnes hat. Sie spricht ihren Chef darauf an. Dieser will nichts davon wissen und lässt im Lauf der Diskussion durchblicken, es gebe genügend Frauen, die ihre Arbeit gerne tun würden. Frau B. schreibt ihrem Chef darauf folgenden Brief (von dem sie eine Kopie aufbewahrt). Sollte sie in nächster Zeit die Kündigung erhalten, liegt damit zumindest ein Indiz vor, dass es sich um eine Rachekündigung handelt.

186 Aufhebung des Arbeitsverhältnisses

```
Esther Bühlmann
Friedrichstrasse 2
8400 Winterthur

                    EINSCHREIBEN

                    Muster AG
                    Herrn F. Streng
                    Postfach
                    8021 Zürich


                    Winterthur, 25. Oktober 1992
Sehr geehrter Herr Streng

Ich habe Sie gestern darauf angesprochen, dass ich
gemäss Obligationenrecht Anspruch auf bezahlte Ferien
habe. Sie haben mir geantwortet, dass Sie Ihren Teil-
zeitangestellten noch nie Ferien bezahlt hätten und
dass noch viele andere Frauen froh wären, meine Stelle
einnehmen zu können. Ich habe mich nun noch beim Ar-
beitsgericht erkundigt und bin überzeugt, dass meine
Forderungen zu Recht bestehen. Ich ersuche Sie daher
nochmals, mir rückwirkend auf meinen Stellenantritt am
1. Juni 1988 den Ferienlohn in Höhe von 8,33 Prozent
des Bruttolohnes zu entrichten.

                    mit freundlichen Grüssen

                    Esther Bühlmann
```

Missbräuchlich gekündigt – die Konsequenzen

Heiri W. erhält den blauen Brief, kurz nachdem er einer Partei beigetreten ist, deren politische Ausrichtung dem Chef ganz und gar nicht passt. Er erinnert sich an zahlreiche politische Auseinandersetzungen mit seinem Chef und ist nun überzeugt, dass ihm nur wegen der Parteimitgliedschaft gekündigt wurde. Das Engagement in einer legalen politischen Gruppierung gehört jedoch zu den verfassungsmässigen Rechten jedes Staatsbürgers. Eine solche Kündigung wäre somit missbräuchlich. Wie muss Heiri W. sich verhalten?

Ist ein Arbeitnehmer überzeugt, dass ihm missbräuchlich gekündigt wurde, muss er bis zum Ablauf der Kündigungsfrist beim Kündigenden schriftlich Einsprache erheben (OR 336b). Hat er noch keine schriftliche Begründung der Kündigung erhalten, sollte er diese spätestens in seinem Protestbrief fordern. Rückgängig machen kann er die Kündigung allerdings nicht. Wenn der Arbeitgeber sie nicht von sich aus zurücknimmt, endet das Arbeitsverhältnis in jedem Fall mit dem Ablauf der Kündigungsfrist. Daran kann auch das Gericht nichts ändern, wenn es feststellt, dass die Kündigung missbräuchlich war. Hingegen kann ein missbräuchlich gekündigter Arbeitnehmer finanzielle Entschädigung verlangen. Sie wird vom Richter unter Würdigung aller Umstände (Anlass der Kündigung, Art und Dauer des Arbeitsverhältnisses, Ausmass der Persönlichkeitsverletzung usw.) festgelegt und beträgt maximal sechs Monatslöhne (OR 336a), bei Massenentlassungen ohne Konsultation der Arbeitnehmer maximal zwei Monatslöhne. Betroffene Arbeitnehmer sollten sich unbedingt möglichst rasch an eine Rechtsberatungsstelle wenden.

Der Protestbrief von Heiri W. könnte etwa wie folgt lauten:

```
Heiri Wiesendanger
Oberdorfstrasse 10
3053 Münchenbuchsee
                        EINSCHREIBEN

                        Zahnrad AG
                        Herrn A. Ferrari
                        Postfach
                        3000 Bern

                        Münchenbuchsee, 15. Mai 1993

Sehr geehrter Herr Ferrari

Ihre Kündigung per 31. Mai 1993 habe ich erhalten. Sie
erfolgt genau zehn Tage nach meinem Beitritt in die
Schweizerische Velopartei. Da ich Ihre Haltung gegenüber
meiner politischen Einstellung aus vielen Diskussionen
kenne, bin ich überzeugt, dass Sie mir nur wegen meines
Beitritts zur Velopartei gekündigt haben.
Eine solche Kündigung ist missbräuchlich, denn ich habe
nichts anderes getan, als ein verfassungsmässiges Recht
auszuüben. Meine politische Arbeit beschränkte sich stets
auf meine Freizeit. Ich habe dadurch weder arbeitsvertragliche Pflichten verletzt, noch wurde die Zusammenarbeit
im Betrieb jemals beeinträchtigt. Die von Ihnen genannte
Begründung, meine Leistungen liessen zu wünschen übrig,
muss ich scharf zurückweisen. Die Qualifikationsgespräche,
die jedes Jahr durchgeführt wurden, verliefen stets
positiv.
Ich protestiere daher gegen die Kündigung und verlange von
Ihnen eine Entschädigung.
                        Mit freundlichen Grüssen
                        H. Wiesendanger
                        Heiri Wiesendanger
```

Ist eine Einigung mit dem Arbeitgeber über die Fortsetzung des Arbeitsverhältnisses nicht mehr möglich, muss der Arbeitnehmer innert 180 Tagen nach Beendigung des Arbeitsverhältnisses beim Arbeitsgericht Klage gegen seinen Arbeitgeber erheben. Dabei wird es unerlässlich sein, einen qualifizierten Rechtsbeistand beizuziehen.

Wichtig: Missbräuchlich gekündigte Arbeitnehmer müssen unbedingt noch während des Arbeitsverhältnisses beim Arbeitgeber schriftlich protestieren. Ist die Kündigungsfrist erst einmal abgelaufen, ist gegen eine missbräuchliche Kündigung nichts mehr zu machen. Auch die 180tägige Frist zur Klageeinreichung ist strikte einzuhalten, ansonsten jeder Anspruch verwirkt ist (OR 336b).

Kündigungen, die gegen das Gleichstellungsgesetz verstossen

Das am 1. Juli 1996 in Kraft getretene Gleichstellungsgesetz (GlG, siehe auch Seite 297) hat direkte Auswirkungen auch auf den Kündigungsschutz. Verboten sind sogenannte diskriminierende Kündigungen (Art. 9 GlG). Werden im Rahmen einer betrieblichen Umorganisation nur «Doppelverdienerinnen» entlassen oder erhält eine junge Frau die Kündigung mit der Begründung, sie sei ja jetzt verheiratet und werde ohnehin bald Kinder bekommen, dann sind diese Kündigungen diskriminierend. Die betroffenen Arbeitnehmerinnen und Arbeitnehmer können sich auf die gleiche Weise zur Wehr setzen wie im Fall einer missbräuchlichen Kündigung: schriftliche Einsprache noch während der Kündigungsfrist und, falls keine Einigung möglich ist, Klage auf Entschädigung innert 180 Tagen nach Beendigung des Arbeitsverhältnisses. Die Entschädigung bei diskriminierender Kündigung beträgt maximal sechs Monatslöhne.

Wichtig: Artikel 6 GlG enthält eine Beweislasterleichterung für die diskriminierte Person: Sie muss die diskriminierende Kündigung nur glaubhaft machen, nicht aber beweisen.

Das Gleichstellungsgesetz bringt zudem einen zusätzlichen Schutz vor Rachekündigungen: Kündigungen durch den Arbeitgeber sind nämlich dann anfechtbar, wenn sie ohne begründeten Anlass erfolgen, nachdem sich ein Arbeitnehmer oder eine Arbeitnehmerin über eine Diskriminierung im Betrieb beschwert oder rechtliche Schritte dagegen ergriffen hat. Betroffene Angestellte sind während der Dauer eines innerbetrieblichen Beschwerdeverfahrens, eines Schlichtungs- und Gerichtsverfahrens sowie sechs Monate darüber hinaus gegen Kündigungen geschützt.

Und wenn der Arbeitgeber trotzdem kündigt? Dann muss der oder die Betroffene noch während der Kündigungsfrist gerichtliche Klage einreichen oder an die kantonale Schlichtungsstelle (siehe Kasten) gelangen. Wird diese Frist verpasst, ist der Anspruch auf eine Anfechtung verwirkt!

Kommt das Gericht nach einer ersten Prüfung des Sachverhalts zum Schluss, dass es sich um eine Rachekündigung handelt und dass kein anderer begründeter Anlass für die Kündigung vorliegt, kann es die provisorische Wiederanstellung des betroffenen Arbeitnehmers für die Dauer des Verfahrens anordnen. Das heisst, die Kündigung kann durch das Gericht aufgehoben werden. Das ist neu und einzigartig im schweizerischen Arbeitsvertragsrecht. Nicht einmal nach einer ungerechtfertigten fristlosen Entlassung kann sonst der betroffene Arbeitnehmer eine Wiederanstellung verlangen (siehe Seite 193).

Natürlich sind Fälle denkbar, da jemand wenig Lust verspürt, auf richterliche Anordnung hin die Arbeit beim früheren Arbeitgeber wieder aufzunehmen – sei es, weil er bereits eine neue Stelle gefunden hat oder weil das Vertrauensverhältnis zu tief gestört ist. Der Gesetzgeber hat auch an derartige Situationen gedacht. Der Arbeitnehmer kann nämlich während des Verfahrens auf die Weiterführung des Arbeitsverhältnisses verzichten und statt dessen eine Entschädigung bis maximal sechs Monatslöhne geltend machen.

Für Streitigkeiten, die aufgrund von Bestimmungen des Gleichstellungsgesetzes entstehen, müssen die Kantone Schlichtungsstellen einrichten (Adressen bei Drucklegung der vierten Auflage des Ratgebers noch nicht bekannt). Diese beraten die Parteien und versuchen, eine Einigung herbeizuführen. Das Schlichtungsverfahren ist grundsätzlich freiwillig, betroffene Arbeitnehmende dürfen auch direkt ans Gericht gelangen. Die Kantone können das Schlichtungsverfahren jedoch für obligatorisch erklären, das heisst, dass die gerichtliche Klage erst nach der Durchführung des Schlichtungsverfahrens angehoben werden kann. Für die Anrufung der Schlichtungsstelle gelten die gleichen Fristen wie für die gerichtliche Klage. Bringt das Schlichtungsverfahren nicht den gewünschten Erfolg, ist innert dreier Monate nach dessen Abschluss die gerichtliche Klage einzureichen. Das Schlichtungsverfahren ist kostenlos.

Die fristlose Kündigung

Eine fristlose Entlassung ist ein schwerwiegender Eingriff in das Leben eines Arbeitnehmers. Er steht von einer Minute zur anderen auf der Strasse und hat von diesem Moment an auch keinerlei Lohnansprüche mehr. Aber auch ein Angestellter kann seinen Patron in arge Verlegenheit bringen, wenn er seine Stelle Knall auf Fall verlässt. Der Gesetzgeber hat daher dafür gesorgt, dass eine fristlose Vertragsauflösung nur ausnahmsweise «aus wichtigen Gründen» erfolgen darf.

Sie können zusammenpacken ...
Was ist nun aber ein wichtiger Grund? Nach dem Wortlaut des Gesetzes ist dies «namentlich jeder Umstand, bei dessen Vorhandensein dem Kündigenden nach Treu und Glauben die Fortsetzung des Arbeitsverhältnisses nicht mehr zugemutet werden darf». Auch für die fristlose Kündigung gilt: Sie ist auf Wunsch der Gegenpartei schriftlich zu begründen. Im Streitfall ist es Sache des Kündigenden, den wichtigen Grund zu beweisen (OR 337).

Liegt ein wichtiger Grund vor, so kann die fristlose Kündigung jederzeit ausgesprochen werden, also auch während der Krankheit oder Schwangerschaft des bzw. der betreffenden Angestellten (siehe Seite 177). Auch während der Probezeit oder im bereits gekündigten Arbeitsverhältnis ist eine fristlose Kündigung möglich. Allerdings müssen die wichtigen Gründe hier besonders schwerwiegend sein. Nur in Ausnahmefällen wird es für den Kündigenden unzumutbar sein, die ordentliche siebentägige Kündigungsfrist in der Probezeit einzuhalten bzw. das Ende des bereits gekündigten Arbeitsverhältnisses abzuwarten.

Im Streitfall ist es Sache des Richters zu entscheiden, ob eine fristlose Kündigung gerechtfertigt ist oder nicht. Gelegentlich enthalten Arbeitsverträge Klauseln, in denen mögliche Gründe für eine fristlose Entlassung aufgezählt sind. Solche Vertragsbestimmungen sind für den Richter nicht verbindlich. Er hat von Gesetzes wegen den Auftrag, jeden Einzelfall unter Würdigung aller Umstände zu beurteilen und auch die finanziellen Konsequenzen der fristlosen Kündigung festzulegen. Liegt der wichtige Grund zur Auflösung des Arbeitsverhältnisses im vertragswidrigen Verhalten einer Partei, so hat diese vollen Schadenersatz zu leisten (OR 337b).

Die fristlose Kündigung durch den Arbeitgeber
Bei fristlosen Entlassungen, die vom Arbeitgeber ausgehen, haben die Gerichte bisher folgende Tatbestände als wichtige Gründe anerkannt:
• Vergehen oder Verbrechen während der Dauer der Anstellung; dazu gehören Diebstahl, Betrug, Veruntreuung usw. Wird das Delikt am Arbeitsplatz begangen, so genügen bereits relativ geringfügige Vergehen, um eine fristlose Entlassung zu rechtfertigen, etwa Fälschen von Spesenabrechnungen oder Arztzeugnissen. Auch unehrliches Verhalten gegenüber Kunden des Arbeitgebers kann durch fristlose Entlassung geahndet werden.
• Wiederholte und beharrliche Verweigerung der zugewiesenen Arbeit, unberechtigtes Fernbleiben vom Arbeitsplatz, eigenmächtiger Ferienbezug, wiederholtes unentschuldigtes Blaumachen, wiederholtes unentschuldigtes Zuspätkommen. In der Regel braucht es in diesen Fällen zunächst eine Verwarnung seitens des Arbeitgebers, bevor eine fristlose Entlassung ausgesprochen werden kann. Einmaliges Blaumachen oder Zuspätkommen genügen auf keinen Fall.
• Illoyales Verhalten gegenüber dem Arbeitgeber, Verrat von Geschäftsgeheimnissen, Konkurrenzierung des Arbeitgebers, Schwarzarbeit, Verleumdung des Arbeitgebers, Annahme von Schmiergeldern.
• Falsche Angaben bei der Stellensuche, soweit sie Fähigkeiten, absolvierte Ausbildungsgänge, bestandene Examen usw. betreffen, die im Zusammenhang mit dem betreffenden Arbeitsplatz wesentlich sind.

Unverschuldete Arbeitsunfähigkeit des Arbeitnehmers wegen Krankheit, Unfall, Ausübung einer gesetzlichen Pflicht ist nie Grund für eine fristlose Entlassung. Auch Unfähigkeit oder schlechte Leistungen sind normalerweise kein ausreichender Anlass für eine sofortige Vertragsauflösung. Um die Eignung eines Mitarbeiters zu testen, gibt es schliesslich die Probezeit. Grundsätzlich gilt: Je länger das Arbeitsverhältnis gedauert hat, desto gravierender muss der Verstoss des Arbeitnehmers sein, um eine fristlose Entlassung zu rechtfertigen. Und: Je gehobener und verantwortungsvoller die Position eines Arbeitnehmers, desto eher ist ein wichtiger Grund für eine fristlose Entlassung gegeben.
Fristlose Kündigungen müssen klar und unmissverständlich ausgesprochen werden. Erklärungen wie: «Es wäre mir lieber, wenn ich Sie nie mehr sehen müsste», oder: «Verschwinden Sie und kommen Sie erst wieder, wenn Sie etwas Anstand gelernt haben», können nicht als fristlose Entlassung verstanden werden.

Ausserdem muss der Arbeitgeber rasch handeln, wenn er von einem Verstoss des Arbeitnehmers gegen die vertraglichen Pflichten erfährt, der eine fristlose Entlassung rechtfertigt. Er hat höchstens ein bis zwei Tage Bedenkfrist. Wartet er zu und duldet er das Verhalten des Arbeitnehmers zunächst stillschweigend, kann er ein paar Wochen später deswegen keine fristlose Kündigung mehr aussprechen. Er hat mit seinem Zuwarten bewiesen, dass die Fortführung des Arbeitsverhältnisses offenbar doch nicht unzumutbar ist. Dazu ein Beispiel aus der Gerichtspraxis:

Ein Arbeitnehmer wurde wegen Zuspätkommens vom Arbeitgeber schriftlich verwarnt. Als er trotzdem weiter zu spät kam, nahm der Patron dies stillschweigend hin. Erst nach einigen Monaten riss ihm der Geduldsfaden, und er entliess den fehlbaren Mitarbeiter fristlos. Sein Vorgehen wurde vom gewerblichen Schiedsgericht Basel-Stadt nicht geschützt. Nachdem er das Zuspätkommen einige Zeit geduldet hatte, hätte er den Angestellten erneut mahnen müssen.

Auch die fristlose Entlassung aufgrund eines *blossen Verdachts* kann unter Umständen gerechtfertigt sein. Sie darf aber nicht leichtfertig erfolgen. Der Verdacht muss zwingend und durch Tatsachen objektiv begründet sein.

Ein Wirt entliess seine Serviertochter wegen des dringenden Verdachts auf fortgesetzte Unterschlagungen. Im Strafverfahren wurde die Serviertochter aus Mangel an Beweisen freigesprochen. Trotzdem erachtete das Arbeitsgericht die fristlose Entlassung als gerechtfertigt. Denn trotz des Freispruchs waren die begründeten Verdachtsmomente nicht beseitigt, und die Fortführung des Arbeitsverhältnisses blieb für den Arbeitgeber nicht zumutbar.

Wie reagieren?
In den seltensten Fällen wird ein Arbeitnehmer die fristlose Entlassung durch den Arbeitgeber einfach stillschweigend hinnehmen. Will er sich dagegen zur Wehr setzen, sollte er dies unverzüglich und nachweisbar kundtun, indem er schriftlich gegen die Entlassung protestiert und Schadenersatz geltend macht.

Der Protestbrief gegen eine fristlose Entlassung kann etwa wie folgt lauten:

```
Georg Hutter
Poststrasse 12
9202 Gossau
                        EINSCHREIBEN
                        Rascher & Co.
                        Direktion
                        Postfach
                        9202 Gossau

                        Gossau, 24. Juni 1993
Sehr geehrte Damen und Herren

Sie haben mich heute, Donnerstag, 24. Juni 1993, ohne
wichtigen Grund fristlos entlassen. Dagegen protestiere
ich. Da Sie gegen meinen Willen auf meine weitere Mit-
arbeit verzichten, werde ich eine neue Stelle suchen.
Von Ihnen fordere ich Ersatz für den mir entstandenen
Schaden. Sollte diesbezüglich keine gütliche Einigung
möglich sein, werde ich ohne weiteres beim Arbeits-
gericht Klage gegen Sie einreichen.
                                Mit freundlichen Grüssen
```

```
                                Georg Hutter
```

Achtung: Sollte der Arbeitgeber die Entlassung noch nicht schriftlich begründet haben, ist im Protestschreiben unbedingt eine Begründung zu fordern.

Die fristlose Entlassung, auch die ungerechtfertigte, beendet das Arbeitsverhältnis sofort. Damit endet auch der Versicherungsschutz, den ein Arbeitnehmer geniesst. Die obligatorische Unfallversicherung endet beispielsweise 30 Tage nach Beendigung des Arbeitsverhältnisses. Fristlos Entlassene, die nicht gleich wieder eine Stelle antreten oder nicht sofort stempeln gehen, müssen sich daher um ihre Unfallversicherung kümmern (siehe «Krankheit und Unfall», Seite 130).

Sollte sich in einem Gerichtsverfahren herausstellen, dass die Entlassung ungerechtfertigt war, hat der Arbeitnehmer Anspruch auf Ersatz dessen, was er verdient hätte, wenn das Arbeitsverhältnis unter Einhaltung der Kündigungsfrist oder durch Ablauf der bestimmten Vertragszeit beendigt worden wäre. Dieser Anspruch kann vom Richter jedoch gekürzt werden, wenn der Arbeitnehmer an der fristlosen Entlassung mitschuldig ist. Wichtig: Es handelt sich dabei rechtlich nicht um Lohn, sondern um Schadenersatz (OR 337c).

Zusätzlich kann der Richter den Arbeitgeber auf Antrag des Entlassenen verpflichten, diesem eine Entschädigung zu bezahlen, die er nach freiem Ermessen unter Würdigung aller Umstände (Dauer des Arbeitsverhältnisses, Vorgeschichte der Entlassung, Auswirkung der Kündigung) festlegt. Die Entschädigung beträgt wie im Fall der missbräuchlichen Kündigung maximal sechs Monatslöhne.

Achtung: Auch ein zu Unrecht entlassener Arbeitnehmer ist verpflichtet, sofort nach einer neuen Stelle zu suchen. Er hat nämlich eine sogenannte *Schadenminderungspflicht.* Der Arbeitnehmer muss sich an seinen Schadenersatzanspruch anrechnen lassen, was er infolge der Beendigung des Arbeitsverhältnisses erspart hat und was er durch anderweitige Arbeit verdient oder zu verdienen absichtlich unterlassen hat. Der Schadenersatzanspruch eines Arbeitnehmers, der keinerlei Anstalten unternimmt, eine Stelle zu suchen, kann empfindlich gekürzt werden. Trotzdem: Ein entlassener Arbeitnehmer braucht nicht den erstbesten Job anzunehmen. Die Stelle muss seinen Fähigkeiten entsprechen und auch sonst zumutbar sein. Ein Geschäftsführer muss sich nicht als Aushilfe verdingen, und für eine Barmaid, die bisher in einem renommierten Hotel tätig war, ist es nicht zumutbar, in irgendeinem zwielichtigen Nachtclub zu arbeiten.

Aus der Gerichtspraxis: fristlose Entlassung gerechtfertigt
Der Korrektor einer welschen Zeitungsdruckerei war bereits vom November 1979 bis Dezember 1980 mehrmals wegen häufigem Zuspätkommen, ungenügender Arbeitsleistung, Unhöflichkeiten und ähnlichem ermahnt worden. In der Folge besserte sich sein Verhalten. Anfang September 1981 fügte er jedoch einem Communiquétext, der sich auf die Festnahme von Gewerkschaftern in Südafrika bezog, eigenmächtig neun eigene Worte hinzu, die eine politische Wertung enthielten. Die Zeitung entliess den Korrektor mit sofortiger Wirkung. Das Bundesgericht wertete das Verhalten des Korrektors als klaren Vertrauensbruch und schützte die fristlose Entlassung.

Ein Ausläufer musste jeweils bei Kunden für seine Arbeitgeberin Geld einziehen und dieses nach Arbeitsschluss im Sekretariat abliefern. An einem Freitag stellte die zuständige Sekretärin fest, dass er einen Betrag von 130 Franken nicht abgeliefert hatte. Am Montag darauf forderte sie den Mann auf, den fehlenden Betrag zu bezahlen. Als er auch am Dienstag das fehlende Geld noch nicht abgeliefert hatte, wurde er frist-

los entlassen. Nach Ansicht des Gewerblichen Schiedsgerichts Basel-Stadt war die Entlassung gerechtfertigt.

Ein Arbeitnehmer, dessen Arbeitszeit durch eine Stempeluhr kontrolliert wurde, manipulierte seine Stempelkarte so, dass daraus hervorging, er habe an einem bestimmten Nachmittag gearbeitet, an dem er in Tat und Wahrheit blaumachte. Die Firma kündigte ihm fristlos, wobei der ausschlaggebende Grund der Stempelkartenmanipulation durch mehrere früher erfolgte Verwarnungen verstärkt wurde. Das Kantonsgericht des Kantons Jura wertete das Verhalten des Angestellten nicht nur als unerlaubte Handlung, sondern auch als Verstoss gegen das Strafrecht. Die fristlose Entlassung sei daher mit gutem Recht erfolgt.

Ein Angestellter wollte seinen freien Tag mit einem anderen Tag abtauschen. Ein entsprechendes Gesuch wurde ihm vom Vorgesetzten ausdrücklich nicht bewilligt. Der Arbeitgeber erklärte sogar, «wenn er nur so arbeite, wie er wolle, dann sähe man sich gezwungen, ihn zu entlassen». Der Arbeitnehmer nahm an dem betreffenden Tag trotzdem frei und wurde mit sofortiger Wirkung entlassen. Das Appellationsgericht Basel-Stadt wertete sein Verhalten als grobe Pflichtverletzung, die eine Fortsetzung des Arbeitsverhältnisses für den Arbeitgeber als unzumutbar erscheinen lasse.

Fristlose Entlassung nicht gerechtfertigt

Ein Chemikant wurde von seinem Arbeitgeber fristlos entlassen mit der Begründung, er sei während einer krankheitsbedingten Arbeitsunfähigkeit dabei gesehen worden, wie er in einer Tierboutique Arbeit geleistet habe. Die Zeugenbefragung des Gerichts ergab jedoch nur, dass der Chemikant tatsächlich in der Tierboutique gewesen war; dass er Arbeit geleistet hätte, konnte nicht nachgewiesen werden. Zudem bestätigte der Arzt, dass der Arbeitnehmer zwar arbeitsunfähig war, aber ausdrücklich die Erlaubnis hatte auszugehen. Die fristlose Entlassung war somit nicht gerechtfertigt.

Ein gewerkschaftlich organisierter und engagierter Maler mischte sich eines Tages in die Auseinandersetzung zwischen seinem Arbeitgeber und einem Lehrling ein. Er brachte an einer Baracke den Gewerkschaftskleber «Lehrlinge nicht vertrampen! Sondern ihre Rechte in den Gesamtarbeitsvertrag aufnehmen» an. Als er sich weigerte, den Kleber wieder zu entfernen, entliess ihn der Chef fristlos. Das Gericht kam zum Schluss, der Kleber hätte die Arbeit nicht erheblich gestört. Er habe dem Arbeitgeber offenbar nur als Vorwand gedient, am «Unruhestifter» ein Exempel zu statuieren. Die fristlose Kündigung sei daher unberechtigt.

Arbeitnehmer, die im gekündigten Arbeitsverhältnis stehen, haben Anrecht auf die erforderliche Zeit zur Stellensuche. Ein Arbeitgeber machte das Gewähren dieser Freizeit von der Bekanntgabe von Namen und Adresse des neuen Patrons abhängig. Als der Angestellte die Angaben verweigerte, entliess er ihn fristlos. Das Obergericht Luzern beurteilte die Entlassung als rechtswidrig.

Ein Kellner ersuchte um einen arbeitsfreien Tag, um in einer auswärtigen Klinik einen Freund zu besuchen, der wenige Tage zuvor einen Selbstmordversuch verübt hatte. Der Arbeitgeber verweigerte dem Kellner den freien Tag und drohte ihm mit der fristlosen Entlassung, falls er nicht zur Arbeit erscheine. Der Kellner besuchte den Freund trotzdem und wurde vom Patron prompt vor die Tür gesetzt. Das Gewerbliche Schiedsgericht Basel-Stadt erachtete die Entlassung jedoch nicht als gerechtfertigt, um so mehr, als der Kellner zuverlässig gearbeitet und bei Bedarf auch ohne weiteres Überzeit geleistet hatte.

Ein Restaurantangestellter verliess in der Sylvesternacht etwa zehn bis dreissig Minuten vor dem offiziellen Arbeitsschluss seinen Arbeitsplatz. Er war der Meinung, es gebe keine Arbeit mehr am Buffet, ausserdem hatte er Gelegenheit, mit einem Kollegen nach Hause zu fahren. Das Appellationsgericht Basel-Stadt erachtete die darauf erfolgte fristlose Entlassung als ungerechtfertigt. Der Angestellte habe angesichts des langen Arbeitstages (seit 9.00 Uhr früh) sowie der Schwierigkeiten, später noch an seinen Wohnort zurückzukehren, verständliche Gründe gehabt, seinen Arbeitsort zu verlassen.

Freistellung während der Kündigungsfrist

Nicht zu verwechseln mit der fristlosen Entlassung ist die ordentliche Kündigung mit sofortiger Beurlaubung des Angestellten. Im Gegensatz zur fristlosen Kündigung hat hier der Arbeitgeber den Lohn weiterhin bis zum Ablauf der Kündigungsfrist zu entrichten. Findet der freigestellte

Arbeitnehmer vor Ablauf der Kündigungsfrist eine neue Stelle, so endet die Lohnzahlungspflicht des alten Arbeitgebers. Verdient der Arbeitnehmer am neuen Ort allerdings weniger als an der bisherigen Stelle, muss der frühere Arbeitgeber bis zum Ablauf der Kündigungsfrist die Lohndifferenz entrichten. Für die Freistellung eines Arbeitnehmers braucht es keine wichtigen Gründe. Arbeitnehmer haben keinen Anspruch darauf, bis zum letzten Tag der Kündigungsfrist auch beschäftigt zu werden.

Die fristlose Kündigung durch den Arbeitnehmer
Auch Arbeitnehmer haben, wenn wichtige Gründe vorliegen, das Recht, ihren Arbeitsvertrag fristlos aufzulösen. Gemäss Rechtsprechung berechtigen folgende Gründe den Arbeitnehmer zur fristlosen Kündigung:
- Tätlichkeit oder unsittliche Belästigung seitens des Arbeitgebers
- Aufforderung des Arbeitgebers zu einer strafbaren Handlung (zum Beispiel Steuerhinterziehung)
- Zahlungsunfähigkeit des Arbeitgebers, sofern dem Arbeitnehmer für seine Forderungen aus dem Arbeitsverhältnis nicht innert angemessener Frist Sicherheit geleistet wird. Dies ist der einzige wichtige Grund, der ausdrücklich vom Gesetz genannt wird. Aber Achtung: Eine einmalige verspätete Lohnzahlung genügt noch nicht. Vor einer fristlosen Kündigung empfiehlt es sich, den Arbeitgeber zu mahnen, eine Frist zur Lohnzahlung anzusetzen und die fristlose Vertragsauflösung anzudrohen (siehe «Pleitegeier und Fusionshaie», Seite 166).
- Schwerwiegende Ehrverletzung durch den Arbeitgeber, welche die Fortführung des Arbeitsverhältnisses nach Treu und Glauben als unzumutbar erscheinen lässt
- Verletzung der Schutzpflicht bei Betriebsgefahren

Verlässt der Arbeitnehmer seine Stelle fristlos ohne wichtigen Grund, hat der Arbeitgeber Anspruch auf eine Entschädigung, die einem Viertel eines Monatslohnes des Arbeitnehmers entspricht. Ausserdem hat er Anspruch auf Ersatz eines allfälligen weiteren Schadens. Den Viertel eines Monatslohnes kann der Arbeitgeber verlangen, ohne irgendeinen Schaden nachzuweisen. Verlangt er jedoch höheren Schadenersatz, ist er dafür voll beweispflichtig, und zwar nicht nur für den über den Lohnviertel hinausgehenden, sondern für den gesamten Schaden. Im Streitfall muss der Richter über die Höhe der Entschädigung befinden. Er kann in Härtefällen sogar bestimmen, dass die Entschädigung weniger als einen Viertel eines Monatslohns ausmacht (OR 337d).

Der fristlosen Kündigung gleichgesetzt wird das *Nichtantreten einer neuen Stelle*. Besinnt sich ein Arbeitnehmer, der bereits einen Vertrag unterschrieben hat, anders, so muss er hierfür wichtige Gründe geltend machen, sofern er nicht schadenersatzpflichtig werden will.

> Der Arbeitgeber muss seine Entschädigungsforderung, soweit sie sich auf den erwähnten Viertel eines Monatslohnes bezieht, innert 30 Tagen nach der fristlosen Auflösung des Arbeitsverhältnisses durch den Arbeitnehmer geltend machen. Verpasst er diese Frist, so fällt die Forderung dahin. Der Anspruch auf allgemeinen Schadenersatz (den der Arbeitgeber jedoch, wie erwähnt, beweisen muss) unterliegt hingegen der üblichen Verjährungsfrist von zehn Jahren.

Johann P. soll auf den 1. Juni 1990 eine neue Stelle antreten. Die Anstellungsmodalitäten sind ausgehandelt, der Vertrag unterschrieben. Da wird Herrn P. eine andere Stelle angeboten, wo er nicht nur 200 Franken monatlich mehr verdient, sondern auch bessere Aufstiegschancen hat. Kurz entschlossen sagt er an der ersten Stelle ab und nimmt die zweite an. Wenige Tage später findet er eine saftige Rechnung im Briefkasten: Der ursprüngliche Arbeitgeber verlangt von ihm eine Entschädigung von einem Viertel eines Monatslohnes plus über 1000 Franken für Inseratekosten, die zur Suche eines Nachfolgers eingesetzt werden mussten. «Muss ich dies alles bezahlen?» fragt sich Johann P.

Eindeutig ist, dass Johann P. seinen Vertrag gebrochen hat. Die Tatsache, dass er eine bessere Stelle gefunden hat, ist kein wichtiger Grund zur Vertragsauflösung im Sinn des Gesetzes. Da er keine besondere Härte geltend machen kann, ist davon auszugehen, dass er die Entschädigung in Höhe eines Viertels eines Monatslohnes bezahlen muss. Ob der Arbeitgeber allerdings in der Lage ist, einen darüber hinausgehenden Schaden zu beweisen, ist fraglich. Es ist umstritten, ob er Inseratekosten geltend machen kann; denn die wären auch bei einer ordentlichen Kündigung angefallen. Zudem ist in Betracht zu ziehen, dass Johann P. – hätte er die Stelle vertragsgemäss angetreten – zunächst eine Probezeit mit verkürzter Kündigungsfrist gehabt hätte. Während der Probezeit hätte er auf sieben Tage kündigen können, ohne dass der Arbeitgeber auch nur einen Rappen Entschädigung hätte verlangen können. Es ist daher unwahrscheinlich, dass der Arbeitgeber vor Gericht mit einer über den Lohnviertel hinausgehenden Schadenersatzforderung Erfolg haben wird.

Folgen der Beendigung des Arbeitsverhältnisses

Mit dem Ablauf der Kündigungsfrist werden alle Forderungen aus dem Arbeitsverhältnis fällig. Dazu gehören sämtliche Lohnzahlungen, die Freizügigkeitsleistung der Pensionskasse, eine allfällige Abgangsentschädigung sowie ein Arbeitszeugnis. Ausnahmen können Provisionsforderungen bilden sowie Beteiligungen am Geschäftsergebnis (OR 339).

Die grosse Abrechnung
Es spielt keine Rolle, auf welche Weise ein Arbeitsverhältnis aufgelöst wurde, durch ordentliche Kündigung, Tod des Arbeitnehmers oder fristlose Entlassung. Mit dem Austrittsdatum des Arbeitnehmers werden alle Forderungen aus dem Arbeitsverhältnis fällig. Neben dem üblichen Lohn gehören dazu die Abgeltung der restlichen Ferienansprüche, die während der Kündigungsfrist nicht mehr bezogen werden konnten, allfällige Überstundenguthaben sowie die Rückzahlung eventueller Lohnrückbehalte und Kautionen (siehe Seite 109). Der Arbeitnehmer muss die vom Arbeitgeber zur Verfügung gestellten Arbeitsgeräte zurückgeben, insbesondere Arbeitskleidung, Firmenfahrzeuge usw.

Für *Provisionsforderungen* aus Geschäften, die ganz oder zum Teil nach Beendigung des Arbeitsverhältnisses erfüllt werden, kann die Fälligkeit hinausgeschoben werden. Voraussetzung ist allerdings, dass Arbeitnehmer und Arbeitgeber damit einverstanden sind und die Verschiebung schriftlich festhalten. In der Regel sollte eine solche Verschiebung der Fälligkeit nicht mehr als sechs Monate betragen, bei Geschäften mit gestaffelter Erfüllung nicht mehr als ein Jahr und bei Versicherungsverträgen sowie Geschäften, deren Durchführung mehr als ein halbes Jahr erfordert, nicht mehr als zwei Jahre. Bei Handelsreisenden ist ein solcher Aufschub nicht zulässig. Dem Handelsreisenden ist bei Beendigung des Arbeitsverhältnisses die Provision auf allen Geschäften auszurichten, die er abgeschlossen oder vermittelt hat, sowie auf allen Bestellungen, die bis zur Beendigung dem Arbeitgeber zugehen, ohne Rücksicht auf den Zeitpunkt ihrer Annahme und ihrer Ausführung.

Hat der austretende Arbeitnehmer Anspruch auf Beteiligung am Geschäftsergebnis, so wird auch diese Forderung meist nicht gleich beim Austritt erfüllt werden können. Der Arbeitnehmer erhält seinen Anteil, sobald das Geschäftsergebnis feststeht, spätestens jedoch sechs Monate nach Ablauf des Geschäftsjahres.

Austretende Arbeitnehmer erhalten häufig eine schriftliche Schlussabrechnung, welche sie zum Zeichen ihres Einverständnisses unterzeichnen sollen. Achtung: Viele Arbeitgeber versehen eine solche Abrechnung mit der Bemerkung: «*Per Saldo aller Ansprüche.*» Diese Klausel besagt nichts anderes als: Die Parteien erklären, gegenseitig keine Forderungen mehr geltend zu machen. Solche Abrechnungen sollten nur nach reiflicher Überlegung unterschrieben werden. Sie können Schwierigkeiten bereiten, wenn sich später herausstellt, dass man eigentlich doch noch etwas zugut hätte (siehe Seite 236). Daher gilt: Niemals eine Erklärung oder Abrechnung unter (Zeit-)Druck unterschreiben. Immer eine Bedenkfrist verlangen.

Mit der Beendigung des Arbeitsverhältnisses beginnt auch spätestens die Verjährung zu laufen. Diese beträgt fünf Jahre. Arbeitnehmer haben Anspruch auf Verzugszins für nicht erfüllte Forderungen.

Ausbildungs- und Weiterbildungskosten
Viele Arbeitgeber schicken ihre Angestellten in Kurse oder bezahlen ihnen Sprachaufenthalte mit dem Hintergedanken, dass der Arbeitnehmer die dadurch erworbenen Kenntnisse und Fähigkeiten möglichst lange im Dienst des Unternehmens einsetzen wird. Arbeitnehmer, die kurz nach einem absolvierten Weiterbildungskurs die Kündigung einreichen, werden von ihren Arbeitgebern daher oft zur Kasse gebeten. Sie sollen die Weiterbildungskosten ganz oder teilweise zurückerstatten. Dies ist nur dann erlaubt, wenn die Rückzahlung vor dem Kursbesuch ausdrücklich vereinbart wurde. In einer solchen Vereinbarung muss der vom Arbeitnehmer zurückzuzahlende Betrag genau fixiert sein, ebenso der Zeitraum, innert dem eine Rückzahlungspflicht besteht. Die Vereinbarung darf zudem die persönliche Freiheit des Arbeitnehmers nicht übermässig einengen.

Kosten für die ganz normale Einarbeitung eines Mitarbeiters in sein neues Arbeitsgebiet dürfen nicht zurückgefordert werden. Allfälliges Kursmaterial wie Lehrbücher, Merkblätter usw. bleibt in jedem Fall im Besitz des Arbeitnehmers.

Abgangsentschädigung?
Die Abgangsentschädigung ist ein Überbleibsel aus jenen Zeiten, als es noch keine obligatorische betriebliche Altersvorsorge gab. Sie sollte gewährleisten, dass langjährige ältere Mitarbeiter bei einem Austritt aus der Firma nicht gänzlich ohne jeden Alterssparbatzen dastanden. Seit der Einführung der obligatorischen zweiten Säule 1985 verliert die Abgangs-

entschädigung immer mehr an Bedeutung (siehe «Die berufliche Altersvorsorge», Seite 210).

Anspruch auf eine Abgangsentschädigung ist grundsätzlich gegeben, wenn ein Arbeitnehmer 20 oder mehr Dienstjahre vorweisen kann und wenn er mindestens 50 Jahre alt ist. Endet das Arbeitsverhältnis durch Tod des Arbeitnehmers, so steht die Abgangsentschädigung dem Ehegatten, den minderjährigen Kindern oder bei Fehlen dieser Erben anderen Personen zu, denen gegenüber der Verstorbene eine Unterstützungspflicht erfüllt hat. Die Abgangsentschädigung ist unabhängig vom sogenannten Lohnnachgenuss auszurichten (OR 339b).

Was die Höhe der Abgangsentschädigung betrifft, so ist es in erster Linie Sache des Arbeitgebers und Arbeitnehmers, hier eine vertragliche Lösung zu treffen. Viele GAV enthalten Skalen, woraus die Höhe der Abgangsentschädigung je nach Alter und Dienstjahr abgelesen werden kann. Das Gesetz schreibt lediglich vor, dass die Abgangsentschädigung mindestens zwei Monatslöhne betragen soll. Im Streitfall legt der Richter die Höhe der Entschädigung unter Würdigung aller Umstände fest, wobei acht Monatslöhne nicht überschritten werden dürfen. Die Abgangsentschädigung kann gekürzt werden oder gänzlich wegfallen, wenn der Arbeitnehmer das Arbeitsverhältnis ohne achtenswerten Grund kündigt oder wenn der Arbeitgeber eine fristlose Entlassung aus wichtigem Grund ausspricht. Auch wenn der Arbeitgeber durch das Bezahlen der Entschädigung in eine Notlage geriete, kann die Abgangsentschädigung gestrichen oder gekürzt werden (OR 339c).

Da die Abgangsentschädigung Teil der Altersvorsorge ist, wird sie um so geringer ausfallen, je höher die Pensionskassenleistungen sind, die ein Arbeitnehmer zugut hat. Das Gesetz hält fest: «Erhält der Arbeitnehmer Leistungen von einer Personalfürsorgeeinrichtung, so können sie von der Abgangsentschädigung abgezogen werden, soweit diese Leistungen vom Arbeitgeber oder aufgrund seiner Zuwendungen von der Personalfürsorgeeinrichtung finanziert worden sind. Der Arbeitgeber hat auch insoweit keine Entschädigung zu leisten, als er dem Arbeitnehmer künftige Vorsorgeleistungen verbindlich zusichert oder durch einen Dritten zusichern lässt.» (OR 339d)

Mit anderen Worten: Wenn ein Arbeitnehmer beim Austritt aus der Firma eine Freizügigkeitsleistung der Pensionskasse mit auf den Weg bekommt oder eine Rente bezieht, dann kann der Arbeitgeber jenen Teil, den er selbst finanziert hat, von der Abgangsentschädigung abziehen (siehe auch «Die berufliche Altersvorsorge», Seite 210).

Karin G., 55, arbeitete 24 Jahre im selben Betrieb als Coiffeuse. Weil ihre Chefin den Salon aufgab, erhielt sie die Kündigung. Karin G. ist erst seit kurzer Zeit einer Pensionskasse angeschlossen. Ihre Freizügigkeitsleistung beträgt 5000 Franken. Die Hälfte davon wurde von der Arbeitgeberin finanziert. Gemäss GAV des Coiffeurgewerbes hat sie in ihrem Alter nach 24 Dienstjahren eine Abgangsentschädigung von 6,5 Monatslöhnen zugute. Von diesem Betrag kann die Chefin 2500 Franken abziehen.

Arbeitszeugnis: versteckte Botschaften?

Arbeitnehmerinnen und Arbeitnehmer können *jederzeit* vom Arbeitgeber ein Zeugnis verlangen, das sich über die Art und Dauer des Arbeitsverhältnisses sowie über ihre Leistungen und ihr Verhalten ausspricht (OR 330a). Angestellte können also bereits während des Arbeitsverhältnisses ein sogenanntes Zwischenzeugnis verlangen, woraus sie schwarz auf weiss ersehen können, wie der Arbeitgeber mit ihnen zufrieden ist. In aller Regel werden Zeugnisse jedoch erst beim Austritt eines Mitarbeiters ausgestellt.

Viele Arbeitnehmer betrachten ihre Zeugnisse mit Misstrauen. Gibt es tatsächlich eine Geheimsprache, mit welcher sich Personalchefs untereinander über die Schwächen von Stellenbewerbern informieren?

Arbeitszeugnisse müssen wahr und klar sein sowie frei von jeder versteckten oder zweideutigen Formulierung. Zudem muss ein Zeugnis immer auch wohlwollend sein, was aus der gesetzlich verankerten Fürsorgepflicht des Arbeitgebers gegenüber dem Arbeitnehmer abzuleiten ist. Soweit die anerkannte Rechtspraxis. Trotzdem: Zeugnisse haben ihre eigene Sprache. Nicht jede Formulierung, die auf den ersten Blick nach Lob und Wohlwollen aussieht, ist tatsächlich positiv.

Von Zeit zu Zeit werden in Zeitungen und Fachzeitschriften umfangreiche Listen veröffentlicht, die aufzeigen sollen, wie Zeugnisse zu interpretieren seien. Da erfährt man etwa, dass der Satz: «Er besitzt ein grosses Einfühlungsvermögen», im Klartext bedeutet: «Er suchte Kontakt zum anderen Geschlecht»; oder dass die Formulierung: «Sein Verhältnis zu den Vorgesetzten war stets vorzüglich», nichts anderes besage als: «Er war ein Kriecher, der sich bei allen Vorgesetzten einschmeicheln wollte.»

Solche Interpretationsversuche sind amüsant zu lesen und sicher auch ein Gedankenanstoss, seine eigenen Zeugnisse einmal etwas kritischer anzusehen. Grundsätzlich ist aber Vorsicht geboten. Denn Zeugnisse werden nicht nur von geschulten Personalchefs verfasst, sondern auch von Handwerksmeistern, Geschäftsführern und Kaderangestellten, die sich mit der Zeugnissprache genausowenig auskennen wie viele Arbeitnehmer. Ausserdem muss ein Zeugnis immer als Ganzes beurteilt werden. Es ist gefährlich, einzelne Formulierungen aus dem Zusammenhang zu reissen. Im übrigen dürfen Arbeitszeugnisse nicht überbewertet werden. Sie sind *ein* Hilfsmittel zur Beurteilung von Stellenbewerbern, sicher aber nicht das einzige und je nach Personalchef auch nicht das wichtigste.

Wer sein Zeugnis interpretieren will, sollte in erster Linie darauf achten, ob es *vollständig* ist. Folgendes darf nicht fehlen:
- Anstellungsdauer
- ausführliche Beschreibung des Aufgabenbereichs inklusive Positionsbezeichnung und hierarchische Stellung
- Beförderungen und Versetzungen (inklusive Datum)
- Beurteilung der Leistung
- Beurteilung des Verhaltens gegenüber den Mitarbeitern und Vorgesetzten
- eventuell Grund des Austritts

Da Zeugnisse in der Regel grundsätzlich positiv formuliert werden, muss man darauf achten, was *nicht* im Zeugnis steht, um die Schwachstellen des Beurteilten herauszufinden. Äussert es sich zur Leistung *und* zum Verhalten? Oder etwa nur zur Leistung? Dann muss angenommen werden, dass der Betreffende zwar fachlich gut, menschlich aber ein eher unangenehmer Zeitgenosse ist. Werden umgekehrt die Freundlichkeit und das umgängliche Wesen herausgestrichen, während die Leistung unerwähnt bleibt, dann handelt es sich wohl um einen netten Kerl, dessen Leistung aber zu wünschen übrig liess.

Ein weiterer wichtiger Punkt: Welche Eigenschaften des Zeugnisempfängers werden besonders hervorgehoben? Und wie wesentlich, wie belanglos oder wie selbstverständlich sind sie in bezug auf die von ihm ausgeübte Tätigkeit? Wenn bei einer Sekretärin vor allem ihre Schreibmaschinenkenntnisse gelobt werden, drängt sich die Frage auf, ob sie denn keine anderen Fähigkeiten besitzt, dass der Schreibende auf diese Selbstverständlichkeit ausweichen musste.

Allgemein üblich sind bestimmte Schlussformulierungen, in denen der Arbeitgeber seiner Zufriedenheit mit dem Mitarbeiter Ausdruck verleiht. Folgende Varianten sind denkbar:
- *«... erledigte seine Aufgaben zu unserer Zufriedenheit»* (durchschnittliche Leistung)

- «... *erledigte seine Aufgaben zu unserer vollen (vollsten) Zufriedenheit*» (gute bis sehr gute Leistungen)

Wie sehr sich diese Wendungen bereits eingebürgert haben, zeigt das Beispiel einer Beobachter-Leserin, die ihren Chef vor das Arbeitsgericht zitierte, nachdem er ihr im Zeugnis bloss «Zufriedenheit» bescheinigt hatte. Das Gericht befragte etliche Zeugen, welche sich mit einer Ausnahme positiv über die Arbeitnehmerin äusserten. Aufgrund dieser Zeugeneinvernahmen kam das Gericht zum Schluss: «Würde man bei dieser Beweislage schreiben: Sie erfüllte ihre Aufgaben zu unserer Zufriedenheit, bedeutete dies nach der Personalchefsprache: Sie ist eine gerade noch genügende Arbeitskraft.» Das Zeugnis wurde laut Gerichtsbeschluss wie folgt abgeändert: «Frau H. hat die ihr übertragenen Aufgaben stets zu unserer vollen Zufriedenheit erledigt. Wir haben sie als speditive und zuverlässige Mitarbeiterin kennengelernt.»

Ist die Leistung eines Mitarbeiters mangelhaft, wählen Personalchefs in den Zeugnissen oft folgende Wendung: «Herr X. bemühte sich, die ihm übertragenen Arbeiten bestens zu erledigen.» Die Formulierung «bemühte sich» ist verbreitet, nach Ansicht des Arbeitsgerichts Zürich verstösst sie jedoch gegen das Gebot der Klarheit und Unzweideutigkeit des Zeugnisinhaltes: «Die Formulierung, der Kläger habe sich bemüht, sagt zwar etwas über die Einstellung und den Leistungswillen des Klägers, hingegen nichts über die tatsächlich erbrachte Leistung aus», hielt das Arbeitsgericht in einem Urteil fest. «Gerade das Fehlen einer solchen Qualifikation wirkt sich im Kontext negativ aus; jedem Personalchef fällt dieser Nebensinn auf.» Laut Arbeitsgericht Zürich sind die Leistungen des Angestellten als «gut» zu qualifizieren, wenn keine erheblichen Vorwürfe gegen ihn vorgebracht werden können.

Wer mit seinem Zeugnis nicht zufrieden ist, sollte auf jeden Fall mit dem Verfasser Kontakt aufnehmen und danach fragen, wie einzelne Formulierungen gemeint sind und warum dies oder jenes fehlt. Nicht jede ungünstige Wendung ist Absicht.

Lässt sich mit dem Arbeitgeber keine Einigung erzielen, so hat der Arbeitnehmer das Recht, eine blosse *Arbeitsbestätigung* zu verlangen, welche keine Qualifikationen enthält. Vor allem bei langjährigen Arbeitsverhältnissen ist eine Arbeitsbestätigung jedoch problematisch. Jeder Personalchef wird sich fragen, weshalb ein Stellenbewerber nicht ein Vollzeugnis einreichen kann. Im Notfall bleibt daher der Gang zum

Arbeitsgericht: Der Arbeitnehmer kann Berichtigungsklage einreichen, wenn das Arbeitszeugnis inhaltlich nicht den gesetzlichen Anforderungen entspricht und/oder er mit der Beurteilung durch den Arbeitgeber nicht einverstanden ist. Dabei genügt es allerdings nicht, einfach Berichtigung und Ausstellung eines besseren Zeugnisses zu verlangen. Der Arbeitnehmer sollte vielmehr von sich aus einen ihm angemessen erscheinenden Text formulieren und dem Gericht einreichen.

Darf der Arbeitgeber «auspacken»?
Nicht vom Zeugnis allein hängt es ab, ob ein Mitarbeiter rasch wieder eine Stelle findet, sondern auch vom «Buschtelefon» von Firma zu Firma. Der Arbeitnehmer wird vom Gesetz auch nach Beendigung des Arbeitsverhältnisses zur Verschwiegenheit verpflichtet (OR 321a). Nicht so der Arbeitgeber. Es ist denn auch an der Tagesordnung, dass Personalchefs und Vorgesetzte bereitwillig über ehemalige Angestellte Auskünfte erteilen, sofern ein anderer Arbeitgeber, bei dem der Betreffende sich beworben hat, darum nachfragt. Aufgrund einer Untersuchung erachtet mehr als die Hälfte der Schweizer Unternehmen Auskünfte früherer Chefs als sehr wichtige Entscheidungshilfe bei der Auswahl neuer Mitarbeiter und holt solche Auskünfte immer ein.

Dieser Informationsaustausch von Personalchef zu Personalchef ist ein Eingriff in die Persönlichkeitsrechte des Arbeitnehmers und sollte nur vorgenommen werden, wenn der Betroffene seine ausdrückliche Bewilligung erteilt hat. Die Weitergabe von personenbezogenen Daten an Dritte ohne Einwilligung des Betroffenen ist klar rechtswidrig. Dies lässt sich dem am 1. Juli 1993 in Kraft getretenen Datenschutzgesetz entnehmen.

Referenzen ehemaliger Bosse können einem Arbeitnehmer durchaus nützen, aber auch grossen Schaden zufügen, in Einzelfällen praktisch seine berufliche Zukunft verbauen. Was ist in solchen Fällen zu tun?

Jeder, der in «seinen persönlichen Verhältnissen unbefugterweise verletzt wird», kann gegen den Verletzer vorgehen. Dabei stellt sich dem Betroffenen vor allem das Problem, dass er die negativen Äusserungen des Exarbeitgebers beweisen muss. Zudem muss er auch beweisen können, dass die Behauptungen unwahr sind.

In einem besonders krassen Fall aus der Beobachter-Praxis beauftragte ein Mann, der wegen schlechter Auskünfte seines früheren Chefs, wie er vermutete, keine Stelle mehr fand, ein Detektivbüro. Es sollte beim Exvorgesetzten Referenzen über ihn einholen. Der Mann war seinerzeit wegen privater Auseinandersetzungen mit dem früheren Chef im Unfrieden aus der Firma ausgeschieden. Das Gesprächsprotokoll lieferte den nötigen Beweis über die in diesem Fall tatsächlich verleumderischen, zum Teil völlig aus der Luft gegriffenen Behauptungen des ehemaligen Chefs. Gestützt auf den Detektivbericht erhob der Arbeitnehmer Klage beim zuständigen Bezirksgericht mit dem Begehren, der betreffenden Firma und ihren Mitarbeitern sei unter Androhung von Bestrafung zu verbieten, über den Kläger Auskünfte zu erteilen, die im Widerspruch zum seinerzeit ausgestellten – durchaus korrekten – Arbeitszeugnis stünden.

Das Beispiel zeigt, wie allenfalls vorgegangen werden kann, wenn ein Arbeitnehmer sich Verleumdungen seines früheren Arbeitgebers ausgesetzt sieht. Es handelte sich allerdings um einen schwerwiegenden Einzelfall, in dem es vergleichsweise einfach war, den ehemaligen Chef persönlichkeitsverletzender Aussagen wegen zu überführen. Solche Fälle sind eher selten.

Es kommt häufig vor, dass ein Arbeitnehmer, der die Stelle verlässt, nicht mit günstigen Auskünften des bisherigen Chefs rechnen kann. Häufig erfolgt der telefonische Informationsaustausch von Personalchef zu Personalchef nicht krass persönlichkeitsverletzend, sondern eher zwischen den Zeilen. Wie lässt sich verhindern, dass solche Tolggen im Reinheft die berufliche Zukunft allzu sehr belasten? Patentrezepte gibt es nicht. Vorbeugend sind aber folgende Punkte zu beachten:

- Bei Bewerbungen sind wenn immer möglich zwei bis drei Referenzpersonen anzugeben, von denen man annehmen darf, dass sie nichts Unvorteilhaftes und Unwahres über einen berichten werden. Wer selbst keine Referenzen nennt, muss fast immer davon ausgehen, dass seine früheren Vorgesetzten angefragt werden.
- Im Bewerbungsschreiben kann darum ersucht werden, dass Referenzauskünfte erst nach einem persönlichen Gespräch eingeholt werden. Anlässlich eines Vorstellungsgesprächs empfiehlt es sich dann, darauf hinzuweisen, dass man die letzte Firma wegen persönlicher Differenzen mit dem Arbeitgeber verlassen hat und eine objektive, unvoreingenommene Auskunft von dieser Seite nicht zu erwarten ist.
- In besonders krassen Fällen sollte man die letzte Arbeitgeberfirma im Lebenslauf noch nicht mit Namen nennen, sondern Branche und Grösse umschreiben. Das «Geheimnis» kann beim Vorstellungsgespräch immer noch gelüftet werden.

- Wer im ungekündigten Arbeitsverhältnis auf Stellensuche geht, sollte dies im Bewerbungsschreiben erwähnen und um strenge Diskretion bitten. In solchen Fällen ist es nicht erlaubt, beim gegenwärtigen Arbeitgeber Auskünfte einzuholen.

Den Arbeitgebern sei ins Stammbuch geschrieben, dass sie gegenüber ihren Angestellten eine Fürsorgepflicht haben, die bis zu einem gewissen Grad auch über die Dauer des Arbeitsverhältnisses hinausreicht. Der Arbeitgeber darf das wirtschaftliche Fortkommen des Arbeitnehmers nicht unnötig erschweren.

Arbeitslos – was nun?
Eine Bemerkung vorweg: Jedem Berufstätigen kann es passieren, dass er einmal vorübergehend ohne Stelle dasteht. Arbeitslosigkeit ist weder eine Schande noch ein Grund, sich ins Schneckenhaus zu verkriechen. Doch auch hier gilt, dass vorbeugen besser ist als heilen. Wer regelmässig den Arbeitsmarkt beobachtet, den Geschäftsgang der eigenen Firma im Auge behält und seine Berufskenntnisse à jour hält, riskiert weniger, einmal ohne Job auf der Strasse zu stehen.

Grundsätzlich sollte eine Stelle erst gekündigt werden, wenn man einen neuen Vertrag in der Tasche hat. Wer sich entschliesst, zu kündigen, um dem blauen Brief des Arbeitgebers zuvorzukommen, sollte in seinem Kündigungsschreiben erwähnen, dass die Vertragsauflösung nicht freiwillig erfolgt («Da Sie mir mit der Kündigung gedroht haben, habe ich mich entschlossen, das Arbeitsverhältnis meinerseits aufzulösen.»). Auf diese Weise erspart man sich Probleme mit der Arbeitslosenkasse, die für «selbstverschuldete Arbeitslosigkeit» saftige Stempelgeldabzüge verfügen kann. Es trifft jedoch nicht zu, dass Leute, die selbst gekündigt haben, überhaupt keinen Anspruch auf Stempelgelder haben.

Stellenlose müssen wissen: Das Arbeitslosenversicherungsgesetz ist hart und streng. Den Parlamentariern, die es schufen, war es ein vorrangiges Anliegen, Missbräuche durch Arbeitslose zu verhindern und «Drückeberger, die auf Kosten der Allgemeinheit in der Sonne liegen» zu entlarven. Die Arbeitslosen bekommen diesen Geist zu spüren: Wer auch nur im entferntesten den Eindruck erweckt, er habe es nicht besonders eilig, die nächstbeste Stelle anzunehmen, muss mit empfindlichen Taggeldkürzungen rechnen.

Sofort nach der Kündigung – spätestens am ersten Tag der Arbeitslosigkeit – sollte man sich beim Arbeitsamt und bei der Arbeitslosenkasse melden und sich eingehend über Rechte und Pflichten informieren lassen. (Mitnehmen: AHV-Ausweis, Personalausweis, Schriftenempfangsschein bzw. Aufenthalts- oder Niederlassungsbewilligung für Ausländer sowie Unterlagen über das letzte Arbeitsverhältnis wie Kündigungsschreiben, Lohnausweis usw.). Wichtig: Wer nach Beendigung des Arbeitsverhältnisses mehr als einen Monat wartet, bevor er sich bei der Arbeitslosenkasse meldet, muss sich um seine Unfallversicherung kümmern. Der Versicherungsschutz endet 30 Tage nach Ablauf der Kündigungsfrist.

Die *Stellensuche* muss bereits während der Kündigungsfrist beginnen. Es empfiehlt sich, über alle Bewerbungen (auch Telefonate) genau Buch zu führen und die Unterlagen aufzubewahren. Die Arbeitslosenkasse kontrolliert jeden Monat die persönlichen Arbeitsbemühungen eines Stellensuchenden. Erwartet werden etwa zehn Bewerbungen monatlich. Die Praxis in den einzelnen Kantonen ist allerdings unterschiedlich.

Arbeitsamt und Arbeitslosenkasse sind nicht dasselbe. Das *Arbeitsamt* ist zuständig für die Stellenvermittlung, für die Stempelkontrolle und für Beratungsgespräche. Die Kontrollvorschriften müssen genau befolgt werden, sonst gibt's kein Geld. Die *Arbeitslosenkasse* zahlt die Stempelgelder aus. Sie klärt auch ab, ob ein Versicherter überhaupt anspruchsberechtigt ist. Jeder Stellensuchende kann frei wählen, an welche Arbeitslosenkasse er sich wenden will.

Es würde den Rahmen des Ratgebers sprengen, sämtliche Bestimmungen des Arbeitslosenversicherungsgesetzes ausführlich zu erläutern. Jeder Arbeitslose erhält beim ersten Besuch beim Arbeitsamt Unterlagen und Merkblätter. Diese sollten eingehend studiert werden. An einigen Orten gibt es Selbsthilfegruppen und Beratungsstellen für Arbeitslose (siehe Anhang, Seite 257). Eine Anlaufstelle sind auch die Gewerkschaften und Berufsverbände. Die schwierige Zeit der Arbeitslosigkeit übersteht leichter, wer solche Institutionen nutzt, Fragen stellt, sich beraten lässt – und wer seine Probleme und Ängste im Freundeskreis und mit der Familie bespricht.

Die berufliche Altersvorsorge

Alle Arbeitnehmer, die mehr als 23 280 Franken beim gleichen Arbeitgeber verdienen, sind obligatorisch in einer betrieblichen Altersvorsorgeeinrichtung versichert. Die berufliche Altersvorsorge, die sogenannte zweite Säule, ist Teil des Drei-Säulen-Prinzips: Die erste Säule, die AHV, soll die Existenzsicherung garantieren. Die zweite Säule, die betriebliche Pensionskasse, ermöglicht die Fortführung des gewohnten Lebensstandards (zusammen mit der AHV sollte sie 60 Prozent des bisherigen Einkommens sichern), und die dritte Säule ist die darüber hinausgehende private Altersvorsorge.

Komplizierte zweite Säule
Pensionskassen gibt es nicht erst seit dem Obligatorium von 1985. Fortschrittlichere Firmen haben bereits Jahrzehnte früher ihren Mitarbeitern gut ausgebaute Vorsorgeeinrichtungen angeboten. Die Leistungen der einzelnen Kassen waren jedoch sehr unterschiedlich und von der Betriebstreue abhängig. Für Pensionskassen gab es nur wenige gesetzliche Regelungen. Seit 1985 ist das Bundesgesetz über die berufliche Vorsorge (BVG) in Kraft.
 Doch aufgepasst: Das BVG regelt nur das gesetzliche Obligatorium, eine Minimalversicherung. Pensionskassenguthaben, die aus der Zeit vor 1985 stammen, fallen nicht unter das BVG. Das gleiche gilt für Pensionskassenleistungen, die über das Obligatorium hinausgehen (sogenannte vor- und überobligatorische Leistungen). Für diese ist das Obligationenrecht zu beachten. Dies hat zur Folge, dass es immer noch sehr unterschiedlich ausgestaltete Pensionskassen gibt und das ganze Pensionskassenwesen für den Arbeitnehmer eine komplizierte und kaum zu durchschauende Angelegenheit ist. Grundsätzlich gilt: Wer Näheres über seine Altersvorsorge wissen will, muss sich in erster Linie an das Reglement der eigenen Pensionskasse halten. In allen Fällen müssen jedoch wenigstens die nachfolgend beschriebenen Mindestanforderungen gemäss BVG erfüllt sein.

Aufklärungspflicht des Arbeitgebers
Der Arbeitgeber ist verpflichtet, seinen Angestellten umfassende Auskünfte über die jeweilige Pensionskasse und ihre Leistungen zu erbringen. Dies bezieht sich vor allem auf folgende Sachbereiche:

- Organisation und Struktur der Vorsorgeeinrichtung
- Höhe und Berechnung der verschiedenen Leistungen. Dazu gehören auch Angaben über die Freizügigkeit. Jeder Versicherte hat Anspruch auf diese Auskünfte, auch wenn er noch nicht kurz vor der Pensionierung oder kurz vor einem Stellenwechsel steht.
- Höhe des versicherten Lohns, des Arbeitnehmer- und des Arbeitgeberbeitrags, der Altersgutschriften und des Altersguthabens

Der Arbeitgeber ist verpflichtet, die Informationen auf einfache und verständliche Art zu liefern. Er kann dies mündlich tun, auf ausdrücklichen Wunsch des betreffenden Arbeitnehmers aber auch schriftlich.

Wer ist versichert?

Gemäss BVG *obligatorisch versichert* sind alle Arbeitnehmer über 24 Jahren, die beim gleichen Arbeitgeber mindestens 23 280 Franken pro Jahr verdienen (Stand 1995/96). Diese «Schallgrenze» wird damit begründet, dass Personen mit einem kleineren Einkommen gar keine zweite Säule brauchen, weil sie bereits mit der AHV allein auf 60 Prozent des früheren Lohnes kommen. Ob diese Kleinverdiener dann später von ihrer geringen Rente leben können, wird dabei völlig ausser acht gelassen. Vor allem viele Teilzeitbeschäftigte werden durch diese fragwürdige Regelung um ihre berufliche Altersvorsorge geprellt.

Arbeitnehmer zwischen 17 und 24 Jahren sind obligatorisch nur gegen die Risiken Invalidität und Tod versichert. (Die Altersvorsorge beginnt erst am 1. Januar nach dem 24. Geburtstag.)

Freiwillig versichern können sich Arbeitnehmer, die bei verschiedenen Arbeitgebern insgesamt mehr als 23 280 Franken verdienen. Möglich ist dies entweder in der Pensionskasse eines der Arbeitgeber, sofern dessen Reglement dies zulässt, oder in der gesamtschweizerischen Auffangeinrichtung. In diesem Fall sind die betreffenden Arbeitgeber verpflichtet, ihrerseits mindestens die Hälfte der Prämien zu übernehmen, nämlich im Verhältnis zu dem bei ihnen erzielten Einkommen. Ebenfalls freiwillig versichern können sich Selbständigerwerbende.

Grundsätzlich *nicht versichert* sind Nichterwerbstätige wie Hausfrauen, Studenten usw. Für sie ist auch eine freiwillige Versicherung nicht vorgesehen.

> Es ist die Pflicht jedes Arbeitgebers, sich einer Vorsorgeeinrichtung anzuschliessen. Ist dies einmal geschehen, sind die BVG-Leistungen für alle Mitarbeiter seines Betriebs garantiert, selbst wenn die Beiträge nicht immer korrekt überwiesen wurden. Aber selbst dann, wenn der Arbeitgeber sich überhaupt keiner Vorsorgeeinrichtung angeschlossen hat, gehen die Mitarbeiter nicht einfach leer aus. In solchen Fällen springt die gesamtschweizerische Stiftung Auffangeinrichtung ein. Die Adresse ist auf der letzten Seite jedes Telefonbuches zu finden. Im übrigen wachen die AHV-Kassen darüber, dass alle Betriebe Mitglieder einer Vorsorgeeinrichtung sind.

Was ist versichert?
Versichert wird nach BVG (höhere Versicherungen auf freiwilliger Basis sind möglich) nicht etwa das gesamte Einkommen des Arbeitnehmers, sondern nur der sogenannte koordinierte Lohn (koordiniert mit der AHV). Er beträgt maximal 46 560 Franken (Differenz zwischen dem maximalen versicherten Verdienst von 69 840 und dem minimalen versicherten Verdienst von 23 280 Franken, Stand 1995/96). Ausgehend von diesem koordinierten Lohn schüttet die Pensionskasse – etwa unter den gleichen Voraussetzungen wie die AHV – Alters-, Invaliden-, Witwen- und Waisenrenten aus. Witwerrenten sind vom Gesetz nicht vorgeschrieben, werden jedoch von vereinzelten Kassen auf freiwilliger Basis gewährt. Das BVG lässt zu, dass die Renten unter gewissen Bedingungen auch als Kapitalabfindung bezogen werden können. Dies muss jedoch drei Jahre vor der Pensionierung angemeldet werden.

Das BVG-Modell funktioniert nach dem sogenannten Kapitaldeckungsverfahren. Jeder finanziert sich seine Altersvorsorge selbst, indem er mit seinen Beiträgen im Lauf der Jahre ein Sparguthaben anhäuft, aus welchem ihm im Alter seine Rente bezahlt wird. Die Höhe der Altersrente hängt damit allein von den einbezahlten Beiträgen ab. Das im Gegensatz zur AHV, die nach dem Umlageverfahren finanziert wird: Die Beiträge der zur Zeit Erwerbstätigen kommen laufend den derzeitigen Rentenempfängern zugute.

Im Vergleich zur AHV kommt das BVG den Versicherten teuer zu stehen. Rund sechs bis zehn Prozent der Prämien verschwinden in Form von Verwaltungsaufwand in den Kassen der Versicherungen. Der Verwaltungsaufwand bei der AHV beträgt nur gerade ein bis zwei Prozent.

Beiträge an die berufliche Vorsorge

Über die Höhe der Pensionskassenbeiträge im Einzelfall schweigt sich das Gesetz aus. Es legt lediglich fest, dass gesamthaft mindestens die Hälfte aller Beiträge vom Arbeitgeber zu tragen sind und dass sie von der einzelnen Pensionskasse so festgelegt werden müssen, dass sie ausreichen, die gemäss BVG vorgeschriebenen minimalen Leistungen zu erbringen (jede Pensionskasse ist allerdings frei, höhere Leistungen zu versichern).

Jedes Jahr muss dem Konto eines Arbeitnehmers ein gewisser Prozentsatz des koordinierten Lohnes gutgeschrieben werden. Die Höhe dieser sogenannten Altersgutschriften ist – wie aus der folgenden Tabelle ersichtlich – abhängig von Alter und Geschlecht:

| Alter | | Prozent des |
Frauen	Männer	koordinierten Lohnes
25–31	25–34	7 %
32–41	35–44	10 %
42–51	45–54	15 %
52–62	55–65	18 %

Die Pensionskassenbeiträge, die nicht identisch sein müssen mit den Altersgutschriften, werden monatlich bezahlt. Der Arbeitgeber zieht sie den Arbeitnehmern vom Lohn ab und überweist sie – zusammen mit seinen eigenen Anteilen – an die jeweilige Vorsorgeeinrichtung. Viele Firmen erheben die Beiträge analog zu den Altersgutschriften. Die Mitarbeiter (und mit ihnen der Arbeitgeber) zahlen daher mit zunehmendem Alter immer höhere Prämien. Kein Wunder, dass die heutige Ausgestaltung der zweiten Säule nicht unwesentlich dazu beiträgt, dass ältere Arbeitnehmer auf dem Arbeitsmarkt kaum mehr gefragt sind.

Ein Ausweg aus diesem Dilemma wären anstelle der gestaffelten sogenannte Durchschnittsbeiträge. Das heisst, alle Arbeitnehmer bezahlen – ungeachtet des Alters – gleich hohe Beiträge, welche für junge Mitarbeiter etwas höher, für ältere etwas tiefer liegen als ihre Altersgutschriften. Dieses System wird in etlichen Kassen bereits angewendet. Solange jedoch nicht alle Pensionskassen das gleiche Betriebssystem haben, kann dies im Einzelfall zu Ungerechtigkeiten führen. Nämlich dann, wenn ein Arbeitnehmer, der in jungen Jahren einer Kasse mit

Durchschnittsprämien angehörte, in eine Kasse mit gestaffelten Beiträgen wechselt. Hier liegt eine der vielen Schwachstellen des BVG, welche dringend der Lösung bedürfen.

Die oben beschriebenen Beitragszahlungen dienen der Altersvorsorge. Dazu kommen noch die Versicherungsprämien für Invalidität und Tod. Sie betragen 1,7 bis 3,5 Prozent des koordinierten Lohnes. Weitere 0,2 Prozent gehen an die gesamtschweizerische Stiftung Sicherheitsfonds. Dieser Fonds springt ein, wenn eine Vorsorgeeinrichtung zahlungsunfähig wird oder eine ungünstige Altersstruktur aufweist. Ein letztes Beitragsprozent schliesslich ist für Sondermassnahmen zugunsten der Übergangsgeneration bestimmt.

- Seit 1987 können alle Pensionskassenbeiträge von den Steuern abgezogen werden (Staats-, Gemeinde- und Bundessteuern). Dem gegenüber sind die seit 1985 finanzierten Rentenanteile voll als Einkommen versteuerbar.

Was geschieht mit dem Pensionsguthaben bei Stellenwechsel?
Wer vor 1995 die Stelle wechselte, musste in der Regel einen erklecklichen Teil seines Altersguthabens ans Bein streichen. Seit dem 1. Januar 1995 regelt das Bundesgesetz über die Freizügigkeit in der beruflichen Vorsorge (FGZ) die Freizügigkeitsansprüche beim Stellenwechsel. Wer heute aus einer Vorsorgeeinrichtung austritt, hat stets Anspruch auf das gesamte für ihn zurückgestellte Kapital. Das Freizügigkeitsgesetz gilt für alle Vorsorgeverhältnisse, also auch für den vor- oder überobligatorischen Bereich. Folgende Regeln sind zu beachten:
- Aus dem Pensionskassenreglement muss hervorgehen, ob die Freizügigkeitsleistung nach den Regeln des Freizügigkeitsgesetzes für Beitragsprimatpläne (Art. 15 FGZ) oder für Leistungsprimatpläne (Art. 16 FGZ) berechnet wird. Beim Leistungsprimat werden die Leistungen in festgelegten Prozenten vom versicherten Verdienst ausgedrückt; die Finanzierung richtet sich nach diesen Leistungsversprechen. Beim Beitragsprimat richten sich die Leistungen nach der Höhe der bezahlten Beiträge beim Eintritt des Versicherungsfalls (Alter, Invalidität, Tod).
- Gemäss Artikel 17 des Freizügigkeitsgesetzes hat der austretende Mitarbeiter mindestens Anspruch auf die von ihm seinerzeit in die Vorsorgeeinrichtung eingebrachte Leistung samt Zins sowie auf die von ihm während der Mitgliedsdauer geleisteten Arbeitnehmerbeiträge. Dazu kommt ein Zuschlag, der vier Prozent dieser Summe für jedes das zwanzigste Altersjahr übersteigende Lebensjahr, maximal aber 100 Prozent,

beträgt. Wenn hauptsächlich der Arbeitgeber die berufliche Vorsorge finanziert, ist wenigstens ein Drittel aller reglementarischen Beiträge wie Arbeitnehmerbeiträge zu behandeln. Von den Arbeitnehmerbeiträgen dürfen Anteile abgezogen werden, die der Finanzierung von temporären Leistungen an Invalide und Hinterlassene, von Überbrückungsrenten und von sogenannten Sondermassnahmen (unter anderem Teuerungsausgleich) dienen, wenn das Reglement dies vorsieht.

- Mit der Freizügigkeitsleistung ist dem austretenden Versicherten eine detaillierte Abrechnung auszuhändigen, aus der auch hervorgeht, wie die Freizügigkeitsleistung berechnet wurde. Der Arbeitnehmer muss zudem darüber informiert werden, wie er den Vorsorgeschutz zum Beispiel bei Arbeitslosigkeit erhalten kann. Unterlässt die Vorsorgeeinrichtung diese Information, kann sie schadenersatzpflichtig werden.
- In der Regel wird die Freizügigkeitsleistung nahtlos an die Vorsorgeeinrichtung des neuen Arbeitgebers überwiesen. Kommt es zu Verzögerungen, muss die Austrittsleistung ab dem Tag des Austritts aus der Vorsorgeeinrichtung (meist Ende der Kündigungsfrist) zu fünf Prozent verzinst werden. Welche Gründe zur Verspätung geführt haben, spielt keine Rolle. Der austretende Versicherte muss der Vorsorgekasse aber mitteilen, wohin die Austrittsleistung überwiesen werden soll.
- Tritt der Versicherte in keine neue Vorsorgeeinrichtung ein, so kann er selbst bestimmen, auf welche Weise er den Vorsorgeschutz aufrechterhalten will. Wenn das Reglement der alten Pensionskasse dies zulässt, kann er den Betrag auch in der bisherigen Einrichtung belassen. Andernfalls kommt das Guthaben in eine Freizügigkeitspolice oder auf ein Freizügigkeitskonto.
- Erhält die alte Vorsorgeeinrichtung vom Austretenden keine Information, wohin die Austrittsleistung zu überweisen ist, muss sie spätestens zwei Jahre, nachdem der Arbeitnehmer bei ihr ausgetreten ist, den Betrag an die Auffangeinrichtung überweisen. Diese eröffnet ein Freizügigkeitskonto. Ein neuer Versicherungsschutz wird dadurch nicht begründet.
- Das Gesetz verlangt neu, dass immer die gesamte Austrittsleistung in die neue Vorsorgeeinrichtung einzubringen ist. Es ist nicht mehr erlaubt, Freizügigkeitsguthaben nur zum Teil an die neue Einrichtung zu überweisen. Der nicht zum Einkauf benötigte Teil des Guthabens kann in eine Freizügigkeitspolice eingebracht oder auf ein Freizügigkeitskonto einer Bank überwiesen werden. Mit derartigen Guthaben lassen sich auch spätere Leistungserhöhungen (zum Beispiel nach Lohnerhöhungen) einkaufen.

Kann man sich die Freizügigkeitsleistung bar auszahlen lassen?
Dies ist eine häufig gestellte Frage. Die Antwort lautet grundsätzlich nein. Die Pensionskasse ist verpflichtet, das Guthaben eines austretenden Angestellten an die Vorsorgeeinrichtung des neuen Arbeitgebers zu überweisen. Hat der Arbeitnehmer noch keine neue Stelle, wird, wie erwähnt, ein Freizügigkeitskonto oder eine Freizügigkeitspolice erstellt. Der Arbeitnehmer kann diesbezüglich frei entscheiden. Barauszahlung ist nur in folgenden Ausnahmefällen möglich:
- wenn die Austrittsleistung eines Arbeitnehmers weniger als einen Jahresbeitrag ausmacht
- wenn der Arbeitnehmer die Schweiz endgültig verlässt
- wenn er eine selbständige Erwerbstätigkeit aufnimmt

> Für Arbeitnehmer, die nicht nahtlos in eine neue Stelle wechseln: Die Versicherung gegen Invalidität und Tod erlischt 30 Tage nach Beendigung des Arbeitsverhältnisses. Mit einer Freizügigkeitspolice kann eine Versicherung gegen die Risiken Tod und Invalidität verbunden werden (Beratungsstellen im Anhang, Seite 260).

Wann werden die Renten ausbezahlt?
Die *Altersrenten* werden entsprechend den Bestimmungen im Pensionskassenreglement fällig.

Invalidenrenten werden, sofern die Invalidität durch Krankheit verursacht wurde, analog zu den Bestimmungen der staatlichen IV ausgerichtet: Eine halbe Rente gibt es bei mindestens 50 Prozent, eine ganze Rente bei mindestens 66 Prozent Invalidität. Bezüger einer Invalidenrente gemäss BVG können zusätzlich eine Kinderrente in Höhe von 20 Prozent der IV-Rente beziehen, sofern ihr Kind unter 18 Jahre alt (unter 25 und noch in Ausbildung) oder selbst über zwei Drittel invalid ist. Die Invalidenrente ist gleich hoch wie die zu erwartende Altersrente.

Anspruch auf eine *Witwenrente* besteht, wenn die hinterbliebene Ehefrau Kinder hat oder mindestens 45 Jahre alt ist und die Ehe mindestens fünf Jahre gedauert hat. Die Witwenrente beträgt 60 Prozent der Altersrente. Witwen, die diese Voraussetzung nicht erfüllen, erhalten eine einmalige Abfindung in Höhe von drei Jahreswitwenrenten. Witwenrenten erlöschen, sobald die Anspruchsberechtigte wieder heiratet.

Auch *geschiedene Frauen* haben unter Umständen Anspruch auf eine Witwenrente, wenn der Ehemann stirbt. Voraussetzung: mindestens zehnjährige Ehe. Die Witwenrente für Geschiedene ist allerdings nur so hoch, wie die Unterhaltsbeiträge, die der Exmann gemäss Scheidungsurteil noch hätte bezahlen müssen. Dabei werden allfällige AHV-Renten angerechnet.

Seit dem Inkrafttreten des Freizügigkeitsgesetzes kann das Gericht bei einer Ehescheidung bestimmen, dass ein Teil der Austrittsleistung, die ein Ehegatte während der Ehe erworben hat, an die Vorsorgeeinrichtung des anderen zu übertragen sei. Diese Übertragung wird an die scheidungsrechtlichen Ansprüche angerechnet, soweit sie die Vorsorge sicherstellen. Der Scheidungsrichter teilt der Vorsorgeeinrichtung von Amtes wegen den zu übertragenden Betrag und die Angaben über die Erhaltung des Vorsorgeschutzes mit. Versicherte, deren erworbene Vorsorge durch diese Übertragung auf den Ex-Ehegatten teilweise reduziert wird, haben das Recht, ihren ursprünglichen Vorsorgeschutz wieder einzukaufen.

Waisenrenten werden an Kinder des Verstorbenen ausbezahlt, sofern sie noch unter 18 Jahre alt sind oder unter 25 Jahre und in der Ausbildung stehen. Die Waisenrente beträgt wie die Kinderrente 20 Prozent der Altersrente.

Invalidenrente nach BVG

Viele Leute denken im Zusammenhang mit Pensionskassen nur an eine Alters- und Hinterlassenenvorsorge. Mindestens ebenso wichtig sind die Invaliditätsleistungen aus der beruflichen Vorsorge. Besonders ins Gewicht fallen sie, wenn jemand wegen einer Krankheit invalid wird, reichen doch die Renten der Invalidenversicherung allein oft nicht für den Lebensunterhalt. Aber auch bei Invalidität wegen eines Unfalls kann – soweit dadurch keine Überversicherung entsteht – eine Rente der beruflichen Vorsorge zum Zug kommen. Auch wenn zahlreiche Reglemente und Versicherungsausweise noch sagen, Invaliden- und Hinterlassenenrenten kämen bei Unfällen nicht in Frage, so stimmt das nach neuerer bundesgerichtlicher Rechtsprechung nicht generell, sondern höchstens im Einzelfall.

Voraussetzung für eine Invalidenrente nach BVG ist immer, dass der Invaliditätsgrund in einer Zeit entstanden ist, als der Versicherte einer Vorsorgeeinrichtung angehörte. Der Versicherungsschutz dauert bis 30 Tage nach Beendigung des Arbeitsverhältnisses.

Daraus folgt: Ein Arbeitnehmer, der nach Beendigung eines Arbeitsverhältnisses invalid wird, hat dennoch Anspruch auf die Invalidenrente der Vorsorgeeinrichtung, wenn seine Krankheit noch während des Arbeitsverhältnisses entstanden ist. Angesichts der Wartefrist für IV-Renten von einem Jahr bedeutet das: Ein Anspruch auf eine Rente der Vorsorgeeinrichtung entsteht dann, wenn der Austritt aus dem Arbeitsverhältnis nicht mehr als 13 Monate vor dem Anspruch auf eine IV-Rente erfolgt ist.

Nach neuer Gerichtspraxis bleibt im übrigen die bisherige Vorsorgeeinrichtung auch später, bei einer Verschlimmerung einer Teilinvalidität, leistungspflichtig, sofern diese Verschlimmerung auf dieselbe Ursache zurückgeht wie die ursprüngliche Teilinvalidität. Diese Regel gilt allerdings nur im Bereich des BVG-Obligatoriums generell; für über- und vorobligatorische Leistungen sind die Bestimmungen des Pensionskassenreglements massgebend.

Da ein Invalider eventuell zu einem späteren Zeitpunkt wieder einmal erwerbstätig wird, ist die Vorsorgeeinrichtung gemäss BVG verpflichtet, seine Altersgutschriften weiterzuführen und zu verzinsen. Als Basis gilt der zuletzt erzielte Verdienst. Erlischt später der Anspruch auf Invalidenrente, so erhält der Versicherte eine Freizügigkeitsleistung im Umfang des weitergeführten Altersguthabens. Die Altersgutschriften werden sogar dann weitergeführt, wenn es sich um eine durch Unfall hervorgerufene Invalidität handelt und kein Anspruch auf Invalidenrente besteht.

Wohneigentumsförderung mit Hilfe der zweiten Säule
Seit Anfang 1995 haben Versicherte einer beruflichen Vorsorgeeinrichtung die Möglichkeit, die angesparten Mittel unter ganz bestimmten Voraussetzungen zur Finanzierung von selbstgenutztem Wohneigentum einzusetzen. Zu unterscheiden ist der Vorbezug und die Verpfändung.

Bis drei Jahre vor Erreichen des Rentenalters kann ein Versicherter einen Betrag bis zur Höhe der Freizügigkeitsleistung, mindestens aber 20 000 Franken, vorbeziehen. Bei verheirateten Versicherten ist dies nur möglich, wenn der Ehemann oder die Ehefrau dem Vorbezug schriftlich zustimmt. Wird das Wohneigentum, für das Vorsorgegelder eingesetzt wurden, später veräussert, muss die bezogene Summe wieder an die Vorsorgeeinrichtung zurückerstattet werden.

Vorbezogenes Guthaben ist sofort zu versteuern. Der Anspruch auf Vorsorgeleistungen wird durch den Vorbezug entsprechend reduziert. Gegen Leistungskürzungen bei Tod und Invalidität kann eine Zusatzversicherung abgeschlossen werden.

Anstelle des Vorbezugs kann der Versicherte seinen Anspruch auf Vorsorgeleistungen oder auf die Freizügigkeitsleistung auch verpfänden. Dadurch bleibt sein Vorsorgeschutz ungeschmälert erhalten, solange es nicht zu einer Pfandverwertung durch den Gläubiger kommt.

Die Arbeitnehmer dürfen mitreden
Seit anfangs 1987 müssen alle anerkannten Pensionskassen paritätisch verwaltet werden. Auch solche, die über das BVG-Minimum hinausgehende Leistungen anbieten. Im Stiftungsrat müssen Arbeitnehmer und Arbeitgeber gleich stark vertreten sein. Arbeitnehmer und Arbeitgeber haben also gleich viele Stimmen, wenn es darum geht, Pensionskassenreglemente zu erlassen oder abzuändern. Ein Grund mehr für alle Arbeitnehmer, sich genau über die Vorsorgeeinrichtung des eigenen Betriebs zu informieren und sich auch durch komplizierte und langweilige Reglemente durchzubeissen. Nur so können sie ihr Mitspracherecht sachkundig und wirksam wahrnehmen. Sollte das Mitspracherecht im Betrieb nicht gewährleistet sein, kann man sich an die Aufsichtsbehörde wenden (siehe Anhang, Seite 260).

Das Konkurrenzverbot

Wer einen Betrieb verlässt, ist danach nicht unbedingt frei von Verpflichtungen. Unter Umständen sind seine beruflichen Perspektiven beschränkt: Der Arbeitgeber hat sich dagegen abgesichert, dass der austretende Angestellte in schmarotzerischer Weise die Erfahrungen ausschlachtet, die er bei ihm gemacht hat. Dadurch dürfen nicht die persönlichen Fähigkeiten und Kenntnisse der ehemaligen Mitarbeiter blockiert werden. Die Abgrenzung zulässiger Beschränkungen ist schwierig. Wegen der schwer abschätzbaren Folgen der Verpflichtung sollte ein Konkurrenzverbot nach Möglichkeit nicht, oder nur gegen eine erhebliche Vergütung, eingegangen werden.

Fessel für die Tüchtigen
Oft stehen in Anstellungsverträgen Bestimmungen, die den Angestellten verbieten, nach dem Firmenaustritt in einer Form zu arbeiten, welche den Arbeitgeber konkurrenzieren könnte. In der Regel wird diese Klausel verbunden mit einer *Konventionalstrafe*. Das ist die Androhung, dass bei Übertretung des Verbots ein festgesetzter Betrag geschuldet sei. Solche Verpflichtungen sind nur unter ganz engen Voraussetzungen und besonders nur dann gültig, wenn der Angestellte *geheime* Daten des Betriebs kennt; sie sollen vor allem den Mitarbeiter von einer Vertragskündigung abhalten. Wem also im Arbeitsvertrag ein Konkurrenzverbot vorgeschlagen wird oder wer bereits eins drin hat, der sollte abklären, ob es überhaupt gültig ist. Die Beurteilungskriterien werden nachfolgend erläutert. Die Gerichtspraxis ist meist viel zu unklar; es empfiehlt sich, im Zweifelsfall spezialisierte Rechtsberater zu konsultieren.

Nachfolgend ist nur von Verboten die Rede, die nach der Beendigung des Arbeitsverhältnisses gelten sollen. Während der Anstellung ist eine den Arbeitgeber konkurrenzierende Betätigung ohnehin verboten (siehe Seite 63). Dies gilt auch, wenn die Arbeit keinen Einblick in Geheimnisse bietet.

Wettbewerbsstellung des Arbeitgebers gegen Entfaltungsfreiheit der Angestellten – wer gewinnt wohl? Das Verbot, seine Kenntnisse und Fähigkeiten nach dem Betriebsaustritt in einem Konkurrenzunternehmen einzusetzen, schränkt die beruflichen Möglichkeiten enorm ein. Wenn der Angestellte sich diese Kenntnisse selbst erarbeitet hat, ist nicht einzusehen, weshalb der Arbeitgeber sie sollte blockieren dürfen. Je nach

Branche und Qualifikation könnte so ein Konkurrenzverbot zum *Berufsverbot* werden. Darum hat der Gesetzgeber besondere Voraussetzungen für die Gültigkeit eines Konkurrenzverbots aufgestellt.

Erste Bedingung ist, dass «das Arbeitsverhältnis dem Arbeitnehmer Einblick in den Kundenkreis oder in Fabrikations- und Geschäftsgeheimnisse gewährt hat» (OR 340 Abs. 2). Somit soll ein Konkurrenzverbot verhindern, dass austretende Mitarbeiter Spezialkenntnisse, die sie im Betrieb erworben haben, zum Nachteil des ehemaligen Arbeitgebers verwerten. Der Arbeitgeber soll vor Schmarotzern geschützt werden. Schutz verdient aber nur, was nicht branchenüblich, also eine betriebliche Besonderheit ist.

Das Bundesgericht hat wiederholt klargestellt, dass ein Konkurrenzverbot nicht die persönlichen Fähigkeiten und die beruflichen Erfahrungen der Angestellten blockieren darf. Austretende Angestellte können ihre persönliche Tüchtigkeit und die Berufserfahrung frei verwenden, auch zum Nachteil des früheren Arbeitgebers; bei diesem gewonnene Kenntnisse kann ein Konkurrenzverbot nur blockieren, wenn sie geheim sind, das heisst im Wettbewerb einen Vorteil bringen, weil die Konkurrenz diese Kenntnis nicht hat.

Die 19jährige Coiffeuse Jacqueline Q. trat nach dem Lehrabschluss beim Coiffeurmeister P. ein und unterschrieb ein Jahr später einen Vertrag, in dem ihr ein Konkurrenzverbot auferlegt wurde. Bei dessen Übertretung sollte sie eine Strafe von 10 000 Franken zahlen. Nach gut einem weiteren Jahr verliess sie die Stelle wegen verschiedener Differenzen. Sie trat in einem anderen Geschäft in der Nähe eine Stelle an. Obwohl P. sich verschiedener Verstösse schuldig gemacht hatte und Jacqueline in den letzten Monaten inklusive Trinkgelder nur etwa 2100 Franken monatlich verdient hatte, wurde sie vom Zürcher Obergericht zur Zahlung von 6500 Franken verurteilt.

Da wohl eher die persönlichen Fähigkeiten der Coiffeuse und nicht die Geheimnisse des Geschäftsinhabers die Arbeit und Kundenbeziehungen prägen, ist recht offensichtlich, dass dieses Urteil zumindest fragwürdig war. Man sieht, es ist oft schwierig abzugrenzen, was persönliche Berufserfahrung und was geheimes betriebliches Know-how ist.

Voraussetzungen für die Gültigkeit eines Konkurrenzverbots
Wenn ein Konkurrenzverbot eine der nachfolgenden Anforderungen nicht erfüllt, kann es angefochten werden (OR 340 und 340a):
- Das Konkurrenzverbot muss schriftlich vereinbart und genau umschrieben sein (zeitliche, örtliche Ausdehnung und Bereiche der Tätigkeit). Die Folgen der Übertretung müssen festgelegt sein.
- Das Konkurrenzverbot kann nur mit einer mündigen, urteilsfähigen Person und nie im Lehrverhältnis vereinbart werden (OR 344a Abs. 4).
- Das Arbeitsverhältnis muss Einblick in *geheime Tatsachen* gewährt haben, die für den wirtschaftlichen Wettbewerb des Arbeitgebers wichtig sind. Die Umsetzung dieser Kenntnisse muss dem Arbeitgeber bedeutenden Schaden verursachen können.
- Das Konkurrenzverbot darf das wirtschaftliche Fortkommen des verpflichteten Angestellten nicht gefährden. Eine allfällige Konventionalstrafe muss zum Lohn verhältnismässig sein.
- Der Arbeitgeber muss ein echtes Interesse am Konkurrenzverbot haben.
- Schliesslich hängt die Gültigkeit davon ab, wer gekündigt hat und was der Kündigungsgrund war.

Schriftliche Abmachung: Ein Konkurrenzverbot muss schriftlich formuliert sein, damit die verpflichtete Person sich über Umfang und Tragweite Rechenschaft ablegen und sich über die Zulässigkeit der geforderten Unterlassung erkundigen kann. Diese Abmachung muss nicht im Arbeitsvertrag enthalten sein; sie kann auch erst während des Arbeitsverhältnisses getroffen werden, zum Beispiel bei Beförderung oder Versetzung. Der Verweis auf ein Betriebsreglement oder eine allgemeine Anstellungsordnung reicht nicht; es gilt nur eine konkrete persönliche Abmachung mit der verpflichteten Person.
    Klarer Geltungsbereich: «Dem Arbeitnehmer ist es untersagt, sich nach dem Austritt aus der Firma in irgendeiner Form zu betätigen, die für sie nachteilig sein könnte. Er hat auch über alle im Betrieb erfahrenen Sachen absolute Geheimhaltung zu wahren. Diese Verpflichtung gilt weltweit. Bei einer Verletzung dieser Verpflichtung wird eine Konventionalstrafe in Höhe des zuletzt bezogenen Jahresgehalts fällig.» Ein so offen formuliertes Konkurrenzverbot im Arbeitsvertrag ist ungültig. Die Verpflichtung muss in einer Form begrenzt sein, die Bezug nimmt auf die konkrete Tätigkeit des Arbeitnehmers im Betrieb und auf den Geschäftsbereich der Firma.

Zeitliche Begrenzung: Ein Konkurrenzverbot darf in der Regel maximal drei Jahre gelten (OR 340a Abs. 1). Im konkreten Fall entscheidet, wie lange die zu schützenden Informationen für den ehemaligen Arbeitgeber von Bedeutung sind und geheim bleiben sollen.

Geographische Begrenzung: Ein Konkurrenzverbot soll den Geheimbereich des Arbeitgebers schützen. Es kann nicht weiter reichen als seine tatsächliche Geschäftstätigkeit. Wenn eine Firma nur in der Ostschweiz aktiv ist, kann sie nicht Tätigkeiten im Raum Basel verbieten; dort ist sie ohnehin nicht konkurrenziert. Der geographische Geltungsbereich muss konkret umschrieben sein.

Inhaltliche Begrenzung: Nicht nur der Geschäftsradius des Arbeitgebers ist entscheidend; wichtiger ist der Arbeitsbereich des austretenden Angestellten. Nur dort musste der Arbeitgeber Einblick in geheime Informationen gewähren. Bei einem Grossunternehmen wird das offensichtlich: Einem Chemiker, der mit Düngemitteln arbeitet, kann kein Konkurrenzverbot für Kopfwehmittel auferlegt werden, auch wenn die sein Arbeitgeber ebenso produziert. Entscheidend ist die Frage: Welche Geheimnisse will und kann der Arbeitgeber schützen?

Geschäftsgeheimnisse und Kundenkreis

Ein Konkurrenzverbot ist nach dem Gesetz verbindlich, wenn «das Arbeitsverhältnis dem Arbeitnehmer Einblick gewährte in den Kundenkreis oder in Fabrikations- oder Geschäftsgeheimnisse», das heisst in geheime Tatsachen oder Vorgänge. Entscheidend ist daher, was man unter einem Geheimnis versteht. Ist geheim, was der Arbeitgeber so bezeichnet? Reicht ein «Geheim»-Stempel, um den Verbotsbereich zu definieren? Und: Wer denn hat nicht in irgendeiner Weise Einblick in den Kundenkreis seines Arbeitgebers? Gerade mit diesem Einblick in den Kundenkreis begründen die Gerichte gern die Zulässigkeit eines Konkurrenzverbots. Meistens zu Unrecht, denn auch hinsichtlich des Kundenkreises müssen geheime, der Konkurrenz nicht zugängliche Eigenheiten des Betriebs bestehen.

Geschäftsgeheimnisse: Als geheim gelten Informationen, die nur einem begrenzten Personenkreis zugänglich sind. Nicht alle Daten, die innerhalb eines Betriebs als geheim behandelt werden, können ein Konkurrenzverbot rechtfertigen. Das Gehalt und die Gratifikation der Direktorin oder die Gesundheitsschwierigkeiten des Vorarbeiters sind nur wenigen Angestellten bekannt; dies ist keine Begründung für ein Konkurrenzverbot.

Nur die Kenntnis von Informationen, die im wirtschaftlichen Wettbewerb, im Konkurrenzkampf auf dem vom Arbeitgeber bedienten Markt wichtig sind, können ein Konkurrenzverbot rechtfertigen. So zum Beispiel ein Fabrikationsverfahren, die Zusammensetzung von Produkten, das Betriebs-Know-how. Sind die Informationen einem interessierten Fachmann leicht zugänglich oder gar bekannt, liegt kein Geheimnis vor. Das Geschäftsgeheimnis muss also eine originale Schöpfung des Arbeitgebers sein. Das Geheimnis kann unter Umständen vom verpflichteten Arbeitnehmer im Rahmen seiner Tätigkeit geschaffen worden sein (zum Beispiel Chemiker, Ingenieur).

Für die Produktion von eingefärbten Kunststoffartikeln entwickelte Susanne S. ein Verfahren, das eine bessere Haltbarkeit und auch kürzere Herstellungszeiten aufwies. Nachdem sie gekündigt hatte, beharrte der Arbeitgeber auf der Konkurrenzklausel im Arbeitsvertrag, besonders, was die Entwicklung von Susanne betraf. Dass dies ein Geschäftsgeheimnis sei, war unbestritten. Dass das Verfahren auf ihren Fähigkeiten und Ideen beruhte, konnte, entgegen den Hoffnungen von Susanne, das Konkurrenzverbot nicht abwenden. Gemäss OR gehören Erfindungen, die in Erfüllung der Arbeitspflicht gemacht werden und in einem sachlichen Zusammenhang zum Aufgabenbereich stehen, dem Arbeitgeber (siehe Seite 67). Er kann sie daher zur Begründung des Verbots anführen.

Was zum geschützten Geheimbereich eines Unternehmens gehört, und ob konkret ein Geschäftsgeheimnis besteht, kann nur im Einzelfall abgeklärt werden. Ein wichtiges Abgrenzungskriterium ergibt sich dabei noch aus einem weiteren vom Gesetz aufgestellten Erfordernis: Die Verwertung des Einblicks in geheime Tatsachen des Arbeitgebers müssten diesen *erheblich schädigen* (OR 340 Abs. 2). Es reicht nicht, dass der Angestellte Einblick hatte in Fabrikations- oder andere Geschäftsgeheimnisse. Es müssen Informationen von besonderer Bedeutung sein, die einem Konkurrenten konkreten Nutzen brächten, also verwertbar sind. Dabei ist es unwichtig, ob dem Arbeitgeber tatsächlich ein Schaden entsteht; die Gefahr eines Nachteils reicht aus.

Die Kenntnis der Bezugsquellen und Preise des Arbeitgebers kann nach Auffassung des Zürcher Obergerichts kein Konkurrenzverbot rechtfertigen. Es sind keine Geheimnistatsachen, zumal jedes Unternehmen nach seinen Rahmenbedingungen die Preise kalkulieren muss. Im

Einzelfall kann geheim sein, wo bestimmte Materialien bezogen werden können. Dann nämlich, wenn auch Branchenkenner dies nicht leicht in Erfahrung bringen können.
Kundenkreis: Ohne Kundschaft überlebt kein Geschäft. Daher hat jedes Unternehmen einen Kundenkreis, den es verteidigen und ausbauen will. Wirtschaftlicher Wettbewerb, Marktwirtschaft heisst Kampf um den Kunden. Die Gefahr, Kunden zu verlieren, ist Teil des Unternehmerrisikos und gehört zur Geschäftstätigkeit. Selbstverständlich erhalten die Angestellten Einblick in den Kundenkreis des Arbeitgebers; das rechtfertigt kein Konkurrenzverbot.

Diese nach Auffassung des Beobachters klaren Fakten ignorieren noch immer viele Gerichte. Sie wollen nicht sehen, dass austretende Angestellte sich nur dann einem Konkurrenzverbot unterwerfen müssen, wenn sie Einblick hatten in Kundenbeziehungen, die der Konkurrenz verborgen, also geheim sind. Sei es, dass der Kundenkreis an sich oder die zu dessen Gewinn oder Erhaltung getroffenen Massnahmen geheim sind und einen Wettbewerbsvorteil für den Arbeitgeber bringen.

Nach Bundesgerichtspraxis ist ein Konkurrenzverbot von vornherein ausgeschlossen, wo die Kundenbeziehungen in erster Linie geprägt sind durch die Persönlichkeit und Fähigkeiten des Angestellten. Auch das kann nur im konkreten Einzelfall entschieden werden.

Bruno K. hatte in einem Garagenbetrieb gearbeitet, in dem keine Geschäftsgeheimnisse zur Diskussion standen. Das Obergericht des Kantons Aargau sah in Brunos neuer Stelle als Pneu-Monteur und -Verkäufer eine verbotene konkurrenzierende Tätigkeit, die es mit dem Einblick in den Kundenkreis rechtfertigte. Die Begründung dieser These ist schon beinahe Satire: Es sei bekannt, dass der Verkauf von Autobatterien und Sommer- oder Winterreifen, insbesondere auch die Montage der Pneus und das Auswuchten der Räder, eine Vertrauenssache sei. Durch seine Tätigkeit habe Bruno K. Einblick gewonnen in den Kundenkreis, und daher könne er den ehemaligen Arbeitgeber durch den Stellenwechsel zu einem Konkurrenzbetrieb erheblich schädigen!

Dieses Urteil hat so wenig mit dem Schutzgedanken des Gesetzes zu tun, wie das im Fall der Coiffeuse Jacqueline Q. Konkurrenzverbote müssen nur Anwendung finden, wo schmarotzerisch profitiert werden soll von nicht branchenüblichen Leistungen des Arbeitgebers. Das Bundesgericht hat wiederholt festgestellt, dass Angestellte ihre persönlichen Fähigkeiten und beruflichen Erfahrungen unabhängig davon, wo sie sie erlangt haben, selbst zum Nachteil eines früheren Arbeitgebers nutzen dürfen.

Ohnehin darf die berufliche Zukunft der Angestellten nur dann eingeschränkt werden, wenn dem Arbeitgeber keine anderen Massnahmen zum Schutz seiner Kundenbeziehungen zur Verfügung stehen. Bei einem Vertreter können eine gute Kundenkartei und die rechtzeitige Einführung des Nachfolgers gewährleisten, dass die Ansprüche der Kundschaft im bisherigen Rahmen befriedigt werden. Der persönliche Charme und Einsatz als Zugabe des Vertreters darf durch ein Konkurrenzverbot sowieso nicht blockiert werden.

• Wer einem Konkurrenzverbot unterliegt und sich mit einem Stellenwechsel befasst, sollte sich unbedingt qualifiziert beraten lassen – und zwar vor der Kündigung. Die Rechtsprechung ist sehr uneinheitlich; ein Risiko bleibt fast immer.

Schutz der beruflichen Entfaltungsmöglichkeiten

Mit der Formulierung, das Verbot müsse so begrenzt sein, dass «eine unbillige Erschwerung des wirtschaftlichen Fortkommens des Arbeitnehmers ausgeschlossen ist» (OR 340a Abs. 1), brachte der Gesetzgeber zum Ausdruck: Der beruflichen Freiheit Angestellter muss Priorität zukommen. Ein Konkurrenzverbot darf für die betroffene Person also nicht zu einem Berufsverbot werden. Die Ausübung des angestammten Berufs, in dem sie besondere Fähigkeiten erwarb, darf ihr nicht verunmöglicht werden. Allerdings kann eine Beschränkung der beruflichen Entfaltungsmöglichkeiten eintreten, wenn der verpflichteten Person für die Dauer des Konkurrenzverbots eine Vergütung *(Karenzentschädigung)* bezahlt wird.

Je nach Ausbildung des Angestellten und je nach Branchenverhältnissen muss die Grenze im Einzelfall definiert werden. Dabei ist zu beachten, dass in gewissen Tätigkeiten bereits ein vorübergehender Berufsunterbruch die Karriere in Frage stellt.

Wurde eine Karenzvergütung vereinbart, muss der Arbeitgeber sie auch zahlen, wenn der ehemalige Arbeitnehmer nach dem Austritt etwas Berufsfremdes macht.

Ein auf elektrische Messgeräte spezialisierter Elektromechaniker hatte sich verpflichtet, nach dem Austritt aus der Firma während zweier

Jahre nicht in konkurrenzierender Weise tätig zu werden. Das Verbot sollte im ganzen Gebiet der europäischen Industrieländer gelten. Dafür war ihm unter Anrechnung des Ersatzverdienstes eine Entschädigung zugesichert worden.
Der Elektromechaniker gründete eine Judoschule. Der frühere Arbeitgeber verweigerte die Zahlung der Entschädigung, da sich der Arbeitnehmer nicht um eine einträglichere Beschäftigung bemüht habe, bei der er seine Kenntnisse hätte einsetzen können. Das Bundesgericht hielt dem entgegen, dass der Arbeitnehmer angesichts der drakonischen Konventionalstrafe sich verständlicherweise einem anderen Beruf zugewendet habe. Der Arbeitgeber müsse daher auch die Entschädigung leisten. Das würde auch gelten, wenn die verpflichtete Person sich umschulen liesse.

Kündigungsgrund kann Konkurrenzverbot aufheben
Die Verpflichtung des Angestellten, den früheren Arbeitgeber nicht zu konkurrenzieren, kann aus verschiedenen Gründen dahinfallen. Zum Beispiel, weil der Arbeitgeber im Bereich, den das Konkurrenzverbot schützen wollte, nicht mehr geschäftlich aktiv ist oder die zu schützenden Daten nicht mehr geheim sind (OR 340c Abs. l).

Das Konkurrenzverbot entfällt auch, wenn die Umstände, die zur Auflösung des Arbeitsverhältnisses führten, es ungerecht erscheinen liessen, austretende Angestellte weiter zu belasten. Das ist zum Beispiel der Fall, wenn der Arbeitgeber dem Angestellten begründeten Anlass zur Kündigung gab oder wenn der Arbeitgeber die verpflichtete Person ohne vernünftigen Grund entliess (OR 340c Abs. 2).

Das Konkurrenzverbot fällt dahin, wenn der Arbeitnehmer kündigte, weil der Arbeitgeber seine vertraglichen Verpflichtungen oder auch Treu und Glauben verletzte. Beispielsweise anerkannten die Gerichte die Kündigung als berechtigt und das Konkurrenzverbot als gegenstandslos bei folgenden Gründen:
- Missachtung der Persönlichkeit, insbesondere unsittliche Annäherungen von Vorgesetzten
- unvollständige oder unregelmässige Erfüllung der Lohnzahlungspflicht
- Nichteinhalten von Zusicherungen wie Lohnerhöhungen oder Beförderung, sehr schlechte Entlöhnung
- Verlegung des Arbeitsorts

Übertretung des Konkurrenzverbots
Wer einen Vertrag nicht einhält, wird grundsätzlich schadenersatzpflichtig. Das gilt auch bei der Übertretung des Konkurrenzverbots. Darum wird zur Vereinfachung und als Abschreckung meist eine Konventionalstrafe vereinbart. Der Arbeitgeber kann bei der Übertretung des Konkurrenzverbots sofort einen im voraus festgesetzten Betrag fordern, auch wenn noch gar kein Schaden eingetreten ist. Meistens wird in der Klausel auch festgehalten, dass der Arbeitgeber das Recht habe, «die Beseitigung des rechtswidrigen Zustands» zu verlangen (sogenannte Realexekution). Das bedeutet, dass die verpflichtete Person auf richterliches Geheiss die konkurrenzierende Tätigkeit aufgeben muss.

Schadenersatz: Wer Schadenersatz fordert, muss zweierlei beweisen: welche finanzielle Einbusse er erlitten und dass die beklagte Person diese verursacht hat. Das gilt auch hier und wird dem Arbeitgeber aus einleuchtenden Gründen Probleme bereiten. Nur im Ausnahmefall wird er beweisen können, dass und welche Geschäfte ihm aufgrund der konkurrenzierenden Tätigkeit des ehemaligen Angestellten entgingen. Je grösser das Geschäftsaufkommen des früheren Arbeitgebers, um so schwieriger ist es, einen konkreten Schaden nachzuweisen. Vor allem aber hat der Angestellte die Möglichkeit, den Zusammenhang einer allfälligen Umsatzeinbusse des Arbeitgebers mit seinem Verhalten zu bestreiten. Daher wird meistens eine Konventionalstrafe vereinbart.

Konventionalstrafe: Das ist der feste Betrag, den die verpflichtete Person automatisch bezahlen muss, wenn sie den Vertrag nicht einhält. Die Summe wird fällig, sobald eine Konkurrenzierung faktisch gegeben ist; also auch dann, wenn dem ehemaligen Arbeitgeber noch kein Schaden entstanden ist. Erleidet der Arbeitgeber eine Einbusse, die den Betrag der Konventionalstrafe übersteigt, kann er für den überschiessenden Teil Schadenersatz fordern (OR 340b Abs. 2). Doch muss er nachweisen, dass der Schaden auf eine Verwertung des von dem Angestellten gewonnenen Einblicks in geheime Tatsachen des Betriebs zurückzuführen ist und dass den ehemaligen Angestellten ein Verschulden trifft.

Übermässige Konventionalstrafen reduziert der Richter. Neben der Absicherung des Schadenersatzes wollen Konventionalstrafen die Angestellten daran hindern, die Stelle zu verlassen, deshalb werden die Strafen unverhältnismässig hoch angesetzt. Eine Konventionalstrafe muss aber verhältnismässig sein zum möglichen Schaden und zum Einkommen des Angestellten. Die Praxis schützt Strafsummen bis zu einem Jahresgehalt. Im Konfliktfall werden Beträge in der Grössenordnung von einem viertel bis zu einem halben Jahresgehalt zugesprochen.

Sowohl die Forschungschemikerin als auch der Laborant kennen unter Umständen die gleiche Produktionsformel und unterliegen daher einem Konkurrenzverbot. Da die Chemikerin aber dreimal soviel verdient wie der Laborant, darf seine Konventionalstrafe auch höchstens ein Drittel betragen. Hat die Chemikerin ihr Konkurrenzverbot übertreten und folgt ihr der Laborant in das Konkurrenzunternehmen, so schuldet er dem früheren Arbeitgeber nichts. Ein bereits verletztes Geheimnis kann er nicht mehr brechen.

Die Bemessung der Konventionalstrafe kann man im Prinzip schon vor der Beendigung des Arbeitsverhältnisses, sicher aber in diesem Zeitpunkt anfechten. Immer aber muss sie der Richter überprüfen nach einer vom ehemaligen Arbeitgeber behaupteten Verletzung des Konkurrenzverbots. Der Angestellte muss darlegen, dass die Höhe der eingeforderten Konventionalstrafe unangemessen sei.

Der Richter wird neben dem drohenden Schaden und den Einkommensverhältnissen auch die Umstände der Verletzung des Konkurrenzverbots berücksichtigen. Wer sofort nach Firmenaustritt und in unmittelbarer Nähe konkurrenzierend arbeitet, hat kleinere Chancen auf eine Reduktion, als wenn die Verbotsübertretung nur geringfügig war, weil sie etwa kurz vor Ablauf der Verbotsdauer oder in einem Bereich erfolgte, in dem der ehemalige Arbeitgeber kaum mehr aktiv war.

Durchsetzung des Verbots

Unter besonders strengen Voraussetzungen kann der frühere Arbeitgeber mit Hilfe des Richters durchsetzen, dass der ehemalige Angestellte die konkurrenzierende Tätigkeit aufgeben, also beispielsweise ein neu eröffnetes Konkurrenzunternehmen schliessen muss. Im Vertrag formuliert man dieses Recht etwa so:

«Die Übertretung dieses Konkurrenzverbots zieht in jedem Fall eine Konventionalstrafe in der Höhe des zuletzt bezogenen Jahresgehalts nach sich. Die Firma ist überdies berechtigt, Ersatz des weiteren, die Konventionalstrafe übersteigenden Schadens zu fordern und die Beseitigung des vertragswidrigen Zustands zu verlangen.» Der Arbeitgeber wird diesen Anspruch in der Regel durch eine sofortige richterliche Verfügung durchzusetzen versuchen. Daher wird die verpflichtete Person nicht darumherumkommen, zur Abwehr einen spezialisierten Anwalt beizuziehen.

Der Richter darf dem Ersuchen des Arbeitgebers stattgeben, wenn glaubhaft dargelegt wird, dass die Verbotsübertretung einen bedeutenden, schwer ersetzbaren Schaden verursachen würde. Zudem ist erforderlich, dass dieser Schaden nicht anders abgewendet werden kann als mit der Durchsetzung des Verbots. Schliesslich setzt das Gesetz voraus, dass dieser schwere Eingriff in die Erwerbstätigkeit durch das Verhalten des ehemaligen Angestellten gerechtfertigt sei (OR 340b Abs. 1). Das heisst, die Verbotsübertretung muss besonders krass und stossend sein.

6. Der Rechtsweg

Der Arbeitsrechtsprozess

Recht haben und Recht durchsetzen sind zweierlei Stiefel: Streitigkeiten in Zusammenhang mit der Erfüllung des Arbeitsvertrags sind problematisch. Solange das Arbeitsverhältnis dauert, sind die Angestellten wegen des Abhängigkeitsverhältnisses am kürzeren Hebel. Wer mit der Einforderung seiner Ansprüche zu lange zuwartet, droht sie zu verlieren. Vor allem: Ohne Beweise geht nichts.

Wer mit seinem Chef nicht einig ist über Rechte und Pflichten, stösst an die Grenzen der Hierarchie. Wenn das Gespräch nichts bringt, wenn weder Gewerkschaft noch Personalkommission vermittelnd helfen können, bliebe nur der Gang zum Gericht. Dies wäre aber dem Arbeitsklima kaum förderlich. Und solange das Gesetz keinen wirksamen Kündigungsschutz bietet (siehe «Die ordentliche Kündigung», Seite 172), steht einer Durchsetzung auch berechtigter Forderungen das Abhängigkeitsverhältnis der Angestellten im Weg.

Günstiger ist die Situation bei der Beendigung des Arbeitsverhältnisses. Da ist eine gerichtliche Geltendmachung des Anspruchs mit weniger Risiko verbunden. Ans Gericht gehen heisst aber: Beweise haben. Ohne Beleg für die Forderungen nützt es nichts, im Recht zu sein.

Wie beweise ich meinen Anspruch?
Der beste Beweis ist der schriftliche Beleg, in erster Linie der Arbeitsvertrag, aber auch Quittungen, Briefe oder ähnliches. Allenfalls kann aus einem anderen Schriftstück etwas geschlossen werden (Indiz). Wer dem Gericht kein Dokument einreichen kann zur Unterstützung der Forderung, dem hilft unter Umständen ein Zeuge. Doch wenn dies Arbeitskollegen sind, die weiterhin beim beklagten Arbeitgeber arbeiten, werden sie oft nicht gern vor Gericht gegen ihn aussagen.

Bei einer fristlosen Kündigung beispielsweise empfiehlt es sich, umgehend dagegen zu protestieren, wenn sie als unberechtigt empfunden wird (siehe «Die fristlose Kündigung», Seite 190). Für diesen Protest könnte eventuell ein Kollege Zeuge sein, der das Gespräch mitgehört hat. Es ist aber unsicher, ob der Zeuge vor Gericht die Zivilcourage aufbringt; es ist deshalb wichtig, umgehend und express einen eingeschriebenen Brief an die Firma zu schicken, in dem man die Entlassung anficht und die Weiterbeschäftigung anbietet. Wenn niemand dabei oder der Gekündigte im

Moment sprachlos war, muss ohnehin schriftlich reagiert werden. Dieser Protest verhindert eine nachträgliche Behauptung, der Angestellte habe die Stelle ungerechtfertigt verlassen.

Sind Überstunden umstritten, ist es besonders heikel, wenn man sie allein leistet und darüber weder Buch führt noch sich die Mehrzeit bestätigen lassen kann; das geschieht vor allem, wenn die Überstunden an sich unbestritten sind, die Vertragsparteien aber noch offen lassen, ob sie kompensiert oder vergütet werden. Daher ist es sinnvoll, offene Ansprüche in Form eines Bestätigungsschreibens periodisch anzumelden. Das kann folgendermassen geschehen:

«Der guten Ordnung halber halte ich fest, dass ich in den Monaten September und Oktober 1995 vierzehn Überstunden geleistet habe, die bis heute weder vergütet noch kompensiert worden sind. 16. Dezember 1995, Max K.»

Natürlich muss man eine Kopie der Meldung bei sich behalten. Ähnlich kann sich die Situation darstellen bei Spesenentschädigungen, die über längere Zeit nicht ausbezahlt werden. Zur Wahrung des Anspruchs kann der Buchhaltung oder dem Vorgesetzten beispielsweise folgende Notiz zugestellt werden:

«Darf ich Sie daran erinnern, dass derzeit noch folgende angemeldeten und belegten Spesenforderungen offen sind: ...»

Wer meint, eine Forderung zu haben, und nicht weiss, wie sie zu belegen und geltend zu machen ist, lässt sich bei einer qualifizierten Auskunftsstelle beraten (Adressen im Anhang, Seite 252).

> Da es im Streitfall Beweise braucht, sollte man alle wichtigen Belege über das Arbeitsverhältnis aufbewahren! Lohnabrechnungen, Weisungen des Arbeitgebers, Pensionskassenreglemente, Vertragsänderungen usw. – grundsätzlich alles, was das Arbeitsverhältnis betrifft und schriftlich festgehalten wurde.
>
> Weil nicht abschätzbar ist, wann was weshalb Anlass zu Differenzen geben wird, bewährt es sich, diese *Belege mindestens zehn Jahre* zu behalten, obwohl arbeitsvertragliche Forderungen im Prinzip nach fünf Jahren verjähren. Am besten bewahrt man die Unterlagen bis nach der Beendigung des Arbeitsverhältnisses auf.

Wie lange kann ich noch fordern?
Forderungen aus dem Arbeitsverhältnis verjähren nach fünf Jahren. Bei Angestellten, die mit dem Arbeitgeber in Hausgemeinschaft leben (Hausangestellte, in Gast- oder Landwirtschaft usw.), beginnt die Frist erst zu laufen, wenn diese enge Wohnbeziehung aufgelöst worden ist.

Wer mit dem Arbeitgeber eine Vereinbarung getroffen hat, die gegen zwingende gesetzliche Vorschriften – wie zum Beispiel das Recht auf Krankenlohn – verstösst, kann trotz des Einverständnisses noch fordern, was ihm gemäss der gesetzlichen Ordnung zusteht. Dies gilt beispielsweise auch für Saldoquittungen. Ein Arbeitnehmer kann von Gesetzes wegen während der Dauer des Arbeitsverhältnisses und eines Monats nach dessen Beendigung nicht auf Forderungen verzichten, die ihm zwingend zustehen.

Die Kioskleiterin Helga W. hatte in ihrem Arbeitsvertrag eine Klausel, wonach sie für allfällige Inventurmankos einzustehen habe. Tatsächlich wurden ihr zweimal Fehlbeträge, die über dem üblichen Mass lagen, vom Gehalt abgezogen. Da sie sich keiner Schuld bewusst war und sich ungerecht behandelt fühlte, kündigte sie. Sie traute sich aber nicht, die Abzüge gerichtlich zurückzufordern, da sie die Mankoklausel ja unterschrieben habe. Zu Unrecht!

So verständlich die Skrupel von Helga W. sind, das Kioskunternehmen ist viel schamloser. Obwohl schon unzählige Gerichtsurteile festgestellt haben, dass die Mankohaftung gesetzeswidrig ist, behält die Kioskfirma die Klauseln im Vertrag. Denn sie hofft, dass anständige Frauen wie Helga W. sich durch die Unterschrift gebunden fühlen und allenfalls sogar Schäden zahlen, die sie nicht einmal verursacht haben. Da die Gesetzesbestimmung über die Haftung, die ein grobes Verschulden der Angestellten voraussetzt, zwingend ist (siehe Seite 69), war der Abzug illegal. Helga W. kann das Geld innert fünf Jahren noch einfordern!

Saldoquittungen sind Bestätigungen bei Beendigung des Arbeitsverhältnisses, dass keine offenen Forderungen mehr beständen. Sie lauten zum Beispiel so: «Die unterzeichnende Margrit K. bestätigt den Empfang von Fr. 4268.75 und anerkennt mit ihrer Unterschrift, dass sie damit per Saldo aller Ansprüche befriedigt ist. Die Firma Schlaumeier AG bestätigt, dass Frau K. die Firma frei von jeder Verpflichtung verlässt.» Vor derartigen Vereinbarungen sei gewarnt, da sie im Fall der Gültigkeit alle Nachforschungen ausschliessen. Daher verlange man immer vor dem Unterschreiben Bedenkzeit und eine Kopie, um eigene Abklärungen zu ermöglichen. Eine Saldoquittung ist nur soweit verbindlich, als der austretende Angestellte sich über die gesetzlich und vertraglich offenen Ansprüche bewusst war. Unter dieser Voraussetzung kann im Sinn eines sogenannten Vergleichs teilweise auf zwingende Forderungen verzichtet werden.

Unter einem Vergleich wird verstanden, dass beide Parteien teilweise auf ihre Position verzichten und zur Vermeidung des Prozesses in einen Kompromiss einwilligen. Von vornherein unverbindlich ist eine Saldoquittung, in der sich ausschliesslich der Standpunkt des Arbeitgebers durchsetzt.

Achtung: Saldoquittungen sind ungültig, sofern sie während der Dauer des Arbeitsverhältnisses oder innert 30 Tagen nach dessen Beendigung abgeschlossen wurden und wenn nur der Arbeitnehmer Konzessionen machte.

Wie muss ich meine Forderung anmelden?
Wer erfolglos versuchte, vom ehemaligen Arbeitgeber zu erhalten, was ihm zusteht, dem bleibt nur noch der Gang ans Gericht. Davor schrecken viele Leute verständlicherweise zurück. Um diese Schwellenangst etwas zu mindern und den Angestellten die Durchsetzung ihrer Ansprüche zu erleichtern, hat der Gesetzgeber Sonderbestimmungen erlassen. Deshalb bieten die Kantone für Streitigkeiten aus dem Arbeitsverhältnis ein besonderes, vereinfachtes und im Prinzip kostenloses Verfahren an. Diese Zusicherung gilt aber nur für Forderungen bis 20 000 Franken. Trotzdem besteht ein Kostenrisiko.

In den Kantonen, die in diesem vereinfachten Arbeitsrechtsverfahren Anwälte zulassen, besteht die Gefahr, bei Unterliegen dem ehemaligen Arbeitgeber etwas an seine Anwaltskosten bezahlen zu müssen. Das ist vor allem soweit stossend, als verständlicherweise Klage erhoben wurde, zum Beispiel über die Berechtigung einer fristlosen Entlassung. Obwohl der Bundesrat seinerzeit in seiner Botschaft das Gegenteil versprochen hatte, spricht die Praxis mit dem Segen des Bundesgerichts Parteienentschädigungen zu.

Vor dem Gang ans Gericht empfiehlt sich, den Fall mit einer spezialisierten Auskunftsstelle zu beraten. Dies kann eine Gewerkschaft, das örtlich zuständige Gericht oder eine allgemeine Rechtsauskunftsstelle sein (siehe Anhang, Seite 252). Diese Stelle kann den Verfahrensablauf erklären, Verhaltenstips geben und auch die Erfolgschancen beurteilen.

Die Forderung sollte man immer mit *Verzugszinsen* verknüpfen, damit der Arbeitgeber weniger Interesse an Verzögerungen hat. Nach dem Urteil sollte man auch abklären, ob der Arbeitgeber auf der zugesprochenen Summe die AHV-Beiträge abgerechnet hat. Die Klageeinreichung ist meist relativ einfach und formlos möglich. Oft haben die Gerichte sogar Formulare.

Welches Gericht ist zuständig?
Forderungen aus dem Arbeitsverhältnis können nur an zwei Orten eingeklagt werden: am Wohnsitz des Beklagten oder am Arbeitsort. Das Gesetz umschreibt den Arbeitsort als den Ort des Betriebs oder Haushalts, in dem der Arbeitnehmer Arbeit leistete (OR 343). Andere Regelungen (Gerichtsstandsklauseln) im Arbeitsvertrag wären ungültig.

Wenn Frau J. in Spreitenbach (AG) wohnt und für eine Firma in Zürich arbeitete, die in Genf ihren Sitz hat, so kann Frau J. in Zürich oder Genf klagen. Ihr ehemaliger Arbeitgeber kann sie in Baden, aber auch in Zürich einklagen.

Paul R. hatte über die Temporärfirma Tempag gearbeitet, die in Binningen bei Basel ein Büro betrieb. Dort hatte er seine Einteilungen entgegengenommen und musste er seine Rapporte abliefern. Paul R. hatte eine Kleinigkeit nicht beachtet. Das Büro wurde von einer Tempag GmbH mit Sitz in Zürich betrieben, doch der Vertrag lautete auf die «Tempag Anstalt» mit Sitz in Vaduz FL. Und im Vertrag war Vaduz als Gerichtsstand bestimmt. Da Paul R. nicht den gesamten ihm zustehenden Lohn erhielt, wollte er in Arlesheim klagen, das für Binningen zuständig ist. Obwohl er auch immer in dieser Region gearbeitet hatte, lehnte das Gericht die Zuständigkeit ab. Auf entsprechende Beschwerden halfen ihm weder das Obergericht noch das Bundesgericht! Paul R. habe mit dem Unternehmen in Binningen keinen Vertrag gehabt und sein Vertragspartner aus Vaduz dort keinen Betrieb. Nur dank der Unterstützung des Beobachters konnte Paul R. dann vor einem liechtensteinischen Gericht seine Forderungen noch durchsetzen.

Ein Lichtblick: Das Arbeitsgericht Zürich hat 1987 trotz des erwähnten Bundesgerichtsurteils die gegenteilige Auffassung mit dem Hinweis vertreten, derartige Klauseln seien rechtsmissbräuchlich.

Das Beispiel zeigt Beim Vertragsabschluss muss der Text genau gelesen werden. *Gerichtsstandsvereinbarungen,* die ein Gericht vorsehen, das vom Arbeits- oder Wohnort der Angestellten abweicht, müssen nicht akzeptiert werden, da sie ungültig sind. Erst wenn sie gestrichen worden sind, kann der Vertrag unterschrieben werden.

Wie läuft das Verfahren?

Mit der örtlichen Zuständigkeit ist aber noch nicht festgelegt, welches Gericht entscheidet und welche Verfahrensregeln zur Anwendung kommen (siehe Anhang, Seite 250). Die Verfahren vor spezialisierten Arbeitsgerichten bzw. generelle Lohnstreitigkeiten bis zu 20 000 Franken unterstehen besonderen Bestimmungen. Steht mehr Geld auf dem Spiel, gilt das normale Zivilprozessrecht des jeweiligen Kantons.

Die wichtigste Spezialregelung ist die Anwendung des sogenannten Untersuchungsgrundsatzes. Dies bedeutet, dass der zuständige Richter von sich aus den für den Streit massgebenden Sachverhalt abzuklären hat und die Beweise frei würdigen kann. Der Richter muss also aktiv werden und den Parteien Fragen stellen, um die für das Urteil entscheidenden Fakten herauszufinden. Das kommt natürlich der weniger beschlagenen und nicht so wortgewaltigen Partei, meist also dem Arbeitnehmer, entgegen. Es befreit diesen aber nicht, von sich aus soviel vorzubringen, dass der Richter überhaupt merkt, worum es geht oder wo die Prozessparteien widersprüchliche Ansichten haben. Da aber oft Anwälte zugelassen sind, kann sich trotzdem ein Ungleichgewicht ergeben, wenn nur eine Seite vertreten ist.

Dies verschärft sich dort, wo das Verfahren nicht mündlich, sondern schriftlich durchgeführt wird; wer sich unsicher fühlt bei der Abfassung eines Briefes, soll sich beraten lassen. Denn die unvollständige oder unklare Darstellung der wichtigen Fakten kann sich auch beim Untersuchungsgrundsatz nachteilig auswirken.

Je mehr nicht nur Rechtsfragen, sondern auch Tatsachen umstritten sind, die nur in einem Beweisverfahren geklärt werden können, desto eher drängt sich der Beizug eines Sachverständigen auf. Typische Beispiele sind eine fristlose Entlassung oder die Haftung für einen vom Arbeitnehmer verursachten Schaden.

Vielfach sind die Arbeitsgerichte bestrebt, eine sogenannte gütliche Einigung, einen «Vergleich», herbeizuführen. Die verfahrensleitende Person schlägt die Zahlung eines Betrags vor, der unter der eingeklagten Summe liegt, so dass – wenn der Beklagte einwilligt – das Fällen eines

Urteils und damit weiterer Aufwand vermieden wird. In derartigen Vorschläge sollte man nicht zu rasch einwilligen, denn sind sie einmal angenommen, so ist der Weiterzug an ein höheres Gericht ausgeschlossen.

- Vorsicht vor *Vergleichen:* Wird an der Gerichtsverhandlung die Erledigung durch einen Kompromiss vorgeschlagen, sollte man Bedenkzeit verlangen und sich über die Angemessenheit des Vorschlags durch sachverständige Dritte beraten lassen!

Was kostet mich eine Lohnklage?

Grundsätzlich hängen die Kosten vom Streitwert ab. Je höher dieser Betrag ist, desto höher sind die Gerichtsgebühren und vor allem die Anwaltshonorare. Der Bundesgesetzgeber hat nun aber festgelegt, dass für Forderungen bis 20 000 Franken keine Gerichtskosten erhoben werden dürfen. Davon ausgenommen sind eventuell Zeugengelder oder Expertisenkosten, je nach dem kantonalen Prozessrecht. Diese Regelung betrifft nicht die Anwaltskosten! Sofern im Verfahren Anwälte zugelassen sind, trägt die unterliegende Partei in der Regel auch die Anwaltskosten. Wer teilweise verliert, muss im gleichen Verhältnis auch an die Kosten des gegnerischen Anwalts zahlen. Das kann teuer werden.

Emil W. klagte seinen früheren Arbeitgeber wegen einer seiner Meinung nach ungerechtfertigten fristlosen Entlassung ein. Er forderte den Lohn für die drei Kündigungsmonate sowie eine Entschädigung in der Höhe von vier weiteren Monatsgehältern (siehe Seite 194). Von dieser Forderung in der Höhe von etwa 30 000 Franken schützte das Gericht nur 15 000 Franken, weil Emil W. durch sein Verhalten eine scharfe Reaktion, wenn auch nicht die fristlose Kündigung, provoziert habe. Das dicke Ende kommt noch: Da der Streitwert über der gesetzlichen Freigrenze war und Emil W. nur zur Hälfte durchgedrungen war, auferlegte ihm das Gericht die halben Verfahrenskosten. Jede Partei musste ihre Anwaltskosten selbst tragen. So musste Emil W. von den gewonnenen 15 000 Franken insgesamt 9000 Franken wieder abliefern! Wäre er vollständig unterlegen, hätte er nicht nur das Geforderte nicht erhalten, sondern noch etwa 20 000 Franken Kosten gehabt.

Es ist offensichtlich, auch im Arbeitsrecht kann die Durchsetzung von Ansprüchen leicht mit einem erheblichen Kostenrisiko verbunden sein. Wäre Emil W. Mitglied einer Gewerkschaft gewesen, hätte er deren

Rechtsschutz in Anspruch nehmen können. Diese wäre für die Gerichts- und Anwaltskosten aufgekommen.
- Wenn's zu teuer scheint: Wenn die mutmasslichen Gerichts- und Anwaltskosten im Verhältnis zu den Einkommens- und Vermögensverhältnissen untragbar erscheinen, übernimmt unter Umständen der Staat die Kosten (zu einem Teil). Darauf besteht ein verfassungsmässiger Anspruch. Konkret entscheidet sich dies weitgehend nach dem kantonalen Prozessrecht. Voraussetzung ist, dass die Forderung nicht offensichtlich aussichtslos ist.

Um diese sogenannte *unentgeltliche Rechtspflege* und Verbeiständung zu erhalten, muss ein entsprechender Antrag gestellt und die Bedürftigkeit belegt werden. Das Gericht entscheidet dann über die Berechtigung. Es empfiehlt sich aber auch in diesem Fall, zuvor eine qualifizierte Beratungsstelle zu fragen.

Um das Kostenrisiko zu begrenzen, gibt es die Möglichkeit einer Teilklage. Das heisst, es wird nur ein Teilbetrag der angestrebten Summe eingeklagt und gleichzeitig die «Mehrforderung vorbehalten». Das empfiehlt sich vor allem, wenn alles grundsätzlich von der Beurteilung einer Rechtsfrage abhängt.

Gerichts- und Anwaltskosten
Wer einen Prozess gewinnt, hat in der Regel keine Kosten. Wer aber verliert, hat auch noch den Schaden. Er muss im Ausmass der Niederlage die Kosten bezahlen. Diese Kosten setzen sich zusammen aus der Gerichtsgebühr, allenfalls dem Honorar für den eigenen und den Anwalt der Gegenpartei sowie allfälligen Zeugengeldern oder Expertenkosten.

Je nach der Höhe des Streitwerts richtet sich das Kostenrisiko. Denn Gerichte und Anwälte legen ihre Forderungen nach dem Streitwert fest. Bei Forderungen unter 20 000 Franken darf das Gericht für seinen Aufwand keine Kosten verlangen. Wo Anwälte und Anwältinnen zugelassen sind, dürfen diese aber ein Honorar fordern. Stehen mehr als 20 000 Franken im Streit, ist das Kostenrisiko entsprechend gross. Es lohnt sich, die Prozessaussichten von einem spezialisierten Rechtsvertreter abschätzen zu lassen.

Was muss ich nach dem Urteil machen?
Sobald das Gerichtsurteil rechtskräftig ist, ist auch die zugesprochene Summe fällig. Rechtskräftig ist ein Urteil, wenn die Frist zu dessen Anfechtung unbenutzt abgelaufen ist, wenn die Appellationsfrist verstri-

chen ist. Da Geldschulden von Gesetzes wegen Bringschulden sind, hat der verurteilte Schuldner das Geld unaufgefordert anzuweisen. Tut er das nicht, kann unter Bezug auf das Urteil sofort Betreibung eingeleitet werden, wobei *Verzugszins ab Urteilsdatum* verlangt werden sollte. Ein allfällig gegen die Betreibung erhobener Rechtsvorschlag lässt sich leicht beseitigen, doch muss erneut das Gericht angerufen werden.

Achtung: Nach erfolgreichem Prozess und Erhalt der zugesprochenen Summe sollte man bei der Ausgleichskasse abklären, ob der Arbeitgeber auch die entsprechenden AHV-Beiträge einbezahlt hat.

Anhang

Verzeichnis der Abkürzungen

AHV	Alters-, Hinterbliebenen- und Invalidenversicherung
ArG	Arbeitsgesetz
AVIG	Bundesgesetz über die obligatorische Arbeitslosenversicherung und die Insolvenzentschädigung
BVG	Gesetz über die berufliche Vorsorge, zweite Säule
EO	Erwerbsersatzordnung
FGZ	Freizügigkeitsgesetz
GAV	Gesamtarbeitsvertrag
GlG	Gleichstellungsgesetz
IV	Invalidenversicherung
KIGA	Kantonales Amt für Industrie, Gewerbe und Arbeit
KVG	Krankenversicherungsgesetz
LGVA	Landesgesamtarbeitsvertrag für das Gastgewerbe
NAV	Normalarbeitsvertrag
OR	Obligationenrecht
SGB	Strafgesetzbuch
SUVA	Schweizerische Unfallversicherungsanstalt
SVUTA	Schweizerischer Verband der Unternehmungen für temporäre Arbeit
UVG	Unfallversicherung
ZGB	Zivilgesetzbuch

Kleiner Führer durch den Gesetzesdschungel

Alle in diesem Abschnitt erwähnten Gesetze können bei der Eidgenössischen Drucksachen- und Materialzentrale, 3000 Bern, schriftlich bestellt werden (frankiertes Rückantwortkuvert beilegen).

Wer Fragen zum Arbeitsrecht hat, sollte als erstes den schriftlichen Arbeitsvertrag konsultieren. Findet man darin eine Antwort, ist im Obligationenrecht (OR) zu überprüfen, ob der Vertrag allenfalls dem Gesetz widerspricht. Die Bestimmungen im OR finden sich in den Artikeln 319 bis 362. Besonders wichtig sind die Artikel 361 und 362, wo gesagt wird, in welchen Punkten der Arbeitnehmer besonders geschützt wird (siehe Seite 294 f.).

Wer keinen schriftlichen Arbeitsvertrag hat, steht nicht schutzlos da. Für ihn gelten in erster Linie die Bestimmungen des Arbeitsvertragsrechts (OR Art. 319 bis 362).

Nebst den Bestimmungen im Obligationenrecht und im schriftlich fixierten Arbeitsvertrag sind oft weitere Gesetze oder Unterlagen beizuziehen.

Betriebsreglement: Grössere Betriebe geben bei der Vertragsunterzeichnung nebst dem schriftlichen Einzelarbeitsvertrag ein detailliertes Reglement ab.

Gesamtarbeitsvertrag: Über eine Million Arbeitnehmer unterstehen nicht nur dem OR, sondern auch einem Gesamtarbeitsvertrag. Darin werden Arbeitsbedingungen in einer Branche oder einzelnen Betrieben geregelt (siehe Seite 38 ff.).

Normalarbeitsverträge sind vor allem für Knechte und Mägde sowie Hausangestellte sehr wichtig. Sie gelten ebenso für alle Putzfrauen, auch wenn diese Teilzeit arbeiten (siehe Seite 41 ff.).

Arbeitsgesetz: Dieses Gesetz vom 13. März 1964 mit zahlreichen Verordnungen enthält insbesondere Gesundheits- und Schutzbestimmungen für Frauen und Jugendliche sowie Vorschriften über Höchstarbeitszeit, Ruhe- und Überzeit, Sonntags-, Nacht- und Schichtarbeit, Pausen usw. (siehe Seite 43 ff.).

Unfallversicherungsgesetz vom 20. März 1981 enthält unter anderem Vorschriften über die Gesundheitsvorsorge (siehe Seite 49).

Sonderbestimmungen oder besondere Gesetze gelten für folgende Arbeitnehmerinnen und Arbeitnehmer:

Beamte: Je nachdem, von wem Beamte angestellt sind, gelten verschiedene Gesetze:
- Bund: Beamtengesetz vom 30. Juni 1927 mit zahlreichen Verordnungen
- Kantone: kantonale Beamtengesetze, wobei jedoch nicht alle Arbeitnehmer als Beamte gewählt sind, sondern ein Teil privatrechtlich, das heisst nach den Bestimmungen des OR, angestellt ist
- Städte und Gemeinden: Es gilt Ähnliches wie bei den Kantonen, wobei für Beamte meist Reglemente massgebend sind.

Handelsreisende: OR Art. 347 bis 350. Literatur: «Empfehlungen über die Arbeitsbedingungen des Handelsreisenden», zu beziehen beim

Schweizerischen Kaufmännischen Verband, Hans Huber-Strasse 4, 8027 Zürich (Tel. 01/283 45 45) oder beim Schweizerischen Verband verkaufsorientierter Fachleute und Firmen, Grünaustrasse 10, 3084 Bern (Tel. 031/961 54 81). Beratung: Schweizerischer Verband verkaufsorientierter Fachleute und Firmen.

Heimarbeiterinnen/Heimarbeiter: OR Art. 351 bis 354 sowie Heimarbeitsgesetz vom 20. März 1981 und dazugehörige Verordnung. Literatur: Überblick des BIGA über «Heimarbeit» (wesentliche Gesetzesbestimmungen, Vollzugs- und Aufsichtsbehörden sowie Beratungs- und Arbeitsvermittlungsstellen), zu beziehen bei der Schweizerischen Zentralstelle für Heimarbeit SZH, Postfach, 3001 Bern (Tel. 031/322 38 30), wo auch weitere Broschüren bezogen werden können. Beratung: Schweizerische Zentralstelle für Heimarbeit.

Lehrlinge: OR Art. 344 bis 346 sowie Berufsbildungsgesetz vom 19. April 1978 mit diversen Verordnungen und Ausbildungsreglementen. Darin sind Vorschriften über Ausbildungsfragen (Unterricht/Abschlussprüfung/Kontrolle) enthalten. Dieses Gesetz gilt für alle Berufe mit Ausnahme der Lehrberufe in Land- und Forstwirtschaft, Fischerei, Künste, Wissenschaft, Erziehung und Krankenpflege.

Beratung: Schweizerischer Gewerkschaftsbund; für kaufmännische Lehrlinge beim Schweizerischen Kaufmännischen Verband, Herr F. Galliker, Tel. 01/283 45 84.

Ausländer: Es gibt kein Sonder-Arbeitsrecht für Ausländer. Sie unterstehen den gleichen Regeln wie ihre schweizerischen Arbeitskollegen. Ausländische Mitarbeiter dürfen aber nur arbeiten, wenn sie eine Aufenthalts- und Arbeitsbewilligung ergattern können. Die Plätze sind streng begrenzt (kontingentiert). Für zahlreiche Ausländer-Kategorien ist die Möglichkeit, den Kanton, die Stelle oder den Beruf zu wechseln, durch arbeitsmarktliche Vorschriften erheblich erschwert.

Siehe Bundesgesetz über Aufenthalt und Niederlassung der Ausländer vom 26. März 1931 mit zahlreichen Verordnungen und Beschlüssen, ferner Asylgesetz vom 5. Oktober 1979.

Beratung:

Eidgenössische
Ausländerkommission (EKA)
Monbijoustrasse 91
3003 Bern
Tel. 031/ 325 91 16

AG Aargauischer Gewerkschaftsbund
Bahnhofstrasse 57
5000 Aarau
Tel. 062/823 23 03

Beratungsstelle für Ausländer
4800 Zofingen
Tel. 062/745 91 43

BE Berner Informationsstelle für
Ausländerfragen
Marktgasse 50
3011 Bern
Tel. 031/311 94 50

Kontaktstelle für Ausländer
Neuengasse 7
2502 Biel
Tel. 032/22 08 80

BL Ausländerdienst Baselland
Grabenmattstrasse 2
4133 Pratteln 1
Tel. 061/821 70 50

BS Ausländerberatungsstelle der GGG
Eulerstrasse 26
4051 Basel
Tel. 061/272 63 60

FR Centre de Contact Suisses – Immigrés
Kontaktstelle SchweizerInnen – Aus-
länderInnen
Passage du Cardinal 2d
1700 Fribourg
Tel. 037/24 21 25
Fax 037/24 45 41
ab Nov. 96: Tel. 026/424 21 51
Fax 026/424 45 41

GR Bündner Arbeitsgemeinschaft
für die Betreuung ausländischer
Arbeitnehmer
Seilerbahnweg 8
7000 Chur
Tel. 081/252 38 36

LU Arbeitsgemeinschaft für die
Betreuung ausländischer
Arbeitnehmer im Kanton Luzern
Tribschenstrasse 78
6005 Luzern
Tel. 041/360 07 22

SG Arbeitsgemeinschaft für Ausländerfragen des Kantons St. Gallen
Frongartenstrasse 16
9000 St. Gallen
Tel . 071/228 06 80
(15–18 Uhr)

Arbeitsgemeinschaft für Ausländer-
probleme in der Region Rorschach
Herr F. Schwenter
Hauptstrasse 26
9400 Rorschach
Tel. 071/844 21 66

Arbeitsgemeinschaft für Ausländer-
fragen Untertoggenburg-Wil-Gossau
Herr Pfändler
Florastrasse 5
9230 Flawil
Tel. 071/393 35 20

SH Schaffhauser Kontaktstelle
Schweizer – Ausländer
Krummgasse 10
8200 Schaffhausen
Tel. 052/624 88 67

SO Ausländerdienst des Kantons
Solothurn
Niklaus Konradstrasse 23
4501 Solothurn
Tel. 065/23 30 03

Ausländerdienst des Kantons
Solothurn
Aarauerstrasse 55
4600 Olten
Tel. 062/296 01 10

Verein für die Betreuung ausländischer Arbeiter im Laufenthal und Thierstein
c/o Missione Cattolica Italiana
Centro sociale
Rennimattstrasse 4
4242 Laufen
Tel. 061/761 66 59

SZ AGBAS
Ausländerberatungsstelle
Schindellegistrasse 1
Postfach 248
8808 Pfäffikon SZ
Tel. 055/410 28 55
Fax 055/410 48 29

UR Gastarbeiterzentrum Uri
Postfach 3312
6460 Altdorf

Gastarbeiterzentrum Uri
Carlo Valsecchi
Weingärtli 8
6454 Flüelen
Tel. 041/870 47 19

VD Bureau lausannois pour
les immigrés (BLI)
Rue Chaucrau 3
1003 Lausanne
Tel. 021/315 72 05

VS Arbeitsgemeinschaft zur Betreuung der Gastarbeiter im Oberwallis
Pfarramt Grächen
3925 Grächen
Tel. 028/56 11 89

ZG Informations- und Beratungsstelle für Ausländer im Kanton Zug
Zeughausgasse 9
6301 Zug
Tel. 041/728 23 12

ZH Kantonale Arbeitsgemeinschaft für Ausländerfragen Zürich
Weinbergstrasse 25
Postfach
8090 Zürich
Tel. 01/259 25 22 oder 259 25 31
Fax 01/259 51 16

Städtische Koordinationsstelle für Ausländerfragen
Präsidialdepartement der
Stadt Zürich
Birmensdorferstrasse 52
8004 Zürich
Tel. 01/291 60 60

Kirchlicher Sozialdienst Zürich
Klosbachstrasse 51
8032 Zürich
Tel. 01/268 50 10
Fax 01/251 77 47

Ufficio assistenza sociale
c/o Missione Cattolica Italiana
Rosenweg 5
8302 Kloten
Tel. 01/813 47 55

Koordinationsstelle für
Ausländerfragen
Wildbachstrasse 32
8400 Winterthur
Tel. 052/213 20 03
Fax 052/212 31 30

Erstinstanzliche Gerichte
für arbeitsrechtliche Streitigkeiten

AG Arbeitsgerichte der Bezirke:

    5000 Aarau, Tel. 064/822 30 68   5600 Lenzburg, Tel. 062/891 25 25
    5400 Baden, Tel. 056/221 12 33   5630 Muri, Tel. 056/664 11 20
    5620 Bremgarten, Tel. 056/648 75 51   4310 Rheinfelden, Tel. 061/831 53 28
    5200 Brugg, Tel. 056/411 10 80   4800 Zofingen, Tel. 062/751 10 01
    5726 Unterkulm, Tel. 062/776 40 70   8437 Zurzach, Tel. 056/269 73 01
    4335 Laufenburg, Tel. 062/874 12 47

AI Präsident des Bezirksgerichts Appenzell, 9050 Appenzell, Tel. 071/788 95 51
    Präsident des Bezirksgerichts Oberegg, 9413 Oberegg, Tel. 071/891 33 40

AR Kantonsgericht, 9043 Trogen, Tel. 071/344 24 61

BE Arbeitsgericht der Stadt Bern, Brunngasse 36, Postfach 264, 3000 Bern 7,
      Tel. 031/321 77 55
    Arbeitsgericht der Stadt Biel, Schönistrasse 18, 2503 Biel, Tel. 032/21 24 90
    Arbeitsgericht Interlaken, General-Guisanstrasse 43, 3800 Interlaken,
      Tel. 036/21 22 25
    Arbeitsgericht der Stadt Thun, Rathaus, Postfach 145, 3602 Thun, Tel. 033/25 85 00
    Zivilrichteramt I Thun, Schloss, 3600 Thun, Tel. 033/25 65 11
    Tribunal du Travail de Moutier, 1 rue de l'Hôtel de Ville, 2740 Moutier,
      Tel. 032/94 11 11

    Bezirksgerichte:

    3270 Aarberg, Tel. 032/82 57 67   3177 Laupen, Tel. 031/747 71 67
    4912 Aarwangen, Tel. 063/22 06 51   2560 Nidau, Tel. 032/51 50 56
    3011 Bern, Tel. 031/634 31 11   3752 Wimmis, Tel. 033/57 19 77
    2502 Biel, Tel. 032/28 63 45   3860 Meiringen, Tel. 036/71 17 30
    3294 Büren a. A., Tel. 032/81 26 34   3771 Blankenburg, Tel. 030/2 19 93
    3400 Burgdorf, Tel. 034/21 33 77   3792 Saanen, Tel. 030/4 34 94
    3235 Erlach, Tel. 032/88 27 95   3150 Schwarzenburg, Tel. 031/731 05 19
    3312 Fraubrunnen, Tel. 031/760 12 11   3123 Belp, Tel. 031/819 05 96
    3714 Frutigen, Tel. 033/71 16 39   3550 Langnau, Tel. 035/2 21 88
    3800 Interlaken, Tel. 036/22 10 34   3600 Thun, Tel. 033/25 65 11
    3082 Schlosswil, Tel . 031/711 00 83   3456 Trachselwald, Tel. 034/71 13 78
    4242 Laufen, Tel. 061/765 37 55   4705 Wangen a. A., Tel. 065/71 21 21

BL Präsidenten der Bezirksgerichte:

    4144 Arlesheim, Tel. 061/705 62 81   4450 Sissach, Tel. 061/976 90 40
    4460 Gelterkinden, Tel. 061/981 12 79   4437 Waldenburg, Tel. 061/961 00 11
    4410 Liestal, Tel. 061/925 57 94

BS Gewerbliches Schiedsgericht, Bäumleingasse 5, 4001 Basel, Tel. 061/267 81 81
    Kantonales Arbeitsamt, Utengasse 36, 4005 Basel, Tel. 061/267 87 50

FR Gewerbekammer des Amtsgerichts des Seebezirks, 3280 Murten, Tel. 037/71 23 22
    Gewerbekammer des Sensebezirks, 1712 Tafers, Tel. 037/44 11 08 (44 17 08)

GL Kantonsgerichtspräsident, Gerichtshaus, 8750 Glarus, Tel. 055/645 25 25

GR Bezirksgerichte:

    7463 Riom, Albula, Tel. 081/684 11 66
    7742 Poschiavo, Bernina,
        Tel. 081/844 17 60
    7130 Ilanz, Glenner,
        Tel. 081/925 23 53
    7430 Thusis, Heinzenberg,
        Tel. 081/651 18 43
    7431 Andeer, Hinterrhein,
        Tel. 081/661 12 52
    7505 Celerina/Schlarigna, Maloja,
        Tel. 081/833 43 48

    6535 Roveredo, Moesa,
        Tel. 091/827 12 69
    7531 Müstair, Münstertal,
        Tel. 081/858 53 66
    7299 Jenaz, Oberlandquart,
        Tel. 081/332 15 10
    7000 Chur, Plessur, Tel. 081/252 34 68
    7220 Schiers, Unterlandquart,
        Tel. 081/328 17 21
    7180 Disentis, Vorderrhein,
        Tel. 081/947 62 62

LU Arbeitsgericht des Kantons Luzern, Zentralstrasse 28, Postfach, 6002 Luzern,
    Tel. 041/228 65 60

NW Kantonsgerichtspräsident I, 6370 Stans, Tel. 041/618 79 50
    Gerichtsausschuss Nidwalden, 6370 Stans

OW Arbeitsgericht des Kantons Obwalden, Poststrasse 6, 6060 Sarnen,
    Tel. 041/666 62 22

SG Arbeitsgerichte der Bezirke:
    Altes Schützenhaus, 9500 Wil, Tel. 071/913 91 61 (Alttoggenburg, Wil)
    Bahnhofstrasse 4, 8730 Uznach, Tel. 055/280 37 22 (Gaster, See)
    Bahnhofstrasse 12, 9230 Flawil, Tel. 071/393 11 77 (Gossau, Untertoggenburg)
    9620 Lichtensteig, Tel. 071/988 40 33 (Neutoggenburg, Obertoggenburg)
    Obergasse 27, 9450 Altstätten, Tel. 071/755 35 35 (Oberrheintal, Unterrheintal)
    Kirchstrasse 38, 9400 Rorschach, Tel. 071/841 72 33
    Ob. Graben 32, 9000 St. Gallen, Tel. 071/229 42 11
    Kirchstrasse 31, 8887 Mels, Tel. 081/720 00 60 (Sargans, Werdenberg)

SH Kantonsgericht Schaffhausen, 8201 Schaffhausen, Tel. 052/681 12 26,
        wenn keine Antwort: Gerichtskanzlei 052/265 46 22

    Bezirksrichter:
    8240 Thayngen, Reiat, Tel. 052/681 12 26
    8200 Schaffhausen, Tel. 052/681 12 26

8226 Schleitheim, Tel. 052/680 16 36
8260 Stein am Rhein, Tel. 052/743 16 96
8215 Hallau, Unterklettgau, Tel. 052/681 29 21/23

SO Arbeitsgerichte der Amteien:
Amtshaus I, 4502 Solothurn, Tel. 065/21 73 80 (Bucheggberg-Wasseramt)
Amtshaus, 4143 Dornach, Tel. 061/701 22 72 (Dorneck-Thierstein)
Amtshaus, 4600 Olten, Tel. 062/205 85 40 (Olten-Gösgen)
Amtshaus I, 4502 Solothurn, Tel. 065/21 73 80 (Solothurn-Lebern)
Richteramt, Goldgasse 14, 4710 Balsthal, Tel. 062/386 52 72 (Thal-Gäu)

SZ Einzelrichter der Bezirke:
8840 Einsiedeln, Tel. 055/412 37 28
6442 Gersau, Tel. 041/828 22 10
8832 Wollerau, Höfe, Tel. 01/784 73 73
6403 Küssnacht am Rigi, Tel. 041/854 15 15
6430 Schwyz, Tel. 041/819 67 67

TG Bezirksgericht Arbon, 9320 Arbon, Tel. 071/446 70 90
Bezirksgericht Bischofszell, 9220 Bischofszell, Tel. 071/422 16 37
Bezirksgericht Diessenhofen, 8253 Diessenhofen, Tel. 052/657 12 46
  oder 052/625 12 77
Bezirksgericht Frauenfeld, 8500 Frauenfeld, Tel. 052/721 68 68
Bezirksgericht Kreuzlingen, 8280 Kreuzlingen, Tel. 071/677 04 40
Bezirksgericht Münchwilen, 9542 Münchwilen, Tel. 071/966 49 77
Bezirksgericht Steckborn, 8266 Steckborn, Tel. 052/722 23 24

UR Landesgerichtspräsident von Uri, 6460 Altdorf, Tel. 041/875 22 44
Landesgerichtspräsident von Ursern, 6490 Andermatt, Tel. 041/887 04 55

ZG Präsidium des Kantonsgerichts, Regierungsgebäude, 6301 Zug, Tel. 041/728 33 11
Kantonsgericht Zug, Regierungsgebäude, 6301 Zug, Tel. 041/728 33 11

ZH Arbeitsgericht Zürich, Zweierstrasse 25, 8004 Zürich, Tel. 01/248 20 62 (248 21 11)
Arbeitsgericht Winterthur, Lindstrasse 10, 8400 Winterthur, Tel. 052/267 24 86

Bezirksgerichte:
8910 Affoltern a. A., Tel. 01/762 15 11
8450 Andelfingen, Tel. 052/41 11 17
8180 Bülach, Tel. 01/863 44 33
8157 Dielsdorf, Tel. 01/853 17 11
8340 Hinwil, Tel. 01/938 81 11
8810 Horgen, Tel. 01/728 52 22
8706 Meilen, Tel. 01/925 11 91
8330 Pfäffikon, Tel. 01/952 41 11
8610 Uster, Tel. 01/905 41 11
8400 Winterthur, Tel. 052/267 24 86
8004 Zürich, Tel. 01/248 21 11

Rechts- und andere Beratungsstellen

Gesamtschweizerisch
Der Schweizerische Beobachter
Beratungsdienst
Postfach
8021 Zürich
Hotline Arbeitsrecht
157 50 70 1 (Fr. 2.13/Min.)
Mo–Fr 14–18 Uhr

Gesamtschweizerisch für das Gastgewerbe
Kontrollstelle für den Landesgesamtarbeitsvertrag des Gastgewerbes
Dufourstrasse 23
4052 Basel
Tel. 061/272 51 46
(für Ausländer siehe auch Seite 246)

Kantonale Stellen
Die nachfolgenden Stellen erteilen eine erste Auskunft, in der Regel unentgeltlich.
Je nach Kanton sind auch die Gerichte bereit, Rechtsauskünfte zu erteilen (siehe Seite 249):

AG Arbeitsgericht Aarau, Kasinostrasse 5, 5000 Aarau, Tel. 062/822 30 68,
　　　Di 16.00–17.30 Uhr (kostenlos)
　　Bezirksgericht Muri, 1. Di im Monat 18.30–19.30 Uhr (Fr. 5.–, keine Auskunft
　　　vom 1. 7. bis 15. 8.)
　　Gemeindekanzlei Sins, 3. Di im Monat 18.30–19.30 Uhr (Fr. 5.–, keine Auskunft
　　　vom 1. 7. bis 15. 8.)
　　Bezirksgericht Bremgarten, Tel. 057/33 69 26, Mo 13.45–16.30 Uhr (kostenlos)
　　übrige Bezirksgerichte: auf Anfrage
　　Aargauischer Gewerkschaftsbund: Auskunftsstellen in Aarau, Baden, Brugg,
　　　Freiamt, Fricktal, Lenzburg, Reinach, Zofingen, Zurzach. Daten und Zeit:
　　　Tel. 056/41 15 40, persönlich: Bahnhofstrasse 57, 5000 Aarau (Di 14.00–17.30 Uhr)
　　Öffentliche Rechtsauskunftstelle der Stadt Lenzburg, Rathaus, Rathausgasse 16,
　　　1. Stock, jeder 2. Mo 17.30–18.30 Uhr (Fr. 10.–)

AR Gewerkschaft Industrie, Gewerbe und Dienstleistungen, SMUV, Coop-Center,
　　　Herisau, Tel. 071/351 22 64 (kostenlos)

BE Arbeitsgericht der Stadt Bern, Brungasse 36, 1. Stock, Tel. 031/321 77 55,
　　　Mo 9.00–11.00 Uhr, Di + Do 14.00–16.00 Uhr, Mi + Fr 15.00–18.00 Uhr
　　　(kostenlos, für die Stadt Bern sowie Bolligen, Bremgarten, Ittigen, Köniz, Muri,
　　　Ostermundigen, Wohlen, Zollikofen)
　　Fürsorgedirektion der Stadt Biel, Informations- und Beratungsstelle,
　　　Alex Schöni-Strasse 18, Tel. 032/21 25 09, Mo–Fr 8.00–12.00 Uhr

Gewerkschaftsbund der Stadt Biel, Rechbergstrasse 1, Tel. 032/22 48 88,
   Mo–Fr während Bürozeiten (Auskünfte für Gewerkschaftsmitglieder kostenlos)
Bernischer Anwaltsverband, Alex Schöni-Strasse 18, Tel. 032/21 25 03,
   Sa 9.00–12.00 Uhr (Fr. 20.–, Voranmeldung obligatorisch)
Arbeitsgericht Thun, Zentralsekretariat, Rathaus, Tel. 033/25 85 00, tel. Auskunft:
   Mo–Fr 10.45–11.45 Uhr, Sprechstunde: Mo–Fr 8.45–10.45 Uhr

BL Bezirksgericht Arlesheim; Domplatz 7, Tel. 061/705 62 81, Mo 14.00–17.30 Uhr;
   Gemeindeverwaltung Binningen: Fr 14.15–16.00 Uhr (kostenlos)
   Bezirksgericht Gelterkinden, Polizeiposten, Mi 8.30–11.30 Uhr (kostenlos)
   Bezirksgericht Liestal, Tel. 061/925 57 94, täglich 14.00–15.00 Uhr, Sprechstunde
   Mo auf tel. Voranmeldung (kostenlos)
   Bezirksgericht Sissach, Hauptstrasse 110, Mo 14.00–17.00 Uhr (kostenlos)
   Bezirksgericht Waldenburg, Hauptstrasse 72, 061/961 00 11, telefonische
   Voranmeldung (kostenlos)

BS Basler Gewerkschaftsbund, Rebgasse 1 (Claraplatz), Mo–Do 18.00 Uhr (kostenlos)
   Zivilgericht, Bäumleingasse 5, Mo + Do 14.00 Uhr (kostenlos)
   Wägwyser, Rechtsauskunft der Advokatenkammer, Rümelinsplatz 6,
   Do 17.00–18.30 Uhr (Fr. 10.–)
   Einigungsamt Basel-Stadt, Utengasse 36, Di, Mi, Fr. ab 8.00 Uhr (kostenlos)

FR Die Arbeitsgerichte (Gewerbekammer) erteilen unentgeltlich Auskunft, ohne zum
   Einzelfall Stellung zu nehmen.
   Auskunftstelle des Fribourgischen Anwaltverbandes, Rue des Alpes 10,
   1700 Fribourg, Di 17.00–19.00 Uhr (Fr. 20.–)

GL Glarner Anwaltsverband, Anwaltszimmer des Gerichtshauses, 1. Stock,
   1. Mi im Monat 17.00–19.00 Uhr (ohne Voranmeldung)
   Glarner Gewerkschaftsbund, Schiltstrasse 1, 8750 Glarus, Tel. 058/61 32 50
   (tel. Voranmeldung)
   Gewerkschaft Bau und Industrie, Schiltstrasse 1, 8750 Glarus, Tel. 058/61 32 50
   (tel. Voranmeldung)
   Christlicher Holz- und Bauarbeiterverband (CHB), Ziegelhüttenstrasse 13,
   8853 Lachen, Tel. 055/442 14 32, Sprechstunde: jeden 3. Mi 17.00–19.00 Uhr
   Gewerkschaft SMUV, Burgstrasse 48, 8750 Glarus, Tel. 058/61 68 68,
   Sprechstunde: Mo 14.00–17.30, Mi 9.00–11.30, Do 14.00–18.00 Uhr
   oder nach tel. Vereinbarung

GR Gewerkschaftsbund Graubünden, ArbeiterInnensekretariat, Reichsgasse 61,
   Postfach, 7001 Chur, Tel. 081/250 41 51, Fax 081/250 41 54
   Frauenzentrale, Tivolistrasse 3, 7001 Chur, Tel. 081/252 81 22
   Bündner Anwaltsverband in Chur, Davos, Klosters, Samedan, Ilanz; Auskünfte
   beim Sekretariat des Präsidenten: Tel. 081/252 79 65

LU Arbeitsgericht, Zentralstrasse 28, Postfach, 6003 Luzern, Di + Do 9.00–12.00 Uhr
   (keine telefonischen Auskünfte)

Luzerner Anwaltsverband
  Luzern: Zentralbibliothek, Sempacherstrasse 10, Mi 17.00–19.00 Uhr (keine telefonischen Auskünfte)
  Horw: Gemeindehaus, 1. Stock, 2. Di im Monat 17.00–19.00 Uhr
Gewerkschaftsbund, Dufourstrasse 13, 6003 Luzern, Do 17.30–18.00 Uhr (ohne Voranmeldung)
Frauenzentrale Luzern, Gibraltarstrasse 34, 6003 Luzern, Tel. 041/240 80 23 (für Frauen und Männer)

NW Unentgeltliche Auskünfte der Mitglieder des Anwaltsverbandes, jeweils Do Mitte Monat, Publikation in der Presse

OW Unentgeltliche Auskünfte der Mitglieder des Anwaltsverbandes, 1. Do im Monat, weitere Auskünfte: Tel. 041/660 78 66

SG Unentgeltliche Rechtsauskunft, Frongartenstrasse 16, 9000 St. Gallen, Tel. 071/228 09 80 (Anmeldung vormittags)
Sekretariat des St. Gallischen Anwaltsverbandes, Neugasse 14, Postfach 190, 9400 Rorschach
Kantonaler Gewerkschaftsbund, Lämmlisbrunnenstrasse 41, 9000 St. Gallen, Tel. 071/222 61 36
Kaufmännischer Verein, Postfach 71, 9013 St. Gallen, Tel. 071/277 77 22 (kaufmännische Angestellte, Verkaufspersonal, Apothekerhelferinnen)
St. Gallisches Bauernsekretariat, Magdenauerstrasse 2, 9230 Flawil, Tel. 071/394 60 10 (Berufe der Landwirtschaft)

SH Kantonales Arbeiter-Sekretariat, Platz 7, 8201 Schaffhausen, Tel. 052/630 09 09

SZ Arbeitsinspektorat, 6430 Schwyz, Tel. 041/819 11 24

SO Arbeitsgerichte, siehe Seite 251
Gewerkschaftsbund des Kantons Solothurn (Voranmeldung unter Tel. 065/22 26 33)
Grenchen: Schützengasse 33 (SMUV), Mo 16.00–17.00 Uhr
Olten: Aarauerstrasse 25 (SMUV), Do 17.00–18.00 Uhr
Solothurn: Rossmarktplatz 1, Mi 16.00–18.00 Uhr

TG Arbeitersekretariat Thurgau, Gaswerkstrasse 9, 8500 Frauenfeld, Tel. 054/720 50 15, Mo–Mi + Fr 9.00–11.00 Uhr (tel. Anmeldung erwünscht)

UR Urner Anwaltsverband, 1. Do im Monat, Ort gemäss Publikation in Urner Wochenblatt, Gotthard-Post, Urner Amtsblatt

VS Kantonale Dienststelle für Arbeitnehmerschutz und Dienstverhältnisse (Voranmeldung Tel. 027/60 74 01)
Naters: Restaurant Du Rhone, Sitzungszimmer, Dienstagmorgen
Visp: Restaurant Bristol, Sitzungszimmer, Dienstagnachmittag

ZG Gewerkschaftsbund des Kantons Zug, Tel. 041/711 04 20 (tel. Voranmeldung)
Frauenzentrale, Metallstrasse 1, 6300 Zug, Tel. 041/711 03 15, Mo 16.00–19.00 Uhr
(tel. Voranmeldung, für Frauen und Männer)

ZH Stadt Zürich:
Anwaltskollektiv, Kernstrasse 8, 8004 Zürich, Tel. 01/241 24 33 (keine telefonischen Auskünfte)
Unentgeltliche Rechtsauskunftsstelle der Stadt Zürich und des Vereins Zürcherischer Rechtsanwälte für «Minderbemittelte» (kostenlos)
Selnaustrasse 27, 8001 Zürich: Mo + Do 14.00–16.00 Uhr (ohne Voranmeldung; keine tel. Auskünfte)
Gubelstrasse 9, 8050 Zürich: Mo 19.00 21.00 Uhr (ohne Voranmeldung; keine tel. Auskünfte)
Gewerkschaftsbund der Stadt Zürich, Stauffacherstrasse 60 (Volkshaus), 8004 Zürich, Mo–Fr 9.00–11.30 und Mo, Mi, Do 15.00–17.30 Uhr (keine tel. Auskünfte)
Kaufmännischer Verband Zürich, Pelikanstrasse 28, 8001 Zürich, Tel. 01/211 33 22, öffentliche Beratungszeiten: Mi 14.00–16.30 Uhr
Beratungsstelle für Frauen des Evangelischen Frauenbundes, Brahmsstrasse 32, 8040 Zürich, Tel. 01/ 492 00 43 (tel. Voranmeldung von 9.30–10.00 Uhr, Gespräche nur nach Vereinbarung)
Zürcher Frauenzentrale, Am Schanzengraben 29, 8002 Zürich, Tel. 01/202 69 30, Mo, Di, Do 8.00–12.00 Uhr, Mi + Fr 8.00–12.00 Uhr und 14.00-16.00 Uhr (für Frauen und Männer, tel. Voranmeldung erwünscht)
Kantonale Zürcher Arbeitsgemeinschaft für hauswirtschaftliche Bildungs- und Berufsfragen, Klosbachstrasse 10, 8032 Zürich, Mo-Do 8.30–11.00 Uhr und 16.00–17.00 Uhr
Schweizerische Kader-Organisation, Schaffhauserstrasse 2, 8006 Zürich, Tel. 01/368 20 80 (tel. Voranmeldung)

Stadt Winterthur:
Gewerkschaftsbund, Meisenstrasse 2, Di–Fr 14.00–15.00 und 16.00–18.00 Uhr, Mi 18.00–19.00 Uhr (ohne Voranmeldung)
Rechtsberatungsstelle der Stadt, Neustadtgasse 17, Di + Do 16.30–19.00 Uhr (keine tel. Auskünfte)
Christliche Sozialbewegung, Zentrum am Obertor 17, Mo 18.00–20.00 Uhr und Sa 9.00–11.00 Uhr

Zürich-Land:
Verein Zürcherischer Rechtsanwälte Bülach: Hans Haller-Gasse 9, jeden 2. Mo 17.30–19.00 Uhr (gemäss Ausschreibung)
Dielsdorf: Gemeindehaus, jeden 2. Mo 17.30–19.00 Uhr (gemäss Ausschreibung)
Gewerkschaftsbund Zürcher Unterland
SMUV-Sekretariat Oerlikon, Jungholzstrasse 27, 8050 Zürich, Tel. 01/302 66 23 (tel. Voranmeldung)
Regensdorf: Altes Schulhaus, Watterstrasse 17, 2. + 4. Mi im Monat, 17.30–19.00 Uhr
Kloten: Stadthaus, Kirchgasse 7, 1. Do im Monat 18.00–19.00 Uhr
Bülach: Mitenand Lädeli, Marktgasse 18, 1. + 3. Mi im Monat 18.30–19.30 Uhr

Vermittlung eines Anwalts

Demokratische Juristinnen und Juristen der Schweiz, Rue de Lausanne 18, 1700 Fribourg, Tel. 037/23 13 66, ab. Nov. 96: Tel. 026/323 13 66, Fax 026/322 21 30
Kantonale Anwaltsverbände: Die Adresse der Präsidenten und Sekretariate können erfragt werden bei: Schweiz. Anwaltsverband, Bollwerk 21, 3011 Bern, Tel. 031/312 25 05
Der Schweizerische Beobachter, Beratungsdienst, Hotline Arbeitsrecht 157 50 70 1 (Fr. 2.13/Min) Mo–Fr 14.00–18.00 Uhr

Gewerkschaften/ Berufsverbände

- Schweiz. Gewerkschaftsbund (SGB), Monbijoustrasse 61, 3007 Bern, Tel. 031/371 56 66
- Christlichnationaler Gewerkschaftsbund der Schweiz (CNG), Hopfenweg 21, 3007 Bern, Tel. 031/371 24 47
- Schweiz. Kaufm. Verband (SKV), Hans Huberstrasse 4, Postfach 687, 8027 Zürich, Tel. 01/283 45 45
- Schweiz. Gewerkschaft Industrie, Gewerbe, Dienstleistungen, Weltpoststrasse 20, 3015 Bern, Tel. 031/350 21 11
- Verband des Personals öffentlicher Dienste (VPOD), Sonnenbergstrasse 83, Postfach, 8030 Zürich, Tel. 01/266 52 52, Fax 01/266 52 53
- Schweiz. Eisenbahnerverband (SEV), Steinerstrasse 35, Postfach 186, 3000 Bern 16, Tel. 031/357 57 57
- PTT-Union, Oberdorfstrasse, 32, 3072 Ostermundigen, Tel. 031/939 52 11
- Gewerkschaft Verkauf, Handel, Transport, Lebensmittel (VHTL), Birmensdorferstrasse 67, 8036 Zürich, Tel. 01/242 35 76
- Gewerkschaft Bau und Industrie (GBI), Strassburgstrasse 11, Postfach, 8004 Zürich, Tel. 01/295 15 15
- Gewerkschaft Druck und Papier (GDP), Monbijoustrasse 33, 3011 Bern, Tel. 031/390 66 11
- Schweiz. Litographenbund (SLB), Optingenstrasse 5, 3000 Bern 25, Tel. 031/336 72 11
- Schweiz. Journalistinnen- und Journalisten-Union (SJU), Postfach, 3000 Bern 7, Tel. 031/312 62 16
- Schweiz. Syndikat Medienschaffender (SSM), Bodmerstrasse 3, 8002 Zürich, Tel. 01/202 77 51/52
- Christliche Gewerkschaft für Industrie, Handel und Gewerbe (CMV), Zentralsekretariat, Lindstrasse 39, Postfach 8, 8410 Winterthur, Tel. 052/268 04 04
- Schweiz. Bankpersonalverband, Monbijoustrasse 61, Postfach 8235, 3001 Bern, Tel. 031/371 43 11
- Landesverband freier Schweizer Arbeitnehmer (LFSA), Zentralsekretariat, Badenerstrasse 41, 8004 Zürich, Tel. 01/241 07 57, Fax 01/241 14 09

Die Adressen der lokalen Gewerkschaftssekretariate finden sich im Telefonbuch.

Beratung für Nichtraucher am Arbeitsplatz

Schweiz. Arbeitsgemeinschaft Nichtrauchen (San), Zentralsekretariat, Dufourstrasse 90, Postfach, 8034 Zürich, Tel. 01/383 02 86

Beratung zum Datenschutz

Eidg. Datenschutzbeauftragter, Monbijoustrasse 5, 3005 Bern, Tel. 031/322 43 95

Kontakt- und Beratungsstellen für Arbeitslose

Kirchliche, private und städtische Anschriften; weitere Stellen können nennen: Sozialdienste der Kantone, Arbeitsamt, Gewerkschaften.

BE Informations- und Beratungsstelle
   der Fürsorgedirektion
   Alex Schöni-Strasse 18
   Postfach 692
   2501 Biel
   Tel. 032/21 25 09
   Auskunft: Mo–Fr 8.00–12.00 Uhr
   Leseraum: Mo–Fr 8.00–12.00 Uhr
   und 14.00–17.00 Uhr

BS Genossenschaft für integriertes
   Arbeiten OVERALL
   Nonnenweg 36
   4055 Basel
   Tel. 061/261 14 15

   Kontaktstelle für Arbeitslose
   Bläsiring 86
   4057 Basel
   Tel. 061/691 24 36

   Schweizerisches Arbeiterhilfswerk
   SAH
   Mülhauserstrasse 113
   Postfach
   4013 Basel
   Tel. 061/381 20 80

   Treffpunkt Glaibasel
   Feldbergstrasse 148
   4057 Basel
   Tel. 061/693 23 01

   Treffpunkt für Stellenlose
   «Gundeli»
   Winkelriedplatz 6
   4053 Basel
   Tel. 061/361 67 24

GE / FR / JU / NE / VD
   Ministère Protestant dans le Monde
   du Travail
   Route des Acacies 5
   1227 Genève
   Tel. 022/342 99 52

   mit lokalen Beratungsstellen in
   2350 Nyon
   2740 Moutier
   2710 Tavannes
   2800 Delémont
   1701 Fribourg
   2000 Neuchâtel
   2301 La Chaux-de-Fonds
   1401 Yverdon
   1002 Lausanne
   1211 Genève

ZH Kirchliche Dienststelle für Arbeitslose
   Badenerstrasse 41
   8004 Zürich
   Tel. 01/241 60 40
   Sprechstunden:
   Mi + Fr 14.00–15.00 Uhr
   oder nach tel. Vereinbarung

   Impuls
   Beratung für Arbeitslose
   Hohlstrasse 86a
   8004 Zürich
   Tel. 01/242 79 34

   Kirchliche Projektstelle für Arbeitslose
   Sekretariat
   Zeltweg 21
   8032 Zürich
   Tel. 01/258 91 11

   Kontaktstelle für Stellenlose
   Zentralstrasse 39
   8610 Uster
   Tel. 01/941 02 03
   (nur Donnerstag)

   Pro Fünfzig Plus
   Ankerstrasse 3
   8036 Zürich
   Tel. 01/241 71 61
   (Selbsthilfeorganisation für ältere
   Stellensuchende)

Amtsstellen, die über den Vollzug des Arbeitsgesetzes wachen

AG Industrie-, Gewerbe- und Arbeitsamt
  Sektion Arbeitnehmerschutz
  Bahnhofstrasse 86
  5001 Aarau
  Tel. 064/835 16 60

AI Arbeitsinspektorat
  c/o Volkswirtschaftsdirektion
  9050 Appenzell
  Tel. 071/788 96 21

AR Kant. Arbeitsinspektorat
  Regierungsgebäude
  9102 Herisau
  Tel. 071/353 61 11

BE Amt für Industrie, Gewerbe und
  Arbeit (KIGA)
  Laupenstrasse 22
  3008 Bern
  Tel. 031/633 57 50

  Kant. Amt für Industrie, Gewerbe und
  Arbeit (KIGA)
  Abt. Arbeitnehmerschutz
  Neuengasse 8
  Postfach 1183
  2502 Biel
  Tel. 032/22 98 81
  ab 10. Nov. 96: 032/322 98 81

BL KIGA Baselland
  Amt für Industrie, Gewerbe und Arbeit
  Bahnhofstrasse 32
  4133 Pratteln 1
  Tel. 061/826 77 77

BS Amt für Gewerbe, Industrie und
  Berufsbildung
  Utengasse 36
  4005 Basel
  Tel. 061/267 88 12

GL Arbeitsinspektorat des Kantons Glarus
  Herr Fridolin Weber
  8750 Glarus
  Tel. 055/646 62 21

GR Industrie-, Gewerbe- und Arbeitsamt
  Departement des Innern
  Grabenstrasse 8
  7000 Chur
  Tel. 081/21 21 21

LU Amt f. Industrie, Gewerbe und Handel
  Bundesplatz 14
  6002 Luzern
  Tel. 041/228 61 63

NW Kantonales Industrie-, Gewerbe- und
  Arbeitsamt Nidwalden
  Engelbergstrasse 34
  6371 Stans
  Tel. 041/618 76 92

OW Arbeitsinspektorat Obwalden
  St. Antonistrasse 4
  Postfach 172
  6061 Sarnen
  Tel. 041/666 62 22

SG Kantonales Amt für Industrie,
  Gewerbe und Arbeit (KIGA)
  Davidstrasse 35
  9001 St. Gallen
  Tel. 071/229 35 47

SH Kantonales Arbeitsinspektorat
  Mühlentalstrasse 105
  8201 Schaffhausen
  Tel. 052/632 74 82

SO Amt für Wirtschaft und Arbeit
  Abt. Arbeitsinspektorat
  Untere Sternengasse 2
  4500 Solothurn
  Tel. 065/20 94 11

SZ KIGA/Arbeitsinspektorat
  Postfach 321
  6431 Schwyz
  Tel. 041/819 11 24

TG Kanton Thurgau
  Industrie- und Gewerbeinspektorat
  Verwaltungsgebäude
  8510 Frauenfeld
  Tel. 052/724 23 97

UR Amt für Industrie, Gewerbe und
  Arbeit
  Rathausplatz 5
  6460 Altdorf
  Tel. 041/875 24 18

ZG Volkswirtschaftsdirektion
  6300 Zug
  Tel. 041/728 33 11

ZH Kantonales Arbeitsinspektorat
  Nansenstrasse 16
  8050 Zürich
  Tel. 01/315 73 11
  Postadresse:
  Kantonales Arbeitsinspektorat
  8090 Zürich

Soziale Sicherheit (AHV/ IV/ UVG)

Bei den kantonalen **Ausgleichskassen** (Adressen siehe letzte Seiten im Telefonbuch) können eine ganze Reihe von Merkblättern bezogen werden. Wichtig sind vor allem:
- Merkblatt über die AHV/IV/EO-Beiträge
- AHV-Merkblatt für Nichterwerbstätige (besonders wichtig für die geschiedene nichterwerbstätige Frau)
- Merkblatt über die Leistungen der AHV
- Merkblatt über die Leistungen der IV
- Merkblatt über die Ergänzungsleistungen AHV/IV

Teilweise existieren Merkblätter über kantonale und kommunale Zusatzleistungen; erkundigen Sie sich bei der Gemeindeverwaltung.

Bundesamt für Sozialversicherung
Effingerstrasse 31
3003 Bern
Tel. 031/322 90 11

Die AHV/lV-Rekursbehörden Ihres Kantons nennen Ihnen die kantonalen Ausgleichskassen.

Für Auskünfte im Zusammenhang mit zwischenstaatlichen Abkommen über soziale Sicherheit:
Schweizerische Ausgleichskasse
Av. Edmond-Vaucher 18
1211 Genf 28
Tel. 022/795 91 11

AHV/IV-Rekursbehörde für Personen im Ausland:
Rekurskommissionen
Route de Chavannes 35
1007 Lausanne
Tel. 021/626 13 00

Bundesamt für Militärversicherung
Postfach 8715
3001 Bern
Tel. 031/324 69 95

Bund Schweizer Militärpatienten
Zentralsekretariat
Solothurnstrasse 40
4708 Luterbach
Tel. 065/42 22 57

ab 9. Nov. 96: 4542 Luterbach
Tel. 032/681 33 43
(regionale Kontakt-Adressen können hier erfragt werden)

Bundesamt für Gesundheitswesen
Bollwerk 27
3001 Bern
Tel. 031/322 95 11
ab 2. Sept. 96:
Schwarzenburgstrasse 165
3097 Liebefeld
Postadresse:
Postfach, 3003 Bern

SUVA Schweizerische Unfallversicherungsanstalt
Fluhmattstrasse 1
Postfach
6002 Luzern
Tel. 041/419 51 11

Ersatzkasse UVG
Bleicherweg 19
Postfach 4889
8022 Zürich
Tel. 01/201 34 88

Die Ersatzkasse erbringt die gesetzlich vorgeschriebenen Versicherungsleistungen an verunfallte Arbeitnehmer, für deren Versicherung nicht die SUVA zuständig ist und die von ihrem Arbeitgeber nicht versichert worden sind.

BVG-Aufsichtsbehörden der Kantone

AG Amt für berufliche Vorsorge des
    Kantons Aargau
    Bleichemattstrasse 7
    5000 Aarau
    Tel. 062/835 15 40

AI Standeskommission des Kantons
    Appenzell Innerrhoden
    Marktgass 2
    Landeskanzlei
    9050 Appenzell
    Tel. 071/788 93 11

AR Aufsichtsbehörde für
    berufliche Vorsorge
    Regierungsgebäude
    9102 Herisau
    Tel. 071/353 61 11

BE Amt für Sozialversicherung und
    Stiftungsaufsicht des Kantons Bern
    Abteilung Krankenversicherung
    Gutenbergstrasse 40b
    3011 Bern
    Tel. 031/633 77 07/08

BL Justiz-, Polizei- und Militärdirektion
    Abteilung Stiftungen und
    berufliche Vorsorge
    Rathausstrasse 2
    4410 Liestal
    Tel. 061/925 51 11

BS Justizdepartement Basel-Stadt
    Aufsichtsbehörde BVG
    Rheinsprung 16
    4051 Basel
    Tel. 061/267 81 81

FR Dienst für die Aufsicht über die
    Stiftungen und die Einrichtungen
    der beruflichen Vorsorge
    Rte des Cliniques 17
    1700 Fribourg
    Tel. 037/25 29 68/66

GL Direktion des Innern
    des Kantons Glarus
    Kant. BVG-Aufsichtsbehörde
    Sandstrasse 29
    Postfach 533
    8750 Glarus
    Tel. 055/646 88 00

GR Amt für Zivilrecht
    des Kantons Graubünden
    Reichsgasse 25
    7001 Chur
    Tel. 081/257 26 34

LU Amt für berufliche Vorsorge
    Pilatusstrasse 18
    6003 Luzern
    Tel. 041/228 65 20/23

NW Finanzdirektion des
    Kantons Nidwalden
    Amt für berufliche Vorsorge
    Postgebäude
    6370 Stans
    Tel. 041/618 71 17

OW Handelsregisteramt Obwalden
    Poststrasse 6
    Postfach
    6061 Sarnen
    Tel. 041/666 62 22

SG Departement des Innern
    Berufliche Vorsorge
    Regierungsgebäude
    9001 St. Gallen
    Tel. 071/229 33 16

SH Volkswirtschaftsdep. des
    Kantons Schaffhausen
    BVG-Aufsicht
    Verwaltungsgebäude Mühlental
    Mühlentalstrasse 105
    8201 Schaffhausen
    Tel. 052/632 73 81

SO Amt für Justiz
    Berufliche Vorsorge und
    Stiftungsaufsicht
    Palais Besenval
    4509 Solothurn
    Tel. 065/21 27 06

SZ Amt für berufliche Vorsorge
    Regierungsgebäude
    6430 Schwyz
    Tel. 041/819 26 20 oder 041/819 11 24

TG Departement für Finanzen und
    Soziales des Kantons Thurgau
    Aufsicht für berufliche Vorsorge
    und Stiftungen
    Bürohaus Casino
    8500 Frauenfeld
    Tel. 052/724 11 11

UR Volkswirtschaftsdirektion
    des Kantons Uri
    Kant. BVG-Aufsichtsbehörde
    Rathausplatz 5
    6460 Altdorf
    Tel. 041/875 22 44
    Fax 041/875 24 12

ZG Direktion des Innern des Kantons
    Zug
    Poststrasse 10
    Postfach 146
    6301 Zug
    Tel. 041/728 31 71

ZH Amt für berufliche Vorsorge des
    Kantons Zürich
    Postfach
    8090 Zürich
    Tel. 01/259 25 91

Adressen der Stiftung Auffangeinrichtung BVG

Geschäftsstelle	Stiftung Auffangeinrichtung BVG Geschäftsstelle Postfach 4338 8022 Zürich	Tel. 01/284 33 11
Zweigstelle Winterthur	Stiftung Auffangeinrichtung BVG Zweigstelle Winterthur Postfach 300 8401 Winterthur	Tel. 052/261 50 13
	Zuständigkeitsgebiet: ZH (Bezirke Winterthur und Andelfingen), SH, TG, SG, AR, AI, GR (ohne Bezirke Misox, Puschlav und Bergell)	
Zweigstelle Zürich	Stiftung Auffangeinrichtung BVG Zweigstelle Zürich Austrasse 44/Postfach 8472 8036 Zürich	Tel. 01/465 68 68
	Zuständigkeitsgebiet: ZH (ohne Bezirke Winterthur und Andelfingen), LU, UR, SZ, OW, NW, ZG, GL	
	Beratungsstelle für berufliche Vorsorge Postfach 111 8026 Zürich	Tel. 01/241 89 68

Lohnfortzahlung bei Krankheit und Unfall

Basler Skala

Dienstdauer	Lohnzahlung
im 1. Jahr	3 Wochen
über 1 bis 3 Jahre	2 Monate
über 3 bis 10 Jahre	3 Monate
über 10 bis 15 Jahre	4 Monate
über 15 bis 20 Jahre	5 Monate
über 20 Jahre	6 Monate

Berner Skala

Dienstdauer	Lohnzahlung
im 1. Jahr	3 Wochen
im 2. Jahr	1 Monat
im 3. und 4. Jahr	2 Monate
im 5. bis 9. Jahr	3 Monate
im 10. bis 14. Jahr	4 Monate
im 15. bis 19. Jahr	5 Monate
im 20. bis 24. Jahr	6 Monate
im 25. bis 29. Jahr	7 Monate
im 30. bis 34. Jahr	8 Monate
im 35. bis 39. Jahr	9 Monate

Zürcher Skala

Dienstdauer	Lohnzahlung
während des 1. Jahres	3 Wochen
während des 2. Jahres	8 Wochen
während des 3. Jahres	9 Wochen
während des 4. Jahres	10 Wochen
während des 5. Jahres	11 Wochen
während des 6. Jahres	12 Wochen
während des 7. Jahres	13 Wochen
während des 8. Jahres	14 Wochen
während des 9. Jahres	15 Wochen
während des 10. Jahres	16 Wochen
während des 11. Jahres	17 Wochen
während des 15. Jahres	21 Wochen
während des 20. Jahres	26 Wochen
während des 25. Jahres	31 Wochen
während des 30. Jahres	36 Wochen

Der Arbeitsvertrag: Gesetzestext

Die Bestimmungen über den Arbeitsvertrag finden sich im Obligationenrecht Artikel 319 bis 362. Soweit es sich nicht direkt aus dem Gesetzestext ableiten lässt, ist in den Artikeln 361 und 362 angegeben, welche Bestimmungen in den individuellen Verträgen nicht oder nur zugunsten des Arbeitnehmers abgeändert werden dürfen. Wir haben im folgenden die Gesetzesbestimmungen, von denen frei abgewichen werden darf, kursiv gedruckt.

Zehnter Titel: Der Arbeitsvertrag

Erster Abschnitt: Der Einzelarbeitsvertrag

Art. 319

A. Begriff und Entstehung
I. Begriff

[1] *Durch den Einzelarbeitsvertrag verpflichtet sich der Arbeitnehmer auf bestimmte oder unbestimmte Zeit zur Leistung von Arbeit im Dienst des Arbeitgebers und dieser zur Entrichtung eines Lohnes, der nach Zeitabschnitten (Zeitlohn) oder nach der geleisteten Arbeit (Akkordlohn) bemessen wird.*

[2] *Als Einzelarbeitsvertrag gilt auch der Vertrag, durch den sich ein Arbeitnehmer zur regelmässigen Leistung von stunden-, halbtage- oder tageweiser Arbeit (Teilzeitarbeit) im Dienst des Arbeitgebers verpflichtet.*

Art. 320

II. Entstehung

[1] *Wird es vom Gesetz nicht anders bestimmt, so bedarf der Einzelarbeitsvertrag zu seiner Gültigkeit keiner besonderen Form.*

[2] *Er gilt auch dann als abgeschlossen, wenn der Arbeitgeber Arbeit in seinem Dienst auf Zeit entgegennimmt, deren Leistung nach den Umständen nur gegen Lohn zu erwarten ist.*

[3] *Leistet der Arbeitnehmer in gutem Glauben Arbeit im Dienste des Arbeitgebers auf Grund eines Arbeitsvertrages, der sich nachträglich als ungültig erweist, so haben beide Parteien die Pflichten aus dem Arbeitsverhältnis in gleicher Weise wie aus gültigem Vertrag zu erfüllen, bis dieses wegen Ungültigkeit des Vertrages vom einen oder andern aufgehoben wird.*

Art. 321

B. Pflichten des Arbeitnehmers
I. Persönliche Arbeitspflicht

Der Arbeitnehmer hat die vertraglich übernommene Arbeit in eigener Person zu leisten, sofern nichts anderes verabredet ist oder sich aus den Umständen ergibt.

Art. 321a

II. Sorgfalts- und Treuepflicht

¹ Der Arbeitnehmer hat die ihm übertragene Arbeit sorgfältig auszuführen und die berechtigten Interessen des Arbeitgebers in guten Treuen zu wahren.

² Er hat Maschinen, Arbeitsgeräte, technische Einrichtungen und Anlagen sowie Fahrzeuge des Arbeitgebers fachgerecht zu bedienen und diese sowie Material, die ihm zur Ausführung der Arbeit zur Verfügung gestellt werden, sorgfältig zu behandeln.

³ Während der Dauer des Arbeitsverhältnisses darf der Arbeitnehmer keine Arbeit gegen Entgelt für einen Dritten leisten, soweit er dadurch seine Treuepflicht verletzt, insbesondere den Arbeitgeber konkurrenziert.

⁴ Der Arbeitnehmer darf geheim zu haltende Tatsachen, wie namentlich Fabrikations- und Geschäftsgeheimnisse, von denen er im Dienst des Arbeitgebers Kenntnis erlangt, während des Arbeitsverhältnisses nicht verwerten oder anderen mitteilen; auch nach dessen Beendigung bleibt er zur Verschwiegenheit verpflichtet, soweit es zur Wahrung der berechtigten Interessen des Arbeitgebers erforderlich ist.

Art. 321b

III. Rechenschafts- und Herausgabepflicht

¹ Der Arbeitnehmer hat dem Arbeitgeber über alles, was er bei seiner vertraglichen Tätigkeit für diesen von Dritten erhält, wie namentlich Geldbeträge, Rechenschaft abzulegen und ihm alles sofort herauszugeben.

² Er hat dem Arbeitgeber auch alles sofort herauszugeben, was er in Ausübung seiner vertraglichen Tätigkeit hervorbringt.

Art. 321c

IV. Überstundenarbeit

¹ Wird gegenüber dem zeitlichen Umfang der Arbeit, der verabredet oder üblich oder durch Normalarbeitsvertrag oder Gesamtarbeitsvertrag bestimmt ist, die Leistung von Überstundenarbeit notwendig, so ist der Arbeitnehmer dazu soweit verpflichtet, als er sie zu leisten vermag und sie ihm nach Treu und Glauben zugemutet werden kann.

² Im Einverständnis mit dem Arbeitnehmer kann der Arbeitgeber die Überstundenarbeit innert eines angemessenen Zeitraumes durch Freizeit von mindestens gleicher Dauer ausgleichen.

³ Wird die Überstundenarbeit nicht durch Freizeit ausgeglichen und ist nichts anderes schriftlich verabredet oder durch Normalarbeitsvertrag oder Gesamtarbeitsvertrag bestimmt, so hat der Arbeitgeber für die Überstundenarbeit Lohn zu entrichten, der sich nach dem Normallohn samt einem Zuschlag von mindestens einem Viertel bemisst.

Art. 321d

V. Befolgung von Anordnungen und Weisungen

¹ Der Arbeitgeber kann über die Ausführung der Arbeit und das Verhalten der Arbeitnehmer im Betrieb oder Haushalt allgemeine Anordnungen erlassen und ihnen besondere Weisungen erteilen.

² Der Arbeitnehmer hat die allgemeinen Anordnungen des Arbeitgebers und die ihm erteilten besonderen Weisungen nach Treu und Glauben zu befolgen.

Art. 321e

VI. Haftung des Arbeitnehmers

¹ Der Arbeitnehmer ist für den Schaden verantwortlich, den er absichtlich oder fahrlässig dem Arbeitgeber zufügt.

² Das Mass der Sorgfalt, für die der Arbeitnehmer einzustehen hat, bestimmt sich nach dem einzelnen Arbeitsverhältnis, unter Berücksichtigung des Berufsrisikos, des Bildungsgrades oder der Fachkenntnisse, die zu der Arbeit verlangt werden, sowie der Fähigkeiten und Eigenschaften des Arbeitnehmers, die der Arbeitgeber gekannt hat oder hätte kennen sollen.

Art. 322

C. Pflichten des Arbeitgebers
I. Lohn
1. Art und Höhe im allgemeinen

¹ *Der Arbeitgeber hat dem Arbeitnehmer den Lohn zu entrichten, der verabredet oder üblich oder durch Normalarbeitsvertrag oder Gesamtarbeitsvertrag bestimmt ist.*

² *Lebt der Arbeitnehmer in Hausgemeinschaft mit dem Arbeitgeber, so bildet der Unterhalt im Hause mit Unterkunft und Verpflegung einen Teil des Lohnes, sofern nichts anderes verabredet oder üblich ist.*

Art. 322a

2. Anteil am Geschäftsergebnis

¹ Hat der Arbeitnehmer vertraglich Anspruch auf einen Anteil am Gewinn oder am Umsatz oder sonst am Geschäftsergebnis, so ist für die Berechnung des Anteils das Ergebnis des Geschäftsjahres massgebend, wie es nach den gesetzlichen Vorschriften und allgemein anerkannten kaufmännischen Grundsätzen festzustellen ist.

² Der Arbeitgeber hat dem Arbeitnehmer oder an dessen Stelle einem gemeinsam bestimmten oder vom Richter bezeichneten Sachverständigen die nötigen Aufschlüsse zu geben und Einsicht in die Geschäftsbücher zu gewähren, soweit dies zur Nachprüfung erforderlich ist.

³ Ist ein Anteil am Gewinn des Unternehmens verabredet, so ist dem Arbeitnehmer überdies auf Verlangen eine Abschrift der Gewinn- und Verlustrechnung des Geschäftsjahres zu übergeben.

Art. 322b

3. Provision
a. Entstehung

¹ Ist eine Provision des Arbeitnehmers auf bestimmten Geschäften verabredet, so entsteht der Anspruch darauf, wenn das Geschäft mit dem Dritten rechtsgültig abgeschlossen ist.

² Bei Geschäften mit gestaffelter Erfüllung sowie bei Versicherungsverträgen kann schriftlich verabredet werden, dass der Provisionsanspruch auf jeder Rate mit ihrer Fälligkeit oder ihrer Leistung entsteht.

³ *Der Anspruch auf Provision fällt nachträglich dahin, wenn das Geschäft vom Arbeitgeber ohne sein Verschulden nicht ausgeführt wird oder wenn der Dritte seine Verbindlichkeiten nicht erfüllt; bei nur teilweiser Erfüllung tritt eine verhältnismässige Herabsetzung der Provision ein.*

Art. 322c

b. Abrechnung

¹ Ist vertraglich nicht der Arbeitnehmer zur Aufstellung der Provisionsabrechnung verpflichtet, so hat ihm der Arbeitgeber auf jeden Fälligkeitstermin eine schriftliche Abrechnung, unter Angabe der provisionspflichtigen Geschäfte, zu übergeben.

² Der Arbeitgeber hat dem Arbeitnehmer oder an dessen Stelle einem gemeinsam bestimmten oder vom Richter bezeichneten Sachverständigen die nötigen Aufschlüsse zu geben und Einsicht in die für die Abrechnung massgebenden Bücher und Belege zu gewähren, soweit dies zur Nachprüfung erforderlich ist.

Art. 322d

4. Gratifikation

¹ *Richtet der Arbeitgeber neben dem Lohn bei bestimmten Anlässen, wie Weihnachten oder Abschluss des Geschäftsjahres, eine Sondervergütung aus, so hat der Arbeitnehmer einen Anspruch darauf, wenn es verabredet ist.*

² *Endigt das Arbeitsverhältnis, bevor der Anlass zur Ausrichtung der Sondervergütung eingetreten ist, so hat der Arbeitnehmer einen Anspruch auf einen verhältnismässigen Teil davon, wenn es verabredet ist.*

Art. 323

II. Ausrichtung des Lohnes
1. Zahlungsfristen und -termine

¹ Sind nicht kürzere Fristen oder andere Termine verabredet oder üblich und ist durch Normalarbeitsvertrag oder Gesamtarbeitsvertrag nichts anderes bestimmt, so ist dem Arbeitnehmer der Lohn Ende jedes Monats auszurichten.

² Ist nicht eine kürzere Frist verabredet oder üblich, so ist die Provision Ende jedes Monats auszurichten; erfordert jedoch die Durchführung von Geschäften mehr als ein halbes Jahr, so kann durch schriftliche Abrede die Fälligkeit der Provision für diese Geschäfte hinausgeschoben werden.

³ Der Anteil am Geschäftsergebnis ist auszurichten, sobald dieses festgestellt ist, spätestens jedoch sechs Monate nach Ablauf des Geschäftsjahres.

⁴ Der Arbeitgeber hat dem Arbeitnehmer nach Massgabe der geleisteten Arbeit den Vorschuss zu gewähren, dessen der Arbeitnehmer infolge einer Notlage bedarf und den der Arbeitgeber billigerweise zu gewähren vermag.

Art. 323a

2. Lohnrückbehalt

¹ *Sofern es verabredet oder üblich oder durch Normalarbeitsvertrag oder Gesamtarbeitsvertrag bestimmt ist, darf der Arbeitgeber einen Teil des Lohnes zurückbehalten.*

² *Von dem am einzelnen Zahltag fälligen Lohn darf nicht mehr als ein Zehntel des Lohnes und im gesamten nicht mehr als der Lohn für eine Arbeitswoche zurückbehalten werden; jedoch kann ein höherer Lohnrückbehalt durch Normalarbeitsvertrag oder Gesamtarbeitsvertrag vorgesehen werden.*

³ *Ist nichts anderes verabredet oder üblich oder durch Normalarbeitsvertrag oder Gesamtarbeitsvertrag bestimmt, so gilt der zurückbehaltene Lohn als Sicherheit für die Forderungen des Arbeitgebers aus dem Arbeitsverhältnis und nicht als Konventionalstrafe.*

Art. 323b

3. Lohnsicherung

¹ *Der Geldlohn ist dem Arbeitnehmer in gesetzlicher Währung innert der Arbeitszeit auszurichten, sofern nichts anderes verabredet oder üblich ist;* dem Arbeitnehmer ist eine schriftliche Abrechnung zu übergeben.

² Der Arbeitgeber darf Gegenforderungen mit der Lohnforderung nur soweit verrechnen, als diese pfändbar ist, jedoch dürfen Ersatzforderungen für absichtlich zugefügten Schaden unbeschränkt verrechnet werden.

³ Abreden über die Verwendung des Lohnes im Interesse des Arbeitgebers sind nichtig.

Art. 324

III. Lohn bei Verhinderung an der Arbeitsleistung
1. bei Annahmeverzug des Arbeitgebers

¹ Kann die Arbeit infolge Verschuldens des Arbeitgebers nicht geleistet werden oder kommt er aus anderen Gründen mit der Annahme der Arbeitsleistung in Verzug, so bleibt er zur Entrichtung des Lohnes verpflichtet, ohne dass der Arbeitnehmer zur Nachleistung verpflichtet ist.

² Der Arbeitnehmer muss sich auf den Lohn anrechnen lassen, was er wegen Verhinderung an der Arbeitsleistung erspart oder durch anderweitige Arbeit erworben oder zu erwerben absichtlich unterlassen hat.

Art. 324a

2. bei Verhinderung des Arbeitnehmers
a. Grundsatz

¹ Wird der Arbeitnehmer aus Gründen, die in seiner Person liegen, wie Krankheit, Unfall, Erfüllung gesetzlicher Pflichten oder Ausübung eines öffentlichen Amtes, ohne sein Verschulden an der Arbeitsleistung verhindert, so hat ihm der Arbeitgeber für eine beschränkte Zeit den darauf entfallenden Lohn zu entrichten, samt einer angemessenen Vergütung für ausfallenden Naturallohn, sofern das Arbeitsverhältnis mehr als drei Monate gedauert hat oder für mehr als drei Monate eingegangen ist.

² Sind durch Abrede, Normalarbeitsvertrag oder Gesamtarbeitsvertrag nicht längere Zeitabschnitte bestimmt, so hat der Arbeitgeber im ersten Dienstjahr den Lohn für drei Wochen und nachher für eine angemessene längere Zeit zu entrichten, je nach der Dauer des Arbeitsverhältnisses und den besonderen Umständen.

³ Bei Schwangerschaft und Niederkunft der Arbeitnehmerin hat der Arbeitgeber den Lohn im gleichen Umfang zu entrichten.

⁴ *Durch schriftliche Abrede, Normalarbeitsvertrag oder Gesamtarbeitsvertrag kann eine von den vorstehenden Bestimmungen abweichende Regelung getroffen werden, wenn sie für den Arbeitnehmer mindestens gleichwertig ist.*

Art. 324b

b. Ausnahmen

¹ Ist der Arbeitnehmer auf Grund gesetzlicher Vorschrift gegen die wirtschaftlichen Folgen unverschuldeter Arbeitsverhinderung aus Gründen, die in seiner Person liegen, obligatorisch versichert, so hat der Arbeitgeber den Lohn nicht zu entrichten, wenn die für die beschränkte Zeit geschuldeten Versicherungsleistungen mindestens vier Fünftel des darauf entfallenden Lohnes decken.

² Sind die Versicherungsleistungen geringer, so hat der Arbeitgeber die Differenz zwischen diesen und vier Fünfteln des Lohnes zu entrichten.

³ Werden die Versicherungsleistungen erst nach einer Wartezeit gewährt, so hat der Arbeitgeber für diese Zeit mindestens vier Fünftel des Lohnes zu entrichten.

Art. 325

IV. Abtretung und Verpfändung von Lohnforderungen

¹ Zur Sicherung familienrechtlicher Unterhalts- und Unterstützungspflichten kann der Arbeitnehmer künftige Lohnforderungen so weit abtreten oder verpfänden, als sie pfändbar sind; auf Ansuchen eines Beteiligten setzt das Betreibungsamt am Wohnsitz des Arbeitnehmers den nach Artikel 93 des Bundesgesetzes über Schuldbetreibung und Konkurs unpfändbaren Betrag fest.

² Die Abtretung und die Verpfändung künftiger Lohnforderungen zur Sicherung anderer Verbindlichkeiten sind nichtig.

Art. 326

V. Akkordlohnarbeit
1. Zuweisung von Arbeit

¹ Hat der Arbeitnehmer vertragsgemäss ausschliesslich Akkordlohnarbeit nur für einen Arbeitgeber zu leisten, so hat dieser genügend Arbeit zuzuweisen.

² *Ist der Arbeitgeber ohne sein Verschulden ausserstande, vertragsgemässe Akkordlohnarbeit zuzuweisen oder verlangen die Verhältnisse des Betriebes vorhergehend die Leistung von Zeitlohnarbeit, so kann dem Arbeitnehmer solche zugewiesen werden.*

³ Ist der Zeitlohn nicht durch Abrede, Normalarbeitsvertrag oder Gesamtarbeitsvertrag bestimmt, so hat der Arbeitgeber dem Arbeitnehmer den vorher durchschnittlich verdienten Akkordlohn zu entrichten.

⁴ Kann der Arbeitgeber weder genügend Akkordlohnarbeit noch Zeitlohnarbeit zuweisen, so bleibt er gleichwohl verpflichtet, nach den Vorschriften über den Annahmeverzug den Lohn zu entrichten, den er bei Zuweisung von Zeitlohnarbeit zu entrichten hätte.

Art. 326a

2. Akkordlohn

¹ Hat der Arbeitnehmer vertraglich Akkordlohnarbeit zu leisten, so hat ihm der Arbeitgeber den Akkordlohnansatz vor Beginn der einzelnen Arbeit bekanntzugeben.

² Unterlässt der Arbeitgeber diese Bekanntgabe, so hat er den Lohn nach dem für gleichartige oder ähnliche Arbeiten festgesetzten Ansatz zu entrichten.

Art. 327

VI. Arbeitsgeräte, Material und Auslagen
1. Arbeitsgeräte und Material

¹ *Ist nichts anderes verabredet oder üblich, so hat der Arbeitgeber den Arbeitnehmer mit den Geräten und dem Material auszurüsten, die dieser zur Arbeit benötigt.*

² *Stellt im Einverständnis mit dem Arbeitgeber der Arbeitnehmer selbst Geräte oder Material für die Ausführung der Arbeit zur Verfügung, so ist er dafür angemessen zu entschädigen, sofern nichts anderes verabredet oder üblich ist.*

Art. 327a

2. Auslagen
a. im allgemeinen

¹ Der Arbeitgeber hat dem Arbeitnehmer alle durch die Ausführung der Arbeit notwendig entstehenden Auslagen zu ersetzen, bei Arbeit an auswärtigen Arbeitsorten auch die für den Unterhalt erforderlichen Aufwendungen.

² Durch schriftliche Abrede, Normalarbeitsvertrag oder Gesamtarbeitsvertrag kann als Auslagenersatz eine feste Entschädigung, wie namentlich ein Taggeld oder eine pauschale Wochen- oder Monatsvergütung festgesetzt werden, durch die jedoch alle notwendig entstehenden Auslagen gedeckt werden müssen.

³ Abreden, dass der Arbeitnehmer die notwendigen Auslagen ganz oder teilweise selbst zu tragen habe, sind nichtig.

Art. 327b

b. Motorfahrzeug

¹ Benützt der Arbeitnehmer im Einverständnis mit dem Arbeitgeber für seine Arbeit ein von diesem oder ein von ihm selbst gestelltes Motorfahrzeug, so sind ihm die üblichen Aufwendungen für dessen Betrieb und Unterhalt nach Massgabe des Gebrauchs für die Arbeit zu vergüten.

² Stellt der Arbeitnehmer im Einverständnis mit dem Arbeitgeber selbst ein Motorfahrzeug, so sind ihm überdies die öffentlichen Abgaben für das Fahrzeug, die Prämien für die Haftpflichtversicherung und eine angemessene Entschädigung für die Abnützung des Fahrzeugs nach Massgabe des Gebrauchs für die Arbeit zu vergüten.

Art. 327c

c. Fälligkeit

¹ Auf Grund der Abrechnung des Arbeitnehmers ist der Auslagenersatz jeweils zusammen mit dem Lohn auszurichten, sofern nicht eine kürzere Frist verabredet oder üblich ist.

² Hat der Arbeitnehmer zur Erfüllung der vertraglichen Pflichten regelmässig Auslagen zu machen, so ist ihm ein angemessener Vorschuss in bestimmten Zeitabständen, mindestens aber jeden Monat auszurichten.

Art. 328

VII. Schutz der Persönlichkeit des Arbeitnehmers
1. im allgemeinen

¹ Der Arbeitgeber hat im Arbeitsverhältnis die Persönlichkeit des Arbeitnehmers zu achten und zu schützen, auf dessen Gesundheit gebührend Rücksicht zu nehmen und für die Wahrung der Sittlichkeit zu sorgen. Er muss insbesondere dafür sorgen, dass Arbeitnehmerinnen und Arbeitnehmer nicht sexuell belästigt werden und dass den Opfern von sexuellen Belästigungen keine weiteren Nachteile entstehen.

² Er hat zum Schutz von Leben, Gesundheit und persönlicher Integrität der Arbeitnehmerinnen und Arbeitnehmer die Massnahmen zu treffen, die nach der Erfahrung notwendig, nach dem Stand der Technik anwendbar und den Verhältnissen des Betriebes oder Haushaltes angemessen sind, soweit es mit Rücksicht auf das einzelne Arbeitsverhältnis und die Natur der Arbeitsleistung ihm billigerweise zugemutet werden kann.

Art. 328a

2. bei Hausgemeinschaft

¹ Lebt der Arbeitnehmer in Hausgemeinschaft mit dem Arbeitgeber, so hat dieser für ausreichende Verpflegung und einwandfreie Unterkunft zu sorgen.

² Wird der Arbeitnehmer ohne sein Verschulden durch Krankheit oder Unfall an der Arbeitsleistung verhindert, so hat der Arbeitgeber Pflege und ärztliche Behandlung für eine beschränkte Zeit zu gewähren, im ersten Dienstjahr für drei Wochen und nachher für eine angemessene längere Zeit, je nach der Dauer des Arbeitsverhältnisses und den besonderen Umständen.

³ Bei Schwangerschaft und Niederkunft der Arbeitnehmerin hat der Arbeitgeber die gleichen Leistungen zu gewähren.

Art. 328b

3. Bei der Bearbeitung von Personendaten

¹ Der Arbeitgeber darf Daten über den Arbeitnehmer nur bearbeiten, soweit sie dessen Eignung für das Arbeitsverhältnis betreffen oder zur Durchführung des Arbeitsvertrages erforderlich sind. Im übrigen gelten die Bestimmungen des Bundesgesetzes vom 19. Juni 1992 über den Datenschutz.

Art. 329

VIII. Freizeit, Ferien und Urlaub für ausserschulische Jugendarbeit
1. Freizeit

¹ Der Arbeitgeber hat dem Arbeitnehmer jede Woche einen freien Tag zu gewähren, in der Regel den Sonntag oder, wo dies nach den Verhältnissen nicht möglich ist, einen vollen Werktag.

² Unter besonderen Umständen können dem Arbeitnehmer mit dessen Zustimmung ausnahmsweise mehrere freie Tage zusammenhängend oder statt eines freien Tages zwei freie Halbtage eingeräumt werden.

³ Dem Arbeitnehmer sind im übrigen die üblichen freien Stunden und Tage und nach erfolgter Kündigung die für das Aufsuchen einer anderen Arbeitsstelle erforderliche Zeit zu gewähren.

⁴ *Bei der Bestimmung der Freizeit ist auf die Interessen des Arbeitgebers wie des Arbeitnehmers angemessen Rücksicht zu nehmen.*

Art. 329a

2. Ferien
a. Dauer

¹ Der Arbeitgeber hat dem Arbeitnehmer jedes Dienstjahr wenigstens vier Wochen, dem Arbeitnehmer bis zum vollendeten 20. Altersjahr wenigstens fünf Wochen Ferien zu gewähren.

² ...

³ Für ein unvollständiges Dienstjahr sind Ferien entsprechend der Dauer des Arbeitsverhältnisses im betreffenden Dienstjahr zu gewähren.

Art. 329b

b. Kürzung

¹ *Ist der Arbeitnehmer durch sein Verschulden während eines Dienstjahres insgesamt um mehr als einen Monat an der Arbeitsleistung verhindert, so kann der Arbeitgeber die Ferien für jeden vollen Monat der Verhinderung um einen Zwölftel kürzen.*

² Beträgt die Verhinderung insgesamt nicht mehr als einen Monat im Dienstjahr, und ist sie durch Gründe, die in der Person des Arbeitnehmers liegen,

wie Krankheit, Unfall, Erfüllung gesetzlicher Pflichten, Ausübung eines öffentlichen Amtes oder Jugendurlaub, ohne Verschulden des Arbeitnehmers verursacht, so dürfen die Ferien vom Arbeitgeber nicht gekürzt werden.

³ Die Ferien dürfen vom Arbeitgeber auch nicht gekürzt werden, wenn eine Arbeitnehmerin wegen Schwangerschaft und Niederkunft bis zu zwei Monaten an der Arbeitsleistung verhindert ist.

⁴ *Durch Normalarbeitsvertrag oder Gesamtarbeitsvertrag kann eine von den Absätzen 2 und 3 abweichende Regelung getroffen werden, wenn sie für die Arbeitnehmer im ganzen mindestens gleichwertig ist.*

Art. 329c

c. Zusammenhang und Zeitpunkt

¹ Die Ferien sind in der Regel im Verlauf des betreffenden Dienstjahres zu gewähren; wenigstens zwei Ferienwochen müssen zusammenhängen.

² *Der Arbeitgeber bestimmt den Zeitpunkt der Ferien und nimmt dabei auf die Wünsche des Arbeitnehmers soweit Rücksicht, als dies mit den Interessen des Betriebes oder Haushaltes vereinbar ist.*

Art. 329d

d. Lohn

¹ Der Arbeitgeber hat dem Arbeitnehmer für die Ferien den gesamten darauf entfallenden Lohn und eine angemessene Entschädigung für ausfallenden Naturallohn zu entrichten.

² Die Ferien dürfen während der Dauer des Arbeitsverhältnisses nicht durch Geldleistungen oder andere Vergünstigungen abgegolten werden.

³ Leistet der Arbeitnehmer während der Ferien entgeltliche Arbeit für einen Dritten und werden dadurch die berechtigten Interessen des Arbeitgebers verletzt, so kann dieser den Ferienlohn verweigern und bereits bezahlten Ferienlohn zurückverlangen.

Art. 329e

3. Urlaub für ausserschulische Jugendarbeit

¹ Der Arbeitgeber hat dem Arbeitnehmer bis zum vollendeten 30. Altersjahr für unentgeltliche leitende, betreuende oder beratende Tätigkeit im Rahmen ausserschulischer Jugendarbeit in einer kulturellen oder sozialen Organisation sowie für die dazu notwendige Aus- und Weiterbildung jedes Dienstjahr Jugendurlaub bis zu insgesamt einer Arbeitswoche zu gewähren.

² *Der Arbeitnehmer hat während des Jugendurlaubs keinen Lohnanspruch. Durch Abrede, Normalarbeitsvertrag oder Gesamtarbeitsvertrag kann zugunsten des Arbeitnehmers eine andere Regelung getroffen werden.*

³ Über den Zeitpunkt und die Dauer des Jugendurlaubs einigen sich Arbeitgeber und Arbeitnehmer; sie berücksichtigen dabei ihre beidseitigen Interessen. Kommt eine Einigung nicht zustande, dann muss der Jugendurlaub gewährt werden, wenn der Arbeitnehmer dem Arbeitgeber die Geltendmachung seines Anspruches zwei Monate im voraus angezeigt hat. Nicht bezogene Jugendurlaubstage verfallen am Ende des Kalenderjahres.

⁴ *Der Arbeitnehmer hat auf Verlangen des Arbeitgebers seine Tätigkeiten und Funktionen in der Jugendarbeit nachzuweisen.*

Art. 330

IX. Übrige Pflichten
1. Kaution

¹ Übergibt der Arbeitnehmer zur Sicherung seiner Verpflichtungen aus dem Arbeitsverhältnis dem Arbeitgeber eine Kaution, so hat sie dieser von seinem Vermögen getrennt zu halten und ihm dafür Sicherheit zu leisten.

² *Der Arbeitgeber hat die Kaution spätestens bei Beendigung des Arbeitsverhältnisses zurückzugeben, sofern nicht durch schriftliche Abrede der Zeitpunkt der Rückgabe hinausgeschoben ist.*

³ Macht der Arbeitgeber Forderungen aus dem Arbeitsverhältnis geltend und sind diese streitig, so kann er die Kaution bis zum Entscheid darüber insoweit zurückbehalten, muss aber auf Verlangen des Arbeitnehmers den zurückbehaltenen Betrag gerichtlich hinterlegen.

⁴ Im Konkurs des Arbeitgebers kann der Arbeitnehmer die Rückgabe der von dem Vermögen des Arbeitgebers getrennt gehaltenen Kaution verlangen, unter Vorbehalt der Forderungen des Arbeitgebers aus dem Arbeitsverhältnis.

Art. 330a

2. Zeugnis

¹ Der Arbeitnehmer kann jederzeit vom Arbeitgeber ein Zeugnis verlangen, das sich über die Art und Dauer des Arbeitsverhältnisses sowie über seine Leistungen und sein Verhalten ausspricht.

² Auf besonderes Verlangen des Arbeitnehmers hat sich das Zeugnis auf Angaben über die Art und Dauer des Arbeitsverhältnisses zu beschränken.

Art. 331

D. Personalvorsorge
1. Pflichten des Arbeitgebers

¹ Macht der Arbeitgeber Zuwendungen für die Personalvorsorge oder leisten die Arbeitnehmer Beiträge daran, so hat der Arbeitgeber diese Zuwendungen und Beiträge auf eine Stiftung, eine Genossenschaft oder eine Einrichtung des öffentlichen Rechtes zu übertragen.

² Werden die Zuwendungen des Arbeitgebers und allfällige Beiträge des Arbeitnehmers zu dessen Gunsten für eine Kranken-, Unfall-, Lebens-, Invaliden- oder Todesfallversicherung bei einer der Versicherungsaufsicht unterstellten Unternehmung oder bei einer anerkannten Krankenkasse verwendet, so hat der Arbeitgeber die Übertragung gemäss vorstehendem Absatz nicht vorzunehmen, wenn dem Arbeitnehmer mit dem Eintritt des Versicherungsfalles ein selbständiges Forderungsrecht gegen die Versicherungsträger zusteht.

³ Hat der Arbeitnehmer Beiträge an eine Personalvorsorgeeinrichtung zu leisten, so ist der Arbeitgeber verpflichtet, zur gleichen Zeit mindestens gleich hohe Beiträge wie die gesamten Beiträge aller Arbeitnehmer zu entrichten; er erbringt seine Beiträge aus eigenen Mitteln oder aus Beitragsreserven der Vorsorgeeinrichtung, die von ihm vorgängig hiefür geäufnet worden und gesondert ausgewiesen sind.

⁴ Der Arbeitgeber hat dem Arbeitnehmer über die ihm gegen eine Vorsorgeeinrichtung oder einen Versicherungsträger zustehenden Forderungsrechte den erforderlichen Aufschluss zu erteilen.

Art. 331a

II. Beginn und Ende des Vorsorgeschutzes

[1] Der Vorsorgeschutz beginnt mit dem Tag, an dem das Arbeitsverhältnis anfängt, und endet an dem Tag, an welchem der Arbeitnehmer die Vorsorgeeinrichtung verlässt.

[2] Der Arbeitnehmer geniesst jedoch einen Vorsorgeschutz gegen Tod und Invalidität, bis er in ein neues Vorsorgeverhältnis eingetreten ist, längstens aber während eines Monats.

[3] Für den nach Beendigung des Vorsorgeverhältnisses gewährten Vorsorgeschutz kann die Vorsorgeeinrichtung vom Arbeitnehmer Risikobeiträge verlangen.

Art. 331b

III. Abtretung und Verpfändung

Die Forderung auf künftige Vorsorgeleistungen kann vor der Fälligkeit gültig weder abgetreten noch verpfändet werden.

Art. 331c

IV. Gesundheitliche Vorbehalte

Vorsorgeeinrichtungen dürfen für die Risiken Tod und Invalidität einen Vorbehalt aus gesundheitlichen Gründen machen. Dieser darf höchstens fünf Jahre betragen.

Art. 331d

V. Wohneigentumsförderung
1. Verpfändung

[1] Der Arbeitnehmer kann bis drei Jahre vor Entstehung des Anspruchs auf Altersleistungen seinen Anspruch auf Vorsorgeleistungen oder einen Betrag bis zur Höhe seiner Freizügigkeitsleistung für Wohneigentum zum eigenen Bedarf verpfänden.

[2] Die Verpfändung ist auch zulässig für den Erwerb von Anteilscheinen einer Wohnbaugenossenschaft oder ähnlicher Beteiligungen, wenn der Arbeitnehmer eine dadurch mitfinanzierte Wohnung selbst benutzt.

[3] Die Verpfändung bedarf zu ihrer Gültigkeit der schriftlichen Anzeige an die Vorsorgeeinrichtung.

[4] Arbeitnehmer, die das 50. Altersjahr überschritten haben, dürfen höchstens die Freizügigkeitsleistung, auf die sie im 50. Altersjahr Anspruch gehabt hätten, oder die Hälfte der Freizügigkeitsleistung im Zeitpunkt der Verpfändung als Pfand einsetzen.

[5] Ist der Arbeitnehmer verheiratet, so ist die Verpfändung nur zulässig, wenn sein Ehegatte schriftlich zustimmt. Kann er die Zustimmung nicht einholen oder wird sie ihm verweigert, so kann er das Gericht anrufen.

[6] Wird das Pfand vor dem Vorsorgefall oder vor der Barauszahlung verwertet, so finden die Artikel 30d–30f und 83a des Bundesgesetzes vom 25. Juni 1982 über die berufliche Alters-, Hinterlassenen- und Invalidenvorsorge Anwendung.

[7] Der Bundesrat bestimmt:
  a. die zulässigen Verpfändungszwecke und den Begriff «Wohneigentum zum eigenen Bedarf»;
  b. welche Voraussetzungen bei der Verpfändung von Anteilscheinen einer Wohnbaugenossenschaft oder ähnlicher Beteiligungen zu erfüllen sind.

Art. 331e

2. Vorbezug

¹ Der Arbeitnehmer kann bis drei Jahre vor Entstehung des Anspruchs auf Altersleistungen von seiner Vorsorgeeinrichtung einen Betrag für Wohneigentum zum eigenen Bedarf geltend machen.

² Arbeitnehmer dürfen bis zum 50. Altersjahr einen Betrag bis zur Höhe der Freizügigkeitsleistung beziehen. Versicherte, die das 50. Altersjahr überschritten haben, dürfen höchstens die Freizügigkeitsleistung, auf die sie im 50. Altersjahr Anspruch gehabt hätten, oder die Hälfte der Freizügigkeitsleistung im Zeitpunkt des Bezuges in Anspruch nehmen.

³ Der Arbeitnehmer kann diesen Betrag auch für den Erwerb von Anteilscheinen einer Wohnbaugenossenschaft oder ähnlicher Beteiligungen verwenden, wenn er eine dadurch mitfinanzierte Wohnung selbst benutzt.

⁴ Mit dem Bezug wird gleichzeitig der Anspruch auf Vorsorgeleistungen entsprechend den jeweiligen Vorsorgereglementen und den technischen Grundlagen der Vorsorgeeinrichtung gekürzt. Um eine Einbusse des Vorsorgeschutzes durch eine Leistungskürzung bei Tod oder Invalidität zu vermeiden, bietet die Vorsorgeeinrichtung eine Zusatzversicherung an oder vermittelt eine solche.

⁵ Ist der Arbeitnehmer verheiratet, so ist der Bezug nur zulässig, wenn sein Ehegatte schriftlich zustimmt. Kann er die Zustimmung nicht einholen oder wird sie ihm verweigert, so kann er das Gericht anrufen.

⁶ Der Vorbezug gilt im Scheidungsfall als Freizügigkeitsleistung und wird vom Gericht nach Artikel 22 des Freizügigkeitsgesetzes vom 17. Dezember 1993 beurteilt.

⁷ Wird durch den Vorbezug oder die Verpfändung die Liquidität der Vorsorgeeinrichtung in Frage gestellt, so kann diese die Erledigung der entsprechenden Gesuche aufschieben. Sie legt in ihrem Reglement eine Prioritätenordnung für das Aufschieben dieser Vorbezüge beziehungsweise Verpfändungen fest. Der Bundesrat regelt die Einzelheiten.

⁸ Im übrigen gelten die Artikel 30d–30f und 83a des Bundesgesetzes vom 25. Juni 1982 über die berufliche Alters-, Hinterlassenen- und Invalidenvorsorge.

Art. 332

E. Rechte an Erfindungen und anderen immateriellen Gütern
1. Erfindungen

¹ Erfindungen, die der Arbeitnehmer bei Ausübung seiner dienstlichen Tätigkeit und in Erfüllung seiner vertraglichen Pflichten macht oder an deren Hervorbringung er mitwirkt, gehören unabhängig von ihrer Schutzfähigkeit dem Arbeitgeber.

² Durch schriftliche Abrede kann sich der Arbeitgeber den Erwerb von Erfindungen ausbedingen, die vom Arbeitnehmer bei Ausübung seiner dienstlichen Tätigkeit, aber nicht in Erfüllung seiner vertraglichen Pflichten gemacht werden.

³ Der Arbeitnehmer, der eine Erfindung gemäss dem vorstehenden Absatz macht, hat davon dem Arbeitgeber schriftlich Kenntnis zu geben; dieser hat ihm innert sechs Monaten schriftlich mitzuteilen, ob er die Erfindung erwerben will oder sie dem Arbeitnehmer freigibt.

⁴ Wird die Erfindung dem Arbeitnehmer nicht freigegeben, so hat ihm der Arbeitgeber eine besondere angemessene Vergütung auszurichten; bei de-

ren Festsetzung sind alle Umstände zu berücksichtigen, wie namentlich der wirtschaftliche Wert der Erfindung, die Mitwirkung des Arbeitgebers, die Inanspruchnahme seiner Hilfspersonen und Betriebseinrichtungen, sowie die Aufwendungen des Arbeitnehmers und seine Stellung im Betrieb.

Art. 332a

II. Gewerbliche Muster und Modelle

¹ Schafft der Arbeitnehmer bei Ausübung seiner dienstlichen Tätigkeit und in Erfüllung seiner vertraglichen Pflichten ein gewerbliches Muster oder Modell, so kann es der Arbeitgeber nutzen, auch wenn es nicht schutzfähig ist, aber nur soweit, als es der Zweck des Arbeitsverhältnisses erfordert.

² Der Arbeitnehmer darf sich der Ausübung der Nutzungsbefugnisse durch den Arbeitgeber nicht in einer gegen Treu und Glauben verstossenden Weise widersetzen.

Art. 333

F. Übergang des Arbeitsverhältnisses
1. Wirkungen

¹ Überträgt der Arbeitgeber den Betrieb oder einen Betriebsteil auf einen Dritten, so geht das Arbeitsverhältnis mit allen Rechten und Pflichten mit dem Tage der Betriebsnachfolge auf den Erwerber über, sofern der Arbeitnehmer den Übergang nicht ablehnt.

¹ᵇⁱˢ Ist auf das übertragene Arbeitsverhältnis ein Gesamtarbeitsvertrag anwendbar, so muss der Erwerber diesen während eines Jahres einhalten, sofern er nicht vorher abläuft oder infolge Kündigung endet.

² Bei Ablehnung des Überganges wird das Arbeitsverhältnis auf den Ablauf der gesetzlichen Kündigungsfrist aufgelöst; der Erwerber des Betriebes und der Arbeitnehmer sind bis dahin zur Erfüllung des Vertrages verpflichtet.

³ Der bisherige Arbeitgeber und der Erwerber des Betriebes haften solidarisch für die Forderungen des Arbeitnehmers, die vor dem Übergang fällig geworden sind und die nachher bis zum Zeitpunkt fällig werden, auf den das Arbeitsverhältnis ordentlicherweise beendigt werden könnte oder bei Ablehnung des Überganges durch den Arbeitnehmer beendigt wird.

⁴ Im übrigen ist der Arbeitgeber nicht berechtigt, die Rechte aus dem Arbeitsverhältnis auf einen Dritten zu übertragen, sofern nichts anderes verabredet ist oder sich aus den Umständen ergibt.

Art. 333a

2. Konsultation der Arbeitnehmervertretung

¹ Überträgt der Arbeitgeber den Betrieb oder einen Betriebsteil auf einen Dritten, so hat er die Arbeitnehmervertretung oder, falls es keine solche gibt, die Arbeitnehmer rechtzeitig vor dem Vollzug des Übergangs zu informieren über:
    a. den Grund des Übergangs;
    b. die rechtlichen, wirtschaftlichen und sozialen Folgen des Übergangs für die Arbeitnehmer.

² Sind infolge des Übergangs Massnahmen beabsichtigt, welche die Arbeitnehmer betreffen, so ist die Arbeitnehmervertretung oder, falls es keine solche gibt, sind die Arbeitnehmer rechtzeitig vor dem Entscheid über diese Massnahmen zu konsultieren.

Art. 334

G. Beendigung des Arbeitsverhältnisses
I. Befristetes Arbeitsverhältnis

¹ Ein befristetes Arbeitsverhältnis endigt ohne Kündigung.

² Wird ein befristetes Arbeitsverhältnis nach Ablauf der vereinbarten Dauer stillschweigend fortgesetzt, so gilt es als unbefristetes Arbeitsverhältnis.

³ Nach Ablauf von zehn Jahren kann jede Vertragspartei ein auf längere Dauer abgeschlossenes befristetes Arbeitsverhältnis jederzeit mit einer Kündigungsfrist von sechs Monaten auf das Ende eines Monats kündigen.

Art. 335

II. Unbefristetes Arbeitsverhältnis
1. Kündigung im allgemeinen

¹ Ein unbefristetes Arbeitsverhältnis kann von jeder Vertragspartei gekündigt werden.

² Der Kündigende muss die Kündigung schriftlich begründen, wenn die andere Partei dies verlangt.

Art. 335a

2. Kündigungsfristen
a. im allgemeinen

¹ *Für Arbeitgeber und Arbeitnehmer dürfen keine verschiedenen Kündigungsfristen festgesetzt werden; bei widersprechender Abrede gilt für beide die längere Frist.*

² *Hat der Arbeitgeber das Arbeitsverhältnis aus wirtschaftlichen Gründen gekündigt oder eine entsprechende Absicht kundgetan so dürfen jedoch durch Abrede, Normalarbeitsvertrag oder Gesamtarbeitsvertrag für den Arbeitnehmer kürzere Kündigungsfristen vereinbart werden.*

Art. 335b

b. während der Probezeit

¹ *Das Arbeitsverhältnis kann während der Probezeit jederzeit mit einer Kündigungsfrist von sieben Tagen gekündigt werden; als Probezeit gilt der erste Monat eines Arbeitsverhältnisses.*

² *Durch schriftliche Abrede, Normalarbeitsvertrag oder Gesamtarbeitsvertrag können abweichende Vereinbarungen getroffen werden; die Probezeit darf jedoch auf höchstens drei Monate verlängert werden.*

³ *Bei einer effektiven Verkürzung der Probezeit infolge Krankheit, Unfall oder Erfüllung einer nicht freiwillig übernommenen gesetzlichen Pflicht erfolgt eine entsprechende Verlängerung der Probezeit.*

Art. 335c

c. nach Ablauf der Probezeit

¹ *Das Arbeitsverhältnis kann im ersten Dienstjahr mit einer Kündigungsfrist von einem Monat, im zweiten bis und mit dem neunten Dienstjahr mit einer Frist von zwei Monaten und nachher mit einer Frist von drei Monaten je auf das Ende eines Monats gekündigt werden.*

² *Diese Fristen dürfen durch schriftliche Abrede, Normalarbeitsvertrag oder Gesamtarbeitsvertrag abgeändert werden; unter einen Monat dürfen sie jedoch nur durch Gesamtarbeitsvertrag und nur für das erste Dienstjahr herabgesetzt werden.*

Art. 335d

II bis. Massenentlassung
1. Begriff

Als Massenentlassung gelten Kündigungen, die der Arbeitgeber innert 30 Tagen in einem Betrieb aus Gründen ausspricht, die in keinem Zusammenhang mit der Person des Arbeitnehmers stehen, und von denen betroffen werden:
1. mindestens 10 Arbeitnehmer in Betrieben, die in der Regel mehr als 20 und weniger als 100 Arbeitnehmer beschäftigen;
2. mindestens 10 Prozent der Arbeitnehmer in Betrieben, die in der Regel mindestens 100 und weniger als 300 Arbeitnehmer beschäftigen;
3. mindestens 30 Arbeitnehmer in Betrieben, die in der Regel mindestens 300 Arbeitnehmer beschäftigen.

Art. 335e

2. Geltungsbereich

[1] Die Bestimmungen über die Massenentlassung gelten auch für befristete Arbeitsverhältnisse, wenn diese vor Ablauf der vereinbarten Dauer enden.

[2] Sie gelten nicht für Betriebseinstellungen infolge gerichtlicher Entscheidungen.

Art. 335f

3. Konsultation der Arbeitnehmervertretung

[1] Beabsichtigt der Arbeitgeber, eine Massenentlassung vorzunehmen, so hat er die Arbeitnehmervertretung oder, falls es keine solche gibt, die Arbeitnehmer zu konsultieren.

[2] Er gibt ihnen zumindest die Möglichkeit, Vorschläge zu unterbreiten, wie die Kündigungen vermieden oder deren Zahl beschränkt sowie ihre Folgen gemildert werden können.

[3] Er muss der Arbeitnehmervertretung oder, falls es keine solche gibt, den Arbeitnehmern alle zweckdienlichen Auskünfte erteilen und ihnen auf jeden Fall schriftlich mitteilen:
  a. die Gründe der Massenentlassung;
  b. die Zahl der Arbeitnehmer, denen gekündigt werden soll;
  c. die Zahl der in der Regel beschäftigten Arbeitnehmer;
  d. den Zeitraum, in dem die Kündigungen ausgesprochen werden sollen.

[4] Er stellt dem kantonalen Arbeitsamt eine Kopie der Mitteilung nach Absatz 3 zu.

Art. 335g

4. Verfahren

[1] Der Arbeitgeber hat dem kantonalen Arbeitsamt jede beabsichtigte Massenentlassung schriftlich anzuzeigen und der Arbeitnehmervertretung oder, falls es keine solche gibt, den Arbeitnehmern eine Kopie dieser Anzeige zuzustellen.

[2] Die Anzeige muss die Ergebnisse der Konsultation der Arbeitnehmervertretung (Art. 335f) und alle zweckdienlichen Angaben über die beabsichtigte Massenentlassung enthalten.

[3] Das kantonale Arbeitsamt sucht nach Lösungen für die Probleme, welche die beabsichtigte Massenentlassung aufwirft. Die Arbeitnehmervertretung oder, falls es keine solche gibt, die Arbeitnehmer können ihm ihre Bemerkungen einreichen.

⁴ *Ist das Arbeitsverhältnis im Rahmen einer Massenentlassung gekündigt worden, so endet es 30 Tage nach der Anzeige der beabsichtigten Massenentlassung an das kantonale Arbeitsamt, ausser wenn die Kündigung nach den vertraglichen oder gesetzlichen Bestimmungen auf einen späteren Termin wirksam wird.*

Art. 336

III. Kündigungsschutz
1. Missbräuchliche Kündigung
a. Grundsatz

¹ Die Kündigung eines Arbeitsverhältnisses ist missbräuchlich, wenn eine Partei sie ausspricht:
a. wegen einer Eigenschaft, die der anderen Partei kraft ihrer Persönlichkeit zusteht, es sei denn, diese Eigenschaft stehe in einem Zusammenhang mit dem Arbeitsverhältnis oder beeinträchtige wesentlich die Zusammenarbeit im Betrieb;
b. weil die andere Partei ein verfassungsmässiges Recht ausübt, es sei denn, die Rechtsausübung verletze eine Pflicht aus dem Arbeitsverhältnis oder beeinträchtige wesentlich die Zusammenarbeit im Betrieb;
c. ausschliesslich um die Entstehung von Ansprüchen der anderen Partei aus dem Arbeitsverhältnis zu vereiteln;
d. weil die andere Partei nach Treu und Glauben Ansprüche aus dem Arbeitsverhältnis geltend macht;
e. weil die andere Partei schweizerischen obligatorischen Militärdienst, Zivilschutzdienst, Militärischen Frauendienst oder Rotkreuzdienst leistet oder eine nicht freiwillig übernommene gesetzliche Pflicht erfüllt.

² Die Kündigung des Arbeitsverhältnisses durch den Arbeitgeber ist im weiteren missbräuchlich, wenn sie ausgesprochen wird:
a. weil der Arbeitnehmer einem Arbeitnehmerverband angehört oder nicht angehört oder weil er eine gewerkschaftliche Tätigkeit rechtmässig ausübt;
b. während der Arbeitnehmer gewählter Arbeitnehmervertreter in einer betrieblichen oder in einer dem Unternehmen angeschlossenen Einrichtung ist, und der Arbeitgeber nicht beweisen kann, dass er einen begründeten Anlass zur Kündigung hatte;
c. im Rahmen einer Massenentlassung, ohne dass die Arbeitnehmervertretung oder, falls es keine solche gibt, die Arbeitnehmer konsultiert worden sind.

³ *Der Schutz eines Arbeitnehmervertreters nach Absatz 2 Buchstabe b, dessen Mandat infolge Übergangs des Arbeitsverhältnisses endet (Art. 333), besteht so lange weiter, als das Mandat gedauert hätte, falls das Arbeitsverhältnis nicht übertragen worden wäre.*

Art. 336a

b. Sanktionen

¹ Die Partei, die das Arbeitsverhältnis missbräuchlich kündigt, hat der anderen Partei eine Entschädigung auszurichten.

² Die Entschädigung wird vom Richter unter Würdigung aller Umstände festgesetzt, darf aber den Betrag nicht übersteigen, der dem Lohn des Arbeitnehmers für sechs Monate entspricht. Schadenersatzansprüche aus einem anderen Rechtstitel sind vorbehalten.

³ Ist die Kündigung nach Artikel 336 Absatz 2 Buchstabe c missbräuchlich, so darf die Entschädigung nicht mehr als den Lohn des Arbeitnehmers für zwei Monate betragen.

Art. 336b

c. Verfahren

¹ Wer gestützt auf Artikel 336 und 336a eine Entschädigung geltend machen will, muss gegen die Kündigung längstens bis zum Ende der Kündigungsfrist beim Kündigenden schriftlich Einsprache erheben.

² Ist die Einsprache gültig erfolgt und einigen sich die Parteien nicht über die Fortsetzung des Arbeitsverhältnisses,. so kann die Partei, der gekündigt worden ist, ihren Anspruch auf Entschädigung geltend machen. Wird nicht innert 180 Tagen nach Beendigung des Arbeitsverhältnisses eine Klage anhängig gemacht, ist der Anspruch verwirkt.

Art. 336c

2. Kündigung zur Unzeit
a. durch den Arbeitgeber

¹ Nach Ablauf der Probezeit darf der Arbeitgeber das Arbeitsverhältnis nicht kündigen:
  a. während die andere Partei schweizerischen obligatorischen Militärdienst, Zivildienst, Militärischen Frauendienst oder Rotkreuzdienst leistet, sowie, sofern die Dienstleistung mehr als zwölf Tage dauert, während vier Wochen vorher und nachher;
  b. während der Arbeitnehmer ohne eigenes Verschulden durch Krankheit oder Unfall ganz oder teilweise an der Arbeitsleistung verhindert ist, und zwar im ersten Dienstjahr während 30 Tagen, ab zweitem bis und mit fünftem Dienstjahr während 90 Tagen und ab sechstem Dienstjahr während 180 Tagen;
  c. während der Schwangerschaft und in den 16 Wochen nach der Niederkunft einer Arbeitnehmerin;
  d. während der Arbeitnehmer mit Zustimmung des Arbeitgebers an einer von der zuständigen Bundesbehörde angeordneten Dienstleistung für eine Hilfsaktion im Ausland teilnimmt.

² Die Kündigung, die während einer der in Absatz 1 festgesetzten Sperrfristen erklärt ist, ist nichtig; ist dagegen die Kündigung vor Beginn einer solchen Frist erfolgt, aber die Kündigungsfrist bis dahin noch nicht abgelaufen, so wird deren Ablauf unterbrochen und erst nach der Beendigung der Sperrfrist fortgesetzt.

³ Gilt für die Beendigung des Arbeitsverhältnisses ein Endtermin, wie das Ende eines Monats oder einer Arbeitswoche, und fällt dieser nicht mit dem Ende der fortgesetzten Kündigungsfrist zusammen, so verlängert sich diese bis zum nächstfolgenden Endtermin.

Art. 336d

b. durch den Arbeitnehmer

¹ Nach Ablauf der Probezeit darf der Arbeitnehmer das Arbeitsverhältnis nicht kündigen, wenn ein Vorgesetzter, dessen Funktionen er auszuüben vermag, oder der Arbeitgeber selbst unter den in Artikel 336c Absatz 1 Buchstabe a angeführten Voraussetzungen an der Ausübung der Tätigkeit

verhindert ist und der Arbeitnehmer dessen Tätigkeit während der Verhinderung zu übernehmen hat.

² Artikel 336c Absätze 2 und 3 sind entsprechend anwendbar.

Art. 337

IV. Fristlose Auflösung
1. Voraussetzungen
a. aus wichtigen Gründen

¹ Aus wichtigen Gründen kann der Arbeitgeber wie der Arbeitnehmer jederzeit das Arbeitsverhältnis fristlos auflösen; er muss die fristlose Vertragsauflösung schriftlich begründen, wenn die andere Partei dies verlangt.

² Als wichtiger Grund gilt namentlich jeder Umstand, bei dessen Vorhandensein dem Kündigenden nach Treu und Glauben die Fortsetzung des Arbeitsverhältnisses nicht mehr zugemutet werden darf.

³ *Über das Vorhandensein solcher Umstände entscheidet der Richter nach seinem Ermessen, darf aber in keinem Fall die unverschuldete Verhinderung des Arbeitnehmers an der Arbeitsleistung als wichtigen Grund anerkennen.*

Art. 337a

b. wegen Lohngefährdung

Wird der Arbeitgeber zahlungsunfähig, so kann der Arbeitnehmer das Arbeitsverhältnis fristlos auflösen, sofern ihm für seine Forderungen aus dem Arbeitsverhältnis nicht innert angemessener Frist Sicherheit geleistet wird.

Art. 337b

2. Folgen
a. bei gerechtfertigter Auflösung

¹ Liegt der wichtige Grund zur fristlosen Auflösung des Arbeitsverhältnisses im vertragswidrigen Verhalten einer Vertragspartei, so hat diese vollen Schadenersatz zu leisten, unter Berücksichtigung aller aus dem Arbeitsverhältnis entstehenden Forderungen.

² *In den anderen Fällen bestimmt der Richter die vermögensrechtlichen Folgen der fristlosen Auflösung unter Würdigung aller Umstände nach seinem Ermessen.*

Art. 337c

b. bei ungerechtfertigter Entlassung

¹ Entlässt der Arbeitgeber den Arbeitnehmer fristlos ohne wichtigen Grund, so hat dieser Anspruch auf Ersatz dessen, was er verdient hätte, wenn das Arbeitsverhältnis unter Einhaltung der Kündigungsfrist oder durch Ablauf der bestimmten Vertragszeit beendigt worden wäre.

² Der Arbeitnehmer muss sich daran anrechnen lassen, was er infolge der Beendigung des Arbeitsverhältnisses erspart hat und was er durch anderweitige Arbeit verdient oder zu verdienen absichtlich unterlassen hat.

³ *Der Richter kann den Arbeitgeber verpflichten, dem Arbeitnehmer eine Entschädigung zu bezahlen, die er nach freiem Ermessen unter Würdigung aller Umstände festlegt; diese Entschädigung darf jedoch den Lohn des Arbeitnehmers für sechs Monate nicht übersteigen.*

Art. 337d

c. bei ungerechtfertigtem Nicht-

¹ Tritt der Arbeitnehmer ohne wichtigen Grund die Arbeitsstelle nicht an oder verlässt er sie fristlos, so hat der Arbeitgeber Anspruch auf eine Ent-

antritt oder Verlassen der Arbeitsstelle

schädigung, die einem Viertel des Lohnes für einen Monat entspricht; ausserdem hat er Anspruch auf Ersatz weiteren Schadens.

² Ist dem Arbeitgeber kein Schaden oder ein geringerer Schaden erwachsen, als der Entschädigung gemäss dem vorstehenden Absatz entspricht, so kann sie der Richter nach seinem Ermessen herabsetzen.

³ Erlischt der Anspruch auf Entschädigung nicht durch Verrechnung, so ist er durch Klage oder Betreibung innert 30 Tagen seit dem Nichtantritt oder Verlassen der Arbeitsstelle geltend zu machen; andernfalls ist der Anspruch verwirkt.

Art. 338

V. Tod des Arbeitnehmers oder des Arbeitgebers
1. Tod des Arbeitnehmer.

¹ Mit dem Tod des Arbeitnehmers erlischt das Arbeitsverhältnis.

² Der Arbeitgeber hat jedoch den Lohn für einen weiteren Monat und nach fünfjähriger Dienstdauer für zwei weitere Monate, gerechnet vom Todestag an, zu entrichten, sofern der Arbeitnehmer den Ehegatten oder minderjährige Kinder oder bei Fehlen dieser Erben andere Personen hinterlässt, denen gegenüber er eine Unterstützungspflicht erfüllt hat.

Art. 338a

2. Tod des Arbeitgebers

¹ Mit dem Tod des Arbeitgebers geht das Arbeitsverhältnis auf die Erben über; die Vorschriften betreffend den Übergang des Arbeitsverhältnisses bei Betriebsnachfolge sind sinngemäss anwendbar.

² Ist das Arbeitsverhältnis wesentlich mit Rücksicht auf die Person des Arbeitgebers eingegangen worden, so erlischt es mit dessen Tod; jedoch kann der Arbeitnehmer angemessenen Ersatz für den Schaden verlangen, der ihm infolge der vorzeitigen Beendigung des Arbeitsverhältnisses erwächst.

Art. 339

VI. Folgen der Beendigung des Arbeitsverhältnisses
1. Fälligkeit der Forderungen

¹ Mit der Beendigung des Arbeitsverhältnisses werden alle Forderungen aus dem Arbeitsverhältnis fällig.

² Für Provisionsforderungen auf Geschäften, die ganz oder teilweise nach Beendigung des Arbeitsverhältnisses erfüllt werden, kann durch schriftliche Abrede die Fälligkeit hinausgeschoben werden, jedoch in der Regel nicht mehr als sechs Monate, bei Geschäften mit gestaffelter Erfüllung nicht mehr als ein Jahr und bei Versicherungsverträgen sowie Geschäften, deren Durchführung mehr als ein halbes Jahr erfordert, nicht mehr als zwei Jahre.

³ *Die Forderung auf einen Anteil am Geschäftsergebnis wird fällig nach Massgabe von Artikel 323 Absatz 3.*

Art. 339a

2. Rückgabepflichten

¹ Auf den Zeitpunkt der Beendigung des Arbeitsverhältnisses hat jede Vertragspartei der anderen alles herauszugeben, was sie für dessen Dauer von ihr oder von Dritten für deren Rechnung erhalten hat.

² Der Arbeitnehmer hat insbesondere Fahrzeuge und Fahrausweise zurückzugeben sowie Lohn- oder Auslagenvorschüsse soweit zurückzuerstatten, als sie seine Forderungen übersteigen.

³ Vorbehalten bleiben die Retentionsrechte der Vertragsparteien.

Art. 339b

3. Abgangsentschädigung
a. Voraussetzungen

¹ Endigt das Arbeitsverhältnis eines mindestens 50 Jahre alten Arbeitnehmers nach 20 oder mehr Dienstjahren, so hat ihm der Arbeitgeber eine Abgangsentschädigung auszurichten.

² Stirbt der Arbeitnehmer während des Arbeitsverhältnisses, so ist die Entschädigung dem überlebenden Ehegatten oder den minderjährigen Kindern oder bei Fehlen dieser Erben anderen Personen auszurichten, denen gegenüber er eine Unterstützungspflicht erfüllt hat.

Art. 339c

b. Höhe und Fälligkeit

¹ Die Höhe der Entschädigung kann durch schriftliche Abrede, Normalarbeitsvertrag oder Gesamtarbeitsvertrag bestimmt werden, darf aber den Betrag nicht unterschreiten, der dem Lohn des Arbeitnehmers für zwei Monate entspricht.

² *Ist die Höhe der Entschädigung nicht bestimmt, so ist sie vom Richter unter Würdigung aller Umstände nach seinem Ermessen festzusetzen, darf aber den Betrag nicht übersteigen, der dem Lohn des Arbeitnehmers für acht Monate entspricht.*

³ *Die Entschädigung kann herabgesetzt werden oder wegfallen, wenn das Arbeitsverhältnis vom Arbeitnehmer ohne wichtigen Grund gekündigt oder vom Arbeitgeber aus wichtigem Grund fristlos aufgelöst wird, oder wenn dieser durch die Leistung der Entschädigung in eine Notlage versetzt würde.*

⁴ *Die Entschädigung ist mit der Beendigung des Arbeitsverhältnisses fällig, jedoch kann eine spätere Fälligkeit durch schriftliche Abrede, Normalarbeitsvertrag oder Gesamtarbeitsvertrag bestimmt oder vom Richter angeordnet werden.*

Art. 339d

c. Ersatzleistungen

¹ Erhält der Arbeitnehmer Leistungen von einer Personalfürsorgeeinrichtung, so können sie von der Abgangsentschädigung abgezogen werden, soweit diese Leistungen vom Arbeitgeber oder aufgrund seiner Zuwendungen von der Personalfürsorgeeinrichtung finanziert worden sind.

² Der Arbeitgeber hat auch insoweit keine Entschädigung zu leisten, als er dem Arbeitnehmer künftige Vorsorgeleistungen verbindlich zusichert oder durch einen Dritten zusichern lässt.

Art. 340

VII. Konkurrenzverbot
1. Voraussetzungen

¹ Der handlungsfähige Arbeitnehmer kann sich gegenüber dem Arbeitgeber schriftlich verpflichten, nach Beendigung des Arbeitsverhältnisses sich jeder konkurrenzierenden Tätigkeit zu enthalten, insbesondere weder auf eigene Rechnung ein Geschäft zu betreiben, das mit dem des Arbeitgebers in Wettbewerb steht, noch in einem solchen Geschäft tätig zu sein oder sich daran zu beteiligen.

² Das Konkurrenzverbot ist nur verbindlich, wenn das Arbeitsverhältnis dem Arbeitnehmer Einblick in den Kundenkreis oder in Fabrikations- und Geschäftsgeheimnisse gewährt und die Verwendung dieser Kenntnisse den Arbeitgeber erheblich schädigen könnte.

Art. 340a

2. Beschränkungen

¹ Das Verbot ist nach Ort, Zeit und Gegenstand angemessen zu begrenzen, so dass eine unbillige Erschwerung des wirtschaftlichen Fortkommens des Arbeitnehmers ausgeschlossen ist; es darf nur unter besonderen Umständen drei Jahre überschreiten.

² *Der Richter kann ein übermässiges Konkurrenzverbot unter Würdigung aller Umstände nach seinem Ermessen einschränken; er hat dabei eine allfällige Gegenleistung des Arbeitgebers angemessen zu berücksichtigen.*

Art. 340b

3. Folgen der Übertretung

¹ Übertritt des Arbeitnehmer das Konkurrenzverbot, so hat er den dem Arbeitgeber erwachsenden Schaden zu ersetzen.

² Ist bei Übertretung des Verbotes eine Konventionalstrafe geschuldet und nichts anderes verabredet, so kann sich der Arbeitnehmer durch deren Leistung vom Verbot befreien; er bleibt jedoch für weiteren Schaden ersatzpflichtig.

³ *Ist es besonders schriftlich verabredet, so kann der Arbeitgeber neben der Konventionalstrafe und dem Ersatz weiteren Schadens die Beseitigung des vertragswidrigen Zustandes verlangen, sofern die verletzten oder bedrohten Interessen des Arbeitgebers und das Verhalten des Arbeitnehmers dies rechtfertigen.*

Art. 340c

4. Wegfall

¹ Das Konkurrenzverbot fällt dahin, wenn der Arbeitgeber nachweisbar kein erhebliches Interesse mehr hat, es aufrecht zu erhalten.

² Das Verbot fällt ferner dahin, wenn der Arbeitgeber das Arbeitsverhältnis kündigt, ohne dass ihm der Arbeitnehmer dazu begründeten Anlass gegeben hat, oder wenn es dieser aus einem begründeten, vom Arbeitgeber zu verantwortenden Anlass auflöst.

Art. 341

H. Unverzichtbarkeit und Verjährung

¹ Während der Dauer des Arbeitsverhältnisses und eines Monats nach dessen Beendigung kann der Arbeitnehmer auf Forderungen, die sich aus unabdingbaren Vorschriften des Gesetzes oder aus unabdingbaren Bestimmungen eines Gesamtarbeitsvertrages ergeben, nicht verzichten.

² *Die allgemeinen Vorschriften über die Verjährung sind auf Forderungen aus dem Arbeitsverhältnis anwendbar.*

Art. 342

1. Vorbehalt und zivilrechtliche Wirkungen des öffentlichen Rechts

¹ Vorbehalten bleiben:
   a. Vorschriften des Bundes, der Kantone und Gemeinden über das öffentlich-rechtliche Dienstverhältnis, soweit sie nicht die Artikel 331a–331c betreffen;
   b. öffentlich-rechtliche Vorschriften des Bundes und der Kantone über die Arbeit und die Berufsbildung.

² Wird durch Vorschriften des Bundes oder der Kantone über die Arbeit und die Berufsbildung dem Arbeitgeber oder dem Arbeitnehmer eine öffentlich-rechtliche Verpflichtung auferlegt, so steht der anderen Vertragspartei ein zivilrechtlicher Anspruch auf Erfüllung zu, wenn die Verpflichtung Inhalt des Einzelarbeitsvertrages sein könnte.

Art. 343

K. Zivilrechtspflege

¹ Für Streitigkeiten aus dem Arbeitsverhältnis gilt wahlweise der Gerichtsstand des Wohnsitzes des Beklagten oder des Ortes des Betriebs oder Haushalts, für den der Arbeitnehmer Arbeit leistet.

² Die Kantone haben für Streitigkeiten aus dem Arbeitsverhältnis bis zu einem Streitwert von 20 000 Franken ein einfaches und rasches Verfahren vorzusehen; der Streitwert bemisst sich nach der eingeklagten Forderung, ohne Rücksicht auf Widerklagebegehren.

³ Bei Streitigkeiten im Sinne des vorstehenden Absatzes dürfen den Parteien weder Gebühren noch Auslagen des Gerichts auferlegt werden; jedoch kann bei mutwilliger Prozessführung der Richter gegen die fehlbare Partei Bussen aussprechen und ihr Gebühren und Auslagen des Gerichts ganz oder teilweise auferlegen.

⁴ Bei diesen Streitigkeiten stellt der Richter den Sachverhalt von Amtes wegen fest und würdigt die Beweise nach freiem Ermessen.

Zweiter Abschnitt: Besondere Einzelarbeitsverträge
A. Der Lehrvertrag

Art. 344

I. Begriff und Entstehung
1. Begriff

Durch den Lehrvertrag verpflichtet sich der Lehrmeister, den Lehrling für einen bestimmten Beruf fachgemäss auszubilden, und der Lehrling, zu diesem Zweck Arbeit im Dienst des Lehrmeisters zu leisten.

Art. 344a

2. Entstehung und Inhalt

¹ Der Lehrvertrag bedarf zu seiner Gültigkeit der schriftlichen Form.

² Der Vertrag hat die Art und die Dauer der beruflichen Ausbildung, den Lohn, die Probezeit, die Arbeitszeit und die Ferien zu regeln; die Probezeit darf nicht weniger als einen Monat und nicht mehr als drei Monate betragen.

³ Der Vertrag kann weitere Bestimmungen enthalten, wie namentlich über die

Beschaffung von Berufswerkzeugen, Beiträge an Unterkunft und Verpflegung, Übernahme von Versicherungsprämien oder andere Leistungen der Vertragsparteien.

⁴ Abreden, die den Lehrling im freien Entschluss über die berufliche Tätigkeit nach beendigter Lehre beeinträchtigen, sind nichtig.

Art. 345

II. Wirkungen
1. Besondere Pflichten des Lehrlings und seines gesetzlichen Vertreters

¹ Der Lehrling hat alles zu tun, um das Lehrziel zu erreichen.

² Der gesetzliche Vertreter des Lehrlings hat den Lehrmeister in der Erfüllung seiner Aufgabe nach Kräften zu unterstützen und das gute Einvernehmen zwischen Lehrmeister und Lehrling zu fördern.

Art. 345a

2. Besondere Pflichten des Lehrmeisters

¹ Der Lehrmeister hat den Lehrling selber auszubilden, darf jedoch unter seiner Verantwortung die Ausbildung einem Vertreter übertragen, sofern dieser die dafür nötigen beruflichen Fähigkeiten und persönlichen Eigenschaften besitzt.

² Er hat dem Lehrling die zum Besuch des beruflichen Unterrichts und zur Teilnahme an den Lehrabschlussprüfungen erforderliche Zeit ohne Lohnabzug freizugeben.

³ Er hat dem Lehrling bis zum vollendeten 20. Altersjahr für jedes Lehrjahr wenigstens fünf Wochen Ferien zu gewähren.

⁴ Er darf den Lehrling zu anderen als beruflichen Arbeiten und zu Akkordlohnarbeiten nur soweit verwenden, als solche Arbeiten mit dem zu erlernenden Beruf in Zusammenhang stehen und die Ausbildung nicht beeinträchtigt wird.

Art. 346

III. Beendigung
1. Vorzeitige Auflösung

¹ Das Lehrverhältnis kann während der Probezeit jederzeit mit einer Kündigungsfrist von sieben Tagen gekündigt werden.

² Aus wichtigen Gründen im Sinne von Artikel 337 kann das Lehrverhältnis namentlich fristlos aufgelöst werden, wenn
    a. dem Lehrmeister oder seinem Vertreter die erforderlichen beruflichen Fähigkeiten oder persönlichen Eigenschaften zur Ausbildung des Lehrlings fehlen,
    b. der Lehrling nicht über die für die Ausbildung unentbehrlichen körperlichen oder geistigen Anlagen verfügt oder gesundheitlich oder sittlich gefährdet ist,
    c. die Ausbildung nicht oder nur unter wesentlich veränderten Verhältnissen zu Ende geführt werden kann.

Art. 346a

2. Lehrzeugnis

¹ Nach Beendigung der Lehre hat der Lehrmeister dem Lehrling ein Zeugnis auszustellen, das die erforderlichen Angaben über den erlernten Beruf und die Dauer der Lehre enthält.

² Auf Verlangen des Lehrlings oder seines gesetzlichen Vertreters hat sich das Zeugnis auch über die Fähigkeiten, die Leistungen und das Verhalten des Lehrlings auszusprechen.

B. Der Handelsreisendenvertrag

Art. 347

I. Begriff und Entstehung
1. Begriff

¹ Durch den Handelsreisendenvertrag verpflichtet sich der Handelsreisende, auf Rechnung des Inhabers eines Handels-, Fabrikations- oder andern nach kaufmännischer Art geführten Geschäftes gegen Lohn Geschäfte jeder Art ausserhalb der Geschäftsräume des Arbeitgebers zu vermitteln oder abzuschliessen.

² Nicht als Handelsreisender gilt der Arbeitnehmer, der nicht vorwiegend eine Reisetätigkeit ausübt oder nur gelegentlich oder vorübergehend für den Arbeitgeber tätig ist, sowie der Reisende, der Geschäfte auf eigene Rechnung abschliesst.

Art. 347a

2. Entstehung und Inhalt

¹ Das Arbeitsverhältnis ist durch schriftlichen Vertrag zu regeln, der namentlich Bestimmungen enthalten soll über
  a. die Dauer und Beendigung des Arbeitsverhältnisses,
  b. die Vollmachten des Handelsreisenden,
  c. das Entgelt und den Auslagenersatz,
  d. das anwendbare Recht und den Gerichtsstand, sofern eine Vertragspartei ihren Wohnsitz im Ausland hat.

² Soweit das Arbeitsverhältnis nicht durch schriftlichen Vertrag geregelt ist, wird der im vorstehenden Absatz umschriebene Inhalt durch die gesetzlichen Vorschriften und durch die üblichen Arbeitsbedingungen bestimmt.

³ Die mündliche Abrede gilt nur für die Festsetzung des Beginns der Arbeitsleistung, der Art und des Gebietes der Reisetätigkeit sowie für weitere Bestimmungen, die mit den gesetzlichen Vorschriften und dem schriftlichen Vertrag nicht in Widerspruch stehen.

Art. 348

II. Pflichten und Vollmachten des Handelsreisenden
1. Besondere Pflichten

¹ Der Handelsreisende hat die Kundschaft in der ihm vorgeschriebenen Weise zu besuchen, sofern nicht ein begründeter Anlass eine Änderung notwendig macht; ohne schriftliche Bewilligung des Arbeitgebers darf er weder für eigene Rechnung noch für Rechnung eines Dritten Geschäfte vermitteln oder abschliessen.

² Ist der Handelsreisende zum Abschluss von Geschäften ermächtigt, so hat er die ihm vorgeschriebenen Preise und andern Geschäftsbedingungen einzuhalten und muss für Änderungen die Zustimmung des Arbeitgebers vorbehalten.

³ *Der Handelsreisende hat über seine Reisetätigkeit regelmässig Bericht zu erstatten, die erhaltenen Bestellungen dem Arbeitgeber sofort zu übermitteln und ihn von erheblichen Tatsachen, die seinen Kundenkreis betreffen, in Kenntnis zu setzen.*

Art. 348a

2. Delcredere

¹ Abreden, dass der Handelsreisende für die Zahlung oder anderweitige Erfüllung der Verbindlichkeiten der Kunden einzustehen oder die Kosten der Einbringung von Forderungen ganz oder teilweise zu tragen hat, sind nichtig.

² Hat der Handelsreisende Geschäfte mit Privatkunden abzuschliessen, so kann er sich schriftlich verpflichten, beim einzelnen Geschäft für höchstens einen Viertel des Schadens zu haften, der dem Arbeitgeber durch die Nichterfüllung der Verbindlichkeiten der Kunden erwächst, vorausgesetzt dass eine angemessene Delcredere-Provision verabredet wird.

³ Bei Versicherungsverträgen kann sich der reisende Versicherungsvermittler schriftlich verpflichten, höchstens die Hälfte der Kosten der Einbringung von Forderungen zu tragen, wenn eine Prämie oder deren Teile nicht bezahlt werden und er deren Einbringung im Wege der Klage oder Zwangsvollstreckung verlangt.

Art. 348b

3. Vollmachten

¹ *Ist nichts anderes schriftlich verabredet, so ist der Handelsreisende nur ermächtigt, Geschäfte zu vermitteln.*

² Ist der Handelsreisende zum Abschluss von Geschäften ermächtigt, so erstreckt sich seine Vollmacht auf alle Rechtshandlungen, welche die Ausführung dieser Geschäfte gewöhnlich mit sich bringt; jedoch darf er ohne besondere Ermächtigung Zahlungen von Kunden nicht entgegennehmen und keine Zahlungsfristen bewilligen.

³ *Artikel 34 des Bundesgesetzes vom 2. April 1908 über den Versicherungsvertrag bleibt vorbehalten.*

Art. 349

III. Besondere Pflichten des Arbeitgebers
1. Tätigkeitskreis

¹ Ist dem Handelsreisenden ein bestimmtes Reisegebiet oder ein bestimmter Kundenkreis zugewiesen und nichts anderes schriftlich verabredet, so gilt er als mit Ausschluss anderer Personen bestellt; jedoch bleibt der Arbeitgeber befugt, mit den Kunden im Gebiet oder Kundenkreis des Handlungsreisenden persönlich Geschäfte abzuschliessen.

² *Der Arbeitgeber kann die vertragliche Bestimmung des Reisegebietes oder Kundenkreises einseitig abändern, wenn ein begründeter Anlass eine Änderung vor Ablauf der Kündigungsfrist notwendig macht; jedoch bleiben diesfalls Entschädigungsansprüche und das Recht des Handelsreisenden zur Auflösung des Arbeitsverhältnisses aus wichtigem Grund vorbehalten.*

Art. 349a

2. Lohn
a. im allgemeinen

[1] *Der Arbeitgeber hat dem Handelsreisenden Lohn zu entrichten, der aus einem festen Gehalt mit oder ohne Provision besteht.*

[2] *Eine schriftliche Abrede, dass der Lohn ausschliesslich oder vorwiegend in einer Provision bestehen soll, ist gültig, wenn die Provision ein angemessenes Entgelt für die Tätigkeit des Handelsreisenden ergibt.*

[3] *Für eine Probezeit von höchstens zwei Monaten kann durch schriftliche Abrede der Lohn frei bestimmt werden.*

Art. 349b

b. Provision

[1] *Ist dem Handelsreisenden ein bestimmtes Reisegebiet oder ein bestimmter Kundenkreis ausschliesslich zugewiesen, so ist ihm die verabredete oder übliche Provision auf allen Geschäften auszurichten, die von ihm oder seinem Arbeitgeber mit Kunden in seinem Gebiet oder Kundenkreis abgeschlossen werden.*

[2] *Ist dem Handelsreisenden ein bestimmtes Reisegebiet oder ein bestimmter Kundenkreis nicht ausschliesslich zugewiesen, so ist ihm die Provision nur auf den von ihm vermittelten oder abgeschlossenen Geschäften auszurichten.*

[3] *Ist im Zeitpunkt der Fälligkeit der Provision der Wert eines Geschäftes noch nicht genau bestimmbar, so ist die Provision zunächst auf dem vom Arbeitgeber geschätzten Mindestwert und der Rest spätestens bei Ausführung des Geschäftes auszurichten.*

Art 349c

c. bei Verhinderung an der Reisetätigkeit

[1] Ist der Handelsreisende ohne sein Verschulden an der Ausübung seiner Reisetätigkeit verhindert und ist ihm auf Grund des Gesetzes oder des Vertrages der Lohn gleichwohl zu entrichten, so bestimmt sich dieser nach dem festen Gehalt und einer angemessenen Entschädigung für den Ausfall der Provision.

[2] *Beträgt die Provision weniger als einen Fünftel des Lohnes, so kann schriftlich verabredet werden, dass bei unverschuldeter Verhinderung des Handelsreisenden an der Ausübung der Reisetätigkeit eine Entschädigung für die ausfallende Provision nicht zu entrichten ist.*

[3] *Erhält der Handelsreisende bei unverschuldeter Verhinderung an der Reisetätigkeit gleichwohl den vollen Lohn, so hat er auf Verlangen des Arbeitgebers Arbeit in dessen Betrieb zu leisten, sofern er sie zu leisten vermag und sie ihm zugemutet werden kann.*

Art. 349d

3. Auslagen

[1] Ist der Handelsreisende für mehrere Arbeitgeber gleichzeitig tätig und ist die Verteilung des Auslagenersatzes nicht durch schriftliche Abrede geregelt, so hat jeder Arbeitgeber einen gleichen Kostenanteil zu vergüten.

[2] *Abreden, dass der Auslagenersatz ganz oder teilweise im festen Gehalt oder in der Provision eingeschlossen sein soll, sind nichtig.*

Art. 349e

4. Retentionsrecht

¹ Zur Sicherung der fälligen Forderungen aus dem Arbeitsverhältnis, bei Zahlungsunfähigkeit des Arbeitgebers auch der nicht fälligen Forderungen, steht dem Handelsreisenden das Retentionsrecht an beweglichen Sachen und Wertpapieren sowie an Zahlungen von Kunden zu, die er auf Grund einer Inkassovollmacht entgegengenommen hat.

² An Fahrausweisen, Preistarifen, Kundenverzeichnissen und anderen Unterlagen kann das Retentionsrecht nicht ausgeübt werden.

Art. 350

IV. Beendigung
1. Besondere Kündigung

¹ *Beträgt die Provision mindestens einen Fünftel des Lohnes und unterliegt sie erheblichen saisonmässigen Schwankungen, so darf der Arbeitgeber dem Handelsreisenden, der seit Abschluss der letzten Saison bei ihm gearbeitet hat, während der Saison nur auf das Ende des zweiten der Kündigung folgenden Monats kündigen.*

² *Unter den gleichen Voraussetzungen darf der Handelsreisende dem Arbeitgeber der ihn bis zum Abschluss der Saison beschäftigt hat, bis zum Beginn der nächsten nur auf das Ende des zweiten der Kündigung folgenden Monats kündigen.*

Art. 350a

2. Besondere Folgen

¹ Bei Beendigung des Arbeitsverhältnisses ist dem Handelsreisenden die Provision auf allen Geschäften auszurichten, die er abgeschlossen oder vermittelt hat, sowie auf alle Bestellungen, die bis zur Beendigung dem Arbeitgeber zugehen, ohne Rücksicht auf den Zeitpunkt der Annahme und ihrer Ausführung.

² *Auf den Zeitpunkt der Beendigung des Arbeitsverhältnisses hat der Handelsreisende die ihm für die Reisetätigkeit zur Verfügung gestellten Muster und Modelle, Preistarife, Kundenverzeichnisse und andern Unterlagen zurückzugeben; das Retentionsrecht bleibt vorbehalten.*

C. Der Heimarbeitsvertrag

Art. 351

I. Begriff und Entstehung
1. Begriff

Durch den Heimarbeitsvertrag verpflichtet sich der Heimarbeitnehmer, in seiner Wohnung oder in einem andern, von ihm bestimmten Arbeitsraum allein oder mit Familienangehörigen Arbeiten im Lohn für den Arbeitgeber auszuführen.

Art. 351a

2. Bekanntgabe der Arbeitsbedingungen

¹ Vor jeder Ausgabe von Arbeit hat der Arbeitgeber dem Heimarbeitnehmer die für deren Ausführung erheblichen Bedingungen bekanntzugeben, namentlich die Einzelheiten der Arbeit, soweit sie nicht durch allgemein gel-

tende Arbeitsbedingungen geregelt sind; er hat das vom Heimarbeitnehmer zu beschaffende Material und schriftlich die dafür zu leistende Entschädigung sowie den Lohn anzugeben.

² Werden die Angaben über den Lohn und über die Entschädigung für das vom Heimarbeitnehmer zu beschaffende Material nicht vor der Ausgabe der Arbeit schriftlich bekanntgegeben, so gelten dafür die üblichen Arbeitsbedingungen.

Art. 352

II. Besondere Pflichten des Arbeitnehmers
1. Ausführung der Arbeit

¹ *Der Heimarbeitnehmer hat mit der übernommenen Arbeit rechtzeitig zu beginnen, sie bis zum verabredeten Termin fertigzustellen und das Arbeitserzeugnis dem Arbeitgeber zu übergehen.*

² *Wird aus Verschulden des Heimarbeitnehmers die Arbeit mangelhaft ausgeführt, so ist er zur unentgeltlichen Verbesserung des Arbeitserzeugnisses verpflichtet, soweit dadurch dessen Mängel behoben werden können.*

Art. 352a

2. Material und Arbeitsgeräte

¹ *Der Heimarbeitnehmer ist verpflichtet, Material und Geräte, die ihm vom Arbeitgeber übergehen werden, mit aller Sorgfalt zu behandeln, über deren Verwendung Rechenschaft abzulegen und den zur Arbeit nicht verwendeten Rest des Materials sowie die erhaltenen Geräte zurückzugeben.*

² *Stellt der Heimarbeitnehmer bei der Ausführung der Arbeit Mängel an dem übergebenen Material oder an den erhaltenen Geräten fest, so hat er den Arbeitgeber sofort zu benachrichtigen und dessen Weisungen abzuwarten, bevor er die Ausführung der Arbeit fortsetzt.*

³ *Hat der Heimarbeitnehmer Material oder Geräte, die ihm übergeben wurden, schuldhaft verdorben, so haftet er dem Arbeitgeber höchstens für den Ersatz der Selbstkosten.*

Art. 353

III. Besondere Pflichten des Arbeitgebers
1. Abnahme des Arbeitserzeugnisses

¹ *Der Arbeitgeber hat das Arbeitserzeugnis nach Ablieferung zu prüfen und Mängel spätestens innert einer Woche dem Heimarbeitnehmer bekanntzugeben.*

² *Unterlässt der Arbeitgeber die rechtzeitige Bekanntgabe der Mängel, so gilt die Arbeit als abgenommen.*

Art. 353a

2. Lohn
a. Ausrichtung des Lohnes

¹ *Steht der Heimarbeitnehmer ununterbrochen im Dienst des Arbeitgebers, so ist der Lohn für die geleistete Arbeit halbmonatlich oder mit Zustimmung des Heimarbeitnehmers am Ende jedes Monats, in den anderen Fällen jeweils bei Ablieferung des Arbeitserzeugnisses auszurichten.*

² *Bei jeder Lohnzahlung ist dem Heimarbeitnehmer eine schriftliche Abrechnung zu übergeben, in der für Lohnabzüge der Grund anzugeben ist.*

Art. 353b

b. Lohn bei Verhinderung an der Arbeitsleistung

¹ Steht der Heimarbeitnehmer ununterbrochen im Dienst des Arbeitgebers, so ist dieser nach Massgabe der Artikel 324 und 324a zur Ausrichtung des Lohnes verpflichtet, wenn er mit der Annahme der Arbeitsleistung in Verzug kommt oder wenn der Heimarbeitnehmer aus Gründen, die in seiner Person liegen, ohne sein Verschulden an der Arbeitsleistung verhindert ist.

² *In den anderen Fällen ist der Arbeitgeber zur Ausrichtung des Lohnes nach Massgabe der Artikel 324 und 324a nicht verpflichtet.*

Art. 354

IV. Beendigung

¹ *Wird dem Heimarbeitnehmer eine Probearbeit übergeben, so gilt das Arbeitsverhältnis zur Probe auf bestimmte Zeit eingegangen, sofern nichts anderes verabredet ist.*

² *Steht der Heimarbeitnehmer ununterbrochen im Dienst des Arbeitgebers, so gilt das Arbeitsverhältnis als auf unbestimmte Zeit, in den anderen Fällen als auf bestimmte Zeit eingegangen, sofern nichts anderes verabredet ist.*

D. Anwendbarkeit der allgemeinen Vorschriften

Art. 355

Auf den Lehrvertrag, den Handelsreisendenvertrag und den Heimarbeitsvertrag sind die allgemeinen Vorschriften über den Einzelarbeitsvertrag ergänzend anwendbar.

Dritter Abschnitt: Gesamtarbeitsvertrag und Normalarbeitsvertrag
A. Gesamtarbeitsvertrag

Art. 356

I. Begriff, Inhalt, Form und Dauer
1. Begriff und Inhalt

¹ *Durch den Gesamtarbeitsvertrag stellen Arbeitgeber oder deren Verbände und Arbeitnehmerverbände gemeinsam Bestimmungen über Abschluss, Inhalt und Beendigung der einzelnen Arbeitsverhältnisse der beteiligten Arbeitgeber und Arbeitnehmer auf.*

² *Der Gesamtarbeitsvertrag kann auch andere Bestimmungen enthalten, soweit sie das Verhältnis zwischen Arbeitgebern und Arbeitnehmern betreffen, oder sich auf die Aufstellung solcher Bestimmungen beschränken.*

³ *Der Gesamtarbeitsvertrag kann ferner die Rechte und Pflichten der Vertragsparteien unter sich sowie die Kontrolle und Durchsetzung der in den vorstehenden Absätzen genannten Bestimmungen regeln.*

⁴ *Sind an einem Gesamtarbeitsvertrag auf Arbeitgeber- oder Arbeitnehmerseite von Anfang an oder auf Grund des nachträglichen Beitritts eines Ver-*

bandes mit Zustimmung der Vertragsparteien mehrere Verbände beteiligt, so stehen diese im Verhältnis gleicher Rechte und Pflichten zueinander; abweichende Vereinbarungen sind nichtig.

Art. 356a

2. Freiheit der Organisation und der Berufsausübung

¹ Bestimmungen eines Gesamtarbeitsvertrages und Abreden zwischen den Vertragsparteien, durch die Arbeitgeber oder Arbeitnehmer zum Eintritt in einen vertragschliessenden Verband gezwungen werden sollen, sind nichtig.

² Bestimmungen eines Gesamtarbeitsvertrages und Abreden zwischen den Vertragsparteien, durch die Arbeitnehmer von einem bestimmten Beruf oder einer bestimmten Tätigkeit oder von einer hiefür erforderlichen Ausbildung ausgeschlossen oder darin beschränkt werden, sind nichtig.

³ Bestimmungen und Abreden im Sinne des vorstehenden Absatzes sind ausnahmsweise gültig, wenn sie durch überwiegende schutzwürdige Interessen, namentlich zum Schutz der Sicherheit und Gesundheit von Personen oder der Qualität der Arbeit gerechtfertigt sind; jedoch gilt nicht als schutzwürdig das Interesse neue Berufsangehörige fernzuhalten.

Art. 356b

3. Anschluss

¹ Einzelne Arbeitgeber und einzelne im Dienst beteiligter Arbeitgeber stehende Arbeitnehmer können sich mit Zustimmung der Vertragsparteien dem Gesamtarbeitsvertrag anschliessen und gelten als beteiligte Arbeitgeber und Arbeitnehmer.

² Der Gesamtarbeitsvertrag kann den Anschluss näher regeln. Unangemessene Bedingungen des Anschlusses, insbesondere Bestimmungen über unangemessene Beiträge, können vom Richter nichtig erklärt oder auf das zulässige Mass beschränkt werden; jedoch sind Bestimmungen oder Abreden über Beiträge zugunsten einer einzelnen Vertragspartei nichtig.

³ Bestimmungen eines Gesamtarbeitsvertrages und Abreden zwischen den Vertragsparteien, durch die Mitglieder von Verbänden zum Anschluss gezwungen werden sollen, sind nichtig, wenn diesen Verbänden die Beteiligung am Gesamtarbeitsvertrag oder der Abschluss eines sinngemäss gleichen Vertrages nicht offensteht.

Art. 356c

Form und Dauer

¹ Der Abschluss des Gesamtarbeitsvertrages, dessen Änderung und Aufhebung durch gegenseitige Übereinkunft, der Beitritt einer neuen Vertragspartei sowie die Kündigung bedürfen zu ihrer Gültigkeit der schriftlichen Form, ebenso die Anschlusserklärung einzelner Arbeitgeber und Arbeitnehmer und die Zustimmung der Vertragsparteien gemäss Artikel 356b Absatz 1 sowie die Kündigung des Anschlusses.

² Ist der Gesamtarbeitsvertrag nicht auf bestimmte Zeit abgeschlossen und sieht er nichts anderes vor, so kann er von jeder Vertragspartei mit Wirkung für alle anderen Parteien nach Ablauf eines Jahres jederzeit auf sechs Monate gekündigt werden. Diese Bestimmung gilt sinngemäss auch für den Anschluss.

Art. 357

II. Wirkungen
1. auf die beteiligten Arbeitgeber und Arbeitnehmer

¹ Die Bestimmungen des Gesamtarbeitsvertrages über Abschluss, Inhalt und Beendigung der einzelnen Arbeitsverhältnisse gelten während der Dauer des Vertrages unmittelbar für die beteiligten Arbeitgeber und Arbeitnehmer und können nicht wegbedungen werden, sofern der Gesamtarbeitsvertrag nichts anderes bestimmt.

² Abreden zwischen beteiligten Arbeitgebern und Arbeitnehmern, die gegen die unabdingbaren Bestimmungen verstossen, sind nichtig und werden durch die Bestimmungen des Gesamtarbeitsvertrages ersetzt; jedoch können abweichende Abreden zugunsten der Arbeitnehmer getroffen werden.

Art. 357a

2. unter den Vertragsparteien

¹ Die Vertragsparteien sind verpflichtet, für die Einhaltung des Gesamtarbeitsvertrages zu sorgen; zu diesem Zweck haben Verbände auf ihre Mitglieder einzuwirken und nötigenfalls die statutarischen und gesetzlichen Mittel einzusetzen.

² Jede Vertragspartei ist verpflichtet, den Arbeitsfrieden zu wahren und sich insbesondere jeder Kampfmassnahme zu enthalten, soweit es sich um Gegenstände handelt, die im Gesamtarbeitsvertrag geregelt sind; die Friedenspflicht gilt nur unbeschränkt, wenn dies ausdrücklich bestimmt ist.

Art. 357b

3. gemeinsame Durchführung

¹ In einem zwischen Verbänden abgeschlossenen Gesamtarbeitsvertrag können die Vertragsparteien vereinbaren, dass ihnen gemeinsam ein Anspruch auf Einhaltung des Vertrages gegenüber den beteiligten Arbeitgebern und Arbeitnehmern zusteht, soweit es sich um folgende Gegenstände handelt:

    a   Abschluss, Inhalt und Beendigung des Arbeitsverhältnisses, wobei der Anspruch nur auf Feststellung geht;
    b.   Beiträge an Ausgleichskassen und andere das Arbeitsverhältnis betreffende Einrichtungen, Vertretung der Arbeitnehmer in den Betrieben und Wahrung des Arbeitsfriedens;
    c.   Kontrolle, Kautionen und Konventionalstrafen in bezug auf Bestimmungen gemäss Buchstaben a und b.

² Vereinbarungen im Sinne des vorstehenden Absatzes können getroffen werden, wenn die Vertragsparteien durch die Statuten oder einen Beschluss des obersten Verbandsorgans ausdrücklich hiezu ermächtigt sind.

³ Auf das Verhältnis der Vertragsparteien unter sich sind die Vorschriften über die einfache Gesellschaft sinngemäss anwendbar, wenn der Gesamtarbeitsvertrag nichts anderes bestimmt.

Art. 358

III. Verhältnis zum zwingenden Recht

Das zwingende Recht des Bundes und der Kantone geht den Bestimmungen des Gesamtarbeitsvertrages vor, jedoch können zugunsten der Arbeitnehmer abweichende Bestimmungen aufgestellt werden, wenn sich aus dem zwingenden Recht nichts anderes ergibt.

B. Normalarbeitsvertrag

Art. 359

I. Begriff und Inhalt

¹ *Durch den Normalarbeitsvertrag werden für die einzelnen Arten von Arbeitsverhältnissen Bestimmungen über deren Abschluss, Inhalt und Beendigung aufgestellt.*

² *Für das Arbeitsverhältnis der landwirtschaftlichen Arbeitnehmer und der Arbeitnehmer im Hausdienst haben die Kantone Normalarbeitsverträge zu erlassen, die namentlich die Arbeits- und Ruhezeiten ordnen und die Arbeitsbedingungen der weiblichen und jugendlichen Arbeitnehmer regeln.*

³ *Artikel 358 ist auf den Normalarbeitsvertrag sinngemäss anwendbar.*

Art. 359a

II. Zuständigkeit und Verfahren

¹ *Erstreckt sich der Geltungsbereich des Normalarbeitsvertrages auf das Gebiet mehrerer Kantone, so ist für den Erlass der Bundesrat, andernfalls der Kanton zuständig.*

² *Vor dem Erlass ist der Normalarbeitsvertrag angemessen zu veröffentlichen und eine Frist anzusetzen, innert derer jedermann, der ein Interesse glaubhaft macht, schriftlich dazu Stellung nehmen kann; ausserdem sind Berufsverbände oder gemeinnützige Vereinigungen, die ein Interesse haben, anzuhören.*

³ *Der Normalarbeitsvertrag tritt in Kraft, wenn er nach den für die amtlichen Veröffentlichungen geltenden Vorschriften bekanntgemacht worden ist.*

⁴ *Für die Aufhebung und Abänderung eines Normalarbeitsvertrages gilt das gleiche Verfahren.*

Art. 360

III. Wirkungen

¹ *Die Bestimmungen des Normalarbeitsvertrages gelten unmittelbar für die ihm unterstellten Arbeitsverhältnisse, soweit nichts anderes verabredet wird.*

² *Der Normalarbeitsvertrag kann vorsehen, dass Abreden, die von einzelnen seiner Bestimmungen abweichen, zu ihrer Gültigkeit der schriftlichen Form bedürfen.*

Vierter Abschnitt: Zwingende Vorschriften

Art. 361

A. Unabänderlichkeit zuungunsten des Arbeitgebers und des Arbeitnehmers

¹ *Durch Abrede, Normalarbeitsvertrag oder Gesamtarbeitsvertrag darf von den folgenden Vorschriften weder zuungunsten des Arbeitgebers noch des Arbeitnehmers abgewichen werden:*

Artikel 321c	Absatz 1 (Überstundenarbeit)
Artikel 323	Absatz 4 (Vorschuss)
Artikel 323b	Absatz 2 (Verrechnung mit Gegenforderungen)
Artikel 325	Absatz 2 (Abtretung und Verpfändung von Lohnforderungen)

Artikel 326   Absatz 2 (Zuweisung von Arbeit)
Artikel 329d Absätze 2 und 3 (Ferienlohn)
Artikel 331   Absätze 1 und 2 (Zuwendungen für die Personalfürsorge)
Artikel 331b (Abtretung und Verpfändung von Forderungen auf Vorsorgeleistungen)
Artikel 334   Absatz 3 (Kündigung beim langjährigen Arbeitsverhältnis)
Artikel 335   (Kündigung des Arbeitsverhältnisses)
Artikel 336   Absatz 1 (Missbräuchliche Kündigung)
Artikel 336a (Entschädigung bei missbräuchlicher Kündigung)
Artikel 336b (Geltendmachung der Entschädigung)
Artikel 336d (Kündigung zur Unzeit durch den Arbeitnehmer)
Artikel 337   Absätze 1 und 2 (Fristlose Auflösung aus wichtigen Gründen)
Artikel 337b Absatz 1 (Folgen bei gerechtfertigter Auflösung)
Artikel 337d (Folgen bei ungerechtfertigtem Nichtantritt oder Verlassen der Arbeitsstelle)
Artikel 339   Absatz 1 (Fälligkeit der Forderungen)
Artikel 339a (Rückgabepflichten)
Artikel 340b Absätze 1 und 2 (Folgen der Übertretung des Konkurrenzverbotes)
Artikel 342   Absatz 2 (Zivilrechtliche Wirkungen des öffentlichen Rechts)
Artikel 343   Absatz 1 (Wahl des Gerichtsstandes)
Artikel 346   (Vorzeitige Auflösung des Lehrvertrages)
Artikel 349c Absatz 3 (Verhinderung an der Reisetätigkeit)
Artikel 350   (Besondere Kündigung)
Artikel 350a Absatz 2 (Rückgabepflichten)

[2] Abreden sowie Bestimmungen von Normalarbeitsverträgen und Gesamtarbeitsverträgen, die von den vorstehend angeführten Vorschriften zuungunsten des Arbeitgebers oder des Arbeitnehmers abweichen, sind nichtig.

Art. 362

B. Unabänderlichkeit zuungunsten des Arbeitnehmers

[1] Durch Abrede, Normalarbeitsvertrag oder Gesamtarbeitsvertrag darf von den folgenden Vorschriften zuungunsten des Arbeitnehmers nicht abgewichen werden:

Artikel 321e (Haftung des Arbeitnehmers)
Artikel 322a Absätze 2 und 3 (Anteil am Geschäftsergebnis)
Artikel 322b Absätze 1 und 2 (Entstehung des Provisionsanspruchs)
Artikel 322c (Provisionsabrechnung)
Artikel 323b Absatz 1 zweiter Satz (Lohnabrechnung)
Artikel 324   (Lohn bei Annahmeverzug des Arbeitgebers)
Artikel 324a Absätze 1 und 3 (Lohn bei Verhinderung des Arbeitnehmers)
Artikel 324b (Lohn bei obligatorischer Versicherung des Arbeitnehmers)

Artikel 326	Absätze 1, 3 und 4 (Akkordlohnarbeit)
Artikel 326a	(Akkordlohn)
Artikel 327a	Absatz 1 (Auslagenersatz im allgemeinen)
Artikel 327b	Absatz 1 (Auslagenersatz bei Motorfahrzeug)
Artikel 327c	Absatz 2 (Vorschuss für Auslagen)
Artikel 328	(Schutz der Persönlichkeit des Arbeitnehmers im allgemeinen)
Artikel 328a	(Schutz der Persönlichkeit bei Hausgemeinschaft)
Artikel 328b	(Schutz der Persönlichkeit bei der Bearbeitung von Personendaten)
Artikel 329	Absätze 1, 2 und 3 (Freizeit)
Artikel 329a	Absätze 1 und 3 (Dauer der Ferien)
Artikel 329b	Absätze 2 und 3 (Kürzung der Ferien)
Artikel 329c	(Zusammenhang und Zeitpunkt der Ferien)
Artikel 329d	Absatz 1 (Ferienlohn)
Artikel 329e	Absätze 1 und 3 (Jugendurlaub)
Artikel 330	Absätze 1, 3 und 4 (Kaution)
Artikel 330a	(Zeugnis)
Artikel 331	Absätze 3 und 4 (Beitragsleistung und Auskunftspflicht bei Personalfürsorge)
Artikel 331a	(Beginn und Ende des Vorsorgeschutzes)
Artikel 332	Absatz 4 (Vergütung bei Erfindungen)
Artikel 333	Absatz 3 (Haftung bei Übergang des Arbeitsverhältnisses)
Artikel 336	Absatz 2 (Missbräuchliche Kündigung durch den Arbeitgeber)
Artikel 336c	(Kündigung zur Unzeit durch den Arbeitgeber)
Artikel 337a	(Fristlose Auflösung wegen Lohngefährdung)
Artikel 337c	Absatz 1 (Folgen bei ungerechtfertigter Entlassung)
Artikel 338	(Tod des Arbeitnehmers)
Artikel 338a	(Tod des Arbeitgebers)
Artikel 339b	(Voraussetzungen der Abgangsentschädigung)
Artikel 339d	(Ersatzleistungen)
Artikel 340	Absatz 1 (Voraussetzungen des Konkurrenzverbotes)
Artikel 340a	Absatz 1 (Beschränkung des Konkurrenzverbotes)
Artikel 340c	(Wegfall des Konkurrenzverbotes)
Artikel 341	Absatz 1 (Unverzichtbarkeit)
Artikel 345a	(Pflichten des Lehrmeisters)
Artikel 346a	(Lehrzeugnis)
Artikel 349a	Absatz 1 (Lohn des Handelsreisenden)
Artikel 349b	Absatz 3 (Ausrichtung der Provision)

Artikel 349c Absatz 1 (Lohn bei Verhinderung an der Reisetätigkeit)
Artikel 349e Absatz 1 (Retentionsrecht des Handelsreisenden)
Artikel 350a Absatz 1 (Provision bei Beendigung des Arbeitsverhältnisses)
Artikel 352a Absatz 3 (Haftung des Heimarbeiters)
Artikel 353   (Abnahme des Arbeitserzeugnisses)
Artikel 353a (Ausrichtung des Lohnes)
Artikel 353b Absatz 1 (Lohn bei Verhinderung an der Arbeitsleistung)

[2] Abreden sowie Bestimmungen von Normalarbeitsverträgen und Gesamtarbeitsverträgen, die von den vorstehend angeführten Vorschriften zuungunsten des Arbeitnehmers abweichen, sind nichtig.

Bundesgesetz über die Gleichstellung von Frau und Mann

Nach dem Gleichstellungsgesetz, das am 1. Juli 1996 in Kraft tritt, dürfen Frauen und Männer am Arbeitsplatz aufgrund ihres Geschlechts weder direkt noch indirekt benachteiligt werden. Das Verbot der Diskriminierung gilt insbesondere für die Anstellung, die Aufgabenzuteilung, die Gestaltung der Arbeitsbedingungen, den Lohn, die Aus- und Weiterbildung, Beförderungen und für die Entlassung.

Bundesgesetz über die Gleichstellung von Frau und Mann
(Gleichstellungsgesetz, GlG)

vom 24. März 1995

Die Bundesversammlung der Schweizerischen Eidgenossenschaft,
gestützt auf die Artikel 4 Absatz 2, 34ter Absatz 1 Buchstabe *a*, 64 und 85 Ziffer 3 der Bundesverfassung,
nach Einsicht in die Botschaft des Bundesrates vom 24. Februar 1993,
beschliesst:

1. Abschnitt: Zweck

Art. 1
Dieses Gesetz bezweckt die Förderung der tatsächlichen Gleichstellung von Frau und Mann.

2. Abschnitt: Gleichstellung im Erwerbsleben

Art. 2

Grundsatz

Dieser Abschnitt gilt für Arbeitsverhältnisse nach Obligationenrecht sowie für alle öffentlichrechtlichen Arbeitsverhältnisse in Bund, Kantonen und Gemeinden.

Art. 3

Diskriminierungsverbot

[1] Arbeitnehmerinnen und Arbeitnehmer dürfen aufgrund ihres Geschlechts weder direkt noch indirekt benachteiligt werden, namentlich nicht unter Berufung auf den Zivilstand, auf die familiäre Situation oder, bei Arbeitnehmerinnen, auf eine Schwangerschaft.

[2] Das Verbot gilt insbesondere für die Anstellung, Aufgabenzuteilung, Gestaltung der Arbeitsbedingungen, Entlöhnung, Aus- und Weiterbildung, Beförderung und Entlassung.

[3] Angemessene Massnahmen zur Verwirklichung der tatsächlichen Gleichstellung stellen keine Diskriminierung dar.

Art. 4

Diskriminierung durch sexuelle Belästigung

Diskriminierend ist jedes belästigende Verhalten sexueller Natur oder ein anderes Verhalten aufgrund der Geschlechtszugehörigkeit, das die Würde von Frauen und Männern am Arbeitsplatz beeinträchtigt. Darunter fallen insbesondere Drohungen, das Versprechen von Vorteilen, das Auferlegen von Zwang und das Ausüben von Druck zum Erlangen eines Entgegenkommens sexueller Art.

Art. 5

Rechtsansprüche

[1] Wer von einer Diskriminierung im Sinne der Artikel 3 und 4 betroffen ist, kann dem Gericht oder der Verwaltungsbehörde beantragen:
    a. eine drohende Diskriminierung zu verbieten oder zu unterlassen;
    b. eine bestehende Diskriminierung zu beseitigen;
    c. eine Diskriminierung festzustellen, wenn diese sich weiterhin störend auswirkt;
    d. die Zahlung des geschuldeten Lohns anzuordnen.

[2] Besteht die Diskriminierung in der Ablehnung einer Anstellung oder in der Kündigung eines obligationenrechtlichen Arbeitsverhältnisses, so hat die betroffene Person lediglich Anspruch auf eine Entschädigung. Diese ist unter Würdigung aller Umstände festzusetzen und wird auf der Grundlage des voraussichtlichen oder tatsächlichen Lohnes errechnet.

[3] Bei einer Diskriminierung durch sexuelle Belästigung kann das Gericht oder die Verwaltungsbehörde der betroffenen Person zudem auch eine Entschädigung zusprechen, wenn die Arbeitgeberinnen oder die Arbeitgeber nicht beweisen, dass sie Massnahmen getroffen haben, die zur Verhinderung sexueller Belästigungen nach der Erfahrung notwendig und angemessen sind und die ihnen billigerweise zugemutet werden können. Die Entschädigung ist unter Würdigung aller Umstände festzusetzen und wird auf der Grundlage des schweizerischen Durchschnittslohns errechnet.

⁴ Die Entschädigung bei Diskriminierung in der Ablehnung einer Anstellung nach Absatz 2 darf den Betrag nicht übersteigen, der drei Monatslöhnen entspricht. Die Gesamtsumme der Entschädigungen darf diesen Betrag auch dann nicht übersteigen, wenn mehrere Personen einen Anspruch auf eine Entschädigung wegen diskriminierender Ablehnung derselben Anstellung geltend machen. Die Entschädigung bei Diskriminierung in der Kündigung eines obligationenrechtlichen Arbeitsverhältnisses nach Absatz 2 und bei Diskriminierung durch sexuelle Belästigung nach Absatz 3 darf den Betrag nicht übersteigen, der sechs Monatslöhnen entspricht.

⁵ Vorbehalten bleiben Ansprüche auf Schadenersatz und Genugtuung sowie weitergehende vertragliche Ansprüche.

Art. 6

Beweislasterleichterung

Bezüglich der Aufgabenzuteilung, Gestaltung der Arbeitsbedingungen, Entlöhnung, Aus- und Weiterbildung, Beförderung und Entlassung wird eine Diskriminierung vermutet, wenn diese von der betroffenen Person glaubhaft gemacht wird.

Art. 7

Klagen und Beschwerden von Organisationen

¹ Organisationen, die nach ihren Statuten die Gleichstellung von Frau und Mann fördern oder die Interessen der Arbeitnehmerinnen und Arbeitnehmer wahren und seit mindestens zwei Jahren bestehen, können im eigenen Namen feststellen lassen, dass eine Diskriminierung vorliegt, wenn der Ausgang des Verfahrens sich voraussichtlich auf eine grössere Zahl von Arbeitsverhältnissen auswirken wird.Sie müssen der betroffenen Arbeitgeberin oder dem betroffenen Arbeitgeber Gelegenheit zur Stellungnahme geben, bevor sie eine Schlichtungsstelle anrufen oder eine Klage einreichen.

² Im übrigen gelten die Bestimmungen für die Klagen und Beschwerden von Einzelpersonen sinngemäss.

3. Abschnitt:
Besondere Bestimmungen für Arbeitsverhältnisse nach Obligationenrecht

Art. 8

Verfahren bei diskriminierender Ablehnung der Anstellung

¹ Personen, deren Bewerbung für eine Anstellung nicht berücksichtigt worden ist und die eine Diskriminierung geltend machen, können von der Arbeitgeberin oder vom Arbeitgeber eine schriftliche Begründung verlangen.

² Der Anspruch auf eine Entschädigung nach Artikel 5 Absatz 2 ist verwirkt, wenn nicht innert drei Monaten, nachdem die Arbeitgeberin oder der Arbeitgeber die Ablehnung der Anstellung mitgeteilt hat, die Klage angehoben wird.

Art. 9

Verfahren bei diskriminierender Kündigung

Wird eine Arbeitnehmerin oder ein Arbeitnehmer durch die Kündigung diskriminiert, ist Artikel 336b des Obligationenrechts anwendbar.

Art. 10

Kündigungsschutz

¹ Die Kündigung des Arbeitsverhältnisses durch die Arbeitgeberin oder den Arbeitgeber ist anfechtbar, wenn sie ohne begründeten Anlass auf eine innerbetriebliche Beschwerde über eine Diskriminierung oder auf die Anrufung der Schlichtungsstelle oder des Gerichts durch die Arbeitnehmerin oder den Arbeitnehmer folgt.

² Der Kündigungsschutz gilt für die Dauer eines innerbetrieblichen Beschwerdeverfahrens, eines Schlichtungs- oder eines Gerichtsverfahrens sowie sechs Monate darüber hinaus.

³ Die Kündigung muss vor Ende der Kündigungsfrist beim Gericht angefochten werden. Das Gericht kann die provisorische Wiedereinstellung der Arbeitnehmerin oder des Arbeitnehmers für die Dauer des Verfahrens anordnen, wenn es wahrscheinlich erscheint, dass die Voraussetzungen für die Aufhebung der Kündigung erfüllt sind.

⁴ Die Arbeitnehmerin oder der Arbeitnehmer kann während des Verfahrens auf die Weiterführung des Arbeitsverhältnisses verzichten und stattdessen eine Entschädigung nach Artikel 336*a* des Obligationenrechts geltend machen.

⁵ Dieser Artikel gilt sinngemäss für Kündigungen, die wegen der Klage einer Organisation nach Artikel 7 erfolgen.

Art. 11

Schlichtungsverfahren

¹ Die Kantone bezeichnen Schlichtungsstellen. Diese beraten die Parteien und versuchen, eine Einigung herbeizuführen.

² Das Schlichtungsverfahren ist für die Parteien freiwillig. Die Kantone können jedoch vorsehen, dass die gerichtliche Klage erst nach der Durchführung des Schlichtungsverfahrens angehoben werden kann.

³ Die Schlichtungsstelle muss innerhalb der Klagefrist angerufen werden, wenn das Gesetz eine solche vorsieht. In diesem Fall ist die gerichtliche Klage innerhalb von drei Monaten nach Abschluss des Schlichtungsverfahrens einzureichen.

⁴ Das Schlichtungsverfahren ist kostenlos.

⁵ Durch Gesamtarbeitsvertrag kann die Schlichtung von Streitigkeiten zwischen Arbeitnehmerverbänden und einzelnen Arbeitgeberinnen oder Arbeitgebern unter Ausschluss der staatlichen Schlichtungsstellen auf im Vertrag vorgesehene Organe übertragen werden.

Art. 12

Zivilrechtspflege

¹ In Streitigkeiten über Diskriminierungen im Erwerbsleben dürfen die Kantone das schriftliche Verfahren und die Prozessvertretung nicht ausschliessen.

² Artikel 343 des Obligationenrechts ist unabhängig vom Streitwert anwendbar.

4. Abschnitt:
Rechtsschutz bei öffentlichrechtlichen Arbeitsverhältnissen

Art. 13

[1] Der Rechtsschutz bei öffentlichrechtlichen Arbeitsverhältnissen richtet sich nach den allgemeinen Bestimmungen über die Bundesrechtspflege. Für Beschwerden von Bundespersonal gilt ausserdem Artikel 58 des Beamtengesetzes vom 30. Juni 1927.

[2] Wird eine Person durch die Abweisung ihrer Bewerbung für die erstmalige Begründung eines Arbeitsverhältnisses diskriminiert, so ist Artikel 5 Absatz 2 anwendbar. Die Entschädigung kann direkt mit Beschwerde gegen die abweisende Verfügung verlangt werden.

[3] Auf Antrag der Beschwerdeführerin oder des Beschwerdeführers begutachtet eine Fachkommission Beschwerden gegen erstinstanzliche Verfügungen über das Dienstverhältnis von Bundespersonal.

[4] Artikel 103 Buchstabe *b* des Bundesrechtspflegegesetzes ist auf Verfügungen letzter kantonaler Instanzen nicht anwendbar.

[5] Das Verfahren ist kostenlos; ausgenommen sind Fälle von mutwilliger Prozessführung.

5. Abschnitt: Finanzhilfen

Art. 14

Förderungsprogramme

[1] Der Bund kann öffentlichen oder privaten Institutionen, die Programme zur Förderung der Gleichstellung von Frau und Mann im Erwerbsleben durchführen, Finanzhilfen gewähren. Er kann selbst Programme durchführen.

[2] Die Programme können dazu dienen:
  a. die inner- oder ausserbetriebliche Aus- und Weiterbildung zu fördern;
  b. die Vertretung der Geschlechter in den verschiedenen Berufen, Funktionen und Führungsebenen zu verbessern;
  c. die Vereinbarkeit von beruflichen und familiären Aufgaben zu verbessern;
  d. Arbeitsorganisationen und Infrastrukturen am Arbeitsplatz zu fördern, welche die Gleichstellung begünstigen.

[3] In erster Linie werden Programme mit neuartigem und beispielhaftem Inhalt unterstützt.

Art. 15

Beratungsstellen Der Bund kann privaten Institutionen Finanzhilfen gewähren für:
  a. die Beratung und die Information von Frauen im Erwerbsleben;
  b. die Förderung der Wiedereingliederung von Frauen und Männern, die ihre berufliche Tätigkeit zugunsten familiärer Aufgaben unterbrochen haben.

6. Abschnitt:
Eidgenössisches Büro für die Gleichstellung von Frau und Mann

Art. 16

¹ Das Eidgenössische Büro für die Gleichstellung von Frau und Mann fördert die Gleichstellung der Geschlechter in allen Lebensbereichen und setzt sich für die Beseitigung jeglicher Form direkter oder indirekter Diskriminierung ein.

² Zu diesem Zweck nimmt es namentlich folgende Aufgaben wahr:
  a. es informiert die Öffentlichkeit;
  b. es berät Behörden und Private;
  c. es führt Untersuchungen durch und empfiehlt Behörden und Privaten geeignete Massnahmen;
  d. es kann sich an Projekten von gesamtschweizerischer Bedeutung beteiligen;
  e. es wirkt an der Ausarbeitung von Erlassen des Bundes mit, soweit diese für die Gleichstellung von Bedeutung sind;
  f. es prüft die Gesuche um Finanzhilfen nach den Artikeln 14 und 15 und überwacht die Durchführung der Förderungsprogramme.

7. Abschnitt: Schlussbestimmungen

Art. 17

Übergangsbestimmung

Ansprüche nach Artikel 5 Absatz 1 Buchstabe *d* werden nach neuem Recht beurteilt, wenn die zivilrechtliche Klage nach dem Inkrafttreten des Gesetzes erhoben worden ist oder die erstinstanzlich zuständige Behörde bis zu diesem Zeitpunkt noch keine Verfügung getroffen hat.

Art. 18

Referendum und Inkrafttreten

¹ Dieses Gesetz untersteht dem fakultativen Referendum.

² Der Bundesrat bestimmt das Inkrafttreten.

Register

A

Abgangsentschädigung .... 201 f.
– und Pensionskasse 202
Absenzen 127, 147, 161
Abzüge 73, 105 108
– ungerechtfertigte 73
Agent siehe Handelsreisende
AHV 105, 259
Akkordlohn 34, 98
Altersgutschrift 213
Altersvorsorge siehe Pensionskasse, AHV
Angestellte, leitende 75, 92
Angestellte, staatliche siehe Beamte
Arbeiterkommission 41
Arbeitgeberverbände 38, 40
Arbeitnehmer (rechtl. Definition) .. 23 f.
Arbeitsbestätigung 205
Arbeitsgericht .... 19, 39, 237 f., 249
Arbeitsgesetz .... 43 f., 245, 258
Arbeitsinstrumente 122
Arbeitslosenversicherung 105, 208
Arbeitslosigkeit .... 54, 208 f.
– Arbeitsamt 209
– Arbeitslosenkasse 209
– Kontaktstellen 257
– Schwangerschaft 143
– Stempelgelder 144, 208
Arbeitsort 59
Arbeitsrecht, Gesetzestext 263
Arbeitsrechtsprozess .... 234 f.
– Beweise 234
– Verfahrensregeln 239
Arbeitsunfähigkeit   130, 132, 141, 145, 151
– teilweise 134
Arbeitsunfälle siehe Betriebsunfälle
Arbeitsverhinderung .... 126 f.
– Militärdienst 145
– öffentliche Pflichten 145
– private Pflichten 147
– unverschuldete 127
Arbeitsvertrag .... 16 f., 23
– Schriftlichkeit 16
– Zustimmung gesetzlicher Vertreter . 17
Arbeitsverweigerung 191
Arbeitswillen 60
Arbeitszeit 44

– Höchst- 44, 90
– Sonderregelungen 43
Arbeitszeugnis .... 12, 203 f.
Arztzeugnis 128
Auftrag 24
Ausbildungskosten 122, 201
Ausgleichskasse (AHV) 259
Aushilfen .... 50 f., 149, 150
Ausländer 246
Autospesen 121
Änderungskündigung 22, 59

B

Basler Skala 141, 143, 262
Beamte 18, 66, 245
Berner Skala 141, 143, 262
Berufliche Vorsorge
  siehe Pensionskasse
Berufskrankheit 131
Berufsrisiko 69, 71
Berufsunfall .... 77 f.
– Sachschaden 81
– Selbstverschulden Arbeitnehmer ... 79
– Strafanzeige 80
Berufswerkzeug 122
Beschäftigungsanspruch 87
Betriebskommission 41
Betriebsordnung 74
Betriebsreglement 16, 245
Betriebsrisiko 59
Betriebsstörung 148
Betriebsunfall siehe Berufsunfall
Betriebsunterbruch 59
Betriebsübernahme 169
Beweise 184, 234
Bewerbung .... 10 f., 207, 209
– Aids-Test 11
– Krankheit 11
– Schwangerschaft 11, 143
– Spesen 14
– Strafentlassene 12
– Vorstrafen 10
– Zeit zur Stellensuche 14, 148, 161
Bildschirmarbeit 81
Bundesgesetz über die berufliche Vorsorge
  BVG siehe Pensionskasse

D
Datenschutzgesetz 85, 206
Degradierung 58
Delcredere-Provision 32
Diskriminierung 14, 82, 99,
188, 297
Dreizehnter Monatslohn 103

E
Eintrittsuntersuchung 88
Einzelarbeitsvertrag .... 16 f.
Entlassung siehe Kündigung
Erfindung 67, 224
Erwerbsersatz 145
Existenzminimum 111

F
Fahrlässigkeit 69
Familienzulagen 102
Feiertage .... 157 f.
– bei Teilzeitarbeit 160
– Bezahlung 158
– vorgeholte 159
– während der Ferien 158
Ferien .... 51, 149 f.
– bei Arbeitsunfähigkeit 151
– Betriebsferien 155
– Ferienanspruch 140
– Ferienanspruch, Verjährung 152
– Ferienkürzung 153
– Ferienlohn 149
– Ferienlohn, Rückzahlung 154
– Ferienlohn, Teilzeitarbeit 51, 150
– Ferienzuteilung 151
– finanzielle Abgeltung 151
– in gekündigter Stellung 151, 153
– Krankheit 151
– Stundenlohn 150, 185
Firmenverträge 38
Frauen
– Nachtarbeitsverbot 43, 48
– Schutzbestimmungen 47
– Sonntagsarbeitsverbot 48
Freie Mitarbeiter 26
Freie Stunden und Tage .... 157 f.
Freistellung 59, 197
Freizügigkeit 202, 214
Freizügigkeitsgesetz 214
Fusion des Arbeitgebers 169

Fürsorgepflicht 77, 82, 203, 208
– Hausgemeinschaft 89

G
Geheimhaltungspflicht 64
Geldbussen 87
Genugtuung 78, 131
Gericht, zuständiges 238
Gerichtskosten 241
Gerichtsstandsvereinbarung 238
Gesamtarbeitsvertrag (GAV) ... 17, 38 f.,
173, 245
– Allgemeinverbindlich-Erklärung ... 38
– Anschlusserklärung 40
– Kontrollstelle 39
– Schiedsgericht 41
– Solidaritätsbeitrag 40
– Teilzeitbeschäftigte 53
– Temporär-Arbeit 55
Geschäftsergebnis, Anteil am ... 116, 200
Geschäftsgeheimnis 64, 223
Geschenke 63
Gesellschaftsvertrag 26
Gewerkschaften 17, 38, 84, 184, 256
Gewinnbeteiligung 116, 200
Gleichbehandlungsgrundsatz 75, 85
Gleichstellungsgesetz 14, 82, 188, 297
Graphologische Gutachten 13, 85
Gratifikation 103, 117
Grobfahrlässigkeit 69

H
Haftung Arbeitgeber .... 77 f.
Haftung für Schäden
durch Arbeitnehmer .... 69 f.
Handelsreisende ..... 31 f., 113, 200, 245
– Kundenkreis 33
– Lohn 33
– Sonderbestimmungen 44
– Vollmacht 32
Hausverträge 38
Heimarbeit .... 33 f., 246
– Arbeitslosigkeit 36
– Ferienentschädigung 35
– Lohn 34
– Lohngleichheit 36
Heimarbeitsgesetz 36, 246
Herausgabepflicht 67
Höchstarbeitszeit 44, 90

I/J

Insolvenzentschädigung 168
Integritätsentschädigung 131
Invalidenrente 131, 217
Invalidenversicherung 105, 211, 259
Jugendschutz 46

K

Kassenmanko 71, 236
Kaution 109
Kettenarbeitsverträge 35, 173
Kinderarbeit 46
Kinderbetreuung 127
Kinderzulagen 19, 102
Konkurrenzierung 32, 63, 191, 220
Konkurrenzverbot .... 63, 220 f.
– Konventionalstrafe 228
– nach Arbeitsverhältnis 220
– während Arbeitsverhältnis 63
Konkurs des Arbeitgebers 168
Körperverletzung 78
Krankenlohn .... 116, 120, 126 f., 133
Krankentaggeld 135, 141
Krankenversicherung 105, 136, 137
Krankheit .... 11, 130, 132 f., 154, 177
– Arztzeugnis 128
– Betreuung von Angehörigen 127
– Ferien 151
– Kündigung 134, 177
– Lohnanspruch 126
– Taggeldversicherung 135
– teilweise Arbeitsunfähigkeit 134
Krawattenzwang 74
Kundenkreis 33, 223
Kursunterlagen, -material ... 67, 122, 201
Kurzarbeit 60
Kündigung .... 172 f.
– befristetes Arbeitsverhältnis 172
– diskriminierende 188
– fristlose .... 190 f.
– Krankheit 134, 177
– Kurzarbeit 61
– Massenentlassung 176
– missbräuchliche .... 176, 181 f.
– missbräuchliche, Klagefrist 188
– missbräuchliche, Kündigungsgrund 182
– Schonfrist 134, 177
– Teilzeitbeschäftigte 53
– während Probezeit 173

– Wirksamkeit 175
– zur Unzeit 178
Kündigungsfreiheit 172
Kündigungsfrist .... 135, 174 f.
– Freistellung 197
Kündigungsgrund 176, 182, 188
Kündigungsschutz .... 172, 177 f.
– Krankheit 178
– Militär 177
– Mutterschaft 139, 178
– Probezeit 174
– zugunsten Arbeitgeber 179

L

Landwirtschaft, Sonderbestimmungen 41
Lebenslauf 12
Lehrlinge 247
Leiharbeit 53
Lidlohn 27
Lohn .... 20, 27 f., 34, 59, 98 f., 126 f.
– Abtretung 111
– Abzüge 72, 105, 108
– Akkord 34, 98
– Anteil am Geschäftsergebnis . 116, 200
– bei Arbeitsmangel 59
– bei Krankheit 126, 132, 262
– Bestandteile 102
– dreizehnter Monatslohn 103
– Ehefrau 28
– entfallender 126
– Ferien- 51, 149, 154
– Gratifikation 103, 117
– Handelsreisende 33
– Heimarbeit 34
– Konkubinat 29
– koordinierter 212
– Nachbarschaftshilfe 27
– Naturalleistungen 103, 126
– Schwarzarbeiter 29
– stillschweigender Verzicht 27
– Stunden- 50, 98
– Trinkgelder 116
– üblicher 27, 99
– Verjährung 107, 236
– Verzicht 27
– Verzug 166
– Vorschuss 107
– Zahltag 107
– Zulagen 102

Lohnausfall .... 118 f.
– nach Körperverletzung 73
Lohngleichheit 99
Lohnkürzung 61, 72, 108
Lohnnachgenuss 180
Lohnpfändung 111
Lohnrückbehalt 109
Lohnzession 111

M
Massenentlassungen 170, 176
Meinungsäusserungsfreiheit 65, 66
Militärdienst 20, 145, 177
Monatslohn, dreizehnter 103
Mutterschaftsschutz siehe
  Schwangerschaft
Mutterschaftsurlaub 140
Mütter, stillende 142

N
Nachtarbeit 45
Nachtarbeitsverbot, Frauen 43, 48
Naturalleistungen 103, 126
Nebenbeschäftigung 63
Nichtraucher 76, 256
Normalarbeitsvertrag (NAV) 17, 38,
                              41, 173, 245

O
Obligationenrecht (OR) . 16, 31, 244, 263
Organisationszwang 40

P
Pausen 45
– Bildschirmarbeit 81
Pensionskasse ... 105, 171, 202, 210 f., 260
– Barauszahlung 216
– Beiträge 213
– Freizügigkeit 202, 214
– Invalidenrente 216, 217
– Renten 216
– Stellenwechsel 214
– Wohneigentum 218
Per-Saldo-Erklärung 19, 201, 236
Personalakten 85
Persönlichkeitsschutz .. 13, 82 f., 129, 206
Pflichten Arbeitgeber
– Aufklärungspflicht 84
– Fürsorgepflicht 77, 82, 203, 208
Pflichten Arbeitnehmer

– Herausgabepflicht 67
– persönliches Erscheinen .... 58 f.
– Schweigepflicht 64
– Sorgfaltspflicht .... 69 f.
– Treuepflicht .... 62 f.
Pleite des Arbeitgebers 166
Privatsphäre 10, 65, 84
Probezeit 19, 140, 173, 190
Provision .... 32, 103, 113 f., 200
– Abrechnung 114
– Fälligkeit 115
Prozess siehe Arbeitsrechtsprozess
Psychologische Tests 13

R
Rauchverbot 76
Rechte Arbeitgeber, Weisungsrecht . 74 f.
Rechte Arbeitnehmer
– Einblicksrecht 85
– Persönlichkeitsrecht .... 82 f.
Rechtsberatungsstellen 252
Rechtspflege, unentgeltliche 241
Referenzen 206

S
Schadenersatz .... 17, 65, 69 f., 228
Schadenminderungspflicht 194
Schlechtwetterentschädigung 61
Schmiergelder 63
Schutzbestimmungen
– Frauen 47
– Kinder 46
– zwingende 19, 263
Schutzvorschriften .... 43 f.
Schwangerschaft . 11, 139 f., 153, 178, 190
– Arbeitslosigkeit 143
– Krankentaggeldversicherung 141
– Kündigungsschutz 139, 178
– Lohnfortzahlung 141
– Mutterschaftsurlaub 140
– Sonderschutz 142
– Stellensuche 11, 143
– stillende Mütter 142
Schwarzarbeit 29, 63, 151, 191
Schweigepflicht 64
Selbständigerwerbende .... 23 f., 211
Sicherheitsvorrichtungen 77
Sonntagsarbeit 43, 45, 48
Sozialversicherung .... 24, 104 f., 119, 259
– Abzüge .... 98, 105 f.

Spesen .... 103, 119 f.
- Auto 121
- Pauschale 123
- unechte 119
- Verpflegung 120
Staatliche Angestellte siehe Beamte
Standgeld 110
Stellensuche siehe Bewerbung

T

Taggeldversicherung 135, 141
Teilzeitarbeit .... 50 f.
Teilzeitbeschäftigte 50 f., 92, 149, 160, 211
- Arbeitslosigkeit 53
- Feiertage 160
- Ferien 51, 149
- Krankheit 51
- Kündigung 53
- Unfall 51
- Überstunden 52, 92
Telefonabhören 84
Temporär-Arbeit .... 53 f., 120, 149
- Arbeitslosigkeit 54
- Ferien 54, 149
- Kündigung 54
- Rahmenvertrag 53
Tendenzbetrieb 65
Tests
- graphologische 13, 85
- psychologische 13
Teuerungsausgleich 101
Tod des Arbeitnehmers 180
Treuepflicht .... 62 f.
- Beamte 66
- Grenzen 65
- Verletzung 65
Trinkgeld 116

U

Unfallverhütung 49, 77
Unfallversicherung . 73, 104, 130, 193, 209
Unternehmerrisiko 58
Überstunden ..... 52, 90 f., 142, 180, 235
- bei Teilzeitarbeit 52, 92
- Entschädigung 91
- gesetzliche Höchstarbeitszeit ... 44, 90
- leitende Angestellte 92
- Zumutbarkeit 91
Übervorteilung 30
Überzeit siehe Überstunden

V

Vereinbarung
- mündliche 16, 17
- schriftliche 16, 32
- stillschweigende 16
Vergleich 20, 237
- vor Gericht 239
Verjährung von Forderungen 19, 92,
                                152, 198, 236
Verpflegung, Mehrkosten 120
Versetzung 58
Vertragsauflösung
   (siehe auch Kündigung) 29
Vertragsänderung 21, 75, 109
- Handelsreisende 33
- stillschweigende 21
Vertrauensarzt 88
Verzicht 20
- auf Arbeitsleistung 60
- auf Forderungen 20, 107
Verzugszins 107, 238
Video-Aufnahmen 84
Vorschuss 107
Vorstellung siehe Bewerbung

W

Wegentschädigung 120
Weisungen
- schikanöse 75, 86
- unerlaubte 75
Weisungsrecht .... 74 f.
- Grenzen 74
- leitende Angestellte 75
Weiterbildungskosten 183
Werkvertrag 26

Z

Zahltag 107
Zahlungsunfähigkeit
   des Arbeitgebers 110, 166, 197
Zeugnis siehe Arbeitszeugnis
Zulagen 102
Zusatz-Trinkgeld 116
Zustimmung, stillschweigende 21
Zürcher Skala 141, 143, 262
Zweite Säule (BVG) siehe Pensionskasse
Zwingende Bestimmungen 19, 21, 24,
                                   263, 294

Werden Sie ein Beobachter. Lesen Sie ihn.

Wer den Beobachter liest, und darum einer ist, sieht die Welt und die Schweiz ein wenig mit andern Augen. Ein wenig kritischer vielleicht, ein wenig umfassender – oder möglicherweise sieht er oder sie Dinge, die andere überhaupt nicht sehen. Weil der Beobachter sie erst an den Tag bringt. Und wenn Sie auch ein Beobachter oder eine Beobachterin werden wollen, geht das ganz einfach. Rufen Sie uns an – und abonnieren Sie ihn: Telefon 155 52 52.